北京高等教育精品教材
BEIJING GAODENG JIAOYU JINGPIN JIAOCAI

21世纪清华MBA精品教材

清华大学精品课教材

管理经济学

（第四版）简明版

陈章武　编著

U0368116

Managerial Economics

清華大學出版社
北 京

内 容 简 介

本书是《管理经济学》（第四版）的简明版本，简化了高等数学的内容，以便那些没有一定高等数学基础的读者和本科层次学生都比较容易使用。

本书试图以企业承担社会经济责任为目标，以追求利润为手段展开讨论。保持在微观经济学理论框架基本完整性的前提下，侧重研究企业经营管理决策所依据的经济学原理；保持经营管理决策科学的严谨性，开始注意决策的艺术性；注重实证研究的同时，也注重规范研究；注意定性研究和定量研究相结合；注意市场经济一般理论和中国国情相结合，全部采用中国案例。为了帮助读者更好地理解和消化课程的基本概念，每章结束时都安排了相应的内容提要和复习题、练习题。

本书是为工商管理硕士（MBA）核心课程"管理经济学"编写，也同样适合作为工商管理类专业本科生"管理经济学"或者"微观经济学"课程的教材，也可以作为各种百战归来再读书的企业经营管理人员在职培训教材和有兴趣读者的自学参考书。

图书在版编目（CIP）数据

管理经济学：简明版/陈章武编著.—4版.—北京：清华大学出版社，2019（2025.2重印）
（21世纪清华 MBA 精品教材）
ISBN 978-7-302-51784-9

Ⅰ.①管…　Ⅱ.①陈…　Ⅲ.①管理经济学－研究生－教材　Ⅳ.①C93-05

中国版本图书馆 CIP 数据核字（2018）第 274379 号

责任编辑：刘志彬
封面设计：汉风唐韵
责任校对：王荣静
责任印制：刘　菲

出版发行：清华大学出版社
　　　网　　　址：https://www.tup.com.cn, https://www.wqxuetang.com
　　　地　　　址：北京清华大学学研大厦 A 座　　　　邮　　编：100084
　　　社 总 机：010-83470000　　　　　　　　　　邮　　购：010-62786544
　　　投稿与读者服务：010-62776969, c-service@tup.tsinghua.edu.cn
　　　质量反馈：010-62772015，zhiliang@tup.tsinghua.edu.cn
印 装 者：三河市君旺印务有限公司
经　　销：全国新华书店
开　　本：185mm×260mm　　印　张：21.75　　插　页：1　　字　　数：499 千字
版　　次：1996 年 2 月第 1 版　　2019 年 1 月第 4 版　　印　　次：2025 年 2 月第 10 次印刷
定　　价：55.00 元

产品编号：080179-02

第四版序

早在 1996 年,我国在刚刚确立经济改革的目标是建立社会主义市场经济体制时,笔者初次推出《管理经济学》,作为当时 MBA 学位课程教材。《管理经济学》(第一版)基本是"照着讲":照着发达国家已有成熟体系的"Microeconomics"来讲,照着为阐明企业经营决策的经济学基本原理而设置的"Managerial Economics"来讲。

2010 年,笔者编著了《管理经济学》(第二版),其初心是将"Economics"原意为"算计",向"经纶天下济世救人"的经世济民学转化;将"Managerial Economics"原意为"企业盈利学",向企业应当承担社会经济责任的"管理经济学"转化,且全部采用了中国案例。

2014 年,笔者的《管理经济学》(第三版)出版。试图努力探讨以下问题:市场怎样决定资源配置? 市场决定的资源配置是优化配置吗? 市场决定的资源配置是社会公平正义的优化配置吗? 社会公平正义要求的资源优化配置是怎样决定的呢?

2017 年,中国共产党第十九次全国代表大会召开,中国特色社会主义进入新时代。笔者于 2018 年年初推出《管理经济学》(第四版),尝试将经济学的基本假设,从"经济人"假设向"社会人"假设过渡。

为此,改动的主要地方有:第九章在开始讨论博弈论时,简要介绍了"经济人""理性经济人""社会人"经济学理论基本假设的发展过程,旨在突出人的本质在其现实性上,是一切社会关系的总和。人不能只考虑"个人利益最大化",还要考虑"公共利益最大化";不能只迷恋于自身的感受,还要注意他人的感受,要注意自己的行动会如何影响他人的体验,即从本质上来讲,人不能只有"自利"的一面,还应当要有"利他"的一面。之所以将第九章的改动首先提出来,是因为笔者认为,"社会人"假设更加贴近真实。博弈只应当也只能是在合作基础上的竞争,在共赢前提下的自利,合作才能走向共赢。

第一章在讨论企业应当崇尚社会责任时,增加了在社会经济发展水平的不同阶段,企业的社会责任四个层次间的关系也是在不断地发生变化。经济责任是企业社会责任中的基础性责任。当社会逐渐摆脱贫困、实现全面小康时,企业社会责任中不同层次的责任划分为:经济责任是本职,法律责任是本分,伦理责任是道德,慈善责任是境界,彼此不是替代关系,而是权重要发生变化,高层次的社会责任要逐渐起到引领作用。

第四章在讨论企业可持续发展时,增加了恩格斯在《自然辩证法》中对我们的一再告诫:"我们不要过分陶醉于我们对自然界的胜利。对于每一次这样的胜利,自然界都报复了我们。"地球能满足人类对美好生活的需要,但不能满足人类对贪婪的需要。人类必须要尊重自然、顺应自然、保护自然,因此增加了"绿水青山就是金山银山"理念的讨论。

第六章中增加了市场对资源的配置起决定性作用和更好发挥政府作用并不对立的讨论。资源的有效配置既需要"看不见的手",也需要"看不见的法网"。"看不见的手"是指利益引导;法网恢恢,疏而不漏,"看不见的法网"则是指制度约束。

第十一章中增加了劳动工资是由政府、工会、企业三者共同参与、协商的协调机制。市场对资源配置起着决定性作用,工会与企业、劳资双方从供求的角度进行协商;为更好地发挥政府作用,政府从全体人民的长远根本利益进行了引导协商。三者的共同协商,实现了在经济增长的同时,居民收入也获得了同步增长,在劳动生产率提高的同时,劳动报酬也获得了同步提高。

第十二章改动的内容更多一点。增加了市场在资源配置中起决定性作用和更好发挥政府作用的讨论。政府不仅对市场竞争有管理作用,同时对市场效率也有救护作用,政府与市场只有相辅相成,相得益彰,才能达到资源的优化配置,并逐步达到社会公平正义要求下的优化配置;而且,政府对市场发展有引领作用,对市场使命有担当作用,这更能体现出新时代中国特色社会主义的优越性,进而也对政府和执行政府政策的政府官员提出了更高的政治素质和业务素质要求。

类似的改动还散见于本书各个章节。本书试图在"社会人"假设的前提下,阐述让市场对资源配置起决定性作用和更好发挥政府作用的有机结合,进而实现社会资源准确有效地配置和社会财富公平正义地分配。笔者深知,由于这里涉及经济理论的基本假设,仅凭一己之力、一时之力,是无法完全达到目的的。但如果能抛砖引玉,引起读者的一点兴趣和一些讨论,就十分欣慰了。

本次改版,在书中有关的社会经济数据可得的情况下,都作了及时的更新,对所引专栏进行了全面梳理,完全重写和新增了11个专栏,并且对其他专栏的相关数据和内容也都进行了更新。

为了丰富教学内容和提高教学效率,并帮助读者检查学习效果,本书配备了互联网的内容:在每章复习题后增加了自我检测题及答案,读者可以采用微信扫描的方式自行获取,自我检测题都是选择题,其数量根据本章内容的多少,从一二十题到三四十题不等,读者可以快速解答,再用微信扫描二维码自行获取相应答案,以检查本章基本概念的掌握程度；每章结尾的练习题，主要用于检查读者对本章基本概念灵活应用的程度，对于序号为奇数的选择题和计算题，同样提供了答案，需要读者用微信扫描二维码来获取；对序号为偶数的选择题和计算题却没有提供答案，目的是让课程教师便于布置作业；全书的最后，笔者还提供了一套《管理经济学》全真试题及答案，读者同样可以自行用微信扫描二维码进行获取，建议读者在学完全部课程并认真复习后再使用。

本书最重要的目的是帮助读者掌握经济学原理的一些基本概念和决策思维方法，提高读者在企业日常经营管理中的决策能力。为了能使数学基础相对薄弱的读者同样能顺利阅读，和《管理经济学》(第三版)出版时一样，《管理经济学》(第四版)也同时出版了简明版。简明版在保持经济学基本概念清晰的前提下，尽量采用文字叙述，将较为复杂的数学模型、曲线及推导、演绎删除；保留每章的提要和复习题，略去了练习题，同时每章增加了关键词和术语。这样一来，第四版也有两个版本可提供读者自由选择，既适合作为工商管理硕士(MBA)的核心课程"管理经济学"的教材来使用，也适合作为各种百战归来再读书的企业经营管理人员在职培训的教材；结合由笔者编著的清华大学出版社 2011 年出版的《管理经济学学习指导用书》，也可供读者自学，指导用书的资料同样可用微信扫描出版社来获取。

《管理经济学》(第四版)的修订是在笔者退休数年以后完成的，因为笔者不仅仍继续承担一些企业高层管理人员在职培训的教学，而且还在几所大学为 EMBA 讲授管理经济学，活跃的课堂交流和讨论，大大地丰富了《管理经济学》(第四版)的内容，同时也促使笔者努力与时俱进，在此笔者要对课堂上的学生们一并表示感谢。同时还要感谢清华大学出版社责任编辑刘志彬先生，他为《管理经济学》(第四版)的出版提出了大量建设性的意见，没有他的鼓励和督促，《管理经济学》(第四版)是不会顺利地提交到大家面前的。

笔者同样决定将《管理经济学》(第四版)的全部版税捐给甘肃兴华青少年助学基金会，为帮助贫困山区的寒门学子能完成高中阶段的学业尽一点绵薄之力。

陈章武
2018 年春节于清华大学经济管理学院舜德楼

前言

《管理经济学》（第一版）自 1996 年出版以来，已重印 20 多次，累计印数也早已超过 10 万册。但目前来看，教材的内容和结构都已经很不适应我国经济的发展和教学的需要，因此迫切需要对其进行一次全面的修订。

《管理经济学》（第一版）的编著是出于时代的客观需要。写作资料主要准备于 1994 年、1995 年。那时，我国建立社会主义市场经济体制的目标刚刚确立；同时，我国借鉴世界上许多发达国家培养企业高层次管理人才的经验，引入工商管理硕士（MBA）学位也不过只有短短的几年时间。《管理经济学》（第一版）的编著主要是"照着讲"：照着在发达国家已有成熟体系的微观经济学讲；照着为阐明企业经营管理决策的经济学原理而设置的管理经济学讲。虽也力求以马克思主义经济理论为指导，努力结合中国企业经营的实情，但无论是个人能力和知识，还是我国社会主义市场经济实际运行的情况，都决定了那种结合是十分肤浅的。

14 年过去了，我国社会主义市场经济的运行已经积累了丰富的经验，在政府宏观调控下，市场机制对资源配置的基础性作用日益显现。现代企业制度的改革也在不断深化，开始形成了以公有制为主体、多种所有制共同发展的基本经济制度，企业日益成为拥有完善的法人治理结构的企业。基于此，为企业经营决策管理服务的管理经济学也需要从当初的"照着讲"，开始考虑向"接着讲"进行转变。

中国工程院院士、工程院工程管理学部副主任郭重庆教授提出："中国管理学的发展思路很像冯友兰先生对中国哲学发展思路的表述：

中国哲学应从'照着讲'转到'接着讲'。中国管理学不也是从对外来管理文化'照着讲'的阶段，走向'接着讲'的阶段。"并援引类似北京大学汤一介先生关于中国哲学"接着讲"的路径，提出中国的管理学应当"接着中国传统文化讲；接着西方管理学讲；接着中国近现代管理实践讲"。

中国引入经济学要比管理学有着更长的历史。最早是近代著名学者严复，将西方经济学的圣经——亚当·斯密的《国富论》译作《原富》引入我国，而将"Economics"译为"计学"。他在给梁启超先生的一封信里还特别说明："计学之名，乃从'Economics'字祖义著想……又见中国古有计相计偕，以及通行之国计、家计、生计诸名词。窃以谓欲立一名，其深阔与原名相副者，舍计莫从。"[①]最初日本人将"Economics"译作经济学，取义是"经世济民"的学问，后来该词基本都被改译为"产经"，即产业经营。无论是"计学"还是"产经"，其深阔都与原名相符。而"Economics"一词经由孙中山先生推荐后，在中国一直被译作"经济学"，这就说明了中国学者对"Economics"的期待很高，期盼着"Economics"能经邦济世；期盼着"Economics"能经纶天下、济世救人，能用来管理好国家，造福于人民，而不是只为一部分人、一个利益集团而"算计"；期盼着将"Economics"与中国的文化相结合，与中国的国情相结合，使之能成为一门经世济民的学问。

那么，将"Managerial Economics"译为"企业赢利学"是其深阔与原名相符。而众多的"Managerial Economics"方面的教科书，也确实是围绕着企业利润最大化为目标来展开的。而一旦被称为"管理经济学"，就不应单纯围绕企业利润最大化来展开，而应当围绕企业的社会经济责任来展开。

企业作为社会经济活动中的一个独立实体，追求利润无可厚非。如果一个企业没有利润，就没有能力承担自己的社会经济责任，而追求利润是更好地承担社会责任的手段，也是企业运行的目标。这次修订，再版《管理经济学》，就是试图以企业追求利润为手段，以承当社会经济责任为目标展开讨论，作为管理经济学"接着讲"的一个初步尝试。

尝试处理好"管理经济学"与"Managerial Economics"的关系。大量的"Managerial Economics"是以企业赢利为目标来展开讨论的，管理经济学则仍以企业赢利为主线展开，赢利是企业运行的目标，但并不是仅考虑股东和投资者的利益，而是要考虑所有相关者的利益，乃至整个社会福利的企业社会经济责任。其主线虽仍是企业赢利，不赢利就不能有效地承担社会经济责任，但强调赢利的目的变了。

尝试处理好"管理经济学"和"微观经济学"的关系。管理经济学是在微观经济学的基础上发展起来的应用经济学，注重为企业经营者提供经济分析工具。在《管理经济学》（第一版）中，考虑到当时大多数读者并没有机会系统地学习微观经济学，因此大体上保留了微观经济学理论的完整性，注意突出与企业分析决策相关的经济学原理。而今，微观经济学，特别是初级微观经济学已经有了相当程度的普及，因此，《管理经济学》（第二版）在微观经济学系统构架的基础上，更加注重企业的分析决策工具的应用。例如，消费者的效用函数、企业的生产函数，在企业经营决策时很少用到，因此就应该基本不讲，或尽量少讲。而要素市场中的资本市场的相关内容，考虑到 MBA 课程体系中另有专门课程讲授，因此

---

① 王栻主编，《严复集》（第三册书信），摘自 1902 年《新民丛报》第七期。

也没有将其包含在本教材中。要素市场中的土地市场的相关内容,因其涉及面较小,因此也没有将其包含在本教材中。而政府对企业的管制政策,本教材则作了比较详细的讨论。之所以保留了微观经济学的基本构架,是为了让没有学习过初级微观经济学的读者也能对微观经济学有一个基本的了解。

尝试处理好定量分析和定性分析的结合。为了企业决策的实用性,在理解基本概念的基础上,本书尽量充分引入定量分析的工具,并最大限度地避免数学推导的烦琐性,将部分稍为复杂的数学推导放在各章的附录中,供对此有兴趣的读者学习。为了加强对定性分析的理解和切身感受,本书将对需求函数的估计和预测独立作为第三章,侧重对估计和预测方法的介绍和应用,以缩短读者与经济模型和现实经济现象之间的距离,从而避免估计预测方法的数学推导。在整个课程中,突出了弹性的应用,特别是突出弹性在企业经营决策中的应用。而弹性是定量分析和定性分析很好的结合点。

尝试处理好经济学一般理论与中国企业实情之间的关系。在注意到中国社会主义市场经济理论探讨的领先性、企业改革的渐进性的基础、市场经济对资源配置的一般性特点以及企业作为独立法人的基本特征的同时,又注意到政府的宏观调控,同时也充分注意到我国经济是以公有制为主体、国有经济为主导的国情。因此在教材的编写过程中,应用了大量与中国国情密切相关的实例,并将其作为专栏分布在各个章节,全书共 44 个专栏。书中的例子和采用的数据也都与中国的社会经济现象直接相关。当然,在教学过程中,还应注意结合当时的热点问题展开讨论。

本书中将第一次出现的关键词、术语均用黑体字印出。为了帮助读者更好地理解和消化课程的基本知识,每章结束时都安排了内容提要和复习题,复习题近 200 道。复习题中通常都没有所谓的标准答案,主要用来帮助读者系统回顾和检查各章学习的主要概念和知识。一般来说,读者学习主要采取两种方式:一是被动学习;二是主动学习。听老师讲课和自己读书基本上都属于被动学习,被动学习是必要的,可以较快地获取知识。但还要进行主动学习,主动学习就是用获取的知识自己来思考和解决问题。在各章后面还安排了 150 多道练习题,包括选择题 88 道和计算题 69 道。这些练习题用来帮助读者主动学习,尝试用被动学习获取的知识来思考和解决问题,以更好地提高解决实际问题的能力。被动学习是为主动学习而服务的,随后我们还将出版相应的教师用教学指导书,教师用教学指导书可由从事管理经济学教学的教师直接向清华大学出版社免费索取。另行编著密切配合学生学习用的指导书,将公开出版发行。在教师用教学指导书中提供了全部练习题的答案,而在学生用学习指导书中则只提供部分练习题的答案。

虽然本书是为工商管理硕士(MBA)的核心课程"管理经济学"编写的,但也完全适合工商管理类专业本科生学习,它是微观经济学最好的替代教材。目前国内也有许多学者主张:在工商管理类专业本科生的核心课程中,安排学习管理经济学比学习微观经济学更恰当。同时,本书也可作为各种百战归来再读书的企业经营管理人员在职培训教材,以及自学参考书。

清华大学经济管理学院自 1991 年以来,开设管理经济学已经有近 20 年的时间。先后有黎诣远教授、宁向东教授、平新乔教授、杨之曙教授、李明志副教授、曹静助教授等参加了管理经济学的教学工作。我们经常在一起讨论管理经济学的教学内容,研究教学方法,改进教学手段,这对我完成本教材的编著有着十分重要的帮助。同时,我还先后 7 次参加了由 MBA 教育指导委员会组织的全国高等院校管理经济学教学研讨交流会,兄弟院校老师的教学经验也给了我很大的启示,在此一并表示感谢。

在过去的近 20 年时间里,我一直从事 MBA 管理经济学的教学,直接教授的学生已经有 3 000 人左右。同时,管理经济学还是清华大学经济管理学院高级培训中心对企业在岗人员培训的核心课程,我直接参与教学的已有近百个班次,其中有 7 000 多位在职的企业中高层管理人员参加学习。此外,管理经济学课程教学还推广到清华大学继续教育学院的远程教学,先后有 4 300 多人通过远程教学学习了管理经济学。这些学生中,绝大多数都有着丰富的企业经营管理经验,他们不断地对我的教学内容及方法做出讨论、提出质疑,为我这次再版《管理经济学》,提供了极为丰富的养分,在此也一并表示感谢。

这里,我还要感谢一个人,那就是清华大学出版社的刘志彬编辑。他不断地向我反馈广大读者对我第一版《管理经济学》的批评与建议,同时,还一次又一次地催促我尽快修订再版,而我却一次又一次地找借口推辞。2009 年 5 月,在我刚刚离开学院管理岗位几天后,他再次来到我的办公室,商谈《管理经济学》再版事宜。这次我无法推脱,只得应承下来,这样才有了半年多后《管理经济学》的修订稿。

《管理经济学》的修订,尽管得到了众多人的关心和指点,也几乎倾注了自己半生教学的心血,但对经济学领域来讲,我仍是一个半路改行者,水平有限,书中也存在许多不足之处,我将继续期待着广大读者的批评指正。

陈章武

2010 年 2 月于清华大学经济管理学院舜德楼

目录

CONTENTS

管理
经济学（第四版）（简明版）

管理
经济学（第四版）（简明版）

专栏目录 CONTENTS

管理

经济学（第四版）（简明版）

绪　论

第一节　管理经济学与经济学理论

一、管理经济学内涵

管理经济学是经济学应用领域的重要分支,它作为工商管理硕士(MBA)的核心课程,主要为立志成为企业经营者和决策者的读者提供一个有效的决策分析工具。通过对经济学基本原理的学习,提高分析和批判思维的能力,用经济学的分析方法来观察、思考和实施企业的经营决策。在客观条件约束下,通过将有限资源的有效配置,从而实现企业经营的目标。

一个企业的经营者日常将面临大量的决策任务,如何在经营决策中尽量不犯或少犯错误,从根本上决定了企业的经营目标能否实现。要想成为一个比较成熟的企业经营决策者、职业经理人,就应当具备两个基本条件。中国的文字非常巧妙,企业的经营决策者有一个共同的称谓,即"经理"。这喻示着一个合格的职业经理人应当具备两个基本条件。一是要有"经"验,而经验的积累要靠**悟性**。"它是一个人学养、智慧、感觉、实践的综合体,是一种人本精神。""它是一种善于对事物进行由表及里、由实及虚的融会贯通的思考和认识的能力,也是不断地对自身实践进行总结和升华的结果,是自己的思维由具体到抽象的过程。说透了,这是一个人的综合素质,特别是思想素质的反映。悟性需要长期的实践和积累,只有从实践中去感悟,从积累中去融通。"①悟性只有从实践中去感悟,从积累中去融通,很难用课堂传授的方法来得到。但仅有悟性还不行,单靠悟性就是指凭感觉决策、凭经验决策。仅凭感觉决策、凭经验决策难免会犯错误。在企业的职务越重要,犯错误造成的损失就越大,有人称为交"学费"。这样的"学费"一点都不交是不可能的,但想要少交一点还是有可能的。这就需要职业经理人具备另一个基本条件,那就是要有一定的**理性**,有理性的思维。理性的思维意味着科学性,通过符合逻辑的推理即得出结论、意见,作出决策。其特点是具有概括性和间接性。理性的思维是可以通过课堂学习的方式来训练、书本学习的方法来提高的。对于职业经理人而言,这个"理"最重要的是要了解社会主义市场经济运作应当遵循的基本原理,它通常是前人积累的经验和总结,且在实践中被证明了的具有共同性的客观规律性。通过学习,可以尽量避免犯前人类似的错误,减少不必要的损失。决策者只有实现了悟性和理性的结合,才可能成为一个成熟的职业经理人。

---

①范敬宜:"来自实践的悟性",见姬振海.结合.北京:城市出版社,2002.

职业经理人需要学习社会主义市场经济运行的一些最基本的经济学原理,来帮助职业经理人提高理性思维,在职业经理人应当具备的知识体系中,管理经济学就属于最主要的基础理论课程之一。当然,本课程并不是泛泛地探讨理论,而是特别注重理论与实践的结合。

二、管理经济学与微观经济学

微观经济学主要研究在特定的外部环境下,经济活动个体的行为——包括消费者、投资者、劳动者、土地所有者、企业经营者——以及他们之间的相互影响,进而组成市场的行为,并解释这些行为人——自然人与法人——是如何作出经济决策的。在这个过程中,一直在努力探索三个问题:

生产什么?

怎么生产?

为谁生产?

作为微观经济学,是从经济活动主体的一般经济现象入手,侧重研究经济运行中均衡的理论分析,主要是描述性的,试图描述经济如何运行,通常并不涉及应该怎样运行的问题。

管理经济学同样要努力回答这三个问题,其所包含的内容和微观经济学相似。要从消费者的行为角度来研究市场的需求,来回答"生产什么";要从企业组织生产的过程研究生产与成本,来回答"怎么生产";要从不同市场结构条件下研究产量决策与价格决策,通常用竞争的结果来回答"为谁生产"。因此,它通常保持了微观经济学的严谨学术风格和基本的知识结构。

但管理经济学与微观经济学的出发点并不完全一样,它是从企业经营者的角度来出发的。研究消费者行为的目的,是要了解市场对其产品的需求;研究投入与产出的生产过程与成本,是为了进一步提高生产效率;研究市场上特别是产品市场上的产量与价格决策,是为了实现企业经营的目标与理念。企业也总是在特定的宏观经济环境下作出决策,因此,同时也研究政府宏观调控的微观政策对企业的影响,以及企业的应对策略。投资者行为,以及在资本市场上的决策,也应是管理经济学研究的范畴,但通常因另有专门的课程,如公司财务等,来讨论投资者行为以及在资本市场上的决策,因此管理经济学一般不包含这方面的内容。

管理经济学主要是为企业经营者实现目标从而提供决策的方法和依据,侧重于**实证研究**,努力去说明客观事物是什么。在研究消费者行为时,不去深入讨论消费者的效用函数,进而也就不去深入讨论无差异曲线如何用来帮助消费者作出决策,而是侧重讨论影响市场需求的重要因素是什么,这些因素对需求影响的敏感程度怎样,以及弹性如何帮助企业经营者作出准确的决策。需求的弹性分析是这部分研究的重点。在研究投入与产出的关系时,并不把重点放在生产函数上,而是把重点放在成本函数的讨论上,尤其是要把重点放在为决策而用的经济成本的一些重要概念的讨论上。为实现企业经营目标,不去重点关注在不同市场结构下一般性的定价方式,而是重点研究企业在不同市场结构条件下,应当怎样为产品定价,以及一些在实践中常用的定价方法。博弈论在决策中的应用是20世纪后半叶微观经济学最重要的发展,在管理经济学中则不去讨论博弈论中艰深而复杂的数学问题,而侧重说明如何用博弈论来理解市场的发展和运作,以及经营决策者应当怎样考虑他们不断面临的博弈决策问题。最后,自然会涉及市场缺陷和政府管制。在管理经济学中,并不深入讨论市场机制的一般性缺陷,而是侧重讨论在政府管制下企业该如何决策。这些就是管理经济学和微观经济学之间最重要的区别。实际上,它们只是强调的重点和关注的程度不同而已。

管理经济学也吸收了一些统计学的内容,运用统计学的方法来估计相关变量之间的关系,为决策的定量分析提供基础。

管理经济学主要是为以营利为核心的企业决策提供理论依据,对于非营利组织的决策同样具有重要的参考价值。

三、管理经济学与宏观经济学

企业总是在特定的外部环境下经营决策,必然会受到外部宏观经济环境的影响。**宏观经济学**以一国(或地区)经济的总量活动为研究对象,主要研究总量经济指标,并努力回答以下三个问题:

一个国家(或地区)的资源是否得到充分的利用?

一个国家(或地区)的货币购买力是否稳定?

一个国家(或地区)的社会总生产能力是否在增长?

衡量一个国家(或地区)的资源是否得到充分利用有两个重要指标:一是衡量一国(或地区)人力资源是否得到充分利用——**失业率**。失业率是指失业人口(有工作意愿,但仍未有工作的人口)占总劳动人口(失业人口＋就业人口)的比例,旨在衡量闲置中的劳动产能;二是衡量一国(或地区)的资金是否得到充分利用——**利率**。利率是指利息与本金之间的百分比,它包含的种类极其丰富,常以该国(或地区)的一年期存贷款基准利率为典型代表,它对企业决策有着十分重要的影响。

衡量一个国家(或地区)的货币购买力是否稳定,最重要的指标是**通货膨胀率**。通货膨胀率是指物价水平上升的速度。一般来说,度量物价水平的指数主要是消费品价格指数,尤其是居民消费品价格指数(CPI),它主要反映了消费者所消费物品的平均价格水平的变动,对消费者决策有着重要影响。

衡量一个国家(或地区)的社会总生产能力是否在增长,常常用该国(或地区)的**国内生产总值(GDP)**的增长来表示。用生产物品和劳务的当年价格计算的全部最终产品的市场价值称为名义 GDP,而用之前某一年为基期的价格计算出来的当年最终产品的市场价值则称为实际 GDP。考虑到物价变动的因素,引入 GDP **平减指数**。某年 GDP 平减指数是指该年的名义 GDP 和实际 GDP 之间的比。

$$P_t = \frac{名义\ GDP}{实际\ GDP}$$

实际 GDP 等于名义 GDP 除以该年的平减指数,实际 GDP 的变动反映了该国(或地区)社会总生产能力的变动。

目前世界上几乎所有的国家和地区都是开放经济,都有国际间的经济交往,而能够反映国际经济交往变动的一个比较合适的指标就是该国(或地区)货币兑换他国(或地区)货币的比率,即**汇率**。目前通常用美元作为他国(或地区)货币的代表。

这样,企业的外部经济环境就可以用五个指标来衡量:失业率、利率、通货膨胀率、实际 GDP 增长率和汇率。企业始终在这五个指标变动的环境下作出决策,通常单个企业并没有多大能力来影响这五个指标,因此管理经济学一般不讨论这方面的内容,而只讨论政府宏观经济政策对企业决策的影响,以及企业的应对措施。我国历年来宏观经济环境的五个指标,如表 1.1.1 所示。

表 1.1.1　我国宏观经济环境历年来的五个主要指标

年份	城镇登记失业率/%[①]	1 年定期存款年利率/%[②]	居民消费价格指数	GDP 增长率(上年为 100)	汇率 100 美元兑换人民币元
1978	5.3	3.24	100	111.7	—
1980	4.9	3.96~5.76	109.5	107.8	—
1985	1.8	5.40~7.20	131.1	113.4	293.66
1990	2.5	8.64,1990-08-21	216.4	103.9	478.32
1991	2.3	7.56,1991-04-21	223.8	109.3	532.27
1992	2.3	7.56,1992-12-31	238.1	114.2	551.49
1993	2.6	10.98,1993-07-11	273.1	113.9	576.19
1994	2.8	10.98	339.0	113.0	861.87
1995	2.9	10.98,1995-07-01	396.9	111.1	835.10
1996	3.0	9.18,1996-05-01	429.9	119.9	831.42
1997	3.1	5.67,1997-10-23	441.9	107.8	828.98
1998	3.1	5.22,1998-03-25	438.4	107.8	827.91
1999	3.1	2.25,1999-06-10	432.2	107.7	827.83
2000	3.1	2.25	434.0	108.5	827.84
2001	3.6	2.25	437.0	108.3	827.70
2002	4.0	1.98,2002-02-21	433.5	109.1	827.70
2003	4.3	1.98	438.7	110.0	827.70
2004	4.2	2.25,2004-10-29	455.8	110.1	827.68
2005	4.2	2.25	464.0	111.4	819.17
2006	4.1	2.52,2006-08-19	471.0	112.7	797.18
2007	4.0	3.60,2007-08-22	493.6	114.2	760.40
2008	4.2	3.87,2008-10-19	522.7	109.7	694.51
2009	4.3	2.25	519.0	109.4	683.10
2010	4.1	2.75,2010-12-26	536.1	110.6	676.95
2011	4.1	3.50,2011-07-07	565.0	109.5	645.88
2012	4.1	3.25,2012-06-08	579.7	107.9	631.25
2013	4.05	3.00	594.8	107.8	619.32
2014	4.09	2.75,2014-11-22	606.7	107.3	614.28
2015	4.05	2.50,2015-03-01	615.2	106.3	622.84
2016	4.02	1.50	627.5	106.7	664.23

表注:① 数据来自《2008 年中国劳动年鉴》和《2017 年中国统计年鉴》。

②数据来自中国金融年鉴和中国统计年鉴,逗号前一个数字是一年定期存款的年利率,逗号后一个数字是公布的日期。若当年数次调整利率,记最高利率;若没有日期是当年没有调整利率;1980 年和 1985 年是当年利率调整的范围。

资料来源:《中国统计年鉴 2017》。历史数据与 2017 年中国统计年鉴有差异的以 2017 年统计年鉴为准。

四、实证研究与规范研究

管理经济学侧重于实证研究,力求说明是什么,但决不意味着就要排斥规范研究,规范研究往往要讨论客观事物背后的应当是什么,涉及价值判断。事实上,实证研究和规范研究相辅相成,互为补充,实证研究为规范研究提供科学证据,规范研究为实证研究提供理论指引,两者不能绝对分离,实证研究是回避不了在实际上总是以某种价值判断标准为前提的,企业经营决策需要在效率与公平之间小心地权衡,权衡就一定涉及价值判断。因此,任何实证研究的背后都存在某种规范在指引。

管理经济学围绕企业如何实现经营目标来展开决策讨论,侧重于实证研究的方法,但经营目标的确定,最终收益的分配与再分配等管理经济学中也应当讨论的问题,则一定要以价值判断作为出发点,提出行为的标准,来努力说明"应当是什么",采用的则是规范研究的方法。因此,管理经济学完全不排斥规范分析,完全不否定价值判断。解决人民日益增长的美好生活需要和不平衡、不充分的发展之间的矛盾就是企业经营目标的价值指引。

五、管理经济学的学习方法

由于管理经济学侧重于实证研究,它从客观存在的经济现象出发,来努力探索企业经营决策可依据的经济学基本原理。客观存在的经济现象错综复杂,需要进行简化假设,突出重点,抓住关键。通常的做法就是要建立**经济模型**,而在建立经济模型的过程中却做了大量的简化,这常常会使初学者感到很不习惯,总觉得现实情况要比经济模型复杂得多。那么,经济模型如何用来说明现实的经济问题呢?其实经济模型有点像地图。在互联网上,很容易下载到我国许多城市用卫星拍摄的地面照片,这些地面照片至少是拍摄的那一瞬间,记录下该地区的几乎全部客观信息。但用这样的地面照片来指引那部分地区的旅游,很不方便;而地图出版社出版的交通旅游图,使用起来就方便得多,尽管它已丢掉了大量的客观信息,但却强调、甚至夸张了部分信息,如道路,河流,桥梁。不同用途的地图有不同的夸张。经济模型也是做同样的处理,针对同一经济现象,可以用不同的经济模型来说明不同的问题。建立经济模型时,常常遵循一个原则,那就是突出主要矛盾,只要能用来清楚说明问题,模型就越简洁越好。

经济模型又常常用数学模型来表示,这就引入了大量的**经济变量**。数学模型的经济变量分为**内生变量**和**外生变量**。这里的内生变量是指经济机制内部的经济因素所决定的变量,通常不受外部的政策所左右,它们是自变量。外生变量是指在经济机制中受外部因素影响,而由非经济体系内部因素所决定的变量。这种变量通常能够由政策控制,作为政府实现其政策目标的变量。因此,又称为政策性变量,它们常常是经济模型的外部条件。

而这些经济变量又有**存量和流量**之分。存量是指在某一个时点所测定的量,计量单位中没有时间的量纲,如我国第六次全国人口普查结果:2010 年 11 月 1 日 0 时,全国人口为 1 370 536 875 人。流量是指在某一个时期(两个时点之间)所测定的量,计量单位具有时间的量纲,如 2017 年度我国全年国内生产总值为 827 122 亿元。

在分析变量时又有**平均值和边际值**之分。平均值是应变量的值对自变量的值相除,而边际值是增加的自变量所引起的应变量的增加值。如一个人一天工作 8 小时收入

120 元,加班 1 小时增加收入 30 元,那么他一天工作了 9 小时,得到 150 元的收入,平均每小时的收入为 16.67 元,这是平均值;而最后 1 小时增加的收入是 30 元,这是边际值,最后 1 小时工作的边际收入为 30 元,它反映了经济量变动的趋势。边际值的考虑就是将数学中的微分分析引入到经济分析中来,更多使用边际值的边际分析是决策中十分重要的工具。

在分析经济问题时,常常隐含保持未提及的其他条件不变的假定。在讨论某个经济变量对另一个经济变量有什么影响时,往往都隐含着未提及的其他经济变量都保持不变的假定。尽管在现实中,反映企业的外部环境的经济变量都可能以不同的方式发生着变动,但同时讨论所有变量都发生变动的总效果,往往是十分困难的。那么有一个可以替代的办法,就是保持其他条件不变,分别分析单个变量的变化所引发的变动效果来减小困难,然后再把它们放到一起综合考虑,得出一个比较完整的景象。这种方法的应用几乎无处不在,因此,当我们将分析结果运用到实际经济管理问题中时,牢记这一隐含条件是很重要的。

就像其他学科一样,理论永远不可能是完美的,不完美才是理论的本质。理论的有用性和合理性,取决于理论是否能够成功地解释,并预测一系列需要被解释和被预测的现象。而经济问题和现象的外部条件几乎永远不能复制,这就使得问题的研究更加复杂、更加困难。

第二节　企业与企业运行目标

企业一般是指以盈利为主要目标而从事生产经营活动,向社会提供商品或服务的经济组织。它实行独立经济核算,具有法人资格,是商品经济发展和生产社会化的必然产物。是一种有效配置资源的组织机制,它能够实现整体社会经济资源的合理配置,降低整体社会的交易成本。管理经济学以企业作为主体展开讨论,而非营利组织活动的讨论只是一点补充。

一、企业性质

企业的性质是指企业的生产资料归谁所有,并由此进一步明确企业资产的增值和收益应当如何分配,企业所有者获得企业的**剩余索取权**,索取利润和承担亏损。

"国家处在社会主义初级阶段,坚持公有制为主体、多种所有制经济共同发展的基本经济制度,"[①]目前我国的企业按所有制的性质,一般可分为国有企业、集体企业、私营企业、外商独资企业、混合所有制企业等。随着我国经济体制的改革不断深化和对外开放程度的不断加大,所有制的实现形式也在不断创新。

我国始终坚持公有制的主体地位,来发挥国有经济的主导作用。公有制企业在国民经济中占有主体地位,它保证了经济的社会主义性质,是实行按劳分配为主体、走向共同富裕的最重要的制度保障。国有经济控制国民经济命脉及其对经济发展的主导作用,其

---

① 《中华人民共和国宪法》第一章第六条(2018)。

主体地位不可动摇,要毫不动摇地巩固和发展公有制经济。

同时,我国在深化经济体制改革中,以完善和发展中国特色社会主义为总目标,一直在积极探索公有制的多种有效实现形式,加快调整国有经济的布局和结构。要适应经济市场化不断发展的趋势,在更加尊重市场规律的基础上,进一步增强公有制经济的活力,大力发展国有资本、集体资本和非公有资本等交叉持股、相互融合的混合所有制经济,实现投资主体多元化,使股份制成为公有制的重要实现形式。需要由国有资本控股的企业,应区别不同情况,实行绝对控股或相对控股。完善国有资本有进有退、合理流动的机制,进一步推动国有资本更多地投向关系国家安全和国民经济命脉的重要行业和关键领域,重点提供公共服务、发展重要前瞻性战略产业、保护生态环境、支持科技进步、保障国家安全。不断增强国有经济的活力、控制力、影响力。其他行业和领域的国有企业,通过资产重组和结构调整,在市场公平竞争中优胜劣汰。发展具有国际竞争力的大公司、大企业集团。继续放开搞活国有中小企业。以明晰产权为重点,深化集体企业改革,发展多种形式的集体经济。国有企业是我国社会主义公有制经济的重要组成部分,集体企业也是公有制经济的组成部分,联营企业、股份制企业包含了公有制经济的成分。深化国有企业改革,发展混合所有制,培育具有全球竞争力的世界一流企业。其中,国有大中型企业是国民经济的中流砥柱,在社会主义市场经济中起着主导作用,近年来,划转部分国有资本用于充实社保基金,既充分体现了国有企业为全民所有,又充分体现了发展成果全面共享,从而增进民生福祉。中国经济健康发展已经充分地证明了这一点,也逐渐被中外各界人士所认同。

我国同样也要毫不动摇地鼓励、支持、引导非公有制经济发展。个体、私营等非公有制经济是促进我国社会生产力发展的重要力量。从过去的"允许"到"有益补充",到"大力发展和积极引导",再到"毫不动摇地鼓励、支持、引导非公有制经济发展"。事实也证明,非公有制经济的发展已经是我国生产力发展的一支生力军。目前,全国经济增量的一半以上来自非公有制经济,近年来,城镇新增就业年均 1 300 万人以上,90%以上来自非公有制企业,它对增强综合国力、提高人民生活水平做出了极其重要的贡献。因此,鼓励、支持、引导非公有制经济的发展,激发非公有制经济的活力和创造力,完全符合我国国情和人民群众的根本利益,绝不是权宜之计。

近年来,我国也一直在清理和修订限制非公有制经济发展的法律法规和政策,从而消除体制性障碍。放宽市场准入,允许非公有资本进入法律法规未禁入的基础设施、公用事业及其他行业和领域。非公有制企业在投融资、税收、土地使用和对外贸易等方面,与其他企业享受同等待遇。支持非公有制中小企业的发展,鼓励有条件的企业做强做大。[①]在坚持平等保护物权的基础上,形成各种所有制经济平等竞争、相互促进的新格局。保证各种所有制经济依法平等使用生产要素,公平参与市场竞争,同等受法律保护。[②]产权是所有制的核心。健全归属清晰、权责明确、保护严格、流转顺畅的现代产权制度。公有制

---

①中共十六届三中全会决议《中共中央关于完善社会主义市场经济体制若干问题的决定》。
②中共十八大政治报告。

经济财产权不可侵犯;非公有制经济财产权同样不可侵犯。① 着力构建市场机制有效、微观主体有活力、宏观调控有度的经济体制,不断增强我国经济的创新力和竞争力②。正是因为中国公有制经济和非公有制经济的共同发展,有机结合,才使得中国的经济特别有活力,特别有韧性。国有经济是长子,民营经济是兄弟,正所谓"兄弟同心,其利断金"。

二、企业组织

在生产经营活动中所采取的结构形态被称为企业组织,它表明企业作为一个经济实体,内部财产构成、分工协作,外部与市场发生联系的方式。企业组织是资源和权力分配的载体,在企业经营活动中处于基础地位并起着关键作用。

在市场经济的条件下,每个个体都可以直接和市场发生联系,那么为什么还要先组成企业,再由企业与市场联系呢?

劳动社会分工的发展,使单个生产者的生产活动不断地专业化,进而极大地提高了劳动生产力,但需要某种机制把生产者的活动协调起来。市场提供了一种协调机制,它通过价格可以把供求双方协调起来。但是,并不是所有的经济活动都是通过市场协调才能最好,一部分的协调可以通过企业内部的分工管理协调为好。如流水线上的工人并不是把他们各自的产品直接拿到市场上去出售,而是由经理和工段长来协调,这就是企业内部协调,即企业管理人员通过权威和命令来协调企业内部的劳动分工。

建立企业内部协调的原因是为了减少市场的**交易费用**。市场的使用并不是免费的,需要市场信息、询价报价、讨价还价、验货收款等一系列环节,这些都要产生费用,这样的费用被称为交易费用。因此,为减少交易费用,就要把交易转移到企业内部,将交易"内化"。交易内化后需要监督管理,监督管理也是费用,是"内化"的交易费用。这样,企业的组织规模是由企业的边际交易费用来决定的。生产过程中的某一个环节、某一道工序、某一个部件、某一个零件究竟是由市场交易来协调,还是由内部管理来协调,取决于市场交易费用大,还是监督管理费用大。企业的组织规模将发展到市场交易费用正好等于企业内部监督管理费用。因此,企业内部的合作、分工、监督、管理促进了市场的发育和完善;同样,市场的发育和完善也带动了企业内部的合作、分工、监督、管理。

监督管理费用在不同的生产方式下是各不相同的,不同行业的企业组织形式也就各不相同。磨剪子、磨刀是串街走巷的生产方式,以个体形式为好;目前活跃在大中城市的搬家公司以小组的组织形式为宜;而炼钢、炼铁就要以组成联合企业为好。当然,这里还有大量的理论问题和实际问题需要深入探讨。

市场经济在数百年的孕育和发展过程中,逐步形成了三种基本的企业制度,即个人业主制企业、合伙制企业和公司(法人)制企业。

个人业主制企业是由单一的出资者投资创办的企业。业主一般对公司负有无限的债务清偿责任。它有利于单一出资者对公司的绝对控制和管理,决策过程比较简单,从而使企业的所有者严格把握公司的经营目标、发展战略,投资决策不偏离所有者的意图。我国

---

① 中共十八届三中全会《中共中央关于全面深化改革若干重大问题的决定》。
② 习近平在中国共产党第十九次全国代表大会上的报告。

的个体户,以及相当一部分的私营企业,属于个人业主企业。企业赚钱,一切好处归业主所有;企业亏本,全部后果由业主自负,承担无限责任。

合伙制企业是由两个或者两个以上合伙人共同出资合办的企业,通常由几人、几十人,甚至几百人组成。合伙人分担投资、分享利润,共同管理企业,对企业经营的后果共同负有连带的无限责任。一旦企业亏损倒闭,所有合伙人必须以他们的全部财产(包括家产)负无限的债务清偿责任。

合伙制企业中的任何重要决策均需征得所有合伙人的一致同意,决策过程复杂;合伙人承担无限责任,风险很大。由于法律上的一些原因,只要一个合伙人退出或者死亡,整个合伙企业就可能就要改组或者散伙。我国城乡的一些私人小企业就属于这种企业。对于合伙人个人信誉有明显重要性的企业,如律师事务所、会计事务所等,常采用这种组织形式。

公司是现代企业制度中最为活跃的一种组织形式。它们虽然在企业数量上不是最多,但却占据着支配地位。当市场机制对资源配置起决定性作用时,公司必然会成为市场经济的主体。目前,我国正在努力建立现代企业制度,以现代产权制度为基础,发展混合所有制的公司制企业,且在进行着有益探索。

公司是由若干人共同出资,按照法定程序组成的,具有法人资格,是以营利为目的的经济组织。其基本特点一般是:法人财产与最终所有者的所有权分离,经营管理者与资本所有者分离,一般由决策、执行、监督三部分机构组成。公司以其全部财产对公司债务承担责任。公司也有着多种类型,依据 2006 年 1 月 1 日起施行的《中华人民共和国公司法》,公司分为有限责任公司和股份有限公司。

有限责任公司。这种公司是由一定数目,通常是数量不多的股东共同出资组成的。《中华人民共和国公司法》规定,有限责任公司由 50 个以下股东出资设立。各股东仅以其出资额为限来承担公司债务清偿责任。它不能向社会公开募集公司资本,也不能发行股票,股份一般只能在公司股东之间转让。有限责任公司适用于一般中小型企业,也适用于国有独资公司。

股份有限公司。它是通过向公众发行股票来筹集资本。股东以自己认购的股份承担有限责任,公司也只承担有限债务清偿责任。股票既可以上市公开交易,也可以不公开上市而转让。其中,上市的股份有限公司,只是少数,且要经过严格审定。这类公司为现代大企业的发展创造了有效的企业制度形式,往往成了经济活动的风向标。

在我国的企业制度改造过程中,还出现了股份合作制的组织形式,它是利用现代股份经济组织形式而发展起来的新型合作经济。它是将所有要素投入均折合为标准股份,通过股份的联合来实现劳动者个人财产、集体财产及各种要素的联合,所有投资者仅以出资额承担企业有限责任。这对明确集体企业的产权、促进集体企业规范化发展有利。一般小型的国有企业也可以改组为股份合作制。同样,企业的组织形式也在不断地创新。党的十八届三中全会决定:"鼓励非公有制企业参加国有企业改革,鼓励发展非公有资本控股的混合所有制企业,鼓励有条件的私营企业建立现代企业制度。"党的十九大政治报告中指出:"全面实施市场准入负面清单制度,清理废除妨碍统一市场和公平竞争的各种规定和做法,支持民营企业发展,激发各类市场的主体活力。"

三、企业运行目标

在日常经济活动中,承担所有利益相关者责任的企业,组织各种生产要素:从劳动力市场雇用劳务,从资金市场获得贷款和资金,从生产资料市场购买各种中间产品来组织生产,生产出的消费品提供给消费品市场,生产出的中间产品提供给生产资料市场。所得的收入除抵扣购买生产要素和中间产品的成本外,既要有一部分在生产要素所有者中间进行初次分配,又要有一部分上交国家进行再分配,还要留一部分为企业扩大再生产提供发展基金。企业在国内经济活动中的简要关系,如图1.2.1所示。

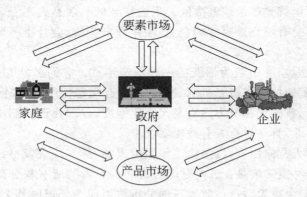

图 1.2.1　企业在经济活动中的位置

从企业在社会经济活动中所起的作用和承担的经济责任出发,我们通常都假定企业要以利润最大化作为运行目标,这样会给经济发展带来三个有利因素。

企业以利润最大化作为运行目标,有利于实现资源的有效配置。所谓资源的有效配制,就是指在产量既定的条件下,实现成本尽可能地小;或在成本既定的条件下,达到产量尽可能地大。以利润最大化为目标,就能有效地使用资源,使有限的稀缺资源产出尽可能最大。而企业把利润最大化作为追求目标,其直接效果是能够达到微观层次上的资源有效配置,进而也给宏观层次上的资源的有效配置提供基础条件。让市场在资源配置中起决定性作用。

企业以利润最大化作为运行目标,有利于企业有效地承担各利益相关方相应的经济责任。国家财政收入的增加、出资者资产的增值、企业的自我积累和发展、企业职工的集体福利和个人收入水平的增长等,无一不以赢利为物质基础。企业利润与所有利益相关者直接关联,如果企业没有赢利,那么企业所担负的经济责任也只能是空中楼阁,企业的社会责任也就无从谈起了。

企业以利润最大化作为运行目标,为企业增强独立商品生产者的地位和活力提供了可靠的物质基础。通常所说的企业活力,即企业自我积累、自我改造和自我发展的能力,这是要以企业能赢利为前提条件的。在市场经济条件下,如果商品生产者不能以收抵支、以资抵债,那么它只有宣告破产。

企业以利润最大化作为运行目标同时也受到了来自各个方面的批评,认为这样的目标太狭窄,而且也很不现实。企业要实现的目标确实是多方面的,尤其是作为现代企业制度的各种公司,由于资产的所有权和经营权分离,企业实际经营者的目标就不一定是利润最大化,而往往是在出资的股东们有一个满意的收益率的情况下,企业运行追求销售额最大化、市场份额最大化,追求企业的规模、经营活动范围最大化等。

而且,企业运行实现利润最大化在实际上也常常很不现实。一个企业的经营要受到多种条件的限制,投入资源的限制、生产场地的限制、仓库的限制、市场的限制,以及许多不确定性和判断与决策的错误,因此很难实现利润最大化。而且最大化的利润也是很难从实际中确定,往往是有一个满意的利润就不错了。

但是,尽管企业运行以利润最大化为目标会有这样那样的不现实,但是,企业以利润最大化为运行目标来分析企业行为,要比用其他任何目标来分析企业行为都要恰当和方便得多,它是一个合理的分析起点。而且,企业也只有能够实现利润,实现尽量高的利润,才有能力更好地承担企业的经济责任。因此,本课程也将以利润最大化为主线来展开讨论。

大家都知道,企业的利润是企业产出的总收益减去投入的总成本,产出收益不仅要考虑现在的收益,还要考虑未来的收益,投入成本同样也不仅要考虑现在的投入成本,还要考虑未来的投入成本。由于资金有时间价值,为了能够比较,又需要将未来的收益和成本都进行贴现,换算成可以比较的现值。

如果 TR_0、TR_1、TR_2、$\cdots$、TR_n 分别为当期和今后 n 年的预期总收益,PTR 为所有预期的总收益现值之和,假定贴现率为 r,则

$$PTR = TR_0 + \frac{TR_1}{1+r} + \frac{TR_2}{(1+r)^2} + \cdots + \frac{TR_n}{(1+r)^n}$$

$$= \sum_{i=0}^{n} \frac{TR_i}{(1+r)^i}$$

若 TC_0、TC_1、TC_2、$\cdots$、TC_n 分别为当期和今后 n 年预期每年投入的总成本,PTC 为所有预期的投入总成本的现值之和,则

$$PTC = TC_0 + \frac{TC_1}{1+r} + \frac{TC_2}{(1+r)^2} + \cdots + \frac{TC_n}{(1+r)^n}$$

$$= \sum_{i=0}^{n} \frac{TC_i}{(1+r)^i}$$

那么,企业各年的利润现值之和为

$$PV = \sum_{i=0}^{n} \frac{TR_i - TC_i}{(1+r)^i}$$

上式给出了管理经济学所要研究的一条主线,PV 代表了企业要追求的价值,通常所说的企业要实现价值最大化,即企业利润流现值最大化,全书将围绕着这条主线来展开。

四、企业社会责任

企业在经营管理过程中从经济责任出发,要努力实现利润最大化,但追求经济责任并不是企业唯一的目标。企业作为社会经济活动的一个重要主体,作为企业公民,除了要对所有利益相关者承担经济责任外,还要对整个社会经济持续发展负责,尽企业的社会责任。企业的社会责任意味着企业需要对自身的行为进行约束和规范,既要体现企业的宗旨和经营理念,又要接受外部道德和法律的约束。

中国的传统文化历来就有崇尚企业社会责任的风范,崇尚"仁中取利真君子,义里求

财大丈夫"，耻于"见利忘义"的陋行，秉承"经世济民"报国助人的情怀。但对于企业社会责任的本质内涵的界定常常并不是很清晰。1991年美国学者卡罗尔将企业的社会责任最终归结为经济责任、法律责任、伦理责任、慈善责任四个层次，形成了一个金字塔模型[1]，如图1.2.2所示。

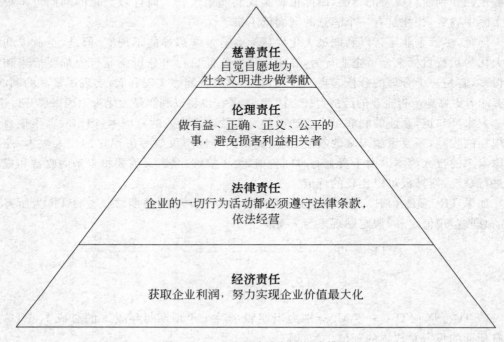

图1.2.2　企业社会责任金字塔模型

这四个层次责任的和谐统一，构成了企业的社会责任。最基础的是经济责任，没有经济责任，其他责任便无从考虑。经济责任的核心是获取企业利润，努力实现企业价值最大化。在现代企业制度中，企业所有者和经营者往往是分离的，股东是企业的所有者，企业要对股东负责。随着上市公司的日益增多，上市公司有能左右公司决策举足轻重的大股东，也有数以千万计分散的小股民，既要考虑大股东的利益，也要考虑小股民的利益。企业的经济责任是企业社会责任中的基础性责任，企业如果没有经济责任，也就无法更好地承担企业高层次的社会责任。

企业的法律责任要求企业的一切活动都要遵守法律条款，依法经营。市场经济体制本身是法制经济，企业的行为准则必须要符合法律规范，包含正确和不正确的法律规范。主要包括：违反企业程序规定的法律责任；产品质量的法律责任；滥用职权的法律责任；玩忽职守的法律责任；扰乱企业秩序的法律责任；侵犯合法权益的法律责任；以及其他违反经济法律法规的法律责任等。随着人类生存环境的不断恶化，保护环境的法律责任

①Carroll. Archie B. 1991. The pyramid of corporate social responsibility: Toward the moral management of organizational stakeholders. Business Horizons, Vol. 34(4), pp. 39-48.

便凸显出来。保护绿水青山,是企业法律责任的重要体现。

企业的伦理责任要求企业遵守社会伦理道德规范。做有益、正确、正义、公平的事,尊重和保护所有利益相关者的合法权益,遵守企业商业的伦理道德。因为法律责任涵盖不了社会对企业的所有期许,而且事实上法律条文的形成也往往是迟于社会经济活动中出现的新情况、新问题。伦理责任提出了更高层次上的企业社会责任,它需要自觉遵守。为了经济长远地发展,为了社会的公平、正义,在法律一时没有明确,或还没有来得及明确规定的情况下,应当自觉约束自己的行为,而不是千方百计地去钻法律的空子。"凡是法律上没有限制的行为都可以做"的廉洁是极不负责任的。作为一个有社会责任的企业,是不应当提倡的。

企业的慈善责任是企业社会责任的高级形式。它要求企业自觉自愿地处理慈善责任。企业作为人类社会经济活动中的重要主体,应当要为社会的繁荣、文明的进步、人们生活水平的提高做出应有的奉献。支持慈善事业,捐助社会公益,保护弱势群体,奉献社区建设,自觉保护环境等非强制性、非法律性要求的活动,是企业社会责任的最高境界。企业社会责任的最高境界表现为奉献——不追求回报的奉献,它超越了贡献。党的十九大政治报告明确指出:"必须始终把人民的利益摆在至高无上的地位,让改革发展成果更多、更公平地惠及全体人民,朝着实现全体人民共同富裕不断迈进。"这就决定了中国特色社会主义市场经济体制下的企业,特别是国有企业,它的社会责任的性质不同于一般市场经济制度下的一般企业。

企业的四个层次的社会责任并不是相互排斥,也不是简单叠加,也不能简单地相互替代,这样的排列只是强调社会责任发展的顺序。在社会经济发展水平的不同阶段,企业社会责任四个层次间的关系也是在不断地变化。在一个社会经济发展水平相对低下,还没有实现温饱的社会里,企业社会责任中的经济责任就会占主导地位,企业的经济责任主导和决定着企业其他层次的社会责任,但也决不是意味着就不要其他社会责任。但当社会逐渐摆脱贫困,实现全面小康时,此时人们对日益增长的美好生活的向往,决定了尽管企业的经济责任仍然是重要的基础性责任,但在企业社会责任中,高层次责任的权重要发生变化,高层次的企业社会责任要逐渐起引领作用。我国在全面建成小康社会的基础上,正向建设富强、民主、文明、和谐、美丽的社会主义现代化强国前进,企业应当承担的社会责任也必然要发生相应的变化,当然企业经济责任的基础性作用不会改变。

第三节　社会主义市场经济体制

中国共产党第十四次全国代表大会确定:我国经济体制改革的目标是建立社会主义市场经济体制,就是要使市场在国家宏观调控下对**资源配置**起基础性作用。党的十八届三中全会决定指出:经济体制改革是全面深化改革的重点,核心问题是处理好政府和市场的关系,使市场在资源配置中起决定性作用和更好地发挥政府作用。发挥市场机制功能,推动资源的有效配置,提高经济效率,实现效益最大化和效率最优化;更好地发挥政府作用:维护市场秩序,保障公平竞争,加强市场监管,弥补市场失灵,保持宏观经济稳定,推动可持续发展,加强和优化公共服务,促进共同富裕。使市场在资源配置中起决定性作用和更好地发挥政府作用是一个不可分割的有机整体。坚持和完善社会主义初级阶段的基本经济制度和分配制度,对我国的改革开放和社会主义现代化建设产生了重大而深远的影响。

一、资源配置

社会主义的生产目的是最大限度地满足整个社会日益增长的物质和文化生活需要,是以人为本,促进社会公平正义,增进人民福祉的出发点和落脚点。这里呈现出一个最基本的事实:人们对物质和文化生活的需要是日益增长的。

著名的美国社会心理学家马斯洛在 1946 年提出了需要的**五层次理论**,将需要分为生理需要、安全需要、社会交往需要、尊重需要和自我实现需要五类,依次从较低层次到较高层次逐渐产生。通常是较低层次在得到相对满足后,不再成为行为激励的内在动力,进而产生相对较高层次的需要。五个层次的需要又分为两级:前三个层次属于低级需要,它通常需要通过外部条件来满足;后两个层次属于高级需要,常通过内在因素来实现。可见,只用经济手段并不能满足人们所有的需要。一个国家的不同发展阶段,不同需要层次占主导地位的人数比例是变化的。目前我国仍处于社会主义初级阶段,低级需要占主导地位的人数比例仍旧很高。通过外部条件,满足日益增长的物质和文化生活的需要是当前的根本任务。

面对着日益增长的物质和文化生活的需要,可利用的资源是有限的。人们可利用的资源大体有两类:**自由品**和**经济品**。自由品是指人们可以不付出什么代价就可以自由支取的资源,如阳光、空气等,可惜可以自由支取的资源在自然界越来越少,甚至阳光和空气也将不再是自由品。与自由品相对的就是经济品,经济品是指人们若想得到它就必须付出一定代价的资源。

经济品又具有两个基本特点:一是**稀缺**;二是**有多种用途**。两个基本特点提出了两个基本命题:

要用稀缺的资源来满足人们日益增长的需要,这是一个十分尖锐的矛盾,那么如何来解决这个矛盾?资源有多种用途,如何将它用到最值得用的地方去?

回答第一个命题有两个好办法:第一,是对物质和文化生活需要日益增长的人们,也要加以教育。教育人们要珍爱地球、爱护环境、善待自然,不能为了一时一己的需要,无节制地向地球索取。对人类自己的行为要加以约束,用科学的发展观来武装头脑,指导行动。坚持人与自然和谐共生,践行绿水青山就是金山银山的理念。第二,是把有限的资源最有效地加以利用。

回答第二个命题就是努力实现资源的有效配置。实现资源有效配置的手段只有两种:**集中配置**和**分散配置**。集中配置表现为计划机制,分散配置表现为市场机制,计划与市场都是配置资源的手段。在社会主义市场经济的条件下,市场在资源配置中起决定性作用,市场决定资源配置是市场经济的一般规律,健全社会主义市场经济体制必须要遵循这条规律,必须积极稳妥地从广度和深度上推进市场化改革,推动资源配置依据市场规则、市场价格、市场竞争实现效益最大化和效率最优化。[①] 集中配置就要更好地发挥政府作用。

---

①中共十八届三中全会《中共中央关于全面深化改革的若干重大问题的决定》。

本书侧重于在市场机制对资源的配置起决定性作用上展开讨论。

二、市场规则

社会主义市场经济是市场经济,具有市场经济的一般性,与资本主义条件下运行的市场经济在规则上相通相似。市场规则可分为两大类:**体制性规则和运行性规则**。

体制性规则要求任何市场主体,只能在不损害公众利益的前提下,追求和实现自身的利益。确实是允许市场主体追求和实现自身的利益,在许多经济学教科书上将其称为"**自利原则**",有的还将其上升为市场经济的经济哲学。市场的主体为什么要发生交易?交易的目的是追求和实现自身的利益,而不是对方有利,尽管交易的结果是交易双方都得益。但绝不是只要自身能得益,什么伤天害理的事情都可以做。在现实的经济社会中,也确实有人为了自身的一点蝇头小利,干着伤天害理的事。我们也不时会听到有人感慨:"现在是道德沦丧、世风日下,都是市场经济惹的祸。"这是一种对市场经济的误解,恰当的说法应该是市场经济体制至今还不够完善惹的祸。市场经济体制性规则要求只有在不损害公众利益的前提下,才允许其追求和实现自身的利益。公众的利益既包含了公共的利益,也包含了其他利益主体的利益,这也正说明了企业的社会经济责任是要兼顾所有相关者的利益。市场经济的"自利原则"是共赢前提下的自利,而不是自利前提下的共赢。

此外,这里自身的"自"是指参与交易的主体。作为职业经理人,需要维护的是股东的利益、企业主体的利益。国有企业属于全民所有,是推进国家现代化、保障人民共同利益的重要力量,经营者需要维护的是代表全体人民利益的国家利益。经理人绝不能为了自己个人的利益,而损害交易主体的利益,那种做法是严重的渎职和贪污行为。对于民营企业,在不损害公众利益的前提下,职业经理人同样要维护交易主体的利益。维护其交易主体的利益是职业经理人最重要的**道德基线**。

市场的运行性规则大体包含下面三个方面内容。

1. 市场进出规则

市场进出规则需要市场交易主体遵循一定的法规和具备一定的条件,要满足技术和规模标准的要求、生态环境和卫生标准的要求等,不能拿不合格的产品来坑害消费者,从而保证市场主体行动的规范性,保证市场运行的有序性。市场是一个有序竞争的法制经济,实行统一的市场准入制度,在制定负面清单的基础上,各类市场主体可依法平等进入清单之外的领域。

2. 市场竞争规则

市场竞争规则是保证各市场交易主体能够在平等的基础上充分竞争的准则。着力清除市场壁垒,市场主体之间的平等竞争,意味着它们的竞争机会均等,站在同一起跑线上,按照统一的市场价格,取得生产要素和出售商品,能够公平地承担各种税赋。这里强调的是机会均等,而不是结果均等。结果是优胜劣汰,不同情弱者,利益一定是不均等的。

为了实现平等竞争,政府必须要制定一系列竞争规则来保护合法竞争,防止市场垄断和不正当竞争,排除超经济的行政权力的不正当干涉,消除对市场的分割、封锁以及对部分市场主体的歧视性待遇等。党的十八届三中全会决定提出:废除对非公有制经济各种形式的不合理规定,消除各种隐性壁垒,制定非公有制企业进入特许经营领域具体办法。

党的十九大政治报告又进一步指出："深化商事制度改革，打破行政性垄断，防止市场垄断，加快要素价格市场化改革，放宽服务业的准入限制，完善市场监管体制。"市场竞争的结果会加大收入差距，但目前，在我国市场竞争造成收入分配的差距过大，主要还是因为竞争的机会不均等造成的，因此，克服市场经济造成收入分配差距过大的办法，主要还是要在努力创造机会均等的竞争环境上下功夫。同时，还要保护不均等的结果。通过正当竞争得到的回报是合法收入，要从法律层面对合法收入加以保护，鼓励勤劳守法致富。

3. 市场交易规则

市场交易规则是：交易必须公开，除涉及国家安全的商业秘密外，一般交易活动都要在市场上公开进行；交易必须平等，一切交易都必须在自愿、等价、互惠的基础上进行，企业自主经营、公平竞争，消费者自由选择、自主消费，严禁欺行霸市和强买强卖的行为。[①]公平、公正、公开是市场交易的重要特征。

三、市场机制

市场机制是在市场经济条件下，社会经济活动的各个环节、各个部分通过市场的作用建立起来的一种内在有机联系。主要是由市场的供求变化，通过竞争的方式引起价格、利率、汇率等上下自由地波动，来引导资源朝更加有效、更加合理的方向流动，从而达到资源优化配置的目的。

当市场上供大于求的时候，市场的成交价格就会下降，价格下降就会引起需求量的增加和供给量的减少，从而使社会资源的投入减少。而当市场上求大于供的时候，成交价格就会上升，价格上升就会引起需求量的减少而供给量的增加，从而使社会资源的投入增加。这个过程是自动地、及时地进行着，就仿佛有一只"看不见的手"在进行指挥。现在，一般都把"看不见的手"看作市场调节机制的同义词。

（一）市场需求

市场的显著特征是交易，是由**需求**和**供给**两个方面组成的，连接二者的纽带是交易的**价格**。市场需求是研究在特定的时间内，对某一商品（产品或服务）的市场需求量与需求价格之间的关系。需求价格是消费者对一定数量的商品能够支付并愿意支付的最高价格。在经济学中，我们将这样的需求称为**有效需求**，今后，在不加说明时，提到的需求都是指有效需求。通常情况下，当市场价格上升时，消费者对需求的数量会下降；而当市场价格下降时，消费者对需求的数量会增加。需求数量与需求价格成反向变动关系，这被称为**需求法则**。

若以需求价格（P）为纵轴，需求数量（Q）为横轴，那么需求曲线就是一条向右下方倾斜的曲线，相当于中国汉字中的一捺，如图 1.3.1 所示。当市场价格发生变动时，需求量沿需求曲线变动。

为简单起见，假定需求量与价格呈线性关系，可以表示为

$$Q_d = a_0 - a_1 P \quad (a_0 > 0, a_1 > 0)$$

影响需求的还不止一个价格因素，如人们的收入发生变动，相关商品的价格发生变

---

① 马洪. 什么是社会主义市场经济. 北京：中国发展出版社，1993.

动,人们的消费偏好、风气发生变动,甚至消费的时间、地点发生变动,都会影响消费者的需求,这时**需求曲线**会向左或向右**移动**。需求增加时,需求曲线向右移动;反之,则向左移动,如图 1.3.2 所示。需求量的变动和需求曲线的移动并不是一回事。

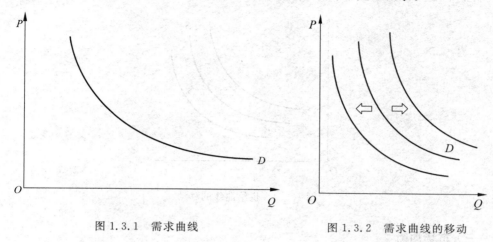

图 1.3.1　需求曲线　　　　　　　　　图 1.3.2　需求曲线的移动

(二)市场供给

市场上的另一方是供给。市场供给是研究在特定时间内,某一商品(产品或服务)的市场供给量与供给价格之间的关系。供给数量是生产者对一定价格的商品愿意提供并能够提供的数量,称为**有效供给**。同样,以后不加说明的供给,都是指有效供给。通常情况下,当市场价格上升时,供给的数量会上升;当市场价格下降时,供给的数量会下降。供给的数量与供给价格成正向变动关系,被称为**供给法则**。

同样以供给价格为纵轴,供给数量为横轴,那么供给曲线就是一条向右上方翘起的曲线,相当于中国汉字中的一撇,如图 1.3.3 所示。当市场价格发生变动时,供给数量延供给曲线变动。

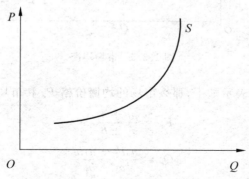

图 1.3.3　供求曲线

为简单起见,假定供给量与供给价格呈线形关系,那么可以表示为

$$Q_s = -b_0 + b_1 P \quad (b_0 > 0, b_1 > 0)$$

影响供给关系也不止价格一个因素,如技术进步、生产力提高、成本下降或投入要素

价格的变动等都会影响供给,这时的影响是使**供给曲线**向左或向右移动。供给增加时,供给曲线向右移动;反之,则向左移动,如图1.3.4所示。同样,供给量的变动和供给曲线的移动并不是一回事。

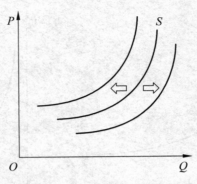

图1.3.4 供给曲线的移动

(三)市场均衡

当需求与供给的曲线一捺一撇相遇时,便形成了一个十字交叉,这就是市场。市场就是研究这一捺一撇之间的关系。在同样的价格下,买主和卖主愿意买卖的数量一致时,市场的供求就达到了均衡,如图1.3.5所示。

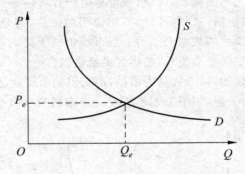

图1.3.5 市场均衡

若需求与供给分别表示如下,那么市场的**均衡价格** P_e 和市场的**均衡交易量** Q_e 为

$$P_e = \frac{a_0 + b_0}{a_1 + b_1}$$

$$Q_e = \frac{a_0 b_1 - a_1 b_0}{a_1 + b_1}$$

若市场的价格高于 P_e,市场上的供给量大于需求量,供给者之间就存在竞争,为了把商品推销出去,就不得不降低价格出售,使市场的价格降下来。若市场的价格低于 P_e,市场上的需求量大于供给量,需求者之间就存在竞争,需求者为了能够买到商品,便愿意出高于 P 的价格,这样就把市场价格抬了上去。我们将这种机制称为**供求法则**,它是说:

在自由竞争的市场上,供给和需求的力量一般总会把价格推向均衡水平,在均衡价格下供给量和需求量相等。市场上的供给和需求曲线发生移动时,市场上的均衡价格和均衡交易量也会发生变动。专栏1-1表明,在我国食糖市场上,由于供求的变动而造成的市场价格的波动。

专栏 1-1

我国食糖市场价格的跌宕起伏

在我国的农产品市场上,食糖的价格波动最大。在中华人民共和国成立以后的相当长的一段时间里,食糖的价格一直由政府严格控制,自 1991 年国务院决定改革食糖流通体制后,食糖市场开始放开,食糖行业得到了快速发展,但市场运行却并不平稳,虽然有需求方的原因,但主要是供给方的原因,导致食糖市场价格大起大落。从总体来看,自 20 世纪 90 年代以来,我国食糖市场的价格大体经历了 5 次跌宕起伏。

早在 20 世纪 90 年代初,1991—1992 年榨季,全国产糖 791.6 万吨,加上商业压缩库存糖 200 多万吨(主要是多年进口库存糖),投放市场的食糖总量达 1 000 万吨,大大超过了当年市场 720 万吨左右的需求量,市场刚刚放开,糖价暴跌,最低跌至 1 500 元/吨。随后市场糖料的收购价格也大幅下降,加上企业还大量拖欠农民糖料款(打白条),挫伤了蔗农的积极性,糖料产量大幅下降,进而导致食糖产量大幅下降,供求关系严重失衡。1994—1995 年榨季食糖产量为 542 万吨,当年的食糖消费量为 820 万吨,食糖供需缺口为 280 万吨,1995 年 3 月食糖价格创出 4 800 元/吨的历史高位。价格出现了第一次起伏。

接着在 1995—1996 年榨季,全国产糖 662.8 万吨,按计划来看,若进口 100 万吨食糖,即可满足当年的市场需要;但由于走私猖獗,实际净进口食糖为 246.3 万吨,其中走私进口糖 141 万吨,使投放市场食糖总量达到 900 多万吨,大大超过了当年市场 760 万吨的需求量,导致市场糖价再次暴跌。但不久后,我国的食糖主产区——广西遭遇了历史上罕见的寒流袭击,出现了几十年不遇的霜冻天气,大面积的甘蔗被冻坏,糖价一周之内便从 1 985 元/吨暴涨至 2 800 元/吨,最高升至 4 350 元/吨。价格出现了第二次起伏。

到了 1998—1999 年连续两个榨季,食糖大幅度增产,加上进口糖,市场食糖供过于求,同时受亚洲金融危机的影响,国际国内食糖消费也出现萎缩,市场糖价再次暴跌。但随后受天气持续干旱的影响,供给出现缺口,食糖市场价格又逐步上扬。这是食糖价格的第三次起伏。

第四次价格起伏是在 2002 年,我国食糖产量迅速增长,达到了 850 万吨,2003 年则进一步提高,达到了 1 063 万吨,比 2002 年增产 213 万吨,达到历史最高水平,同时因 2001 年我国加入了 WTO,食糖进口量较大,导致国内糖价急转直下,由 2001 年年初的每吨 4 200 元,下跌到 2002 年 4 月的每吨 2 600 元,到 2003 年 8 月最低跌至每吨 1 954 元。但到了 2006 年,由于汽油价格过高,需要更多的糖料用于生产燃料乙醇,因此推动了国际糖价的高涨,我国食糖价格也一路上扬,食糖价格最高时突破了每吨 6 000 元,创历史新纪录。出现了第四次的价格起伏。

第五次价格起伏是在我国食糖产量连创历史新高纪录的情况下,虽然消费量也稳步增长,但市场却出现了供给过剩,导致食糖价格大幅下滑。加上全球金融动荡,国际国内经济增速明显放缓,三聚氰胺奶粉事件也给我国整个食品行业带来了负面影响,因此在2008年10月,食糖价格再次跌到谷底。但由于当年出现了冰雪、台风、洪灾、干旱等多种自然灾害,加之农民投入不足,导致糖料和食糖产量均大幅减产,全球食糖库存也降至最低。自2009年年初以来,食糖价格继续攀升。2011年10月,价格连续突破6 000元/吨和7 000元/吨。这是价格的第五次起伏。

到了2014年,由于前期糖价的高位波动,导致国内外糖价倒挂加剧,低价进口糖严重冲击国内市场。2013/2014榨季,进口糖为390万吨,占国内糖产量的29%。国内市场糖价从2010—2011年最高价7 800元/吨,跌到2014年9月的3 900元/吨,价格跌幅达50%,全行业亏损。2015—2016年,糖业市场逐步回暖,国内外食糖差价缩小,国际糖价持平略涨,对国内市场价格的影响在不断加大,国内市场价格在5 000~6 000元/吨波动,波动幅度有望趋小。

资料来源:中国糖业协会相关数据。

政府有时会对市场的价格实行干预,有两种干预方法,价格低于均衡价格的**限制价格**或高于均衡价格的**支持价格**。

若要使价格低于均衡价格的限制价格,政府实行的是在自由竞争的市场设立最高限价,或者干脆直接规定指令性价格,如图1.3.6所示,规定的价格P_1要低于市场均衡价格P_e,这时需求量是Q_2,供给量只有Q_1,Q_2大于Q_1,商品发生短缺。

政府干预价格的另一种方法是将价格抬高,规定高于均衡价格P_e的最低限价,或直接下达指令性价格P_2,这时市场上的需求量是Q_1,而供给量是Q_2,Q_2大于Q_1,商品发生过剩,如图1.3.7所示。

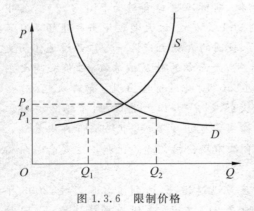

图1.3.6　限制价格

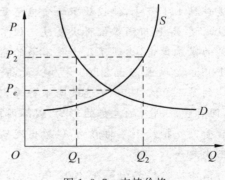

图1.3.7　支持价格

市场上供求双方的力量通常并不是势均力敌,不是买方强于卖方,就是卖方强于买方,于是分别形成了**买方市场和卖方市场**。

买方市场上的交易主要由买方左右,市场是在买方占优势的情况下运行的。它的基本表现形式是:市场上商品丰富,供给量超过了需求量,买方有着挑选商品的余地,卖方处于被动地位,并要为促进商品的销售而彼此间展开竞争。在买方市场上,消费者被称为"上帝"。

卖方市场上的交易主要由卖方左右,市场是在卖方占优势的情况下运行的。它的基本表现形式是:市场上商品短缺,供不应求,价格有上升的趋势,交易条件有利于卖方而不利于买方,卖方是扬眉吐气,所谓"皇帝的女儿不愁嫁",买方则处于被动地位,要为购买所需的商品而展开竞争。

由于在买方市场上,企业之间在商品销售上存在竞争,这有利于促使企业努力改善经营管理。可以使生产者之间的竞争加剧,从而促使社会分工,提高专业化协作和经济效益。产品有一定程度的过剩,可以提高市场信息传导,明确地显示哪些是长线商品,哪些是短线商品,从而引导资源合理的流动,有助于产业结构的合理化。生产者之间的竞争,还可以促进新技术、新工艺、新设备的运用,有利于提高产品质量,降低成本,造成优胜劣汰,从而使资源向效益好的生产者手中集中。同时,消费者也享有更大的商品选择权,这就迫使生产者按需要进行生产。

因此,在市场经济条件下,一般都会把形成有限的买方市场作为市场发育和成熟的标志,买方市场更有利于资源的合理配置,发挥市场机制对资源配置的决定性作用。近几年来,我国企业的经营者越来越强烈地感受到企业之间的竞争越来越激烈,压力也越来越大。如果不能不断地向一切先进的经营理念和经验学习,不断地注意用现代企业制度来改造企业,不断地引进先进技术来提高产品的质量和降低成本,不断地创新推出新产品从而更好地适应消费者的需要,企业就难以生存。这也恰恰说明了我国的社会主义市场经济体制正在不断地完善和成熟。

当市场上供大于求时,市场上的成交量由需求决定,求大于供时,成交量由供给决定,这被称为**短边原则**。一个国家或地区最终产品和服务的总成交量的市场价值就是该国家或地区的国内生产总值,即 GDP。这说明在市场经济的条件下,一国或一地区的 GDP 主要是由需求决定的,需求拉动 GDP 的增长将是市场经济条件下的常态。

在市场经济条件下,有限的买方市场是市场发育和成熟的标志,市场供给侧大于需求侧已成为常态。我国经过长时期的高速发展,出现了多行业的产能过剩,经济必须要由高速增长阶段转向高质量发展阶段,进行质量第一、效益优先的供给侧改革。

四、国家宏观调控

市场对资源的配置发挥决定性作用是和更好发挥政府作用相结合的。加强和改善宏观调控,既是社会化大生产的客观要求,是发展社会主义公有制的客观要求,也是建立和完善社会主义市场经济体制优势的内在要求。单纯的市场机制存在自身的弱点和消极作用,具有自发性、盲目性和滞后性等明显的缺陷,它往往不能从整体上来实现社会资源的合理配置,也不能达到社会主义基本制度所要求的共同富裕。因此,发展社会主义市场经济,必须要加强和改善国家的宏观调控。科学的宏观调控表现为政府的职责和作用,主要有八大方面:保持宏观经济稳定,加强和优化公共服务,保障公平竞争,加强市场监管,维护市场秩序,推动可持续发展,促进共同富裕,弥补市场失灵。体现为对市场运行的维护、管理、引导和纠正。

在市场经济条件下,供给大于需求将是常态。宏观调控的主要目标是保持社会**总供给**与社会**总需求**的大体基本平衡,这也是市场经济条件下宏观调控的基本目标。总量平衡必须建立在重大经济结构协调和生力布局优化的基础上,结构协调了,布局优化了,总量平衡了,才能使国民经济持续、快速、健康地发展,从而推动经济和社会的全面进步。

在社会主义市场经济条件下,国家宏观调控的顺利展开,依托于有效的宏观调控体系,借助于各种宏观调控手段。其中,**经济手段**和**法律手段**是市场经济条件下宏观调控的主要手段。用经济手段调节经济主要是指:由政府制定并贯彻实施各种宏观经济政策,综合运用各种经济杠杆来具体落实这些政策。用法律手段调节经济主要是指:围绕着市场制度和规则的建设,进行必要的立法和执法,目的是维护公平竞争的市场秩序。

社会主义市场经济条件下宏观调控的目标,需要通过制定和贯彻各项宏观经济政策来加以实现。宏观经济政策主要包括**财政政策**、**货币政策**、**产业政策**、**收入分配政策**等。其中,财政政策和货币政策最为重要,其他各项宏观经济政策的实施,都要依托于财政政策和货币政策的运用。

国家宏观调控要注意处理好**效益与公平**之间的关系,尤其是要注重公平。宏观调控政策也会更多地与国家的社会基本制度联系在一起,更多地体现出社会基本制度特征。

迄今为止,世界各国社会经济发展的历史均表明,市场经济总与该国所特有的历史条件和社会基本制度联系在一起。目前世界上那些发达国家的市场经济也都各不相同,中国的社会主义市场经济是市场经济和社会主义基本制度结合在一起运行的。中国特色社会主义市场经济是决定了我国一定不是自由放任的经济。

中国的社会主义基本制度,从经济上来说是公有制为主体,从政治上来说是共产党为领导,二者都以实现共同富裕为社会目标,它决定了我国宏观调控的目的、力度和范围。

社会主义市场经济一直坚持公有制的主体地位,发挥着国有经济的主导作用,多种所有制经济共同发展的**基本经济制度**。毫不动摇巩固和发展公有制经济,在国家安全和国民经济命脉的重要行业和关键领域,不断增强国有经济活力、控制力、影响力。毫不动摇地鼓励、支持、引导非公有制经济发展,保证各种所有制经济依法平等地使用生产要素,公平参与市场竞争,受到法律同等保护。这些年来,一直在不断地积极探索公有制的多种有效实现形式,且结合我国国情,与市场经济兼容,进行了一系列的试验。目前推行发展国有资本、集体资本和非公有资本等参股的混合所有制经济,实现投资主体多元化,使股份制成为公有制的主要实现形式,大大增强了公有制经济的活力,为国家宏观调控提供了强有力的物质基础和政治保证。事实也已证明,这样的基本经济制度,极大地促进了我国社会生产力、综合国力和人民生活水平的提高,使我国经受住了国际经济金融动荡、国内严重自然灾害、重大疫情等严峻考验。

中国共产党的宗旨是要"逐步消灭贫穷,达到共同富裕"。[①] 在社会主义初级阶段允许一部分人先富起来,存在合理的收入差距,但要避免两极分化,要逐步实现全体人民的共同富裕;中国共产党的领导,立党为公,执政为民,把全体人民的根本利益放在首位,从政治上确立了国家宏观调控的目标和任务。为保证社会公正和谐、地区协调发展、贫困逐

---

①《中国共产党章程》,中国共产党第十八次代表大会修改。

步被消除、逐步实现共同富裕,以公有制经济为主体就决定了国家宏观调控的力度会更大、范围更广。更加尊重市场规律,从而更好地发挥政府作用。

改革开放四十年来,我国确立了经济体制改革的目标模式——建立社会主义市场经济体制。社会主义市场经济体制的不断完善,更大程度、更广范围地发挥了市场对资源配置的决定性作用,推动了现代产权制度和现代企业制度的建立,同时又注重加强和完善国家对经济的宏观调控,更好地发挥政府作用,克服市场自身存在的缺陷,使我国经济一直充满活力、富有效率和健康运行。

本 章 提 要

管理经济学是经济学应用领域的重要分支,主要是为立志成为企业经营决策者的读者提供一个有效的决策分析工具。作为职业经理人要具备"悟性"和"理性",而理性是可以通过学习而得到的。

管理经济学和微观经济学相近,保留了微观经济学严谨的学术风格和基本知识构架。管理经济学主要从企业的角度出发,为实现企业目标提供决策方法和依据,侧重于实证研究,重在理论与实际相结合。

企业是在特定的宏观经济环境下作决策的,宏观经济环境主要看五个指标:失业率、利率、通货膨胀率、实际 GDP 增长率和汇率。

企业是以营利为目的而从事生产经营活动的经济组织,它的经济责任围绕着价值最大化展开研究。企业同时要承担社会责任。企业的社会责任被归结为经济责任、法律责任、伦理责任和慈善责任不同层次,随着社会经济发展,不同层次责任的权重也会发生变化。以公有制为主体,多种所有制经济共同发展是我国目前的基本经济制度,现正在努力建设以产权制度为基础的现代企业制度。

我国经济体制改革的目标是建立和完善社会主义市场经济体制,就是要使市场在资源配置中起决定性作用,从而能够更好地发挥政府作用,加强和改善科学的宏观调控。

市场规则可以分为体制性规则和运行性规则。在共赢基础上的自利是体制性规则,进出有序、竞争公平、交易公开是运行性规则。市场主要由供求的变化,通过竞争方式达到资源的优化配置。需求遵循需求法则,供给遵循供给法则,价格就像"看不见的手"来调节资源的合理配置。

关键词和术语

管理经济学:管理经济学是应用经济学的重要分支。主要阐述一个企业经营决策过程中所依据的经济学原理,为其有效地实现经营目标提供一个经济分析的决策工具。

实证研究:实证研究是侧重分析经济活动是如何运行的及运行的原因,并预测将来会怎样发展的问题。就事论事地在说明是什么和为什么,努力探讨事件中的因果关系。

规范研究:规范研究是侧重分析经济活动是应当怎样运行的问题,旨在运用特定价值判断标准对各种经济活动的"好""坏"作出判断。

经济模型：为了有效探索经济现象中客观存在的错综复杂的关系，需要突出重点，并将关键问题简化而采用文字、图表、曲线、方程等的表达形式，也就必然涉及价值判断的标准。

存量：在某个时点所测定的量，且计量单位中没有时间量纲。

流量：在某一个时段（两个时点之间）所测定的量，且计量单位中具有时间量纲。

平均值：是应变量的值对自变量的值相除。

边际值：是增加单位自变量所引起的应变量的增加值。

企业性质：是企业的生产资料归谁所有，进而明确企业资产的增加值和收益应当如何分配。我国目前主要有国有企业、集体企业、有限责任公司、股份有限公司、私营企业、中外合资企业、外商投资企业等。

企业组织：在生产经营活动中所采取的结构形态，它表明企业作为一个经济实体和市场联系的方式。目前主要有三种基本企业制度：个人业主制企业、合伙制企业、公司（法人）制企业。

交易费用：市场交易过程中发生的费用，如市场信息、询价报价、讨价还价、验货收款等环节发生的费用。

企业社会责任：企业作为社会经济活动的一个重要主体要尽社会责任。可归结为经济责任、法律责任、伦理责任、慈善责任四个层次，随着社会经济发展，高层次的社会责任要逐渐起到引领作用。

企业价值最大化：企业利润流现值最大化。即企业历期利润现值之和 PV：

$$PV = \sum_{i=0}^{n} \frac{TR_i - TC_i}{(1+r)^i}$$

经济品：是指人们想利用它必须付出一定代价的资源。它通常具备两个基本特征：一是稀缺；二是有多种用度。

资源有效配置：将稀缺的资源最有效地加以利用来实现资源的有效配置。有效配置资源的手段有两个：集中和分散。

市场体制性规则：也称作"自利"原则。允许市场主体在不损害公众利益的前提下，追求和实现自身的利益。

市场运行性规则：主要有三个内容：交易主体进出市场要求遵循国家的各项法律法规；市场的竞争要确保各交易主体在平等的基础上充分的竞争，平等的核心是竞争的机会均等；市场的交易必须在自愿的基础上公开进行。

有效需求：消费者愿意并能够支付的商品数量和价格之间的关系。

需求法则：消费者需求的商品数量与价格成反向变动的关系。

供给法则：生产者供给的商品数量与价格成正向变动的关系。

市场均衡：在某一价格下，供求双方愿意买卖的数量一致，市场达到了均衡。这时的价格称作市场均衡价格，成交数量为市场均衡交易量。

买方市场：市场上供大于求，买方占优势，买方左右市场的交易。有限的买方市场是市场发育和成熟的标志。

卖方市场：市场上求大于供，卖方占优势，卖方左右市场的交易。

　　国家宏观调控：为达到社会主义基本制度所要求的共同富裕，必须加强和改善国家宏观调控。从整体上实现社会资源的合理配置。经济手段和法律手段是宏观调控的主要手段。

<h1 style="text-align:center">复 习 题</h1>

　　1．你是怎样理解一个成熟的职业经理人应当具备"悟性"和"理性"的？

　　2．什么是管理经济学？管理经济学与微观经济学是什么关系？

　　3．管理经济学和宏观经济学有关系吗？宏观经济环境的五个指标是什么？

　　4．你知道什么是经济模型吗？试用实例说明。

　　5．什么是内生变量？什么是外生变量？存量与流量有什么区别？

　　6．什么是我国的基本经济制度？你是怎样认识公有制经济的？

　　7．你是怎样理解现代企业制度的？

　　8．企业的社会责任是什么？如何理解企业经济责任的目标是实现企业价值最大化？它在企业社会责任中是处于什么位置？

　　9．为什么说计划和市场都是资源配置的手段？

　　10．经济品有什么特点？你是如何理解经济品的？请举例说明。

　　11．什么是市场的体制性规则和运行性规则？

　　12．你是如何理解市场机制对资源的有效配置的？为什么市场在资源配置中会起决定性作用？

　　13．什么是需求法则？什么是供给法则？什么是有效需求和供给？

　　14．需求量的变动和需求曲线的移动有什么区别？

　　15．为什么把形成有限的买方市场作为市场发育和成熟的标志？

　　16．你是怎样认识政府科学的宏观调控？为什么要更好地发挥政府作用？

 第一章自我检测题及答案

第二章 需求与需求函数分析

"正像达尔文发现有机界的发展规律一样,马克思发现了人类历史的发展规律,即历来为纷繁芜杂的意识形态所掩盖着的一个简单事实,人们首先必须吃、喝、住、穿,然后才能从事政治、科学、艺术、宗教等。"[①],这是恩格斯在马克思墓前重要演说中的一段,以此来总结马克思一生的伟大功绩。人类社会的生产活动首先要满足人们对生活的基本需要,这是人类一切经济活动的出发点,也是一切经济活动的归宿点。社会生产活动的根本目的,正是为了最大限度地满足人们日益增长的物质和文化生活的需要,满足人们对更加美好生活的向往,它也因此而成为经济学研究的首要问题。

以企业的经济活动作为研究对象的管理经济学,同样把消费者的需要作为首要问题来进行研究。企业的经营者首先要了解消费者,尊重消费者的权益。在市场经济的条件下,尤其要尊重消费者的权益,我国还将每年 3 月 15 日定为"消费者权益日"。在需求这个问题上,消费引导生产,生产者是听消费者的,因此消费者是"上帝"。

第一节 需 求 函 数

一、需要与需求

人们的**需要**,通常也被称作**欲望**,是由许多层次的基本需要组成的,如生理需要、安全需要、社会交往需要、尊重需要、求知需要、求美需要、自我实现需要等。在经济社会发展的不同阶段,这些需要层次的构成会发生变化。在这一切需要中,生理需要通常处于最基础也是最优先的地位。

由需要或欲望的动机而产生了具体的需求。买者在某一特定的时间段内,在某一价格下,对一种产品愿意并且能够支付的购买数量,才称为**有效需求**。如果买者对一种产品虽然有需要或欲望,但是却没有支付能力,就不能称为有效需求。

需求是对企业经营者提供的产品或服务而言的(以后说到企业的产品,也包含服务),对消费者来说就是消费。社会的总需求通常分为三大部分:**最终消费**、**资本形成**和**净出口**。最终消费为满足消费者当期的需求,分为居民消费和政府消费两大类;资本形成是为满足消费者今后需求而在当期形成的资本积累,通常也称为投资,它构成了对当期的需求,未来的供给;最终消费和资本形成构成了国内的需求,简称内需。当期的出口产品与服务也形成了对国内生产的需求,但进口产品与服务却减少了对国内生产的需求,因此,

---

①恩格斯.马克思恩格斯全集(第 19 卷).北京:人民出版社,1963,p.374.

只有当期商品的净出口才能构成对当期的需求,长期来看,进出口应当是基本平衡的。需求的增长拉动了当年 GDP 的增长。专栏 2-1 是我国总需求的构成,以及三大需求对当年 GDP 增长的贡献率。

城乡居民消费是指直接满足人们日益增长的物质和文化生活需要的最终消费。而政府消费则更多的是为满足人们对公共品和准公共品消费的需求,也包含政权建设,这将在第十二章中再进行讨论。本章所研究的消费专指城乡居民消费,也就是"民生",它对企业组织生产起着最重要的影响。

专栏 2-1

我国三大需求对 GDP 的拉动与增长贡献率

由于市场上交易量遵循**短边原则**,供大于求时,交易量由需求决定;求大于供时,交易量则由供给决定。目前,我国社会主义市场经济体制逐渐完善和成熟,已经基本形成了供求平衡、供略大于求的买方市场。经济的增长主要由买方决定,是需求拉动我国经济活动总量 GDP 的增长。表 1 是历年来我国三大需求在当年 GDP 中所占的比例。其中最终消费又分为居民消费和政府消费两大类。

表 1　历年来我国三大需求在当年 GDP 中所占的比例　　　　（%）

年份	最终消费	资本形成	净出口	最终消费	
				居民消费	政府消费
1978	61.4	38.9	−0.3	48.4	13.0
1979	63.2	37.3	−0.5	49.4	13.8
1980	64.8	35.5	−0.3	50.1	13.6
1981	66.1	33.5	0.4	53.0	13.1
1982	65.9	32.4	1.7	52.9	13.0
1983	66.8	32.4	0.8	53.0	13.8
1984	65.1	34.9	0	50.2	14.9
1985	64.5	39.5	−4.0	50.4	14.1
1986	64.2	38.2	−2.4	50.5	13.7
1987	62.1	37.8	0.1	49.2	12.9
1988	61.5	39.5	−1.0	49.1	12.4
1989	63.6	37.5	−1.1	50.6	13.0
1990	62.9	34.4	2.7	49.4	13.5
1991	61.5	35.7	2.8	47.6	13.9
1992	59.4	39.6	1	45.1	14.3
1993	57.9	44.0	−1.9	43.7	14.2
1994	57.9	40.8	1.3	43.9	14.0
1995	58.8	39.6	1.6	45.6	13.2
1996	59.8	38.2	2	46.7	13.1
1997	59.4	36.2	4.4	45.8	13.4
1998	60.2	35.6	4.2	45.4	14.8

年份	最终消费	资本形成	净出口	最终消费	
				居民消费	政府消费
1999	62.3	34.9	2.8	46.1	16.2
2000	63.3	34.3	2.4	46.7	16.6
2001	61.6	36.3	2.1	45.6	16.0
2002	60.6	36.9	2.5	45.1	15.5
2003	57.5	40.4	3.1	42.9	14.6
2004	54.7	42.7	2.6	40.9	13.8
2005	53.6	41.0	5.4	40.0	13.6
2006	51.9	40.6	7.5	38.0	13.9
2007	50.1	41.2	8.7	36.7	13.4
2008	49.2	43.2	7.6	36.0	13.2
2009	49.4	46.3	4.3	36.2	13.2
2010	48.5	47.9	3.6	35.6	12.9
2011	49.6	48.0	2.4	36.3	13.3
2012	50.1	47.2	2.7	36.7	13.4
2013	50.3	47.3	2.4	36.8	13.5
2014	50.7	46.8	2.5	37.5	13.2
2015	51.8	44.7	3.5	38.0	13.8
2016	53.6	44.2	2.2	39.2	14.4

资料来源:《中国统计年鉴》2017,历年数据有变动,以2017年年鉴为准。

从表1中我们可以看到,最终消费拉动,特别是居民消费拉动所占的份额在一段时间内不断减少。尽管每年居民消费的总量随GDP的增长也在增长,但在GDP中所占的份额却在下降。在21世纪初的前十年的时间里,居民消费在GDP中所占的份额几乎下降了十多个百分点。而靠投资拉动的增长,投资在当年GDP所占的份额提高了10%,而投资形成了下一年的供给能力,从而导致供求矛盾的进一步扩大。另外则靠净出口拉动,而净出口的拉动带来我国对外贸易的顺差,外汇储备迅速增加,引起人民币升值的压力和国际贸易环境的恶化,人民币流动性过剩,最终会影响到我国经济稳定可持续的增长。直到21世纪的第二个十年,最终消费所占的份额才有所增长。表2是历年来三大需求对我国GDP增长的贡献率。

表2 历年来三大需求对我国GDP增长的贡献率 （%）

年份	消费拉动	投资拉动	净出口拉动
1978	4.5	7.8	−0.6
1980	6.1	1.6	0.1
1985	9.5	10.7	−6.8
1990	3.6	−2.9	3.2
1995	5.1	5.1	0.8
2000	6.6	1.9	0.0

年份	消费拉动	投资拉动	净出口拉动
2001	4.1	5.3	−1.1
2002	5.1	3.6	0.4
2003	3.6	7.0	−0.6
2004	4.3	6.2	−0.4
2005	6.2	3.8	1.4
2006	5.3	5.5	1.9
2007	6.4	6.3	1.5
2008	4.3	5.1	0.3
2009	5.3	8.1	−4.0
2010	4.8	7.1	−1.3
2011	5.9	4.4	−0.8
2012	4.3	3.4	0.2
2013	3.6	4.3	−0.1
2014	3.6	3.4	0.3
2015	4.1	2.9	−0.1
2016	4.3	2.8	−0.4

资料来源:《中国统计年鉴》2017,历年数据有调整,以 2017 年年鉴为准。

从表 2 中我们可以注意到,三大需求对 GDP 增长的拉动作用有几年时间几乎是并驾齐驱。从长期来看,这种状况是不可能持续的,进出口只能大体平衡。因此,只有拉动内需,拉动内需中的最终消费,特别是居民的最终消费。目前,我国经济发展的许多基础设施还比较薄弱,特别是在经济欠发达地区,投资拉动的比重适当高一些是有必要的,也是可能的。但从长远来看,消费和投资的比例还是要适当,这样国民经济才可以持续稳定健康的增长。

目前,世界平均消费率(政府和居民消费)占国内生产总值的 78% 左右,低收入国家为 81% 左右,下中等收入国家为 70%,中等收入国家为 75%,高收入国家超过 80%。正在迅速发展中的国家,投资积累的比例高一点也是必然的,但我国 2012 年最终消费需求在国内生产总值中只有 49.5%,居民消费仅占国内生产总值的 36.0%。显然,过低的消费率并不利于经济的健康增长,会导致经济增长缺乏持续性。究其原因还是居民收入差距不断加大造成的,钱多的人没处消费,钱少的人不敢消费,缺钱的人没钱消费。我国若要经济健康、稳定、持续发展,应牢牢把握扩大内需这一战略基点,缩小收入差距,加快建立扩大消费需求,尤其是居民消费的长效机制。同时,还需要加强供给侧改革,坚持去产能、去库存、去杠杆、降成本、补短板,优化存量资源配置,扩大优质供给,实现供需动态平衡。

消费在社会生产过程的四个环节,即生产、消费、交换、分配中,它是终点,也是起点。"没有生产,就没有消费,但是,没有消费,也没有生产,因为如果这样,生产就没有目的。"[1]

正是由于消费既是经济活动的起点,又是经济活动的终点,因而要特别注意尊重消费

---

[1]马克思.马克思恩格斯全集(第 2 卷).北京:人民出版社,1963,p.94.

者的权益。消费引导着生产,消费者在市场上所花的每1元钱,就等同于1张选票,消费者喜欢某一种产品(也包括劳务),花钱去购买它,就等同于向这种产品的生产者投了票,生产者可以根据社会的消费趋势来安排生产。这就是说,消费者可以凭借市场机制,来决定生产什么、怎样生产。在消费者与生产者的关系上,生产者必须要听消费者的,否则产品便没有销路,生产者就达不到生产的目的。实际上,尊重消费者的利益,使消费者得到最大限度的满足,是生产者实现目标和社会资源优化配置的前提。因此,才有了"顾客第一""服务至上"等层出不穷的理念。

如图2.1.1所示,在2016年我国城镇居民所花的每1元钱中有30.1分投向了食品烟酒;7.0分用于衣着;6.1分用于生活用品及服务,7.6分用于医疗保健;13.7分用于交通通信;教育文化娱乐则占11.2分;居住为21.9分;其他的2.4分为杂项产品的支出。

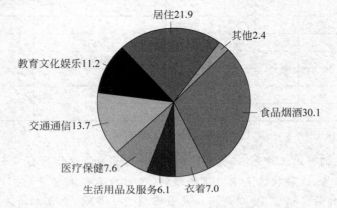

图 2.1.1 2016年我国城镇居民消费支出结构(%)

而每年投票的结果并不相同,且在不断地发生变化。每一个微小的变化对相关企业都会产生十分重要的影响,每个千分点、万分点都是几千亿元、几百亿元的市场。而我国的农村居民投票的结果又有所不同。图2.1.2是2016年我国农村居民消费现金支出结构。为什么会有这样的结果?为什么城乡之间的消费结构会不同?是什么因素引起它们的变化?今后又将发生怎样的变化?这就需要我们进一步研究消费者的行为。

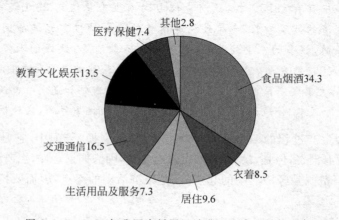

图 2.1.2 2016年我国农村居民消费现金支出结构(%)

二、个人需求曲线

消费者的行为决定了消费者选择的结果。在经济学中,我们把人们从消费产品过程中得到的满足称为**效用**(utility)。效用的大小是消费者对所消费产品组合的满意程度,或者说是主观使用价值的主观量度,它反映了消费者的偏好,是一种心理感受。

效用既然是**消费者偏好**的**主观量度**,也就会因人因事而异、因时因地而异。同一产品对不同人的效用不能进行简单比较;同一人在不同时间、不同地点对同一产品的效用也不能进行简单比较。有的人喜欢抽烟、喝酒,有的人则烟酒不沾,那么他们对烟酒使用价值的主观量度就大不一样。一件毛皮大衣,在北极村的寒冷季节,会得到极高的评价,但是到了海南岛就成了累赘。

1. 总效用

总的满意程度用**总效用**(total utility,TU)来衡量,这当然要与消费各种产品数量的组合有关。通常的情况下,消费的数量增加,总的满意程度也会增加。不同产品带来的满意程度也常常不是简单相加,看一场电影带来的满意程度和吃一顿晚餐带来的满意程度也许互不影响,总的满意程度可以是两者相加。吃饱了,满意了;穿暖了,满意了;吃饱的同时穿暖了,总的满意程度要超过两者分别满意程度之和。这说明不同产品的效用是可以相互影响的,这里吃饱穿暖的影响为正,当然影响也可以是为负的。

2. 边际效用

人们更加关心的往往是**边际效用**。边际(marginal)是经济学中的一个关键术语,在经济学分析中广泛地得到使用,通常表示一个"新增"的概念,或"额外"的意思。边际效用(marginal utility,MU)是指在新增加一个单位产品消费时带来的满意程度增加量。当你十分口渴时,一口清凉饮料喝下去,你的感觉是痛快啊!这"痛快啊!"就是你喝第一口清凉饮料的边际效用;再喝一口,你的感觉是好,这"好"是你喝第二口清凉饮料的边际效用;再喝第三口,你的感觉是行,这"行"是你喝第三口清凉饮料的边际效用;如果你又喝了第四口,你的感觉是喝不喝无所谓,"喝不喝无所谓"就是你喝第四口清凉饮料的边际效用。当然你还可以继续喝下去,边际效用可能出现负,这叫"吃饱了撑的"。

这里可以看到,边际效用有一个有趣的现象,那就是在一定时间内,一个人消费某一种产品的边际效用,随着其消费量的增加而减少,这叫**边际效用递减法则**。

边际效用递减的现象,在日常生活中是司空见惯、普遍存在的,只是我们不大注意罢了。这是由于边际效用的大小与欲望的强弱有关。如一个人在非常饥饿的时候,对于食物的欲望非常强烈,那时食用的边际效用就相当大;而在他不太饿的时候,食用的边际效用就要小一些;在他很饱的时候,食用的边际效用就可能为零,甚至为负。因此,在一定的时间内,边际效用的大小与消费数量的多少呈反向变动关系,随着消费数量的增加,满足程度在提高,消费的欲望会减少,边际效用就会下降。由于欲望具有再生性、反复性,边际效用也就具有时间性,过一段时间后,边际效用又会提高。

3. 个人需求曲线

边际效用是决定产品需求价格的主观标准,消费者的每一次购买,在衡量"值不值""划算不划算"时,不是考虑产品的总效用,而是考虑所买产品最后一个单位的边际效用。通常消费数量少,消费最后一个单位产品的边际效用高,愿意支付的需求价格就高;消费数量多,消费最后一个单位产品的边际效用低,愿意支付的需求价格就低。换句话说,市场价格越高,需求的数量就越少;市场价格越低,需求的数量就越多。薄利就能多销便源于此,这就从理论上说明了作为消费者的需求曲线,消费的数量和价格的关系像中国汉字的一捺,需求曲线背后的理论依据就是消费者的边际效用。边际效用递减法则决定了需求曲线像一捺。

以边际效用为代表的主观判断标准,在每一次具体交易中都会起作用。对此,我们可以这样理解,人们实际上并不是真的去计算产品的总效用是多少单位,进行每一次交易时,人们心中总是在盘算"划算不划算"。这划算不划算就是在进行性价比的考虑,"性"就是最后一个单位产品所带来的边际效用,该单位产品能给你带来满意程度的增加;"价"就是产品的价格,即需要为此支付的代价。这就仿佛在进行边际效用的计算,并以此来指导消费者的每次交易。因此,边际效用就决定了消费者的**个人需求曲线**。当然,个人需求曲线还是要受支付能力等其他因素的约束。

三、市场需求曲线

就企业而言,更感兴趣的通常并不是具体的单个个人的需求,而是市场上对该产品的总需求。通常,在市场上有大量的消费者,**市场需求曲线**是由市场上所有的消费者(包括个人和企业)在同一时间内,不同的价格下对某产品的需求总量。它是市场上所有单个消费者需求量的加总,是**横坐标相加**。若市场上有三个消费者 A、B、C,他们的需求量分别如表 2.1.2 所示,每个消费者的需求曲线分别是 D_A, D_B, D_C,则市场需求曲线由这三个个体消费曲线的横坐标相加,在价格相同的情况下,需求的数量相加。因为需求的数量用横轴表示,所以又称为横坐标相加,如图 2.1.3 所示。由于是第一象限内的横坐标相加,市场需求曲线不一定是直线,但会是一条向下倾斜的曲线。

表 2.1.1　消费者需求

P $\diagdown$ Q D	A	B	C	市场
1	6	10	16	32
2	4	8	13	25
3	2	6	10	18
4	0	4	7	11
5	0	2	4	6

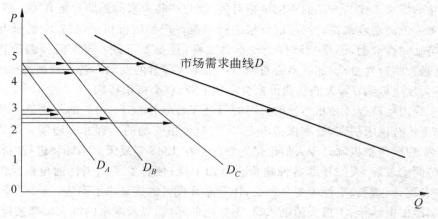

图 2.1.3　个人需求曲线和市场需求曲线

四、市场广义需求函数

在市场上,对某一种产品的需求数量,不仅受产品自身价格的影响,还受消费者的收入、相关产品的价格、消费者的品位和偏好、未来一段时间内对该产品价格的预期、市场上目标消费者群体的数量等诸多因素的影响。我们通常将需求量与这些变量之间的关系称为**广义需求函数**。

市场广义需求函数是研究这些因素如何对需求量产生影响。为了讨论其中某一变量对需求量的影响,通常都假定其他变量保持不变。

讲到产品的价格,一般是指产品本身的现期价格。价格变动时,对产品的需求量会发生变化。通常情况下,价格上升则需求量会下降,价格下降则需求量会上升,它遵循需求法则。在各种对需求量变动的影响因素中,产品本身的价格常处于首位。这就是尽管价格竞争常被称作最初级的竞争手段,但企业经营者却还是常将价格竞争作为最主要的竞争手段,因为它最有效。

不仅产品本身的价格要影响需求的变动,与其相关产品的价格的变动也会影响需求的变动。在被消费的产品中,相关产品存在两种关系:**替代品**和**互补品**。

通常情况下,当一种产品具有另一种产品同样的使用价值时,我们就称这些产品是可替代性产品。国产手机和进口手机相互之间就是替代品,它们的使用价值相同,具有替代性。当国产手机价格大幅下降时,进口手机便会基本退出市场。电子读物和纸介读物之间也是替代品,在互联网发达、电子读物成本下降时,纸介读物的销量将大受影响。而如果某种相关产品的价格上升,会激发对另一种产品的需求,这两种产品之间的关系是替代品。企业经营者要将替代品生产者看作竞争对手。

当一些产品总是要被共同使用才能发挥它们的效用时,它们之间的关系被称为互补品。汽油和汽车就是互补品,汽油价格的上升,会影响对汽车的需求量。某种产品的价格下降会带动对另一种产品需求数量的增加,则这两种产品之间的关系就是互补品。企业经营者要考虑互补品价格的变动对其产品的需求所产生的影响。

产品的需求不仅与产品的现期价格有关，也与产品未来的预期价格有关。事实上，市场上的每一位消费者都在对产品的价格进行预测。产品的价格是保持不变，还是要发生变动？是临时性变动，还是持续性变动？是上涨，还是要下跌？若人们预测价格是稳定的，或只是有临时性变动，那就不会对消费产生多大异常的变动。若人们预测价格会持续上升，就会发生抢购；若人们预测价格会不断下降，就会持币待购。

由于我国经济曾经在相当长的一段时间处于计划体制下，产品的价格既不反映价值规律，也不符合供求法则，长期保持不变，人们对价格变动的心理非常脆弱。但要进行改革，需要先理顺价格机制。令人们记忆尤深的是在1988年夏天。当即将进行"价格闯关"的种种传闻出现后，人们预测各种物价会全面上涨，便触发了全国性的抢购风潮。一时间，像皮夹克、鸭绒被、毛毯等冬令产品，伴着赤日炎炎的盛夏出了商店，流进了千家万户。甚至不制冷的电冰箱、不摇头的电风扇、不带色的彩电，以及漏水的洗衣机都被抢购一空，还出现了一家抢购几百千克食盐的奇闻。

但是经过1988年的抢购风潮后，人们也吸取了经验和教训，认识到我国物价改革总是在稳步而又合理地进行。虽然随后二三十年来，物价一直在变动，而且改革强度更大，但人们对价格的预期心理却趋于稳定，没有出现过大规模的抢购风潮。随着社会主义市场经济体制的逐步建立和不断完善，人们对价格变动的预期心理承受能力也在不断加大。预期价格对日常消费品需求量变动的影响程度在减少，但预期价格仍然是对需求量变动的一个影响因素。如我国股市和房市的大起大落，出现追涨不追跌，就是预期价格影响的一个突出事例。

消费者的收入显然是消费者消费的重要约束因素。收入也有不同的含义，如**持久性收入**、**相对收入**、**临时性收入**等，不同含义的收入对消费者有着不同的影响。

持久性收入相对比较稳定，对人们的消费影响最为深刻。人们有着这样一条基本消费心理规律：随着收入的增加，消费也会增加，即所谓的"财大气粗"。尽管价格总水平一直在不断地有所上升，但各种产品消费的数量却大大上升了。人们的收入多了，首先就会把他们的收入花费在生活必需品上，如食物、住房以及较少程度上的必要衣着。随着持久性收入的增加，食物上的花费也要上升，人们要吃得好一点、吃得多一点。但当收入再增加时，食物上消费支出的增长速度就要减慢，而在住房、衣着、交通、教育、娱乐等方面的支出就会增加。我国改革开放四十年来，扣除价格因素，2016年城镇居民人均可支配收入比1978年增加1 560%；农村居民人均纯收入增加1 475%。

除了与消费者的持久性收入有关外，消费者的消费也与其相对收入有关，即与"左邻右舍"的收入有关。人们存在着一种**攀比心理**，在消费水平上要向左邻右舍看齐。这样，生活在富裕人群中的贫困户，因怕别人看不起他，会将消费水平往上提。同样，生活在贫困人群中的富裕户，因怕露富，会将消费水平悄悄地向下压。

这一点在我国的经济生活中有其独特的表现。在相当长的一段时间内，全国人民的收入水平总体来说差别不大，消费时又互相看齐，形成一个同步消费的现象，消费"**排浪式**"地增长。这就有了一个"老三件""新三件"的说法。全国人民一起要"手表、自行车、缝纫机"，一起要"彩电、冰箱、洗衣机"。一"浪"接一"浪"地冲击市场，从而使市场上长期处于一个结构性紧张状态，短缺与过剩同在，紧张与疲软共存。近二三十年来这种情况已经有了很大的改善,收入的差距在拉大,城乡的差距在拉大,东西部差距在拉大,行业间的差距在拉大,人与人之间的差距在拉大。攀比有了困难,"排浪式"消费的现象也就大大减弱。而相对收入对消费影响的另一个表现形式开始出现了,那就是标新立异的炫富心理,一些奇异的消费现象就出现了。

收入还要区分临时性收入和持久性收入。临时性收入是指不固定的收入,没有稳定性,消费者不会将其收入都投入到现时的消费,而是要考虑长远的消费需要,会把一部分钱存起来。目前,我国居民,尤其是城镇职工居民的收入都由几部分组成,有相对稳定的档案性工资收入,有与职称职务挂钩的职称职务性收入,也有直接与当今业绩联系的业绩收入。后两者的收入往往占总收入中的较大比例,并有很大的不确定性,近年来城镇居民新增加的收入也主要是后两者。农民的收入,有着更大的不确定性。新增消费占新增收入的比例被称为**边际消费倾向**,新增加的不确定性收入以更低的比例用于直接的消费,边际消费倾向在减少,这是我国城乡居民储蓄率持续走高,居民消费占 GDP 的比例持续下降的重要原因。

消费者**品位**和**偏好**的变化同样也影响着需求的数量。消费者的品位、偏好与消费者的民族、文化、习惯有关,也与其受教育的程度有关。近年来,传媒的引导对消费者偏好的变化也产生了很大的影响。当人们实现温饱以后,将健康的重视提到了新的高度,医生和营养学家对人们的消费引导作用也正在不断加强。

目标市场上消费者人群数量的变化,当然也要影响对产品的需求。随着目标市场上消费者数量的上升,市场的需求量会不断上升;而消费者数量的降低,则会引起需求数量的下降。今后的十几年,我国老年人口在总人口中的比例要显著上升,与老年人相关的健康保健、旅游文化需求也一定会上升。可以预测,我国的**银发经济**一定还会不断发展。新目标市场的开拓也是增加需求的重要手段。

以上是对市场需求的一种**定性分析**。但仅仅定性分析还不够,为了更好地帮助决策,确保做到决策时心中有数,我们还需要定性与定量相结合的分析,这就需要引入"弹性"的概念。

第二节　需求弹性分析

若要对需求量变动因素的影响完全准确地**定量分析**,几乎是不可能的,但可以引入"弹性"的概念来帮助我们解决这个问题。"**弹性**"是物理学中广泛应用的概念,意指一个物体抗拒外力恢复形变的能力。在经济分析中,也普遍使用这个概念,是指用于研究一个因变量对某个自变量变化的反应敏感程度。在需求分析中,弹性是用来衡量需求量对需求变动因素变动的反应**敏感程度**,这是定性定量分析的结合。本节着重讨论需求价格弹性、需求收入弹性和需求交叉价格弹性。

一、需求价格弹性

(一)需求价格弹性的概念

需求价格弹性,是指假定需求函数中,所有其他因素都保持不变,仅当产品本身价格发生变化时,所引起产品需求量的变动,它用需求量的相对变动与价格的相对变动之比来表示的。它是需求量对产品价格变化的敏感程度的量度,写作 E_{dp}:

$$E_{dp} = \frac{需求量变动的百分比}{价格变动的百分比}$$

遵照需求法则,需求量与价格通常呈反向变动关系,E_{dp} 在一般情况下为负值,习惯上称需求价格弹性大是指其绝对值大,需求价格弹性小是指其绝对值小。弹性大,意味着当价格发生变动 1‰时,需求量会有比 1‰更大的相对变动;弹性小,意味着价格在变动 1‰时,需求量的相对变动要小于 1‰,需求价格弹性反映了需求量的变动对价格变动的敏感程度。

(二)需求价格弹性的分类

由于不同产品的需求量对于价格变动的敏感程度是不一样的,因此可根据不同需求价格弹性的大小,将产品分为六类。

1. 缺乏弹性的产品($-1<E_{dp}<0$)

这类产品在价格发生变动时,需求量会反向变动,但变动量相对较小,这类产品被称为缺乏价格弹性。这种情况若反映在需求曲线上,需求曲线则是一条相对陡峭的曲线。这说明价格相对变动 1‰时,需求量的相对变动不到 1‰,需求量变动的相对幅度没有价格变动的相对幅度大,如图 2.2.1 所示。

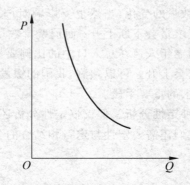

图 2.2.1　缺乏价格弹性产品的需求曲线

日常生活中,大量的生活必需品就缺乏价格弹性。如柴、米、油等,不会由于涨价,而少消费很多;也不会因为降价,而增加多大的消费量。

2. 富有弹性的产品($-\infty<E_{dp}<-1$)

这类产品在价格变化时,引起需求量的变动比较大,称为富有价格弹性。如价格相对变动 1‰,需求量的相对变动要超过 1‰,需求量变动的相对幅度要大于价格变动的相对幅度。需求曲线相对就比较平缓,如图 2.2.2 所示。

日常生活中的奢侈品往往就富有价格弹性。在我国现阶段,如小汽车、别墅、金饰、美容等,本属锦上添花,若降价可适当多买,若涨价,需求量就会下降很多。另外,很容易被其他产品替代的产品也富有弹性。如苹果就很容易被其他水果所替代,这样,苹果若要涨价,人们就必然会购买其他水果,因此对苹果的需求量会迅速下降。

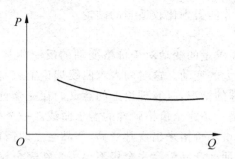

图 2.2.2　富有价格弹性产品的需求曲线

以上是日常生活中最常见的两种情况。

3. 单一弹性的产品（$E_{dp} = -1$）

这是一种特殊的情况，当产品的价格发生变动时，正好引起对产品需求量相同程度上的反向变动，即当产品的价格上升 1‰ 时，需求量正好下降 1‰。这时的需求曲线将是一条双曲线，需求量乘价格，等于常数，即在该产品上货币支付总量是一个常数。国外的经济学家研究表明，人们对住房的需求价格弹性大体上保持在 -1，为单一弹性。因为人一生的收入是一个大体确定的数量，其中只能将某一个适当的比例用在住房上。若房价便宜，住房的面积可以适当大一些；若房价比较贵，就需要适当减少住房的面积，如图 2.2.3 所示。

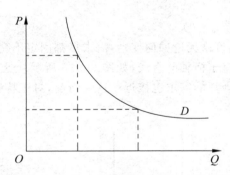

图 2.2.3　单一价格弹性产品的需求曲线

但在我国现阶段，对住房的需求价格弹性不一定是单一弹性的。在北京市，每年会有大量的新增就业人口，其中多数是年轻人，包括刚毕业的大学生、来京寻找发展机会的青年才俊，也包括多年进城务工的农民工，他们都希望在北京能有自己的一处住房，但这些人购买力有限，也都是为保证自己基本生活的需要，比较缺乏价格弹性。也有一些本地精英，如歌星、影星、运动员、作家、艺术家、金领等一部分先富起来的人群，也包括外地的一些富裕人群，他们希望更加舒适的生活，多处的住房、更大的面积、豪华的装修，或在北京的发展机会，这是进一步提高生活水准的需要，因此他们对住房的进一步需求就比较富有价格弹性。还有一类就是为投资的需要，如炒房团。他们买房子属于一种投资活动，目的在于等房价上升时再把房子卖出去，追涨不追跌。当然，也有人是为了炫耀。他们对购买住房的需求价格弹性是正的。因此，对北京市住房需求市场的价格分析，需要先调查这三类不同人群的构成比例,才能得到比较适当的结论。

4. 完全弹性产品($E_{dp} = -\infty$)

完全弹性是指产品需求量的变动对于价格变动的反应非常敏感,价格的极为微小的变动,都会导致需求量极大的变动。这时的需求曲线理论上就是一条水平线,如图 2.2.4 所示。当然这是一种特殊的情况,具有理论上的意义。在完全竞争的市场上,生产者所面对的需求曲线理论上就是一条完全价格弹性的需求曲线。一个处于完全竞争市场上的产品生产者,若他以略低于市场价格来出售其产品,产品会立即销售一空;若他企图以高出市场价格来出售其产品,那么产品就会完全售不出去。在完全竞争市场上,还会对此做进一步地讨论。

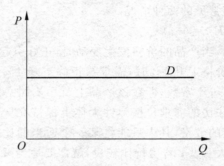

图 2.2.4 完全价格弹性产品的需求曲线

5. 完全无弹性产品($E_{dp} = 0$)

这类产品是指产品的价格无论如何变动,需求量都固定不变,故称作需求价格完全无弹性,需求曲线是一条垂直于横轴的直线,如图 2.2.5 所示。这种情况实为罕见,丧葬费也许可以看作一例,对于食盐的需求也接近于这一情况,对于特殊战略物资的需求也接近于价格完全无弹性。

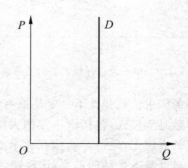

图 2.2.5 完全无价格弹性产品的需求曲线

6. 例外情况($E_{dp} > 0$)

除了前面的五类产品外,还有一些例外的情况。某些产品它不遵循需求法则,如珍珠、宝石、项链等装饰品,价格越昂贵,佩戴它就越可以显示其所谓的地位和身份,通常被称为**炫耀品**,需求量也就大。若产品的价格十分低廉,失去了炫耀的作用,需求量反而会小。再如,古玩、古画、文物、邮票等价格越高,越被认为珍贵,越表明它们是真品,人们对它们的需求量也就越大。这时的需求曲线就如图2.2.6所示,需求曲线的斜率为正,因而需求价格弹性也就为正,大于0。对此也有一些不同的认识,在管理经济学中一般也不考虑这种情况。此后,除特别加以说明外,需求价格弹性均视为负值。

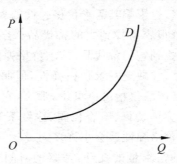

图 2.2.6　例外情况的需求曲线

（三）决定需求价格弹性的因素

需求价格弹性对于经营决策有着十分重要的意义,而不同产品的需求价格弹性也各不相同,同一产品不同价格水平下需求价格弹性也不尽相同。可以对某产品不同价格下的销售情况进行分析,从而得到该产品相应的需求价格弹性。但这是事后的分析,得到的结果也可能时过境迁,失去了其及时决策的意义。因此,这就需要企业的经营决策者能注意培养对产品需求价格弹性的直觉判断能力,以便能在缺乏数据的情况下,迅速地作出初步的判断。

那么,有哪些因素可以用来直观地定性判断产品的需求价格弹性大小呢？主要有消费者对该产品需要的程度、替代品可获得性的大小、在消费者总支出中占有的比重,以及产品定义的宽窄等因素。当然,需求价格弹性也与考察时间的长短有关,与产品的耐用程度有关。

一般来说,属于人们生存所必需的产品,需求价格弹性就比较小。人们离不开它,不会因价格变动,需求量就会有多大的变动。必需的程度越大,需求价格弹性就越小。而属于享受需要的产品,会有人需要它,但也可以不要它。因此,在价格变动时,需求量的变动也就比较大,需求价格弹性也就越大。产品对人们的生存越可有可无,需求价格弹性也就越大。

产品需求价格弹性的大小,还取决于替代品的存在与否、可获性的大小,这是需求价格弹性大小的最重要因素。若可替代的产品越多,可替代的程度越大,替代品越容易获得,则当该产品的价格上升时,消费者就很有可能转向消费其替代品,而放弃对该产品的消费。反之,当该产品的价格下降时,消费者会越来越多地放弃替代品,转而消费该产品,需求量大幅上升,产品的需求价格弹性就大。比如,食盐和食糖,虽然两者同样都是人类生存的必需品,但食盐几乎没有替代品,而食糖则可以在不同程度上用淀粉、水果、蜂蜜等来替代,因此,人们对食盐的需求价格弹性比食糖需求价格弹性就小得多。

在一种产品上的消费支出占总支出的比重大小,也能影响到该产品的需求价格弹性。

占总支出比重小的产品,需求价格弹性也就比较小;反之,需求价格弹性也就比较大。例如,打火机、签字笔等,当价格变动时,即使价格变动的幅度很大,但因在消费总支出中占的比例很低,人们就会不那么在意,需求量变动就很小;而对于汽车、住房等产品,当价格变动时,即使变动的幅度不大,人们也会十分介意,需求量的变动就会相应地大一些。

对于产品本身定义的宽窄,也影响其需求价格弹性的大小。定义越窄,需求价格弹性就越大,因为定义窄,就意味着很容易找到它的替代品;若定义越宽,把使用价值相近的产品都包含进去,就不容易再找到它的替代品,需求价格弹性就越小。通常我们都说食物是人们生活中最重要的必需品,它缺乏需求价格弹性,但如果是针对某一种具体的食物,就会相当富有价格弹性。如某产品仅指可口可乐,那么,它的需求价格弹性就比较大,因为可口可乐若涨价,人们可以去消费椰汁、杏仁露、冰红茶等许多其他饮料;若产品是泛指一切饮料,那么饮料的需求价格弹性就会小许多。

对产品价格变动所引起的需求量的变动,考察的时间长短不一,得到的结论也不一样。香烟的价格变动就是一个很好的例子,当香烟的价格刚刚上调时,香烟的嗜好者们会纷纷下"决心",从此"戒烟",或者还有"存货",香烟的需求量会一时大减,需求价格弹性似乎很大。但过不了几天时间,香烟的嗜好者们却仍挡不住诱惑,"戒烟"告一段落,"存货"也已告罄,对香烟的需求量又几乎恢复到以前的水平。这样看来,香烟的需求价格弹性并不大。但从更长远的角度来看,价格不断地攀升,吸烟有害健康的教育不断地加强,对香烟的需求量还是会降下来。对于人们的嗜好性产品,调整需要时间。短时间内,需求价格弹性不大;考察的时间长了,找到了替代品,需求价格弹性就会加大。可见,短期需求价格弹性与长期需求价格弹性并不一样。

产品的耐用性,同样影响其需求价格弹性的大小。它的情况会更复杂一点,一旦购买,可用较长的一段时间。一般来说,使用寿命长的产品,短期需求价格弹性要大于长期需求价格弹性,像家用汽车就有这样的特点。

当然,同样的产品在不同的国家、不同的时期、不同的地方、不同的人,需求价格弹性也是不尽相同的。因此,在对产品进行弹性分析时要十分注意,不能简单地照搬照用,不要看到什么地方公布了一些产品的需求价格弹性就直接拿来套用。

二、需求收入弹性

(一)需求收入弹性的概念

我们已经知道,消费者的收入对需求有着十分重要的影响。那么,收入的变动对需求量的变动有着什么样的影响呢?这就要用**需求收入弹性**来衡量对收入变动的敏感程度。假定在需求函数中,其他因素都保持不变,仅当消费者收入发生变动时,对产品需求量的相对变动与收入的相对变动之比,就是该产品的需求收入弹性,记作 E_{di}:

$$E_{di} = \frac{需求量变动的百分比}{收入变动的百分比}$$

一般来说,当消费者收入增加时,人们会增加对产品的需求量。产品的需求量会随着消费者收入的增加而增加。需求量与收入呈正向变动时,这类产品称为**正常品**,正常品的需求收入弹性为正值。但是也有一些产品,被称为**低档品**,消费者的收入提高后,需求量反而减少,因而需求收入弹性为负值。例如,当人们收入水平比较低时,常以粮食作为主要食品,称为主食。在人们收入提高以后,各类副食在食物中的比例会大幅度提高,而被称为主食的需求量反而会减少。

(二) 需求收入弹性的分类

根据需求收入弹性的大小可将产品分成三类。

1. 缺乏收入弹性的产品($0 < E_{di} < 1$)

缺乏需求收入弹性的产品是指当消费者的收入发生变动时,对该产品的需求量会发生变动,而且是同方向的变动,但变动的百分比要小于收入变动的百分比,需求收入弹性大于 0,但小于 1。日常生活中的一般必需品就属于这一类产品。例如,对于食物,当消费者的收入增加时,有些食物的需求量会有所增加,但是,增加的百分比要小于收入增加的百分比,表示收入与需求量之间关系的恩格尔曲线,如图 2.2.7(a) 所示。

2. 富有收入弹性的产品($E_{di} > 1$)

这类产品是指当消费者收入增加时,消费者对该产品的需求量会更迅速地增加,需求增加的百分比要大于收入增加的百分比,需求收入弹性大于 1。高档消费品和耐用消费品一般就属于这一类产品。例如,高档的家用电器、家用汽车、境外旅游、打高尔夫球等,在人们收入增加时,需求量会更加迅速地增加,如图 2.2.7(b) 所示。

3. 收入弹性为负的产品($E_{di} < 0$)

当然,在日常生活中,还有一些产品在消费者收入增加后,对其需求量反而会减少,需求收入弹性为负,这类产品属于低档消费品。当人们收入提高了,转而会消费比较高档的产品,而对这类产品的需求量会有所减少。通常它与产品的质量无关,只是它在人们的心目中是低档品,质量依然合格,如图 2.2.7(c) 所示。

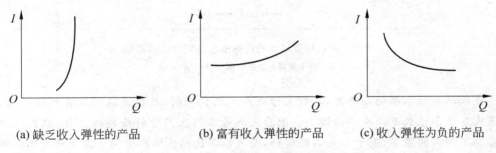

(a) 缺乏收入弹性的产品　　(b) 富有收入弹性的产品　　(c) 收入弹性为负的产品

图 2.2.7　不同收入弹性产品的恩格尔曲线

一般来说,我们将需求收入弹性大于 1 的产品归作**高档品**;需求收入弹性大于 0,但小于 1 的产品归作**必需品**;而需求收入弹性小于 0 的产品则归作**低档品**。所谓高档品、低档品也是相对的、变动的,曾经的高档品,在人们收入增加后,会成为生活中的必需品,甚至将来也有可能沦落为低档品。

德国统计学家恩格尔对需求与收入之间的关系做了大量的研究。由于不同产品的需求收入弹性是不同的,当人们收入不断增加时,不同产品需求增加的速度却并不一样。因此,在不同产品上的支出在总支出中所占的份额就会发生变化。恩格尔从中发现了一个重要现象,食物是人们日常生活中最重要的必需品,它的需求缺乏收入弹性,随着消费者收入的提高,在食物上的支出在全部消费支出中所占的比例会不断减小。这一现象被称作**恩格尔法则**。而在食物上的支出 Fc 占全部消费支出 Tc 的比例,则被称作**恩格尔系数** Ec。

$$Ec = Fc/Tc$$

恩格尔系数可以反映一国、一个地区、一个家庭的生活水平与富裕程度。一般来说,恩格尔系数越小,生活水平和富裕程度就越高;恩格尔系数越大,生活水平和富裕程度就越低。专栏 2-2 是我国居民恩格尔系数的一些对照。

专栏 2-2

我国居民恩格尔系数对照

我国长期处于二元经济结构中,城乡居民的收入和消费形式不一样,城乡居民的恩格尔系数及其变动也不大一样,图 1 是我国历年城乡居民恩格尔系数变动的对照。

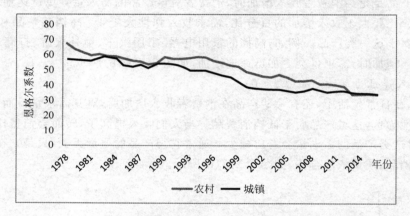

图 1　我国历年城乡居民恩格尔系数变动的对照

数据来源:历年中国统计年鉴。

在改革开放初期的几年里,农村实行联产承包责任制,农民生活的改善比较明显,城乡居民恩格尔系数差距在不断缩小。但后来随着农用生产资料价格的上升,农民生活的改善就不那么明显了,有十年左右的徘徊,而城镇居民的生活水平由于改革开放而不断提高,城乡居民之间的恩格尔系数差距又拉大了。到了 20 世纪 90 年代中期,中央采取了一系列的惠农措施,农民的生活也有所改善,城乡之间的差距并没有继续加大,整体上恩格尔系数都呈下降趋势。进入 21 世纪后,特别是 21 世纪的第二个十年,再次加大了对农村、对困难人群的脱贫攻坚,城乡居民之间的恩格尔系数逐步趋近。到了 2017 年,全国城乡居民平均恩格尔系数达到 29.3,初步达到联合国粮农组织划分的富足标准。联合国粮农组织曾根据恩格尔系数的高低,对世界各国的生活水平进行了划分,即一个国家平均家庭恩格尔系数大于 60 为贫穷;50～60 为温饱;40～50 为小康;30～40 属于相对富裕;20～30 为富足;20 以下为极其富裕。从 2013 年开始,国家统计局也不再分别公布城镇和农村按收入七等级家庭基本情况的统计数据。但各地区间居民恩格尔系数仍有明显差距。表 1 是 2016 年我国部分地区居民的恩格尔系数,其中有各地发展不平衡的原因,也有各地文化与饮食习惯不同的原因。

表 1　2016 年我国部分地区居民的恩格尔系数

地区	恩格尔系数	地区	恩格尔系数	地区	恩格尔系数	地区	恩格尔系数
北京	21.48	上海	25.53	湖北	31.01	云南	31.80
天津	30.70	江苏	28.31	湖南	30.55	西藏	48.62
河北	26.81	浙江	29.04	广东	34.18	陕西	27.66
山西	24.42	安徽	33.17	广西	34.42	甘肃	30.20
内蒙古	28.60	福建	34.25	海南	40.25	青海	28.91
辽宁	27.49	江西	33.19	重庆	34.25	宁夏	24.73
吉林	26.73	山东	28.19	四川	35.86	新疆	29.95
黑龙江	27.67	河南	28.20	贵州	31.08	全国平均	30.10

数据来源:2017 年中国统计年鉴。

表 2 列出了世界上其他一些国家居民食品和非酒精饮料的恩格尔系数,由于各国的统计口径目前还不大一样,我国食物消费中含烟酒,而国外食物消费却通常只含食品和非酒精饮料,尽管各国的文化与饮食习惯之间的差距更大,但仍可参照。这里是可采集的 2013 年和 2014 年的数据。

表 2　世界上其他一些国家居民食品和非酒精饮料的恩格尔系数

国　　家	系　　数	国　　家	系　　数
韩国	13.20	智利	16.57
日本	14.11	意大利	14.37
加拿大	9.23	挪威	12.26
墨西哥	23.36	波兰	18.00
美国	6.66	英国	8.63
瑞典	12.47	澳大利亚	9.99

资料来源:2016 国际统计年鉴经合组织 OLIS 数据库。

三、需求交叉价格弹性

(一) 需求交叉价格弹性的概念

当一种产品的价格发生变化时,就不只是影响对该产品的需求量,而且对其他产品的需求量也可能发生变化。用于衡量一种产品的价格变动对另一种产品的需求量影响的敏感程度就是**需求交叉价格弹性**,简称**需求交叉弹性**。x 产品对 y 产品的需求交叉弹性定义为 E_{xy}:

$$E_{xy} = \frac{y \text{产品需求量变动的百分比}}{x \text{产品价格变动的百分比}}$$

E_{xy} 的大小测量了 x 产品价格变动对 y 产品需求量的影响程度。需求交叉价格弹性反映了两种不同产品之间的关系。

(二) 需求交叉价格弹性的分类

不同产品之间的需求交叉价格弹性是不一样的,根据 E_{xy} 的正负号可以将产品之间的关系分为三类。

1. 替代品($E_{xy} > 0$)

若 x 和 y 这两种产品可以互相替代,在 x 产品的价格上涨时,消费者至少会将原来准备消费 x 的一部分支出转向消费可替代 x 产品的 y 产品。这样,在 x 产品涨价时,消费者就会增加对 y 产品的需求量,它们的需求交叉弹性 $E_{xy} > 0$。例如,《管理经济学》教材和《微观经济学》教材是不错的替代品,当《管理经济学》教材的价格上涨时,消费者便会增加对《微观经济学》教材的需求量。

2. 互补品($E_{xy} < 0$)

当 x 和 y 这两种产品必须同时使用才能发挥效能时,若 x 产品的价格上涨,消费者自然就会减少对 x 产品的需求量。由于 y 产品必须要和 x 产品同时使用,当 x 产品的需求量减少时,y 产品的需求量也就必然要减少,$E_{xy} < 0$。我们把必须同时使用才能发挥效能的产品称作互补品。例如,汽车和汽油。在汽车的价格上涨时,就会减少对汽油的需求量。进一步推广,整机与备件是互补,产品与维修是互补。现实生活中的互补关系同样是大量的。

3. 独立品($E_{xy} = 0$)

若 x 和 y 这两种产品在使用上互不相关时,x 产品的价格上涨,虽然会影响 x 产品的需求量,但对于 y 产品的需求量却并没有影响,或影响甚微,需求交叉弹性 $E_{xy} = 0$。需求交叉弹性等于零,说明这两种产品在使用上是彼此独立的,没有多大关系。例如,打火机和书本,在打火机价格上涨时,对书本的需求量不会发生什么变化,它们不会在同一个市场上发生竞争。需求交叉价格弹性可以用来界定产品市场的边界。

第三节 需求弹性在管理决策中的应用

讨论需求弹性的目的是帮助企业的经营决策者更好地做决策。为什么农民会丰产不丰收?为什么有人把牛奶倒进大海,也不去降价促销?为什么有人宁可在小麦上浇上汽油,也不让他人免费取走?有了需求弹性,我们就能对这些现象进行比较好的分析了。

一、需求价格弹性对企业销售收益的影响

由于需求价格弹性能够直接反映价格变动时对需求量的影响程度,从而就和企业的销售收益有着密切的关系。我们知道,企业的**总销售收益**是由产品的市场价格和销售量来决定的。

$$\text{TR} = PQ$$

那么,销售收益的变动既与价格的变动有关,也与销售的数量变动有关。根据需求法则,当价格下降时,需求量会上升。需求量上升必然会带来销售收益的增加,但价格下降则要引起销售收益的下降。在产品缺乏价格弹性的情况下,价格下降引起的需求量上升幅度不大,需求量上升带来销售收益的增加不足以弥补价格下降引起销售收益的下降,总

收益会减少;价格上升引起的需求量下降的幅度也不大,价格上升带来销售收益的增加超过需求量下降引起销售收益的下降,总收益会增加。

在产品富有价格弹性的情况下,价格下降引起的需求量上升幅度更大,需求量上升带来销售收益的增加超过价格下降引起销售收益的下降,总收益会增加;而价格上升引起的需求量下降的幅度也更大,价格上升带来销售收益的增加不足以弥补需求量下降引起销售收益的下降,总收益会减少。

只有当产品正好处在单一价格弹性的情况下,价格的变动带来的销售收益的变动正好等于需求量的变动引起的销售收益的相反变动,总收益保持不变。

也就是说,对于需求缺乏价格弹性的产品,企业若要采用降价促销的话,其总销售收益就会一定减少。这是因为产品缺乏需求价格弹性,在价格降低时,需求量虽有所增加,但需求量增加带来的销售收益的增加,不如由于价格的降低引起销售收益下降多,总销售收益是下降的。这就是谷贱伤农、农民丰产不丰收的原因。农业丰产后,农产品的价格下降,价格下降带来的收益减少,超过了丰产带来的收益增加。这说明,对于缺乏需求价格弹性的产品是不能采用降价促销的办法。

从另一面来看,缺乏需求价格弹性的产品一定是可以通过提价来增加销售收益。原因就在于,缺乏需求价格弹性时,提价虽然会减少销量,但提价带来的好处大于销量减少造成的损失。只要产品需求缺乏价格弹性,企业经营者提价一定可以给企业带来更多的利益。考虑到人们日常生活最必需的产品,往往都需求缺乏价格弹性,越是必需,就越缺乏价格弹性。对企业来说,提价无疑可以给企业带来更多的收益。这时,作为政府,就应当要对此加以干预了。

但如果企业出售的产品是需求富有价格弹性的,$E_{dp} < -1$,若提高其产品的价格,销售收益的变动是负的,其总销售收益反而会减少。这是因为产品需求富有价格弹性,在价格提高时,需求量要减少,而且需求量减少带来的损失要大于价格提高带来的好处。相反,若企业的经营者采取降价促销的办法,便会成功。降价会提高需求的数量,而且需求量增加带来的好处超过价格下降造成的损失。但降价也要有底线,降价的底线在后面市场竞争分析时再进一步讨论。

对于真是单一价格弹性的产品,$E_{dp} = -1$,企业的产品无论是涨价还是减价,销售的总收益都不会发生变化。这是一个理论判断,在现实经济生活中,几乎没有什么产品的需求价格弹性严格等于-1。

由此可知,企业经营者对于不同需求价格弹性的产品应采取不同的价格政策:对于需求缺乏价格弹性的产品,可以通过适当提价来增加销售总收益,对于需求富有价格弹性产品,可以通过适当降价进而扩大销售量来提高销售总收益。对于需求大体是单一价格弹性的产品,由于价格适度变动,不太会影响企业的销售收益,企业可以针对不同的市场,灵活运用不同的价格策略。当要扩大市场份额时,可以用降低产品价格的方法,把竞争对手挤出市场。若要提高其产品的声誉,则可以适当提高产品的价格,以树立产品在消费者中的高质量形象。表 2.3.1 对以上的讨论加以小结。可参见专栏 2-3"某汽车锻件市场及价格策略制定"。

表 2.3.1　不同需求价格弹性产品的企业定价策略

项目	$E_{dp}<-1$	$E_{dp}=-1$	$-1<E_{dp}<0$
降价	增加收益	收益不变	减少收益
涨价	减少收益	收益不变	增加收益
策略	适当降价	区别对待	适当涨价

专栏 2-3

某汽车锻件市场及价格策略制定

因金融危机导致的实体经济急剧恶化的各个阶段：1—9 月，汽车锻件市场需求及运行基本正常；到 10 月开始出现一个有别于历年市场走势较大幅度的下跌，跌幅为 25%；在 11 月、12 月更是急剧下跌，其中 11 月较同年高峰时下跌 59%，而 12 月继续恶化，较同年最高峰下跌 83%。

在此极端的市场环境下，行业物流链几乎停滞断裂，资金链也随之出现问题；企业信心丧失，"现金为王"以渡过难关的呼声不断，对前景的不明使得上游企业（客户）捂紧钱袋，几乎停止采购。依据钢材原料市场价格的下降幅度，客户提出了锻件至少达到原料同等降幅的要求。

面对这一时期的市场状况，可以得出一个结论：因金融危机引发的实体经济危机，从而引起的市场需求大幅下跌不可逆转，即使答应客户锻件按原料同等降幅调整价格的要求，也不可能增加销量。也就是说，在这一时期，产品已经由富有弹性的市场变成缺乏弹性的市场。按照经济学需求价格弹性原理，要增加企业收益，此时不应是降价促销，而应是适当调高价格，最大程度地提升企业收益。在采取这一策略后，从两个重要客户那里得到的收益分别如表 1 和表 2 所示。

表 1　客户甲收益对照

零件号	相对涨价幅度/%	公司增加收入/元
A	12.33	60 247
B	11.24	31 683
C	13.64	307 213
E	10.83	114 994
F	16.88	500 162
G	9.73	133 393
H	18.78	868 111
K	18.32	110 569
L	11.88	262 099
合计	—	2 388 471

表 2　客户乙收益对照

零件号	相对涨价幅度/%	公司增加收入/元
R	15.54	316 981.99
S	15.7	213 009.75
T	18.13	18 099
U	16.52	17 482.86
V	16.9	568 385.91
W	16.85	1 176 604.11
Q	15.85	1 045.92
P	15.04	176 533.5
Z	15.88	787 767.58
合计	—	3 275 910.62

正确判断市场需求价格弹性变化：原本富有价格弹性的锻件，在极端市场环境下演变为需求缺乏价格弹性。依据变化作出符合需求价格弹性原理的决策：面临市场规模成倍速下降而带来的营销压力，适当涨价，公司从这两个主要客户处，便增加了约 566 万元的收益。

资料来源：清华大学经济管理学院高级培训中心工商班课程报告。

二、需求收入弹性对企业发展政策的影响

需求收入弹性直接反映了消费者收入变化对产品需求的影响程度。有的是生活中的必需品，有的则被看作高档消费品，而有些则是低档消费品。它们的需求收入弹性不一样，从而对企业发展政策的决策产生了影响。高档品、低档品的区分，也会随收入的变动而发生变化。

随着人们收入的增加，人们会增加对高质量的高档消费品的消费。因此，在预期居民收入会增加的情况下，企业就应当扩大那些需求收入弹性大的产品的生产，那就是朝阳行业，朝阳产品可以取得更大的销售收益。而对于那些需求收入弹性小的生活必需品，就要十分注意，即使人们的收入有较大的增加，消费量也不会增加很多，市场需求增加有限，企业就不宜过分地扩大。对于低档消费品则更要警惕，当人们收入增加时，会减少对该种产品的需求量，市场会萎缩，这就是夕阳行业，企业要及时地收缩生产。

企业的决策人员也要预估到：一国经济或某一区域经济也会出现一时的不景气，居民的收入将有所下降。那么，高档消费品的需求量会迅速下降，生活必需品的需求量不会有多大变化，而低档消费品的需求量反而可能会有所上升，企业需要根据不景气时间的长短，及时地采取相应的措施，从而避免造成不必要的损失。近年来的国际经济低迷，对我国不同行业的影响就很不相同。

以上说明，需求收入弹性大的产品可能会给企业带来较大的利润，但风险较大；而需求收入弹性较小的产品，销售收益比较稳定，风险较小，但利润也相应较少。这样，企业想要有较好的利润，风险也不大，那么，同时经营需求收入弹性较大的产品和需求收入弹性较小的产品，作为风险组合，不失为一个好办法。例如，对于家用汽车行业，可以同时生产

多种型号的汽车,而在经济景气时,中高档的汽车比较好销,在经济不那么景气时,中低档的汽车就比较好销。

表 2.3.2 表明在进入 21 世纪后,历年我国居民平均可支配收入和家庭乘用车存量,以及当年新注册家庭乘用车数量之间的变化,可以用来指导国内乘用车市场的发展。

表 2.3.2　我国居民平均可支配收入和家庭乘用车存量以及
当年新注册家庭乘用车数量之间的变化

年份	居民价格指数	人均可支配收入/元	乘用车存量/万辆	新注册家庭乘用车/辆
2000	100	3 711.8	365.09	—
2001	100.7	4 058.5	469.85	—
2002	99.9	4 518.9	623.76	2 294 649
2003	101.1	4 993.2	845.87	3 160 859
2004	105.0	5 644.6	1 069.69	3 332 297
2005	106.9	6 366.6	1 383.93	4 157 504
2006	108.5	7 210.7	1 823.57	4 678 667
2007	113.7	8 566.7	2 316.91	5 000 042
2008	120.4	9 939.0	2 880.50	6 226 814
2009	119.6	10 964.4	3 808.33	10 248 554
2010	123.5	12 507.6	4 989.50	12 546 891
2011	130.2	14 456.3	6 237.46	13 694 540
2012	133.6	16 668.5	7 637.87	15 248 801
2013	137.1	18 310.8	9 198.23	17 522 965
2014	139.8	20 167.1	10 945.39	19 366 787
2015	141.8	21 966.2	12 737.23	21 202 815
2016	144.6	23 821.0	14 896.27	23 209 669

数据来源:《2017 中国统计年鉴》,2012 年(含)前,居民人均可支配收入是根据当年城镇居民和农村居民可支配收入,以及当年城乡人口比例数推算得到的。

三、需求交叉弹性对企业决策的影响

当存在相关产品时,在消费中替代或互补,相关产品的价格变动也会影响到该产品的需求量,这就需要在不同需求交叉价格弹性下,采取不同的决策。

多数企业生产多种产品,其中有互补品,也会有替代品,新一代产品就是老一代产品的替代品。那么,在制定价格时要考虑互补品或替代品之间的相互影响。就其中一种产品而言,降低价格可能会给企业带来损失,但如果其互补品的销售量会因此而迅速扩大,导致企业总的利润增加,那么这样的降价还是值得的。

这里有一个很好的例子,在 20 世纪八九十年代时,一次成像的宝丽来照相机曾风靡一时,它的股票在美国纳斯达克上市。一次成像的照相机和相纸是互补品,人们对照相机的需求通常都有较大的需求价格弹性,但一旦有了照相机,对相纸的需求就很缺乏需求价格弹性了。这样就有了一个定价的策略,照相机定价尽量低一点,可以低于成本价,甚至零价格促销,把照相机的需求扩大。由于对相纸的需求缺乏价格弹性,那么通过提高相纸的价格,把在照相机上的损失全部找回来。这个产品策略曾经非常成功,后来由于数码照

相机的出现而退市。后来,我国手机的迅速普及,大体上也采用了这样的策略。手机裸机和通话服务就是很好的互补品,前者需求价格弹性大,后者弹性小,因此降低手机裸机价格,提高通话服务费。

对于互补品的概念也要拓宽,以往较多地强调同时或按一定比例使用的产品,才能被称作互补品,如汽车和汽油等。其实,销售的产品和随后提供的服务,也形成了互补的关系。如销售的电梯和随后提供的电梯安装,以及今后长期运行提供的维护服务,构成互补的关系;成套的设备和关键的备件也构成互补关系。对于一个电梯制造厂来说,它通常都既生产电梯,又可以提供电梯的安装调试,以及运行维护的服务,那么电梯的价格、安装的费用、维护保养服务的费用就应当可以统筹考虑。如果说电梯的需求价格弹性还比较大,安装电梯的需求价格弹性就会小一点,而电梯维护检修的需求价格弹性就要进一步减小。鉴于此,电梯的本身价格可以定得相应低一些,以扩大电梯的销售量,从而增加对其电梯安装的需求和对电梯维修保养的需求;而电梯的安装费用,特别是电梯的维护保养费用就可以定得高一点,甚至更高一点。从总体上来讲,企业的利润会有所增加。目前,我国发电机设备制造产能严重过剩,制造商将产品制造向发电设备终身维修保养服务延伸,就是一个很好的选择。专栏2-4"备件的价格怎么啦?"就是这样的一个例子。

专栏 2-4

备件的价格怎么啦?

某公司是我国大型化工集团企业下属的设备公司,拥有进口和国产设备5万余台(套),每年为维持设备的正常运行,都需要大量的备件。在采购备件的过程中,公司发现备件的供货商绝大多数为独家,价格往往比较高。尤其是从国外采购的备件,价格更是高得离谱,在设备维修费用中占有极高的比例,在经济不景气时,即使在各种设备的价格普遍回落的情况下,也不见备件的价格下降。

目前,上级公司对维修总费用都有直接的控制指标,并与设备公司年终考核指标直接挂钩,一旦超标,便会影响企业员工的利益。从控制流动资金角度来看,因备件价格太高,公司一般不事前采购。而一旦设备关键部件损坏,无法得到及时修复时,造成停产,带来的损失更大。公司不得不临时采购,此时价格会更高,不仅耽误生产,而且还会招致猜疑是否得了"好处"。但事前采购,又因备件价格实在太高,心理上又难以接受。备件的价格怎么啦?

有一台关键设备,是20世纪90年代中期进口的,运行一直良好。到2010年进行设备常规检测时,发现关键部件已有严重磨损,向原厂家咨询报价,因价格太高,就没有及时更换,设备带"病"运行。两年后设备彻底损坏,被迫停产,从而造成更大的损失。

资料来源:清华大学经管学院高级培训中心工商班课程报告。

当企业生产的多种产品是替代品时,自身产品之间就发生了竞争。通常新一代产品是老一代产品的替代品,新产品的推出势必要影响老产品的市场,新产品就有一个推出的合适时机的问题。

当替代品或互补品分别在不同的企业生产时,需求交叉价格弹性对企业经营者的决策也是有用的。如果从表面上看,某企业的产品能够完全控制市场,似乎是市场上该产品的唯一生产者,但如果该产品存在着大量使用性能相近的替代品,它的需求交叉价格弹性就会相当大。那么,该企业一旦企图提高其产品的价格,销售量就会大减,从而失去市场。因此,企业决策者除了应当了解生产与本企业产品完全相同的竞争者外,还需要将需求交叉价格弹性较大的产品看作竞争者,以保证本企业处于有利的地位。

当然,需求交叉价格弹性还可以用来帮助企业开拓市场。若一个企业一时无力与名牌产品进行竞争,就可以去生产名牌产品的互补品,这样随着名牌产品的销售量的增加,本企业产品的销售量也就会跟着增加。

需求交叉价格弹性还可以作为划分不同市场的标志。需求交叉弹性的绝对值大,说明两者之间的相关程度大,属于同一市场,在作市场需求分析时要加以考虑;需求交叉弹性的绝对值小,说明两者互不相关,不属于同一市场,在作市场需求分析时,可以不加以考虑。

本 章 提 要

最大限度地满足人们日益增长的物质和文化生活的需要和对美好生活的向往,是经济学研究的首要问题,也是管理经济学要研究的首要问题。

人们有多种层次的需要,而生理的需要处于最优先位置。需要产生具体的需求,愿意并有能力支付的需求是有效需求。

在市场经济条件下,需求拉动了国内生产总值的增长,其中居民消费起着最重要的作用。

衡量消费者满意程度的是效用,效用是人们的主观量度。增加 1 单位产品消费所带来满意程度的增加为边际效用,边际效用是消费者对产品需求价格的主观评价标准,存在边际效用递减法则,它决定了消费者的个人需求曲线。

企业面对的市场需求曲线,是市场上所有消费者个人需求曲线的横坐标相加。影响企业产品需求有诸多因素,最重要的是产品的价格和消费者的收入。不仅与产品本身的价格有关,也与相关产品的价格,以及产品未来的预期价格有关。收入可分为持久性收入、临时性收入和相对收入,三者对产品需求的影响程度各不相同。

需求弹性是用来衡量需求量对需求因素变动的敏感程度。主要讨论了需求价格弹性、需求收入弹性、需求交叉价格弹性。

需求价格弹性是对价格变动敏感程度的量度,为价格引起需求量变动的百分比与价格变动的百分比之比。通常需求价格弹性为负,分五种不同情况:缺乏弹性、富有弹性、单一弹性、完全弹性和完全无弹性,炫耀产品除外,需求价格弹性为正。决定需求价格弹性大小的主要因素有消费者对产品的必需程度、替代品的可获程度,以及在总消费支出中占的比例等。

需求收入弹性是收入引起需求量变动的百分比与收入变动的百分比之比。正常品需求收入弹性为正,低档品需求收入弹性为负。生活必需品需求缺乏收入弹性,奢侈品需求富有收入弹性。随着人们的生活水平的提高,食物支出占全部消费支出的比例会不断减少,这种现象被称为恩格尔法则,这一比例系数被称为恩格尔系数。

　　需求交叉价格弹性是一种产品的价格引起另一种产品需求量变动的百分比与该价格变动的百分比之比。需求交叉价格将两种产品间的关系分成三类：替代品的交叉价格弹性为正；互补品的交叉价格弹性为负；独立品的交叉价格弹性为零。

　　弹性的计算方法有两种：点弹性和弧弹性。弧弹性常用中点公式来进行近似计算。

　　需求弹性在企业经营决策中有着重要的应用价值。对于不同需求价格弹性的产品应当采取不同的价格决策策略，缺乏需求价格弹性的产品不能降价促销。在考虑企业发展时，要特别注意产品的需求收入弹性。对于具有需求交叉价格弹性的两种不同产品，要统筹考虑开发和定价策略。

关键词和术语

　　消费者权益：是指消费者在有偿获得商品或接受服务时，以及在以后的一定时期内依法享有的权益。包括安全权、知情权、自主选择权、公平交易权、依法求偿权、获得教育权、人格尊严与民族风俗习惯获得尊重权、监督权等。

　　最终消费：消费者当期的消费。指常住单位为满足物质、文化和精神生活的需要，从本国经济领土和国外购买的货物和服务的消费支出。最终消费分为居民消费和政府消费。居民消费是直接满足人们日益增长的物质和文化生活的最终消费，是指常住住户在一年内对于货物和服务的全部最终消费支出；政府消费是满足人们对公共品的消费，指政府部门为全社会提供的公共服务的消费支出和免费或以较低的价格向居民提供的货物和服务的净支出。

　　资本形成：为满足消费者今后需求而在当期形成的资本积累，包括固定资本形成总额和存货增加两部分。

　　净出口：是指货物和服务的出口减货物和服务的进口差额。

　　短边原则：市场上的交易量是由供求双方中少的一方决定。

　　效用：消费者对所消费产品（含服务）满意程度的量度。是使用价值的主观度量，反映了消费者的偏好。总效用是消费各种产品总的满意程度的度量。

　　边际效用：是指消费者追加一个单位产品消费所新增的效用。

　　边际效用递减法则：在一定的时间内，消费者消费某种产品的边际效用随着消费的数量增加而减少。它是消费者对产品需求价格的主观评价标准，决定了消费者的个人需求曲线。

　　市场需求曲线：市场上所有消费者在一定时间内，在不同价格下对某种产品需求的总量。是市场上所有消费者需求曲线的横坐标相加。

　　横坐标相加：在价格相同的情况下，需求的数量相加。

　　广义需求函数：在市场上，对某种产品的需求数量往往受多种因素的影响，通常将需求量与所有这些因素之间的关系称作广义需求函数。

　　替代品：当一些产品具有另一些产品同样使用价值时，称这些产品是替代品，在市场上存在竞争关系。当一种产品的价格上升时，对其替代品的需求将会增加。

　　互补品：当一些产品总是要共同使用才能发挥它们的效用，则称这些产品是互补品。

在市场上存在相互促进关系,当一种产品的价格下降,会导致对其互补品的需求增加。

边际消费倾向:新增加收入中引发新增加消费的比例。

弹性:是物理学中广泛应用的概念,指一个物体抗拒外力恢复形变的能力。在经济学中是衡量应变量对自变量变动反应的敏感程度。

需求价格弹性:需求量对产品本身价格变化的敏感程度。

需求收入弹性:需求量对消费者收入变化的敏感程度。

需求交叉价格弹性:一种产品价格变动对另一种产品需求量影响的敏感程度。

恩格尔法则:随消费者收入的提高,在食物上的支出在全部消费支出中的比例会不断减小。

恩格尔系数:在食物上的支出占全部消费支出的比例。

复 习 题

1. 为什么在市场经济的条件下,要特别注意尊重消费者权益?

2. 你是怎样理解和认识三大需求对我国国内生产总值增长的贡献率的?

3. 你对进一步扩大我国城乡居民消费有何建议?

4. 为什么说边际效用是消费者对产品需求价格的主观评价标准?

5. 为什么市场需求曲线是市场上所有个人需求曲线的横坐标相加?

6. 影响企业产品市场需求的因素有哪些?试举例说明。

7. 什么是需求价格弹性?为什么通常是负的?可分哪几类?需求价格弹性的大小与哪些因素有关?

8. 你是怎样认识目前我国对住房的需求价格弹性不会是单一弹性的?你对当地商品住房市场的价格走向有什么预测?

9. 什么是需求收入弹性?需求收入弹性可分为哪几类?你是怎样认识生活中的低档品的?

10. 你怎样看待我国城乡居民恩格尔系数的不断变化?怎样看待城乡之间恩格尔系数的差距?怎样看待我国居民与外国居民恩格尔系数之间的差距?

11. 什么是需求交叉价格弹性?需求交叉价格弹性分为哪几类?

12. 什么是点弹性?什么是弧弹性?怎样计算需求价格的点弹性和弧弹性?

13. 不同的需求价格弹性对企业销售收益的变动有什么影响?试举例说明。

14. 需求收入弹性对企业的发展有什么指导意义?

15. 需求交叉价格弹性对企业的价格决策有什么指导意义?

 第二章自我检测题及答案

需求函数的估计和预测

我们已经知道,需求弹性可以帮助企业经营者更好地决策,而弹性的确定离不开需求函数。随着市场竞争的日益加剧,预测和把握市场长期、短期需求的变化是极其重要的。这对于确定需求弹性,进而合理地规划生产、控制库存、投入广告、制定价格等许多方面决策而言都极其有用。因此,如何估计需求函数就成了需要解决的问题。

通常实用的需求函数是经验需求函数,它并不是从公理出发进行演绎推理而得到的,通常是在市场实际可得历史数据的基础上估计得到。需求函数估计的方法大体上可归结为两类:一是统计分析法;二是直接市场调查法。

第一节 需求函数估计回归分析法

回归分析法是需求函数统计分析中最常用的估计方法,它是利用经济变量的数据得出这些变量之间关系的数学方法。这里不去全面涉及经济统计学、计量经济学等许多知识,只是希望通过学习、使用这些分析工具,知道我们是能够通过处理相关信息,作出正确决策。通常统计回归分析有四个步骤、两个检验:确定变量、收集数据、建立模型、回归分析四个步骤和统计检验与经济检验两个检验。

一、变量的确定

估计的需求函数一般是广义的经验需求函数。影响市场需求的因素或称变量往往很多,也很复杂。因此,需要集中力量抓主要矛盾,抓主要矛盾的主要方面。变量数过多,收集数据的成本会过大;变量数过少,有重大遗漏,会严重影响结果的准确性。基于此,通常有一个建议,变量数最好控制在 5 个以下。

但由于有些数据很可能不可得,因此,在确定变量时,还要借助于访问消费者、市场调查等直接方法来验证。在实际经济社会活动中,有许多变量不可观察,常常不得不用有一定相关性的可观察变量来代替不可观察变量。

二、数据收集

用回归分析法估计广义需求经验函数的第二步是收集所确定经济变量的相应数据。收集的数据可以是同一调查对象,在不同时点(每年、每月、每周、每日),按时间顺序排列的统计数据,这称为**时间序列数据**,一般由统计部门提供,它常常反映了变化的趋势。也可以是不同调查对象(不同的企业、不同的家庭、不同的地区等)在同一时点截面上调查的数据,这称为**截面数据**,也主要由统计部门提供。时间序列数据和截面数据是两种最重要的数据形式,是一维数据。现在,**面板数据**(也称为**平行数据**)也被广泛应用,即是时间序列上的截面数据,是二维数据。数据的收集是进行回归分析的重要基础。

在估计需求函数时,实际所用的数据源于数据的可得性。对于一些不易得到的变量数据,有时就不得不用其他相关可得数据来代替。要尽可能地避免使用难以量化的变量。有一些数据要实际测定是非常困难的,或者就是不可观察的,如消费者的偏好,通常就假定在调查期间消费者的偏好是不变的,而在综合考虑时,将偏好作为外生变量加以补充考虑。

数据的质量取决于数据的完整性、准确性、可比性、一致性。完整性是经济现象本身应该具备的特征,所有变量都必须得到同样容量的观察值。但实际上,"遗失数据"的现象是常常发生的,尤其是在我国经济体制处于转轨的过程中,常常"遗失"掉很多数据。数据的准确性是估计准确的前提,准确性的关键在于数据的统计口径要符合所要估计的需求函数的需要。可比性通常是指数据的统计口径,人们容易得到的经济统计数据一般可比性都比较差,必须进行数据处理。一致性是指所得数据样本与母本的一致性,在现实中常很难实现真正随机抽取样本,违反一致性的情况也经常发生。

数据的收集和整理,在需求函数估计中是最为费力、费时的工作,是对需求函数的可靠性影响最大的工作,也是最重要的、艰苦的基础性工作。而且,在整个需求函数估计的过程中还需要反复进行,而不是数据一次性收集完成后就可以一劳永逸了。

三、需求函数形式的确定

第三步工作是建立模型。确定需求函数的形式,简单而实用是确定经验需求函数形式的原则。线性函数通常是最简单的经验需求函数形式。函数形式的确定,或者说模型的建立,实际上已经给研究对象确定了主观假设前提,需要审慎处理,反复检验。

四、回归分析

最小二乘法(ordinary least square,OLS)是应用最多的参数估计的回归分析方法,也是其他估计方法的基础。

例如,某公司在不同的地区投放了广告,目的是研究投放的广告量和销售量有没有什么关系?表 3.1.1 是收集到的在不同地区广告的投放量和销售量的观察数据,为简单起见都用了归一化单位。

表 3.1.1　广告投放量与销售量的观察数据 　　　　　　　　　　　　(份)

广告投放量	1	1	2	2	2	3	4
销量	108	109	112	113	115	116	117	122

与表 3.1.1 相对应的数据,其散点图如图 3.1.1 所示。可以看到一个趋势,当广告的投放量增加时,市场的销售量也相应增加。我们可以估计产品的销售量是广告投放量的函数,最简单的方法是用线性函数来描述。

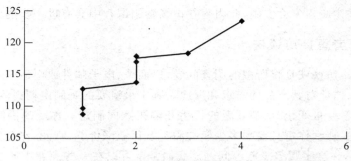

图 3.1.1　广告投放量与销售量关系的散点图

如

$$Y = a + bx$$

用线性函数代表的一条拟合直线来表示广告投放量与销售量之间的关系。X 是广告投放量，Y 是由模型线性方程给出的相应的销售量。

我们希望这条拟合直线从样本的各观察值中间穿过。而所谓中间，是指各观察值到拟合直线在 Y 轴方向的距离偏差和为零。满足偏差和为零的直线可以有无数条，而满足偏差的平方和最小的直线却只有一条，这条直线就是我们要找的拟合直线，它反映了广告投放量和销售量之间的关系。寻找系数 a 和 b 的方法，就称最小二乘法，通常可以利用计算机的统计软件来完成。

五、统计检验与经济检验

通过回归分析得到经验需求函数后，还要通过统计检验和经济检验。统计检验是暂时抛开模型的经济内涵，作为一个数学问题，是否满足数学理论与方法上的要求。

需求函数估计的回归分析在抛开经济内涵完成统计检验以后，还要回到经济内涵进行**经济检验**。主要检验模型参数估计量在经济意义上的合理性，主要方法是将模型参数的估计量与预先拟定的理论期望值进行比较，包括参数估计量的符号、大小，相互之间的关系是否合理。如对于一个正常商品而言，它的需求价格弹性应当为负值，若回归分析的结果为正值，说明不能通过经济检验。经济检验是一项最基本的检验，经济意义不合理，不管其他方面的质量是多么多么高，模型都没有实际价值。就需要重新审视确定的模型变量、甄别与收集的数据、确定的函数形式等。

这说明需求函数的估计分析必须建立在变量确定、数据收集、建立模型、参数分析的全过程反复修改的基础上，直到能得到一个既能有较好的经济学意义解释，又能较好地反映历史上已经发生的诸变量之间关系的数学模型。忽视任何一方都是不对的。因此，需求函数能比较准确地估计既需要较好地掌握数学分析工具，又要有较好的经济学理论知识和对所研究的经济现象有较透彻的分析认识。

第二节　需求函数估计的直接调查法

对于经验需求函数的估计，除了利用历史数据进行统计分析外，还有对市场消费者进行直接访谈和进行市场试验两种方法。这里也只是给读者一些能够采取的方法的一个概览,而不详细讲述应当怎么实施,此内容在市场营销课程中会有进一步的讨论。

一、消费者直接访谈法

消费者直接访谈就是将所拟的调查问卷,以面谈、电子邮件或电话的形式向消费者提出询问,以此来估计对其产品的需求和反应。其中最重要的是制定调查问卷,问卷在围绕着需求函数中各变量变化时,消费者的行为和购买意向制定。你喝啤酒吗?若啤酒每瓶价格为 2.10 元,那么你每月要喝多少瓶啤酒?若每瓶涨价 0.20 元,你会少喝吗?若你的工资增加 10%,你会多喝多少瓶等问题。我们常常可以在一些商业中心看到有些企业雇用的调查员,在对消费者进行直接访问。在消费者回答完问题后还会赠送一个小礼品,如一支签字笔,上面会有该公司销售科的电话号码,或者邀请消费者参加某种抽奖活动,作为其参加调查的激励。事实上,消费者对于一系列问题,不一定能准确地回答;而且,在许多场合也并不愿意按自己的真实想法来回答,而是通过揣摩访问者,或他人的心理来进行回答,有许多消费者甚至直接拒绝回答。而在他们面对真实情况时,采取的行为可能会与此不完全一样。

随着互联网的普及,网上调查也迅速开展起来。企业将设计好的问卷放到自己的网站或者是访问流量较高的网站上,那些对此感兴趣的浏览者,也许正是潜在的消费者,就会点击回答问卷。虽然企业用这种方法进行调查相对比较被动,但其优势是不会冒犯消费者,回答的信息也就比较可靠。因此,目前该方式也成为常用的一种方法。

利用电话直接采访也是一种方法。目前,已经成立了一些调查公司专门接受企业的委托,进行直接市场调查。调查的对象可以随机抽取,调查结果也有比较规范的分析处理。但是目前,大量消费者因受到电话骚扰而不愿意如实回答或直接拒绝回答问题。

但并不是消费者的直接访谈就没有什么用,当企业推出新产品时,因没有历史数据可得,也就只能通过直接向消费者调查来取得信息。若要了解消费者对广告的反应,消费者直接访谈还是一个好方法。

通过市场上的消费者直接访谈虽可以取得一手数据,但费用通常也比较高昂。对消费者的直接访谈,尤其是面谈,还可以记录下许多额外的反应,如衣着外表、形体语言、回答神情等,这些都可以帮助决策者对消费者的行为进行分析,进而估计其对产品的需求。

二、市场试验法

市场试验不同于市场调查,市场调查侧重于对市场现状进行分析,而市场试验则是对市场进行探索性实践研究。在控制的条件下,进行有目的的或具有一定倾向性的询问,并且观察、记录、分析被询问者的反应。所以,市场试验可以描述为企业有意识地改变或注入一种或几种市场因素,来观察这些因素变化时对市场产生的影响。

市场试验是通过真实市场,直接研究市场上消费者的实际行为,进而取得对该商品需求的有用信息。通常的做法是:企业在指定的一个或几个不同特征的地区进行试点,有意识地改变需求函数中可以控制的变量,如价格、包装、广告费用等,观察在一段时间内市场上发生的变化,再利用人口普查,或其他调查数据来测定在不同的家庭收入、不同的教育程度和不同的民族等条件下,这些变量对需求的影响。

现在我们也经常看到,许多超市会选择一小部分商品进行价格变动,将其在一段时间内促销,这也是市场试验的一种形式。通过这种方式不仅可以测定这些商品的需求价格弹性,也可以计算出其他相关商品的需求交叉价格弹性。

市场试验虽然可以获得一些有用的数据,但也存在严重的不足。试验规模大了,费用太高;试验规模小了,又不能获取可靠的数据。而且,通常只能取得短期的数据,还不足以看到价格、广告、包装等策略的长期效果。此外,试验时间也不宜太长,若时间一长,整个经济情况有了变化,已经取得的数据就失去了意义。而且,一个企业过多地做市场试验,尤其是做市场价格的试验,对企业的声誉也会产生负面影响。

在真实市场上做市场试验,因素往往很难控制。一个相对比较新的方法就是在实验室里模拟市场。这是市场调查和市场试验方法的一种妥协,请一些志愿者,支付他们一定数量的"钱",不用到真实市场上,在计算机网络的模拟市场上,试验者通过改变模拟市场上不同的交易条件、产品价格、包装等,请志愿者在模拟市场上完成购买过程,从中得到一些近似的需求数据。为了激励志愿者尽可能地像真实购买者一样选择决策,会有一定的概率留下他们所购买的物品。这种方法的优点是可以控制条件、可以重复试验、可以消除外部条件不确定性产生的偏差,但也正因为是模拟,其与真实情况总是会发生偏离。

第三节　需求的预测

一、预测

作为商品的生产者和经营者,产品只有在市场上销售出去,才能获得利润,再生产才能得以继续进行。这就要求企业的决策者不仅要了解市场的现状,而且还要对其发展趋势作出科学的预测。尽可能准确地预测未来前景,是企业经营者最重要的职能之一。经验需求函数估计的目的就是要能对市场的未来作出预测。

对产品的市场需求预测,有利于企业改善经营决策、合理组织生产、加强库存控制、提高经济效益。在市场经济条件下,企业的生存和发展与市场的需求密切相关,企业如果不了解市场动态和发展趋势、盲目经营,势必会带来损失。只有掌握了市场的需求动态和发展趋势,并及时作出相应决策,完善经营管理,合理安排生产,合理控制库存,才能提高效益。

对市场需求进行预测有利于长期经营规划。企业通过对市场发展变化趋势的预测,自觉地调整产品结构和各方面的比例关系,以期在长期经营中规避风险。

做好需求预测也有利于更好地满足社会的需要。生产的根本目的本来就是要满足人们日益增长的物质和文化生活的需要,而人们日益增长的需要又会随着收入水平、人口增长、消费心理的变化而变化,对此进行科学的预测,就能使产品品种、数量、规格、质量等诸方面能更好地与人们的需求相适应。

需求预测通常是从经济活动总体水平的宏观形势观测开始的。这是由于对企业提供产品和服务的需求,在很大程度上是宏观环境决定的。例如,社会经济结构的变动、城乡人口的变动、积累与消费比例的变动、物价总水平的趋势、利息率的变动等,都影响着需求的变动,它是企业进行预测的前提条件。

关于预测方法和技术的研究,已经构成了一门学科,这里只简要介绍一下需求预测的主要方法:综合判断法、时间序列法、先行指标法、经济计量模型法等。

综合判断法主要是靠人的经验和直观判断能力来进行预测,这需要特别尊重客观事实,切忌主观武断。主要有以下几种形式。

(1) 直接对客户进行调查。向潜在的客户发调查信或直接咨询,调查他们在未来的可能条件下会有怎样的购买行为,这样得到的资料虽有一定的可靠性,但成本比较高。

(2) 集中调查销售人员的意见。他们最接近市场,对消费者、竞争者和所在地区的经济形势及市场情况都比较了解,接触面也广,因此,由销售人员作出的预测是很有价值的。销售网络与队伍是企业宝贵的资源,加强客户关系管理也日益受到企业决策者的重视。

(3) 听取专家意见。组织有关方面的一些专家,专家之间不得相互商讨,只能和调查员发生联系,按一定的程序反复进行征询、归纳、修改,最后汇总成专家基本趋向性意见。

时间序列法是利用过去的时间序列数据来推测未来的状态。这种方法较多地适用于短期和近期的预测。常用的方法是利用过去的数据,通过回归分析的方法求得需求函数,然后用这个需求函数来推测未来。对于周期性变化,季节性效应的时间序列数据,在预测时要加以适当的周期性处理。预测的可靠性与数据的时间序列长短有关,通常时间序列长的数据可以提高预测的可靠性。

先行指标法,又称气压计式指标预测法,它是利用有些经济变量与另一些经济变量之间某种相对稳定的时间因果关系进行预测。当观察到先行变量指标后,就可以预测随后的变量变化趋势。该方法就像人们用气压的高低来预测天气变化趋势一样。例如,用人口出生率变化的时间序列指标,就可以很方便地预测未来对中小学教育需求的变化趋势、对未来就业需求的变化趋势等。如专栏 3-1"中国人口年龄分布"就可以帮助我们作出许多有益的预测。

专栏 3-1

中国人口年龄分布

中华人民共和国成立后,大约每十年会进行一次全国人口普查,例如 2010 年进行的第六次全国人口普查。数据是以 2010 年 11 月 1 日零时为时点。全国总人口为 1 332 810 869 人。含境外但未定居的中国公民,不含境内短期停留的港澳台地区居民和外籍人员。事后质量抽查表明人口漏登率为 0.12%,数据可信。

由中国国情所决定的中国人口政策,从提倡"英雄母亲"到严格的实行计划生育的国策,人口的出生受国家人口政策的直接影响,男女人口的年龄分布曲线并不是通常所说的金字塔形,随着年龄的增加而逐渐减少。我国人口的年龄分布有很大的起伏,高峰年出生的人口数几乎是低峰年的两倍多。人口的年龄分布就是一个很好的先行指标,图1中的年龄分布是 2010 年第六次全国人口普查的数据,和现在的实际年龄大约相差 8 岁。可以根据其余各年人口抽样调查数据进行推算,2011—2017 年每年的出生人数分别为: 1 599.5 万, 1 634.3 万, 1 639.7 万, 1 687.6 万, 1 655.1 万, 1 785.4 万, 1 723 万。可以看出,进入21世纪后,我国每年的出生人数一直维持在1 600万上下。直到2016年后,随着计划生育政策地调整,出生人数才有所增加,但也并没有预期的那样多。

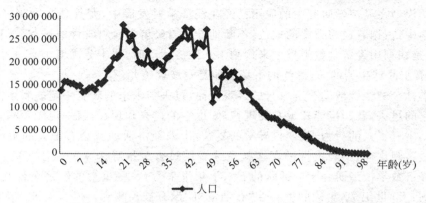

图1　我国人口年龄分布图(2010年11月1日零时 单位:人)

我们已经可以看到,由于三十多年严格执行一个家庭一个孩子的基本国策政策,新生儿数量连年下降,并渐趋平稳,小学入学的学龄儿童人数的下降,质量相对较差的小学的招生不足,这一现象在近十多年出现了。尤其在农村,有相当多的希望小学由于招不到学生而被迫关闭。在一些贫困地区,全校学生总数少于10人的学校占1/3。这不仅是因为有些孩子随打工父母进城上学,更主要的原因是相应年龄段的小学生总数确实在下降。目前,高级中学的学生总数也在大幅下降。实际上,全国各省市参加高考的报名人数已经在下降,这不仅是因为大学毕业后就业困难所造成,更是同年龄段的人口数在下降。完全可以预计:在未来两三年内,如果现在的高等学校保持招生规模不变,我国大学的毛入学率还要大幅提高。那么在我国,高等教育从大众化教育就要向普及化发展了,大学的办学质量将得到严峻的考验,高校之间的竞争就会更加激烈。由于普查时点是11月1日零时,零岁人口的数量可能会存在偏差。

从我国人口年龄分布图中还可以看到:过去的一段时间里,我国正是处于**人口红利**阶段,劳动人口平均赡养的人数还比较少,相应的就业压力就相当的大。但人口数量红利已经开始消失,实际上2012年我国劳动人口的数量首次开始减少,大约十年后,老龄人口总数和占总人口的百分比会迅速增加。就业压力降低,可以降低GDP增长的速度;高等教育由精英教育转向大众化、普及化教育,人口数量红利转化为人才质量红利,可以提高GDP的品质。到了调整我经济发展结构的极好时机。同时,新的一代老年人的消费习惯、消费能力、养老方式都将发生深刻变化,与老年人的养老、健康、保健、医疗等有关的银发经济必将发展,成为扩大内需、拉动我国经济增长的新亮点。我国相应的人口政策也已经做出调整。

经济计量模型法本质上是回归分析模型法。在经济活动比较复杂、有多种因素相互作用且用其他预测方法预测又往往相互矛盾时,就需要建立一个经济模型,它包括一个或一组方程,尽可能地考虑各种变量之间的相互关系,对未来的经济发展和需求水平进行预测,并据此提出适当的政策。经济计量模型将另有专门课程进行详细讨论。

二、一点忠告

数学模型在经济学研究中的应用已经在经济学科发展中,尤其是在微观经济学和宏观经济学中,占据着极为重要的地位,不断地推动着经济学科科学性的进程。但也不能迷信,尤其是在利用经济学数学模型来预测未来经济活动时,要十分谨慎小心。外国有一句谚语:"靠水晶球生活的人,最终的下场只能是吃玻璃碴儿。"

人类社会的经济活动有着自身的客观规律,过去与未来的确有一定的联系性,但并不是知道它的过去,就一定能知道它的现在,知道它的过去和现在,就一定能预测它的将来。经济活动中有了人的行为,就变得异常的复杂,未来经济活动就会有很大的不确定性,这本身就是客观规律,不确定性的存在就意味着用过去来推导未来的做法不能一定成立。就过去经济数学模型研究十分活跃的五六十年里来看,一些重大的经济事件几乎都没有被预测到:20 世纪 70 年代的世界性"石油危机"没有被预测到;20 世纪 90 年代的"亚洲金融风暴"没有被预测到;进入 21 世纪的"国际金融海啸"同样没有被预测到。不幸的是至今人们也不知道有什么办法可以来对付这类危机的预测,能够做的只能是提醒你注意:预测的时间越久远,就越有可能遇到这样那样没有预测到的问题。

同时,在社会经济活动中有许多重要指标实际上是不可观察或不可量化的。人类社会经济活动的根本目的是人们的幸福生活,但幸福生活的指标就很难准确观察、度量,是不可量化的。因此,就不得不将一些可观察、可量化的指标,如人均 GDP 等来替代幸福生活的指标,用追求人均 GDP 的增长来说明提高了人们的幸福生活,结果必然要产生偏差,大家都可以深切地感觉和认识到。市场经济又常常被人称作信用经济,但一个人的信用又很难被观察和计量,可以将一个人历史上所发生的交易记录为其信用打分,但打的信用分就未必一定能代表其未来在交易中的信用。问题就是这样纠结,定量并不一定就更科学,往往需要定量与定性相结合的思考,在这个意义上经济学并不完全是科学,它也是艺术,是科学与艺术的巧妙结合。在讨论资源的有效配置时,科学性多一点;在讨论收入的公平合理分配时,艺术性多一点。

本 章 提 要

实用的需求函数是经验需求函数,是在市场实际历史数据的基础上估计得到的。常用的方法有统计回归分析法和市场直接调查法。

统计回归分析法是最常用的估计方法。它有四个步骤、两个检验。

第一步是确定变量。确定影响需求的重要变量,注意抓主要矛盾,抓主要矛盾的主要方面。变量数过多,会增加估计成本;变量数过少,会影响估计的准确性。

第二步是收集数据。数据有时间序列数据和横截面数据,以及两者结合的面板数据。数据收集应注意可得性。数据质量取决于完整性、准确性、可比性、一致性。

第三步是建立模型。确定需求函数的形式,原则是简单实用。线性需求函数是最简单的经验需求函数,幂指数函数也是常用的形式。

第四步是估计参数。估计模型的参数,最小二乘法是最常用的回归分析方法。

在完成以上四个步骤后,还需要进行统计检验。检验变量对被解释变量的影响是否显著,常用 t 来检验。检验模型拟合程度,常用 R^2 来检验。检验模型是否显著,常用 F 来检验。除统计检验外,还要进行经济检验,检验结果是否符合经济意义。检验不通过,都需要返回第一步重新再来。

需求函数估计的市场直接调查法主要有消费者直接访谈法和市场试验法。

需求的预测是企业经营决策者的重要职能。主要方法有综合判断法、时间序列法、先行指标法、经济计量模型法。

利用经济数学模型进行预测分析要十分谨慎。

关键词和术语

经验需求函数:从市场上实际经验数据中得到的需求函数。

时间序列数据:针对同一调查对象,自变量和应变量的数据在某个给定时点(时段内),不同时点(或不同时段内)上采集的存量(或流量)数据。它常反映了变量之间变化的趋势。

横截面数据:在同一个时点(或时段),对不同的调查对象采集的自变量和应变量的存量(或流量)的数据。

面板数据(平行数据):是多个时点(或时段)上的截面数据。是一个二维数据,有时间序列和截面两个维度。

回归分析法:一种估计方程的参数并检验其统计显著性的统计方法,通常用来确定两种或两种以上变数间相互之间的定量关系。

最小二乘法:一种最简单实用的线性回归分析,所确定的样本回归线到各样本数据点的距离平方和最小。

经济检验:检验模型参数估计量在经济意义上的合理性。主要是将模型参数的估计量和理论期望值进行比较,包括正负号、大小、相互关系等,以判断其合理性。

直接访谈法:将所拟调查问卷,以面谈、电子邮件或电话等形式直接向消费者询问,以估计对其产品的需求和反应,取得一手数据。

市场试验:在真实市场上,有意识改变或注入一种或几种因素,来观察这些因素对市场产生的影响。现也有在计算机网络做模拟市场试验,但和真实情况总会发生偏离。

综合判断法:主要靠人的经验和直观判断能力来进行预测。

时间序列法:利用过去、现在与将来之间的内在联系,用时间序列数据来推测未来的状况。

先行指标法:利用某些经济变量与另一些经济变量之间某种稳定的时间先后关系进行预测。人口出生率是一个很好的先行指标。

复 习 题

1. 什么是经验需求函数?经验需求函数估计的常用方法是什么?
2. 统计回归分析有哪四个步骤?还要做什么检验?

3. 确立模型变量的原则是什么？为什么要对变量进行甄别？

4. 数据有哪些类型？数据的质量取决于什么？

5. 确立需求函数形式的原则是什么？有哪些常用的需求函数形式？

6. 什么是最小二乘法？你知道怎样利用统计软件来做最小二乘法吗？

7. 什么是变量的显著性检验？你知道什么是通过变量的显著性检验吗？

8. 什么是模型的拟合度检验？你知道什么是通过模型的拟合度检验吗？

9. 什么是模型的显著性检验？你知道什么是通过模型的显著性检验吗？

10. 为什么要做经济检验？你知道怎样做经济检验吗？

11. 常见的市场直接调查法有哪些？你是怎样认识市场直接调查法的？

12. 企业经营决策者为什么要进行需求的预测？常用的需求预测方法有哪些？利用数学模型预测时要注意些什么？

 第三章自我检测题及答案

生产函数分析

前面两章是从消费者行为的角度来研究市场的需求、市场供求的一个侧面。现在来研究市场供求的另一个侧面,从生产者行为的角度来研究市场的供给。企业应当如何有效地组织生产?组织生产可以从两个不同形态来考察:从**实物形态**可以研究投入与产出之间的关系,即生产函数;从**货币形态**可以研究成本与产出之间的关系,即成本函数。二者是同一个研究对象的两种不同形态,必然是相通的。本章侧重研究实物形态的生产函数。

第一节　企业生产

一、企业生产类型

生产是人类从事创造社会财富的活动,包括物质财富和精神财富。人类社会一天也不能停止消费,因而一天也不能停止生产。生产在人类经济活动四个环节(消费、生产、交换和分配)中,居于支配地位,起决定性的主导作用。企业的本质特征就是面对市场需求,组织生产。

生产劳动是人们利用劳动工具,作用于劳动对象,创造或增加社会使用价值的过程。其形式多种多样,根据社会生产活动历史发展的顺序我们将产业结构划分为**三次产业**;把产品直接取自自然界的部门称为**第一产业**;对初级产品进行再加工的部门称为**第二产业**;为生产和消费提供各种服务的部门称为**第三产业**。目前我国的三次产业划分范围如下:

第一产业包括农、林、牧、渔业,以及农林牧渔服务业。

第二产业包括采矿业,制造业,电力、燃气及水的生产和供应业,建筑业。

第三产业是指除第一、二产业以外的其他行业,包括交通运输、仓储和邮政业,信息传输、计算机服务和软件业,批发和零售业,住宿和餐饮业,金融业,房地产业,租赁和商务服务业,科学研究、技术服务和地质勘查业,水利、环境和公共设施管理业,居民服务和其他服务业,教育,卫生、社会保障和社会福利业,文化、体育和娱乐业,公共管理和社会组织,国际组织等。可以分为两大部门:一是流通部门;二是服务部门。

随着生产的发展、社会的进步,人们的需求不断地向高层次变化,需求结构的变化不断地推动产业结构的演变,第三产业越来越显示出其重要性。构成实体经济核心的第一和第二产业,重要地位仍不可动摇。我国国家统计局按三次产业的划分方法进行了有关统计。

二、生产要素

由党的十六大报告提出的"**确立劳动、资本、技术和管理等生产要素按贡献参与分配**

的**原则**",到党的十七大改为"**健全**劳动、资本、技术和管理等生产要素按贡献参与分配的**制度**"。由"确立原则"改为"健全制度",在党的十八大政治报告中为"完善劳动、资本、技术、管理等要素按贡献参与分配的初次分配机制"。这说明生产要素在分配中,尤其在初次分配中有着重要的作用和地位。党的十九大政治报告则进一步指出:"坚持按劳分配的原则,完善按要素分配的体制机制,促进收入分配更合理,更有序。"强调按劳分配的原则要坚持,明确要素参与分配,但体制要完善,鼓励勤劳守法致富,不属于生产要素的因素就不能参与分配。

企业在从事生产活动时,要产出产品或提供劳务,就一定要有诸多投入。劳动、资本、土地是任何生产活动中的最基本投入,因此,将此三要素称为**原始投入**。如果产出不能直接用于满足消费者消费,但可与原始投入相配合,作为生产的投入,则称为中间产品,或称为**中间投入**。在一般经济学上的生产要素,泛指原始投入和中间投入。这里只侧重讨论原始投入的生产要素。**生产要素**是人类进行生产所必需的各种经济资源和条件,也就是构成生产力的各种要素,包括人的要素(劳动者)和物的要素(生产资料——劳动资料和劳动对象)。原始投入的生产要素也常简单地概括为土地、资本和劳动三要素。

土地,既可以作为劳动资料,也可以作为劳动对象。广义来说,是指一切自然资源,在一定的时间和条件下,能产生经济效益,以提高人类当前和未来福利的自然因素和条件。可分为有形的自然资源(如土地、水体、动植物、矿产等)和无形的自然资源(如光资源、热资源等)。它是自然给予的,不是后天创造的,它给生产提供场所、原料和动力。它完全受自然条件的局限,不仅要看它的蕴藏量是否丰富,还要看它是否易于开采。如果蕴藏量很丰富,但不易开采和利用,其仍不能成为经济学中所要研究的自然资源。当然,最重要的自然资源是土地。恩格斯在《自然辩证法》中明确指出:"政治经济学家说:劳动是一切财富的源泉。其实劳动和自然界一起才是一切财富的源泉,自然界为劳动提供材料,劳动把材料变为财富"①。自然资源是不可或缺的生产要素,它和劳动一起,才是创造财富的源泉。

资本,在这里是指由人类生产出来又用于生产的资料,它的特征是由后天人类的劳动创造的。它包括建筑物、机器设备、运输工具、原材料等一切人工制造,又供生产或经营利用的东西。资本是企业的总财富或总资产,表现为货币资本和实物资本。除上面提到的有形资产以外,它还包括如商标、信誉和专利等无形资产。资本在劳动和自然界一起创造财富的过程中,是不可或缺的条件。

劳动,是指生产活动中所投入的人的体力和脑力,是一切具有经济意义的人类活动。它是生产中最能动、最活跃的因素。现在,也有人将技术视为一种生产要素;企业的组织管理也作为一种生产要素,包括组织土地、资本、劳动力这三种基本生产要素进行生产、创新以提高企业效益的管理等。但从一般意义上讲,技术、管理也是劳动,是更高级的复杂劳动。

在不同的生产水平下,不同要素在生产过程中发挥的作用和地位也大不一样。在生产力水平低下的早期,自然资源,主要是指土地,在生产过程中起到了决定性的重要作用,谁占有土地,谁就处于支配地位,谁就能决定生产的成果该如何进行分配。这就构成了占有土地的人——地主,缺地的农民向地主租用土地,享有一种不完全的人生自由这样的一

---

① 恩格斯.自然辩证法.北京:人民出版社,1984,p.149.

种生产关系。这样的生产关系就是我们大家都知道的封建社会,中国就经历了两千年的封建社会。

随着生产力水平的提高,资本这种要素在生产过程中所起的作用也不断地提高,在市场经济条件下的现代企业制度中,出资人是企业的所有者,所有者获得剩余索取权,有权决定生产的成果如何进行分配,并最终获得利润。这就构成了占有资本的资本家,以及出卖劳动的工人的基本生产关系。这就是目前还相当广泛存在的资本主义社会,它相对于封建主义社会而言具有一定的优越性。

随着生产力水平的继续提高、科学技术的不断发展,劳动这种最活跃的生产要素在生产过程中的作用更加突出、更加重要。经过了 20 世纪的发展,尤其是进入 21 世纪以来科学技术的突飞猛进,更加充分地说明了这一点。是人创造了社会财富,不能也不应该倒过来,反而成了财富的奴隶。马克思提出了生产资料应当公有制,在社会主义阶段,应当实行"按劳分配"。并指出了人类社会发展的目标,应当是以公有制为基础的共产主义社会,实行"各尽所能,按需分配",这才是人类最终的彻底解放,从而才能实现人的真正自由。到那时,人们与私有观念实行最彻底的决裂,与私有制度实行最彻底的决裂,生产资料不再参与分配,在共产主义旗帜上写一个大大的"公"字。这是人类社会发展的必然趋势,是生产力推动社会发展得出的必然规律,无疑是正确的。

但是,"巩固和发展社会主义制度,还需要一个很长的历史阶段,需要我们几代人、十几代人,甚至几十代人坚持不懈地努力奋斗,决不能掉以轻心。"[①]目前,必须要立足于我国长期处于社会主义初级阶段这个最大实际,只能实行"按劳分配为主体、多种分配制度并存的分配制度"。"要坚持按劳动分配原则,完善按要素分配的体制制度,促进收入分配更合理,更有序。"既能继续凸显劳动在创造财富中的地位,又给予了一起参与财富创造过程的其他生产要素足够的重视,也能得到合理合法的回报,这样能充分发挥各类生产要素的所有者发展生产力、创造社会财富的巨大作用。让一切劳动、知识、技术、管理和资本的活力竞相迸发,让一切创造社会财富的源泉充分地涌流,从而提高资源配置的效率,造福于全体人民。

这里所提及的生产要素中没有明确土地。这是由于在我国,土地和自然资源属于国有或集体所有。我国宪法规定:"城市的土地属于国家所有。农村和城市郊区的土地,除由法律规定属于国家所有的以外,属于集体所有;宅基地和自留地、自留山,也属于集体所有。"国家所有即全民所有,国家所有和集体所有都是公有制的实现形式。但国有和集体所有并不等同,在现实社会经济活动中,农民集体所有的土地常常被免费或低价使用,这就意味着他们的利益被侵占。这也是我国居民收入差距急剧扩大的重要原因之一。因此,土地和资源性要素如何参与分配,也是在完善收入分配制度时迫切需要认真考虑的问题。党的十八届三中全会指出:在符合规划和用途管制前提下,允许农村集体经营性建设用地出让、租赁、入股,实行与国有土地同等入市、同权同价。党的十九大还进一步指出:要"深化农村集体产权制度改革,保障农民财产权益,壮大集体经济"。

---

①邓小平文选(第三卷).北京:人民出版社,1993,p.379.

三、生产函数

企业用这些生产要素的一定组合来进行生产。在一定的技术条件下,各种生产要素投入量的某一组合与所能生产的最大生产量之间的对应关系,即投入与产出之间的关系,被称为**生产函数**。它反映了在生产过程中投入和**最大可能产出**之间的关系。通常用 Q 为产出的总产量；L 为投入的劳动量；K 为投入的资本量；T 为一定的技术条件。当然还可以包括其他的一些投入要素,如还需要有许多原料的投入,每一类也都还可以进一步地细分,通常都以 K 来代表资本,这是由于当年马克思撰写的《资本论》是用德文完成的,德文中资本的第一个字母是 K,投入的资本变量用 K 来表示,即肯定马克思对资本研究的伟大贡献,这也是经济学家们的一个共识。这里忽略了时间,隐含着指在某一特定时间段内。

这些投入可分为两类:一类是**不变投入**,或者称之为固定投入；另一类是可变动投入,或者称之为变动投入。固定投入是指在考察期间,要素的使用量不随产量的改变而改变,如主要设备、厂房、管理人员等。变动投入是指在考察期间,要素的使用量随产量的改变而改变,如劳动、肥料、种子、原材料和中间产品等。因此,生产函数又常分为**短期生产函数**和**长期生产函数**。短期生产函数是指在考察期间内,至少有一种投入要素的数量是不变的。而长期生产函数就是指所有的投入要素都是可变的。企业的短期决策和长期决策是不一样的,通常都在短期内经营,在长期内规划。

短期与长期之间也没有一个明确的时间界限,它们是相对于具体的生产过程而言的。对于不同类型的生产过程,时间长短的尺度是不一样的。例如,要想改变钢铁企业的炼钢设备,可能要三五年的时间,那么长期和短期的分界线就要以三年为宜；但对于一个餐饮店来说,要进行重新改装,也许三个月就够了,那么长短期的划分就可以三个月为期。

生产函数通常都是设定在特定的技术条件下而得出的。随着技术的不断进步,生产函数也会发生变化。它反映投入与可能最大产出之间的关系隐含着一个假定,即假定企业是在技术可行基础上的有效运行,这被称为**技术有效**。我们也有理由相信这个假定,一个在努力追求利润最大化的企业,不愿也不应当无端地浪费资源。

在研究生产函数时,往往是假定其他生产要素投入量不变,先单独考察一种生产要素的投入变动对产出的影响,然后考察两种或两种以上的生产要素投入量的变动对产出的影响。为方便起见,我们分别按一种可变投入生产函数,以及两种可变投入生产函数来进行讨论。

第二节　一种可变投入生产函数

为简单起见,我们首先假定,企业在一定技术条件下只生产一种产品(其产量为 Q),只有一种投入变动。我们常常考虑一个企业在资本固定的条件下,可以通过增加劳动的投入来提高产量。比如,一家制衣厂拥有的设备往往是固定的,而用来操作设备的劳动力却是可变动的。计时工资制或计件工资制的用工制度就是劳动力投入的可变动。你若需要决策用多少工人来生产多少件衣服,你就需要知道产量(Q)是如何随劳动(L)投入的变动而变动。

一、实物产量

1. 总产量

在一定技术条件下,变动投入 L 与某一固定量的资本 K 相结合所能生产的最大产量,被称为总实物产量,简称**总产量**(total product,TP)。当用劳动(L)表示可变投入,资本($\overline{K}$)表示固定投入,变动投入 L 和一定量的资本 K 相结合所能生产的最大产量 Q 之间的关系,是一种理论上讨论的生产函数。

总量函数表示在一定技术条件下,总产量和变动投入 L 之间的函数关系。如某制衣厂,有整套的制衣设备和厂房,固定投入 $\overline{K}$ 为 20。若 1 个工人也没有,当然产量为零。若雇用了 1 个工人,这个工人每天又裁又剪又缝,至多每天也就能生产 5 件衬衫。若雇用 2 个人,有适当分工,每天衬衫的产量将提高至 15 件;若雇用 3 个人,那么总产量会提高到 30 件,如表 4.2.1 中第一列和第三列所示。产量随着劳动投入的增加而不断地改变。开始是产量迅速提升,这是由于劳动投入的增加,使固定设备逐渐充分地发挥了效率。但随后提高的势头就会慢下来,若人数增加到 9 人、10 人时,就会有点适得其反,总产量不仅不会提高,反而会因人浮于事、互相扯而下降。

表 4.2.1   一种可变投入的生产函数表

劳动数量(L)	资本数量($\overline{K}$)	总产量(Q)	平均产量(Q/L)	边际产量($\Delta Q/\Delta L$)
0	20	0	—	—
1	20	5	5	5
2	20	15	7.5	10
3	20	30	10	15
4	20	40	10	10
5	20	48	9.6	8
6	20	54	9	6
7	20	56	8	2
8	20	56	7	0
9	20	54	6	−2
10	20	50	5	−4

将第一列和第三列数据在二维坐标上表示出来,就得到了总产量与变动投入 L 变化的曲线,如图 4.2.1 所示。

2. 平均产量

在一定技术条件下,其他诸投入要素均保持不变时,平均每单位变动投入要素的产量,被称为平均实物产量,简称**平均产量**(average product,AP),数值上等于总产量除以变动投入要素的数量。当劳动是变动投入时,劳动的平均产量 AP_L 为:

$$AP_L = Q/L$$

当资本是变动投入时,资本的平均产量 AP_K 为

$$AP_K = Q/K$$

表 4.2.1 的第四列给出了平均产量,它也随投入的变动而变动。劳动的平均产量实际上反映了**劳动生产率**的变化。由于平均产量是计算每单位投入的平均产出,在测量上

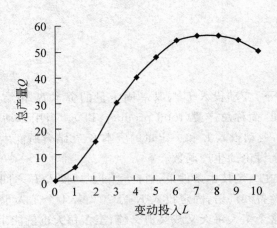

图 4.2.1　总产量 Q 与变动投入 L 曲线

会比较容易。既可以对同一行业的历史数据进行纵向比较,也可以对不同行业的历史数据进行横向比较。它的重要意义还在于:它表明了劳动生产率的大小,往往正是它决定了一个国家居民的真实生活水平。劳动生产率的大小与固定投入的资本量有关。固定投入增加、人均占有的资本量提高,通常也会导致劳动生产率水平的提高。而技术进步则是提高劳动生产率水平的又一重要源泉。

　　图 4.2.2 所示的曲线 AP_L 是表 4.2.1 相应的数据,劳动平均产量与劳动投入变动的关系,在其他投入要素不变的条件下,我们发现它通常呈倒"U"形。

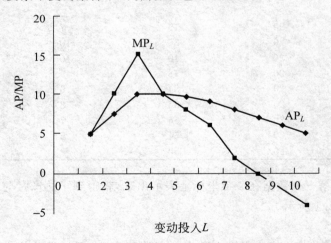

图 4.2.2　劳动的平均产量(◆)和边际产量(■)

3. 边际产量

　　在管理经济学中,我们更关心在一定技术条件下,其他诸投入要素都保持不变时,每增加一个单位变动投入要素所引起总产量的变动,我们把总产量变动的量称作此时这种投入要素的边际实物产量,简称为**边际产量**(marginal product,MP)。边际产量是我们更加关心的变量,因为要素参与初次分配是按贡献参与的分配。如何计算要素的贡献? 在市场经济的条件下,要素的边际产量就是计算**要素贡献**最好的判别标准,增加的投入引起总产量的增加,正好可以看作是要素作出的贡献。袁隆平先生杂交水稻技术的发明,使地球每年多养活了 7 000 万人,这就是袁隆平先生杂交水稻技术所作的贡献。

当变动投入是劳动时,劳动的边际产量为

$$\mathrm{MP}_L = \frac{产出\ Q\ 的增加量}{投入劳动\ L\ 的增加量}$$

同理,当变动投入是资本时,资本的边际产量为

$$\mathrm{MP}_K = \frac{产出\ Q\ 的增加量}{投入资本\ K\ 的增加量}$$

从表 4.2.1 可以看到,当劳动的投入从零增加到 1 时,相应的总产量从 0 增加到 5,这时劳动的边际产量就是 5;当劳动的投入从 1 增加到 2 时,相应的总产量从 5 增加到 15,这时劳动的边际产量就是 10;而当劳动的投入从 2 增加到 3 时,相应的总产量从 15 增加到 30,这时劳动的边际产量就是 15;边际产量随劳动投入的增加而不断增加。但当劳动的投入从 3 增加到 4 时,相应的总产量从 30 增加到 40,劳动的边际产量是 10,边际产量开始减小;如果继续增加劳动的投入,边际产量还会继续减小;当劳动的投入从 7 增加到 8 时,相应的总产量保持 56 不变,劳动的边际产量为零;若劳动投入还要增加,劳动的边际产量还会出现负。

表 4.2.1 中第五列给出了上例中 MP_L 的值,图 4.2.2 中曲线 MP_L 也给出了 MP_L 随劳动投入的变化而变化的曲线。当边际产量为零时,对总产量的最大值。在其他投入要素条件不变的条件下,边际产量曲线通常也呈倒"U"形。

在计算边际产量时,会有一点问题,主要是以"步"的起点算,还是以终点算,会发生一点误差。如表 4.2.1 中第五列边际产量的第一数字 5,是投入为 0 时的边际产量为 5,还是投入为 1 时的边际产量为 5?这些都不确切,应当是投入从 0 增加到 1 时,边际产量为 5。

4. 总产量、平均产量和边际产量间的关系

从图 4.2.1 和图 4.2.2 中可以直观地看出:当边际产量大于平均产量时,平均产量递增;当边际产量小于平均产量时,平均产量递减;当边际产量等于平均产量时,平均产量最大,边际产量必定会通过平均产量曲线最高点。当边际产量为正时,总产量在增大;当边际产量为零时,总产量达到最大;当边际产量为负时,总产量就会减少,其规律可以归结为以下四条:

当 $\mathrm{MP}_L > \mathrm{AP}_L$ 时,AP_L 必然上升;

当 $\mathrm{MP}_L < \mathrm{AP}_L$ 时,AP_L 必然下降;

当 $\mathrm{MP}_L = \mathrm{AP}_L$ 时,AP_L 达到最大值。

当 $\mathrm{MP}_L > 0$ 时,Q 上升;$\mathrm{MP}_L < 0$ 时,Q 下降;$\mathrm{MP}_L = 0$ 时,Q 为最大值。

以上规律可以用前面制衣厂的例子来作说明。当制衣厂只有 1 个工人时,总产量为 5,平均产量当然也是 5。当增加 1 个工人的投入,变动投入从 1 增加到 2 时,此时的边际产量是 10,大于平均产量 5,增加投入后,平均产量提高到 7.5;若再增加 1 个人的投入,投入从 2 增加到 3,边际产量是 15,还是大于平均产量 7.5,投入后,平均产量进一步提高到 10。但当有 4 个工人时,平均产量为 10,增加一个工人的投入,边际产量为 8,小于此

时的平均产量 10,投入后,平均产量就降到 9.6。无疑,当用了 7 个工人后,若还增加投入,从 7 增加到 8,此时的边际产量为零,总产量也就达到了最大值。

二、边际实物报酬递减法则

在上面的分析中,实际上可以观察到一个普遍的现象,一般来说,在技术水平一定的条件下,只是一种生产要素的投入量连续增加,而其他要素投入量保持不变,那么当这种要素投入量增加到一定程度时,若再继续增加该要素的投入,该要素的边际实物产量就会逐步减少,这就被称为**边际实物报酬递减法则**,又称边际生产力递减法则。图 4.2.2 的边际产量曲线 MP 已表明了这一法则。

边际实物报酬递减是在大量的实际生产过程中观察得来的。虽然无法被理论证明,但其具有相当的普遍性,且在农业部门的表现尤为突出。在一块土地上,如果只一味地增加劳动力的投入,产量增加的数量就会越来越少,最后甚至还会随着劳动力投入的增加,总产量反而减少,这在我国农业生产中是有深刻教训的,可详见专栏 4-1《马尔萨斯人口论与"人有多大胆,地有多大产"》。这说明人们的生产活动最终会受到某一种或若干种资源的约束。

其中的原因在于在可变要素投入量达到一定的数量以前,固定要素的数量相对于变动要素而言显得较多,以致固定要素的效率不能很好地发挥,而随着变动要素投入的不断增加,固定要素的利用效率不断提高,而可变要素也会因有效的分工、适当的协作,劳动效率也会增加,从而变动要素的边际产量会随着投入的增加而增加。但达到一定的界限后,固定要素已经被充分地利用,若还继续增加变动要素的投入,在技术上没有必要数量的固定要素与变动要素相配合,变动要素的效率就必然会下降,边际产量也就会下降。

对于边际实物报酬递减法则的应用还须说明以下几点。

第一,边际实物报酬递减法则是一个以经验为依据的一般性概括,在现实生活中该法则对于绝大多数生产情况来说都是适用的。

第二,该法则作了技术水平保持不变的假定,没有考虑技术水平变动的情况。

第三,强调了其他投入要素保持不变,没有说明各种要素投入同时发生变动时的情况。

专栏 4-1

马尔萨斯人口论与"人有多大胆,地有多大产"

马尔萨斯,英国经济学家,在 1798 年提出了充满争议的"人口论",其主要理论依据便是边际实物报酬递减法则。他认为:地球上的土地是有限的,不会再增加了,但地球上人口却在不断地膨胀,将有越来越多的劳动力来耕种这有限的土地。最终,劳动的边际产量和劳动的平均产量都会不断地下降,但却又有越来越多的人需要粮食,因而,地球上的人类就会发生大的饥荒。由于马尔萨斯脱离了生产力和生产关系来研究人口论,因此受到了马克思的严厉批判。人类的历史也确实没有按照马尔萨斯的预言发展,进而让人怀疑边际实物报酬递减法则的正确性,但在我国却有着深刻的教训。

1958 年,在我国相当多的地区就曾出现过不顾技术条件的限制,在一块有限的土地面积上超比例地增加人力的投入,并增施化肥,实行深翻密植,企图增加农作物的产量,并提出了"人有多大胆,地有多大产"的口号。《人民日报》在 1958 年 8 月 27 日还刊登了中央办公厅派往山东寿张县了解情况的同志写回来的信:

"今年寿张的粮食单位产量,县委的口号是'确保双千斤,力争三千斤',但实际上是在搞全县范围的亩产万斤粮的高额丰产运动。一亩地要产五万斤、十万斤以至几十万斤红薯,一亩地要产一两万斤玉米、谷子,这样高的指标,对于当地干部和群众来说,讲起来像很平常,一点也不神秘。一般的社也是八千斤、七千斤,提五千斤指标的已经很少。至于亩产一两千斤,根本没人提了。这里给人的印象首先是气魄大。""目前下面对争取秋季大丰收的劲头是很大的,但对收获后如何保管,普遍还没有准备。我们同乡社干部和群众时,最初他们都是'粮食多了还怕没办法?''那由国家买吧!',经过算细账才大吃一惊,才觉得粮食多了也有问题。"

结果真是粮食多了也有问题吗? 历史的真实情况是当年严重地减产,随后的几年,我国经济生活发生了严重的困难,粮食少得不够吃。不能不说这是对边际实物报酬递减法则缺乏必要认识而带来的严重后果。

注意:不要把劳动投入增加时,边际实物报酬递减法则与劳动生产率可能的变化相混淆。边际实物报酬递减法则是发生在技术等其他投入不变的基础上,实际上,一段时间以后,劳动的人均资本含量要提高,技术也在进步,从而使图 4.2.1 总产量曲线向上提升,如图 4.2.3 所示,同样的劳动投入下会生产更多的产品。总产量曲线的提升掩盖了边际实物报酬递减的规律,而在技术不变的前提下,边际实物报酬递减法则依然有效。

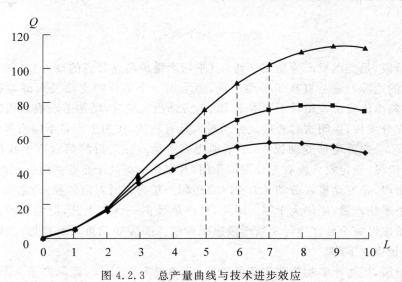

图 4.2.3　总产量曲线与技术进步效应

三、生产三阶段

图 4.2.1 和图 4.2.2 所表明的是一种变动投入的生产函数。根据总产量、平均产量、边际产量随着变动投入变动的变化关系,还可以将生产分为三个阶段,以便具体分析生产要素的生产效率,如图 4.2.4 所示。

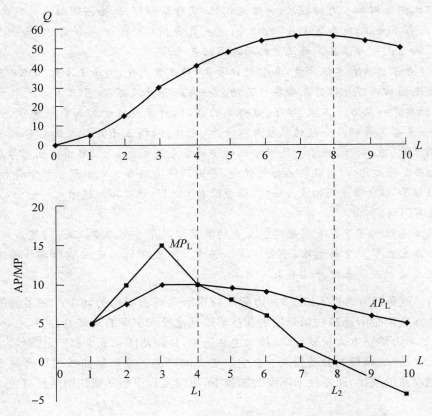

图 4.2.4　生产的三阶段

　　第Ⅰ阶段,是变动投入劳动在 0 到 L_1(平均产量最高点对应的投入)之间。在这一阶段内,劳动的边际产量一直高于平均产量,每增加一个单位的变动投入都能提高平均产量,Q 也增长得比较快。相对于资本 $\overline{K}$ 而言,劳动投入缺乏,增加劳动投入可以使资本的作用得到充分发挥,说明这时若增加劳动投入是有利的,作为生产者不应当停留在这一阶段组织生产,一定要增加变动投入,不断地提高产量。在之后的第六章中我们还可以知道,在第一阶段,固定投入没有充分发挥作用,其实是一直处于企业关门点之前。

　　第Ⅱ阶段,是变动投入劳动在 L_1 到 L_2(边际产量为零时对应的投入)之间。劳动的边际产量小于平均产量,但仍大于零。因此,总产量虽仍一直在上升,但增长的速度已经减慢。这一阶段已完全处在边际实物产量递减阶段。随着变动投入的增加,边际产量在减小,平均产量也在下降。

　　第Ⅲ阶段,即边际实物报酬为负的阶段,劳动投入大于 L_2,边际产量 MP_L 已由正变负,平均产量继续下降,总产量 Q 也随着投入的增加反而在减小,这说明劳动投入已经太多,人浮于事,人多手杂,越帮越忙,劳动效率低下。

　　企业当然不应当在第Ⅲ阶段组织生产,但也不应产生在第Ⅰ阶段,只有第Ⅱ阶段才是组织生产的**合理阶段**。至于哪一点最合适,还要在市场上由供求关系来进一步决定。

第三节　两种可变投入生产函数

只要考察的时间足够长，就不止一种要素的投入可以变动，而是两种或两种以上的要素可以变动，甚至所有的投入要素都可以变动。所有投入要素都变动情况下的投入和产出关系是长期生产函数。

为简单起见，我们仍假定，企业在一定技术条件下只生产一种产品（产量为 Q），而有两种投入要素，即资本 K 和劳动 L，都是变动投入，然后分析这两种变动投入的变动对产量的影响。

两种变动投入生产函数的研究成果，在一定范围内，很容易推广到更加一般的情况，可以推广到多种变动投入的情况。从数学的角度上来划分，是单变量生产函数和多变量生产函数，两种变动投入生产函数属多变量生产函数。

一、等产量线

由于有两种投入变量，即劳动和资本，都可以变动，因此企业可以用劳动和资本的不同组合来组织生产。要素的不同组合，可能产量相同。在相同的产量下，投入要素所有各种可能组合的轨迹，被称作**等产量线**。一般来说，资本与劳动有相互替代性，当投入的资本增加后，产量会增加，若要保持产量不变，就要适当减少劳动的投入。表 4.3.1 所示的是某种技术条件下劳动和资本不同组合的产量。

表 4.3.1　两种变动投入的生产函数表

K	7	10	24	31	36	40	39
	6	12	28	36	40	42	40
	5	12	28	36	40	40	36
	4	10	23	33	36	36	28
	3	7	18	28	30	30	28
	0	1	2	3	4	5	6　L

从表 4.3.1 中我们可以发现，有些劳动和资本的组合尽管不一样，但它们的产量却是一样的，我们将所有具有相同最大产量的组合用线连起来，就形成了一条线——等产量线。等产量线是表示在具有相同最大产量下，各种要素所有可能组合的轨迹，如图 4.3.1 所示。就像地图上的等高带，产量带进一步变窄，图 4.3.1 就成了图 4.3.2 的等产量线。这里的最大产量隐含着多变量生产函数也是技术有效，因此，以后就不再强调生产函数是投入与可能最大产量之间的关系。例如，生产同样数量的谷物，可以精耕细作，多投入一些劳动，少投入一些土地；也可以广种薄收，少投入一些劳动，多投入一些土地。最终的谷物产量是相同的，这样的投入组合可以有多种。

等产量线是**向下倾斜**的，将生产要素投入空间中，可以有无数条等产量线，它们分别代表了各种特定产量下要素 K 和 L 的不同数量的组合。这些等产量线有如下几个特点。

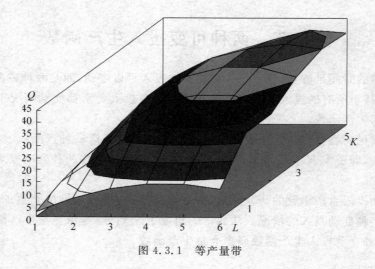

图 4.3.1　等产量带

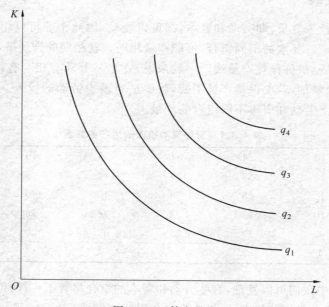

图 4.3.2　等产量线

（1）等产量线是从左上方向右下方倾斜，因为要保持等产量，一种要素投入的减少是以另一种要素投入的增加为前提的。

（2）生产要素投入空间中，可以有无数条等产量线，它们互不相交，距原点越远，等产量线所代表的产量就越高。

（3）等产量线是**凸向原点**的。

等产量线表明了企业在决策中具有相当的灵活性。可以选择资本和劳动的不同投入来进行组合，来获得同样的产量。在劳动力成本增高时，可以更多地利用一些自动化的机器设备，以资本来代替劳动的投入，以达到成本低、利润高的目的。

二、边际技术替代

1. 边际技术替代率

我们已经看到,两种不同的投入要素相互之间有一定的替代关系。在维持产量不变时,一种投入要素是可以替代另一种投入要素的。为此,我们把在生产技术水平不变的条件下,维持同样的产量,增加一个单位的某种投入要素,可以替代另一种投入要素的数量,被称作这种投入要素对另一种投入要素的**边际技术替代率**,记作 MRTS(marginal rate of technical substitution)。如图 4.3.3 所示,增加劳动的投入,从 L_1 增加到 L_2,若要维持产量不变,就要减少资本的投入,从 K_1 减少到 K_2,要素的组合点从 M 点移到了 P 点。

那么,劳动 L 对资本 K 的边际技术替代率 MRTS_{LK} 为

$$\text{MRTS}_{LK} = \frac{\text{替代下的资本 } K \text{ 变化量}}{\text{投入劳动 } L \text{ 的增加量}}$$

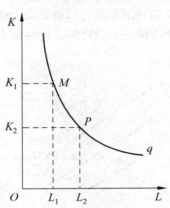

图 4.3.3　边际技术替代率

如图 4.3.3 所示,投入劳动的增加量是 $L_2 - L_1$,可以替代下的资本是 $K_1 - K_2$。由于 M 点和 P 点要在同一条等产量线上,增加的劳动投入 $L_2 - L_1$,引起增加的产量,一定等于替代下的资本 $K_1 - K_2$,造成减少的产量。而由边际产量的定义,我们知道:劳动的增加量和劳动的边际产量乘积等于增加的产量;替代下的资本变化量和资本的边际产量乘积等于减少的产量。我们就不难得到:

$$\text{MRTS}_{LK} = \frac{\text{劳动的边际产量}}{\text{资本的边际产量}} = \frac{\text{MP}_L}{\text{MP}_K}$$

即劳动 L 对资本 K 的边际技术替代率,就等于该处劳动 L 的边际产量对资本 K 的边际产量之比。

2. 边际技术替代率递减法则

沿着同一条等产量线,以一种投入替代另一种投入,我们发现可替代的数量越来越少。一种投入替代另一种投入的边际技术替代率不断下降的现象,被称作**边际技术替代率递减法则**。对此也不难理解,式(4.3.5)告诉我们,边际技术替代率正好是这两种要素的边际产量之比,一方面,当一种要素(如劳动 L)不断增加时,边际实物报酬递减的法则就要起作用,随着投入的劳动总量增加,劳动的边际产量 MP_L 就逐渐减小;另一方面,由于资本这一投入要素不断地被替代,那么资本的总使用量就在不断地减少,资本的边际产量 MP_K 也就会相应地变大,这样,MP_L 和 MP_K 的比值就会逐渐变小。由此可知,边际技术替代率递减,实质上是单变量分析中边际实物报酬递减法则在多变量分析中的反应。正是由于边际技术替代率递减,就必然有:

单位劳动可以替代的资本量越来越少,等产量线也由此而逐渐变得平坦,说明了等产量曲线都是凸向原点的。

3. 完全替代和完全不替代

通常情况下,为维持同样的产量,两种投入彼此替代的程度是在变化的,边际技术替代率递减就是说明了这种变化。但存在极端情况,一种极端情况是两种投入彼此替代的

程度总是保持不变,在任何情况下,一种投入可以替代另一种投入的能力不变,即边际技术替代率为一常数,这时的等产量线就成了一条直线。如图 4.3.4 所示,X、Y 表示两种可变的投入,这两种投入是可以**完全替代的**。例如,在许多场合下汽油和天然气是可以完全替代的,在烘干过程中烘烤功率和烘烤时间是可以完全替代的,在混合饲料中鱼粉和豆粉是可以完全替代的,高速公路收费站一个智能卡自动收费装置可以替代两名员工等。

另一种极端情况是固定比例生产函数。只有当两种投入按固定比例增加时,产量才增加。如果一种投入增加而另一种投入不增加,产量就不会增加。两种投入要素**完全不可替代**,也称完全互补,必须互补使用,这时的等产量线为一直角线,如图 4.3.5 所示。在现实中也有这样的例子:在化工生产过程中,投入的基本原料的比例就是固定的;4 个车轮和一副车身可以装配成一辆家用轿车,而如果有 100 个车轮,却只有一副车身,仍然只能装配成一辆轿车。这些例子可以看作是完全互补的情况。

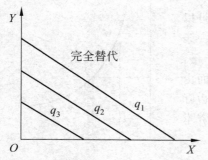

图 4.3.4　投入要素完全替代的等产量线

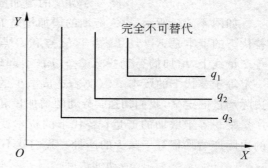

图 4.3.5　投入要素完全互补的等产量线

三、生产弹性

同样用研究需求弹性的方法,来研究产出对有关投入变动的敏感程度。要素投入量的变动会引起产出的变动,用弹性来衡量投入变动对产出影响的程度。这里着重研究一下产出弹性和生产力弹性。

1. 产出弹性

产出弹性是指在技术水平不变的条件下,若其他投入不变,仅一种要素投入发生变动时,这种投入的相对变动所引起产量的相对变动,产量的相对变动和投入的相对变动之比就被称为是这种投入要素的产出弹性。它反映了产量对这种要素投入变动的敏感程度。劳动的产出弹性 E_L 可以表示为:

$$E_L = \frac{产量变动的百分比}{投入劳动变动的百分比} = \frac{产量的增量 / 产量}{投入劳动的增量 / 投入劳动} = \frac{劳动的边际产量}{劳动的平均产量}$$

产量的增量和投入劳动的增量之比正好是劳动的边际产量,而产量和投入劳动的比是劳动的平均产量。劳动的产出弹性也正好可以用劳动的边际产量和平均产量的比来表示。同样的道理对资本的产出弹性也是可以同样表示:

$$E_K = \frac{产量变动的百分比}{投入资本变动的百分比} = \frac{产量的增量 / 产量}{投入资本的增量 / 投入资本} = \frac{资本的边际产量}{资本的平均产量}$$

要素的产出弹性反映了要素对产出的贡献,产出弹性越大,对产出的贡献越大。

2. 生产力弹性

生产力弹性是指在技术水平不变的条件下,所有投入要素都按同一比例变动时所引起产出的相对变动,产出的相对变动和这些投入要素的相对变动之比就是生产力弹性。设 E_e 为生产力弹性。它反映了产量对所有要素投入变动的敏感程度:

$$E_e = \frac{产量变动的百分比}{所有投入要素变动的百分比}$$

这可以进一步推广,说明所有投入要素按同一比例变动,所引起的产出的相对变动,是各个投入要素各自按此比例变动引起的产出变动之和,生产力弹性等于各项投入的产出弹性之和。

四、生产者优化选择

有了生产函数,还要进一步地研究在一定的技术条件下,诸投入要素究竟如何组合才能成为最佳组合。这就是说,在一定的成本下,投入要素应怎样组合,产量最大;或者是在一定的产量下,投入要素应怎样组合,成本最小。需要生产者作出**优化选择**。

1. 等成本线

仍然假定只有劳动 L 和资本 K 两种可变投入要素,并以 r 代表占用资本的代价(相当于利率),以 w 代表使用劳动的成本(相当于劳动工资率),以 C 代表投入的总成本,显然

$$C = rK + wL$$

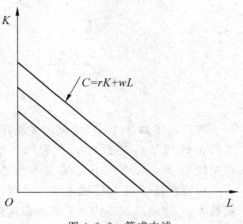

图 4.3.6　等成本线

若要素的价格不变,上式就是**等成本线**的线性方程式。在资本—劳动投入要素空间中,它表示为某一确定的总成本所能购买到资本和劳动数量的各种可能组合的轨迹,如图 4.3.6所示。

它表示在总投入成本不变的前提下,资本和劳动的各种可能组合,组合的极端情况是只投入资本,不投入劳动,最大的资本投入量为 C/r;或只投入劳动,不投入资本,最大的劳动投入量为 C/w。因此,**等成本线斜率**的绝对值正好是劳动价格与资本价格的比w/r。在投入要素价格不变时,总成本增加,等成本线就向外平移,将上式改写一下,就可以更清楚地看出这一点。

$$K = C/r - w/r\, L$$

在等成本线上,投入的要素组合正好用完全部的投入成本 C。而对于等成本线的右上方所代表的要素组合,由于投入成本不够,而不能实现;在等成本线的左下方和坐标轴围成的三角形内,投入要素的组合能够实现,并且投入成本还有剩余。

2. 生产者优化选择

有了等成本线,结合已讨论过的等产量线和边际技术替代率的知识,就可以讨论生产

管理
经济学（第四版）（简明版）

者的优化选择。

　　假定在一定的技术条件下，企业可使用的总投入成本 C 不变，因此必须选择适当的组合，才能使产量达到最大值。如图 4.3.7 所示，q_1、q_2 和 q_3 代表三条不同水平的等产量线，l_2k_2 代表总成本为 C 的等成本线。

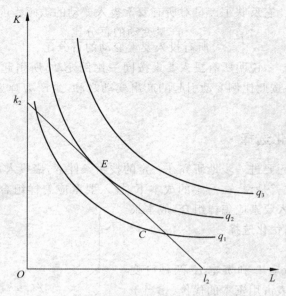

图 4.3.7　确定成本下产量最大的优化投入组合

　　等产量线和等成本线之间的关系存在三种情况：相交、相切和相离。显然，q_3 和等成本线相离，在 l_2k_2 的右上方，代表的产量确实更高，但投入的总成本不够，无法达到。等产量线 q_1 和 l_2k_2 有两个交点，是可以达到的产量水平，但它没有达到最大的产量。

　　只有产量线 q_2 和等成本线 l_2k_2 **相切**，切点为 E 时，这就达到了在总成本一定下的产量最大值，也就实现了投入要素的最优组合，E 点所代表的要素组合就是生产者所要的最优选择点。此时，等成本线的斜率的绝对值正好等于等产量线该点切线斜率的绝对值，劳动 L 对资本 K 的边际技术替代率，同样正好等于劳动与资本的使用价格之比。

$$\mathrm{MRTS}_{LK} = w/r$$

而边际技术替代率又正好是两种要素的边际产量之比。上式又可以改写为

$$\frac{\mathrm{MP}_L}{w} = \frac{\mathrm{MP}_K}{r}$$

　　这是最重要的，它是生产者实现优化选择的必要条件。也就是说，若要实现投入要素的优化配置，不同要素的边际产量必须要和它的价格比相等，这被称为**边际实物报酬均等法则**。也就是说不同要素的性价比要一致。**性价比**一致，是实现投入要素最优配置的必要条件。"性"是要素为企业作出的贡献，即边际产量；"价"是企业为使用该要素需要支付的代价，即要素的价格。

　　这里虽然是从两种投入要素推出的结论，但却很容易推广到多种要素。在有多种要素投入时，若要实现投入要素的优化配置，同样必须满足边际实物报酬均等法则，所有投

入要素的性价比都必须相等。[①] 这不难理解，性价比高的要素要多投，性价比低的要素要少投，直到所有要素的性价比相等时，投入要素才得到优化配置。

企业生产者投入要素组合要实现优化选择，必要条件是要满足边际实物报酬均等法则。我们可以从中得到一个重要的结论：单纯地提高劳动者工资是不能实现提高劳动报酬在初次分配中的比重的。

这里劳动报酬 wL 在总成本 C 中的比例，就是劳动者在市场充分竞争条件下初次分配的比例，它和劳动的工资率无关，只与劳动与资本的产出弹性有关，只有提高劳动的产出弹性，才能增加劳动报酬在初次分配中的比重。这就说明在市场充分竞争的条件下，政府若想要通过用行政手段提高劳动者工资，来实现增加劳动报酬在初次分配中的比重的目的是不现实的。

3. 生产者优化选择的变动

如果投入的成本在变动，生产者的优化选择点就会发生变动。我们仍先讨论在技术水平不变的条件下，若是投入成本在不断变动，增加或减少，在要素价格不变时，等成本线的斜率不变，相当于等成本线在平移，向外或向内平移。这时，生产者优化选择也就必然会发生变动。如图 4.3.8 所示，将所有的优化选择点连接起来，就形成了一条**扩张线**，它相当于在一定技术条件和投入要素价格不变时，企业生产规模发生变动时，要素投入优化组合变化的轨迹。

当要素的价格也发生变动时，等成本线的斜率就要发生变动，要用相对便宜的要素来替代相对昂贵的要素，扩张线的轨迹也要发生变动，直到满足边际实物报酬均等法则为止。这里对此不作深入讨论。而投入要素的质量发生变动所引起的变化将在下一节做进一步的讨论。

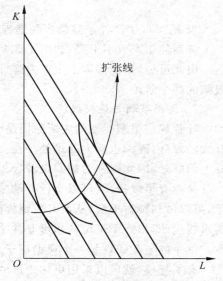

图 4.3.8　总成本变动与生产者优化
选择的变动

五、规模报酬原理

生产力弹性给出了产出的变动对要素投入变动的敏感程度，实质上指出了生产规模发生变动时，生产效率也发生了变动。

1. 规模报酬三阶段

规模报酬是指在技术水平不变的条件下，当所有投入要素都按同一比例发生变动时，产出的变动情况。所有要素按同一比例变动相当于生产的规模在变动，生产的规模变动必然会引起产出的变动，规模报酬就是研究生产规模变动与产出变动之间的关系。根据生产力弹性的大小，可以将规模报酬分为以下三个阶段。

当 $E_e > 1$，生产处于**规模报酬递增**阶段，产出增长的速度大于投入增加的速度，规模

---

① 详见本章附录 4A-3 的数学推导。

的扩大使生产效率得到提高,如图4.3.9(a)所示。

当$E_e=1$,生产处于**规模报酬不变**阶段,产出增长的速度等于投入增加的速度,生产效率与规模大小无关,如图4.3.9(b)所示。

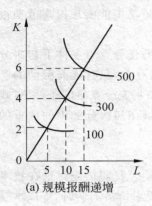 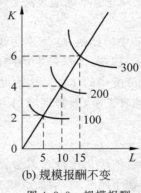 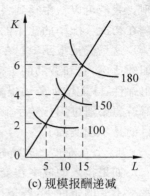

(a) 规模报酬递增　　　　　(b) 规模报酬不变　　　　　(c) 规模报酬递减

图4.3.9　规模报酬

当$E_e<1$,生产处于**规模报酬递减**阶段,产出增长的速度小于投入增加的速度,规模扩大反而使生产效率下降,如图4.3.9(c)所示。

由此可见,只要知道了生产力弹性的大小,就可以十分容易地判断出生产是处于规模报酬的哪个阶段。

2. 规模报酬与规模经济

导致规模报酬变动的主要原因是企业规模变动时存在规模经济与规模不经济,虽大有大的好处,而大也有大的难处。在生产开始扩张的阶段,由于大规模生产具有明显的规模上的好处,因此被称为**规模经济**(economics of scale),也称内在经济。

企业有了规模,就可以实行劳动分工和专业化。每一个工作岗位上的操作都相对简单,可以做到精益求精,从而有效地提高劳动的平均生产效率。尤其是制造业,通常都是流水线生产,每一个工位的职责非常明确,这对提高劳动生产率起到了极大的推动作用。生产汽车的装配线就是一个典型例子。

有了规模,就可以采用更加先进的技术和大型设备。先进的技术和大型设备往往需要投入的成本比较高,只有生产规模上去了,成本才可以在更大的产出范围内摊薄。

有了规模,就可以吸引更多优秀的人才。可以聘请优秀的技术专家,开拓并保持产品的领先地位,增强竞争能力;可以聘用优秀的职业经理人,提高管理效率,节约管理费用。

有了规模,就可以有更好的声誉。在产品市场和要素市场上将有更强的谈判能力,将处于更加有利的地位。

还有一个被称作工程上的**2/3定理**,特别针对一些涉及流动液体的行业,如化工冶炼等行业。这些行业在生产过程中通常都有反应炉、反应罐,这些炉罐的容积与尺寸的立方成正比,容积反映了生产的能力;而这些设备的表面积与尺寸的平方成正比,面积反映了设备的成本。厂房也有类似的结果。成本和设备的面积成正比,面积是设备尺寸的平方;生产能力与设备的容积成正比,容积是设备尺寸的立方,这就是2/3定理。2/3定理说明企业规模大一点比规模小一点要好。

企业规模大也有大的难处,规模增大的不利因素被称为**规模不经济**(diseconomics of scale),又称内在不经济。规模不经济的主要原因是规模加大,管理层次就要增多,不易协调,缺乏灵活性,难以管理,从而引起效率下降;对生产要素的需求量加大,会引起要素价格上升,产品过多,而造成产品销售渠道加长,推销困难,各项费用增加,带动成本上升。

在现实中,企业规模经济的因素和规模不经济的因素是同时存在的。当规模经济的因素占主导地位时,企业表现出来的是处于规模报酬递增阶段;当规模不经济的因素占主导地位时,企业表现出来的是处于规模报酬递减阶段。大多数的经验研究表明,一般情况下在企业开创的初期常表现为规模报酬递增阶段;随后在一个相当的产量范围内,表现为规模报酬不变阶段;若还要不断增大规模,确实也会经历规模报酬递减阶段。

以上说的是一个企业生产一种产品的规模,某一个国家或某一个地区生产同样产品的行业规模大小,即行业内生产相同产品的企业个数的多少,也会影响单个企业的产量和效益。整个行业生产规模扩大,给单个企业带来生产和收益上的好处被称为**外在经济**,外在经济的原因主要是单个企业可以从整个行业中得到更加方便的人才、技术和信息的交流,更加方便的原材料的供给,更加方便的辅助设施的服务等,从而使单个企业的生产效率得以提高。我国在改革开放以后,形成了不少产业集聚的现象,如小家电集聚在广东顺德,纺织业集聚在浙江绍兴,IT产业集聚在广东东莞,制鞋业集聚在浙江温州,不锈钢集聚在江苏戴南镇等,这就是发挥了外在经济的好处。

但同一行业的企业数不断扩大,也会给单个企业带来不利的影响,这种不利影响被称为**外在不经济**。外在不经济的原因是同行业内各企业之间竞争必然会更加激烈,资源的供给也可能发生困难,产品的销路也要受到限制,因此企业不得不加大投入,付出更高的代价,从而降低了生产效率。

由以上分析可以看到,当企业生产规模过小时,内在经济占主导地位;当行业规模偏小时,外在经济也占主导地位,这时企业处于规模报酬递增阶段,也会出现行业的聚集现象。随着企业规模的扩大、行业规模的扩大,内、外在不经济的现象就开始严重,其间会有一段内、外在经济与不经济现象的相持阶段,这时是企业规模报酬不变阶段。若企业的规模和行业的规模还要扩大,内在不经济、外在不经济就会占主导地位,便会出现规模报酬递减阶段。

由此可见,一个企业、一个行业生产的规模不能太小,但也不能太大,即要有一个适度的规模。而对于不同的行业,适度规模的大小是不同的,并没有一个统一的严格标准。

但通常来说,对于需要的投资量大、所用的设备先进复杂,如冶金、汽车、化工、造船等行业,生产规模大,适度规模也就大;相反,对于需要资金少、所用设备简单的行业,如服装、餐饮等行业,规模小才能更灵活地适应市场需求的变化,有利于组织生产,适度的规模也就小。

适度规模也会随着时间的推移、技术的进步而不断地发生变化。一个企业应当注意采取措施,实行现代科学的管理方法,努力减小规模内、外在不经济的影响,延缓规模报酬递减阶段的出现,使规模报酬递增或规模报酬不变尽可能地延续一个较长的时期。

现在管理手段正发生着革命性的变化,深刻地影响了企业的规模,出现了制造资源计划(Manufacturing Resources Planning, MRP)。将公司高层管理与中层管理结合在一起,以制造资源计划为活动核心,促使企业管理循环的运作,从而达到最有效的企业经营。其涵盖范围包含了企业的整个生产经营体系,包括经营目标、销售策划、财务策划、生产策划、物料需求计划、采购管理、现场管理、运输管理、绩效评价等各个方面。从而使企业从管理方式到经营规模都发生了深刻的变化,甚至出现了虚拟企业。特别是"互联网＋"的出现,推动了移动互联网、云计算、大数据、物联网、区块链等与现代制造业相结合,促进了电子商务、工业互联网和互联网金融等产业的健康发展,将成为促进经济社会各领域融合创新的重要战略。借助这些新技术,我们将看到智慧城市的运营、智慧制造的工厂、智慧运营的物联网络等。

企业信息化使得企业的边界也开始变得模糊,某个生产环节正在同时为多家企业服务,这个环节属于哪家企业,并不重要,有时也说不清楚。这样,有时企业规模也要变得说不清楚,甚至出现了**虚拟企业**,这个企业在实体上究竟存在不存在也说不清楚。

六、范围经济

以上讨论的是生产单一品种时,企业生产规模的效率问题。实际上,一个企业往往同时生产多种产品。我们将企业同时生产多种不同产品所带来的好处,称作**范围经济**(economics of scope),企业生产多种产品也可以改变生产效率。范围经济与规模经济是不同的概念,范围经济涉及的是产品的联合生产所带来的成本节约,而规模经济涉及的则是某种产品的大量生产所导致的效率的提高。在没有规模经济的情况下,也可能有范围经济。同样,在没有范围经济的情况下也可能会有规模经济。

范围经济表现为多品种生产,可以更加充分地利用原材料。一种产品在生产过程中出现的副产品,很可能是生产另一种产品很有价值的原材料,可以降低变动成本;多品种生产可以共享设备和基础设施,一种产品对有关设备的利用往往具有周期性,多品种生产可以更加有效地利用设备,来共同分摊固定成本和固定资产的折旧费用。

多品种生产可以提供产品的多样性,包括产品的质量、功能、外观、品种、规格,以及提供服务的差异化,以此来满足消费者的不同需要,形成差异化优势,使消费者认同该企业的产品。

多品种生产可以共享产品市场营销渠道和原材料采购渠道,形成成本优势和差异化优势,以及产品、品质和价格等方面的竞争能力优势;同时利用同一渠道销售多种产品,可以节约成本;还能更好地利用企业已经形成的品牌优势,为新产品开拓市场,也对跟进者形成巨大的进入障碍。

多产品生产可以更好地发挥技术创新优势,共享技术进步。技术的扩散作用使企业决策者更加重视对新产品、新工艺的开发;范围经济利益的驱动可以导致科技创新的良性循环;持续的创新活动将使企业在材料、工艺、团队建设、市场调研等诸方面都有所突破,最终将形成企业更加强大的核心竞争力。

多品种生产可以更好地抵御风险。在成本、差异化、市场营销、技术创新等方面获得竞争优势,实际上是增加了企业抵御风险的能力。多产品也可以使现金流的使用更加平稳,提高了资金的利用效率。同时,范围经济还强化了企业的"新陈代谢"和互补性。

可见,企业多产品的范围经济有着更大的开拓空间,在许多行业都很重要。它解释了为什么现在许多企业都是生产多种产品,强调多元化经营。但并不是产品的范围越大越好。多产品之间应当在生产环节,或市场的销售环节有一定程度的关联,即相关多元化。如果多个产品之间在生产和需求上都没有什么相互的关联,范围经济也就无从谈起。因此,相关多元化比非相关多元化要有更大的范围经济空间。这也就说明了在现实经济生活中,并不是不同产品加在一起就是范围经济,多元化并不总是成功的。

近年来,特别是进入 21 世纪以来,又出现了一个新的趋势。随着信息和物流业的更加发达,企业间的交易成本在不断降低。对企业来说,更重要的不是做大(单一产品的市场份额大)或做多(多元化经营),而是做强,在某一产品,甚至某一生产环节上做强,竞争力强,营利性强。一些公司常常采用外包的方法,收缩业务范围,抓住企业的**核心竞争力**,集中主业,集中核心环节,创建核心技术,对一些支持性以及非核心的环节实行外包,采取由外购替代内部完成的方式。建立核心领域的巨无霸,改善企业的集中度。

企业应当做大、做好,还是做强?这是由企业自身的发展阶段和外部的客观条件决定的,主要是看其是否真正提高了企业的生产效率,而不能简单地下一个定论。专栏 4-2 就是一个关于高等教育的规模经济与范围经济的案例。

专栏 4-2

高等教育的规模经济与范围经济

在过去的近 20 年里,我国高等学校经历了合并大学和扩大招生两件大事。许多高校,尤其是教育部直属高校,经历了办学规模从规模不经济到规模经济的转变,培养本科生、研究生和从事科研活动从范围不经济向范围经济转变。办学效益有了显著提高;满足了人民群众和国家经济发展对教育的宏观社会需求;刺激了居民消费,带动了与教育相关产业的发展,增加了社会需求;缓减了就业压力;推进了教育体制改革,高等教育实现了精英教育向大众教育的转变,甚至向普及教育发展,为我国产业转型提供了人才准备。表 1 显示了我国高校历年普通本专科招生人数的变化趋势。

表 1　我国高校历年普通本专科招生人数　　　　　（万人）

1993 年	1994 年	1995 年	1996 年	1997 年	1998 年	1999 年	2000 年
92.4	90.0	92.6	96.6	100.0	108.4	159.7	220.6
2001 年	2002 年	2003 年	2004 年	2005 年	2006 年	2007 年	2008 年
268.3	320.5	382.2	447.3	504.5	546.1	565.9	607.7
2009 年	2010 年	2011 年	2012 年	2013 年	2014 年	2015 年	2016 年
639.5	661.8	681.5	688.8	699.8	721.4	737.8	748.6

从整体上看,随着每年招生人数的增加(1994 年除外),办学的效率也在提高,并出现了规模经济现象。

教学成本的节约。增加一位学生的单位成本,即边际成本几乎忽略不计。从这个意义上讲,规模的扩大带来平均成本的下降,会产生规模经济现象。在 1999 年以前,班级规模一般都是 30 人或 40 人左右,而合并与扩招后,一般大学上课时的班级规模都达到了 60 人以上。

管理成本的节约。在合并与扩招的过程中，主要增加了教师，相应的管理人员及后勤人员则相应不变或没有明显增加，这样就必然带来了生均管理成本的下降。

交易费用的节约。规模扩大一方面将增加组织管理费用，如办公费、会议费等；另一方面也有助于节省交易费用。高校通过扩大规模，尽可能多地将知识产品交易内部化，从而节省了交易费用。

"分工"也带来规模经济和范围经济。高校合并与扩招往往伴随着学科点的增加，这会产生几方面的效应：一是不同学科背景的教师可以进行知识交流。多学科氛围有利于学生获取多方面知识，这些交流降低了教师、学生学习和补充新知识的成本。二是专业增多促使教师更加专注于某个方向的研究。专业化程度的提高，将极大地改善教师从事教学和科学研究的效率。三是学科点的增加。教学研究人员的增加会产生一批专门从事学术研究的学者，分工更专业，其科研产出的效率更高。

在合并与扩招的同时，高校还进行了广泛的内部体制改革，优化了校内资源配置。范围经济现象也同样出现。

原先高校在职能间割裂比较严重，对师资、图书信息、教室等资源的综合利用还不够充分。在合并与扩招后，高校培养层次更为健全，能够在本科生、研究生的培养和科研活动中更有效地对学校的各项资源进行组合、共享和匹配。其中，对教师资源的共享是最重要的一部分。而教师的教学和科研活动往往是分不开的，且存在一种"教学相长"的效应，这样将减少教师从事科学研究的成本。同时，科学研究能够促使教师对某个学科领域进行更为深入地研究，这也将提高课堂教学的效率。

现代信息技术的利用使资源的共享更为充分。这主要体现为电子图书信息、数据库、网上教育的发展，可以进行全文期刊查询，也可以查阅图书全文。

我们把本科生产出看作研究生投入的"原料"，即所谓的纵向一体化，这会带来成本的节约，这也是产生范围经济现象的原因。将"产品"生产的不同阶段一体化起来，能够减少某些成本，研究生可以从本校的本科生中免试直推，则会减少许多中间成本。

文科与理科交叉、艺术与科学交叉、自然科学与社会科学交叉等更加有利于培养拔尖的创新型人才。而提高培养人才的质量，更是范围经济的重要体现。

资料来源：宋光辉，《高校扩招过程中规模经济、范围经济现象的研究——兼论教育部直属高校的适度规模》，四川成都西南财经大学等。

第四节 实用生产函数与技术进步

一、实用生产函数

实用的**经验生产函数**是从企业实际生产数据中模拟出来的，它是对企业大量的生产实际经验的概括和归纳总结。因此，对于不同的情况，可以归纳出不同表达形式的生产函数，常见的有线性生产函数、多次项生产函数，柯布-道格拉斯生产函数等。由于生产函数在实际生产过程中的使用不是很普遍，这里就不再作进一步的讨论。

需要说明的是这种从实际生产中模拟估计出来的经验生产函数和前面所讨论的理论

生产函数还是有一点区别。在理论上，生产函数被定义为在一定的技术条件下，一组投入要素组合和所能最大产出间的关系，隐含了**技术有效**。而用实际生产中取得的数据，无论是时间序列数据，还是截面序列数据，回归得到的生产函数，是在一定的技术条件下，投入要素的**平均产出**情况。从实用的观点来看，当需要估计一组投入要素组合将有多少产出时，这种平均产出的生产函数更有用。但当要考虑企业生产潜力时，就要用理论上的生产函数来作出估计。

二、技术进步

到目前为止，我们分析生产函数时，都一直假定技术水平不变，研究投入和产出的关系。但技术水平肯定是要发生变化的，尤其是 21 世纪的今天，技术发生着日新月异的变化，管理水平也在日益提高，科学技术已被看作是更重要的生产要素。据有些国家的统计，20 世纪 70 年代以来，国民经济生产总值的增长中，70% 以上来自技术的进步。科学技术是第一生产力已完全被实践所证明。因此，要十分重视技术在生产过程中的作用。

技术的进步通常并不能作为一个独立的投入要素而存在，它总是和某种原始投入的基本要素相结合。和资本的投入相结合，表现为采用先进的技术装备，物化的技术，资本的边际产量提高；和劳动相结合，表现为使用高技术的人才，人格化的技术，劳动的边际产量提高。技术进步提高了生产效率，提高了产出水平，用较少的投入就能够生产出和以前同样多的产品。所以，**技术进步**导致了生产函数的变化，这种变化可以用等产量线的位移来说明。如图 4.4.1 所示，图中的两条等产量线代表了相同的产量 Q，一为期初 q_0，一为期末 q_1。期末的等产量线 Q_1 表明，用比期初更少的资本和劳动的投入，就可以生产出与期初同样多的产品。这说明，在这期间技术进步了。用等产量线的位移程度来说明技术进步的程度，位移越大，说明技术进步越大。

这里讲的技术进步是广义的，综合的。它既包含了发明、创新、模仿、扩散等**硬技术**知识的进步；也包含了体制、组织和管理等**软技术**的进步。这里所说的体制、组织和管理的软技术是指经济体制、管理技术和管理组织、宏观微观的决策科学方法等，它们的作用往往是很难估量的，有时其影响和作用要远远超过某项硬技术的创新。如我国农村的联产承包责任制，就对我国农业劳动生产力的提高产生了极为深刻的影响；流水线生产，专业化协作等组织方法的变革，都曾对投入

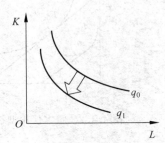

图 4.4.1　技术进步与等产量线

产出之间的关系产生过巨大的影响。硬技术的投入往往更多地和资本相结合，软技术的投入往往更多地和人的劳动相结合。由于软技术进步的作用通常都难于观察和测量，因此，在实际经济活动中，常出现重物不重人的倾向。

三、技术进步的分类

技术进步的结果必然导致生产函数发生变动，进而使生产线向原点移动。要继续保持投入要素的优化配置，满足边际实物报酬均等法则，投入要素的比例也就要发生变动。

为了便于比较,仍假定在技术变动前后,投入要素价格不变。技术进步必然要引起投入要素的边际产量的变动,而不同要素边际产量变动的比例不一定相同。在可变投入是资本和劳动的情况下,根据资本边际产量和劳动边际产量变动的不同,将技术进步分为资本使用型技术进步,劳动使用型技术进步和中性型技术进步。

1. 资本使用型技术进步

在**资本使用型技术进步**中,技术进步的结果是使资本边际产量的变化大于劳动边际产量的变化,资本的边际产量提高得更快。在资本和劳动的价格比保持不变的情况下,原来的生产者优化选择点不合适了,资本是优质要素,应当增加资本投入,减少劳动的投入,使资本的边际产量有所下降,劳动的边际产量有所提高,直到资本的边际产量和劳动的边际产量之间的比,再次等于资本和劳动的价格比时,不同投入要素的性价比相等,再次达到优化选择点。如图 4.4.2 所示,优化选择点从 E_0 移到 E_1,这时投入资本和劳动之间的数量比例就改变了,必然是资本占的比重增加,劳动占的比重减少。因此有时又把资本使用型技术进步称作劳动节约型技术进步。

2. 劳动使用型技术进步

在**劳动使用型技术进步**中,技术进步的结果是使劳动的边际产量的变化大于资本边际产量的变化,劳动是优质要素,要增加劳动的投入,减少资本的投入,直到劳动的边际产量和资本的边际产量之间的比例,再次等于劳动与资本的价格比时,不同投入要素的性价比相等,再次达到了新的优化选择点,如图 4.4.3 所示,优化选择点从 E_0 移到 E_1,不过这次是劳动所占的比重增加,资本所占的比重减少,有时也将它称作资本节约型技术进步。

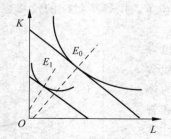

图 4.4.2　资本使用型技术进步

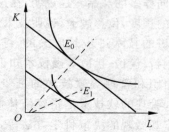

图 4.4.3　劳动使用型技术进步

3. 中性型技术进步

在**中性型技术进步**中,技术进步的结果是资本和劳动的边际产量变化的比例相同。资本边际产量与劳动边际产量之比,仍保持资本与劳动的价格之比,即两种投入要素的性价比始终保持相等,但是由于边际产量的数值已经提高了,要维持原有的产量,投入的资本和劳动的数量都要减少,且减少的比例相同,使各自在总投入中的比重保持不变。如图 4.4.4 所示,选择点从 E_0 移到 E_1,这称作中性型技术进步。应该说这现象是偶然。

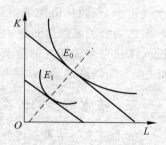

图 4.4.4　中性型技术进步

在我国,由于人口众多,劳动力资源更加丰富,需要更重视劳动使用型技术进步。把有限的资源更多地用来关注劳动技能的提高,进而提高劳动投入的产出弹性,来实现劳动报酬在初次分配中的比重,将劳动资源大国逐渐向劳动资源强国转化。近年来,我国各级各类教育,学历、学位教育,成人教育,在职、在岗的终身教育,都在迅速地发展,就是这种内在需求的反应。

在社会经济发展的过程中,需要的人才是多方面的。各级各类教育的发展对人才培养的结构也要符合经济社会发展的需要。

四、可持续发展

近几个世纪,特别是 20 世纪后半叶以来,科学技术的进步对生产力的提高产生巨大的推动作用,是人类社会进步最大的推动力。但为此人们也付出了巨大的代价:地球的气候正在变暖,热带雨林正在萎缩,土地日渐沙化,大气臭氧层空洞不断扩大,海洋遭受污染,大量动植物濒临灭绝,不可再生的地球资源被一天天耗尽。有人测算,今天地球人均消耗的地球资源,是过去地球人均消耗资源的 40 倍。也就是说,现在活着的这一代地球人消耗的地球资源,比已经逝去的所有地球人消耗的地球资源总和还要多得多。那么,我们还能为我们的儿孙、儿孙的儿孙留下点什么?总不能我们就先用着,用"儿孙自有儿孙福"来安慰自己,今天我们不能利用的资源,由于科学技术的进步,到我们儿孙手里就能利用了?把全部的希望都押在科学技术进步上,认为今天难以解决的问题未来一定都能解决、都能办好,是十分错误的,显然也是十分危险的。早在一百四十多年前,恩格斯在《自然辩证法》中就曾告诫:"我们不要过分陶醉于我们对自然界的胜利。对于每一次这样的胜利,自然界都报复了我们"[1]。党的十九大政治报告中再次强调:"人与自然是生命共同体,人类必须尊重自然、顺应自然、保护自然。人类只有遵循自然规律,才能有效防止在开发利用自然过程中走弯路,人类对大自然的伤害最终会伤及人类,这是无法抗拒的规律"。"我们对自然的整个统治,在于我们比其他一切动物强,能够认识和正确运用自然规律"[2]。因此,需要十分注重**科学发展观**的自觉性和坚定性。

在 1980 年,国际自然保护同盟的《世界自然资源保护大纲》指出:"必须研究自然的、社会的、生态的、经济的,以及利用自然资源过程中的基本关系,以确保全球的可持续发展。"可持续发展就是"既能满足当代人的需要,又不对后代人满足其需要的能力构成危害的发展"。

我国改革开放以来,"发展是硬道理",经济总量已经跃居世界第二位,创造了世界的奇迹。但我们的发展决不能只顾眼前利益,追求短期效益,而危及子孙后代发展的长远利益,要给子孙后代留下天蓝、地绿、水净的美好家园。基本要求必须是全面、协调、可持续的发展,根本方法是统筹兼顾。尊重自然规律,保护生态环境,做到人与自然的和谐相处,协调发展。目前严重的是我国有许多地方已经出现生态环境恶化的现象,需要调整产业结构、关停污染企业、淘汰落后产能、加大造林绿化、修复山水生态,彻底改变以 GDP 论"英雄"的局面。实行最严格的源头保护制度、损害赔偿制度、责任追究制度,完善环境治

---

[1]恩格斯. 自然辩证法. 北京: 人民出版社,1971,p. 158.
[2]恩格斯. 自然辩证法. 北京: 人民出版社,1971,p. 159.

理和生态修复制度，用制度来保护环境。

企业是经济社会资源的组织者，职业经理人是组织资源的实施人。职业经理人在爱护环境、确保人类社会可持续发展时是必须的，同时也能够发挥更加重要的作用。

企业在自身的发展中，为了追求利润，利用占有的资源不断地扩大生产，并倡导一些浪费资源的消费方式，这是全球人民所反对的；在生产过程中产生大量污染、对生物多样化的破坏，如果不加以避免，将成为历史的罪人；在生产和开发中，由于劳动生产率低下所造成的资源的浪费，导致不可再生资源的减少与枯竭，将对不起子孙后代。

因此，企业行为要符合经济、社会发展和环境保护要求，为建立社会主义和谐社会做出新的贡献。在教育、科研、设计、制造、运输、销售及售后服务等各个环节和阶段，都要符合环境保护、资源节约、综合利用、人类生存与健康等可持续发展的要求，以追求经济与社会的资源共享和可持续发展。保护好人类共同的家园——地球的环境，以人为本，为子孙后代创造一个美好的未来，实现人类的理想。地球能满足人类对美好生活的需要，但不能满足人类对贪婪的需要。绿水青山就是金山银山，详见专栏 4-3。

专栏 4-3

绿水青山就是金山银山

绿水青山就是金山银山的理念，前者是人类赖以生存的自然环境，后者牵着财富生产；前者连着生态环境，后者是人类活动的产物。

若要绿水青山，就要建立健全的绿色低碳循环发展的经济体系，要坚持产业生态化、生态产业化的发展方向，以供给侧结构性改革为突破口，通过供给侧结构性改革优化产业和产品结构，推进产业生态化改造，开辟生态产业的新路径，将绿色生态科技成果转化为生态经济发展的重要支撑，在节能环保产业、清洁能源产业、生态环境、社会管理等方面广泛实施生态科技项目，推进能源生产和消费革命；要以融合发展的方式，发展生产、生活、生态有机融合的业态。突出绿色金融在推动绿色发展中的血液作用，实现绿色发展。

若要绿水青山就要解决突出的环境问题。中国的环境承载能力已经不容乐观，在很多领域，环境问题和矛盾日益突出，必须构建以政府为主导、企业为主体、社会组织和公众共同参与的环境治理体系，以解决损害群众健康的突出环境问题为重点，坚持全民共治，源头防治，综合防治，持续实施大气污染防治行动，加快水污染防治，特别是重点流域和区域性水污染防治，强化土壤污染管控和修复，扩大环境容量和优化人民群众的生态生存空间，建设出一个天蓝、地绿、水清的美丽中国。

若要绿水青山就要加大生态系统的保护力度。生态修复是生态系统的"康复所"，以生态良知与生态正义为导向，坚持保护优先和自然恢复为主，实施重要生态系统保护和修复的重大工程，优化生态安全屏障体系，构建生态廊道和生物多样性保护网络，提升生态系统的质量和稳定性，努力构建健康、安全、友好的自然生态格局。通过对荒漠化、石漠化、水土流失综合治理，着力于天然林保护、城市绿化建设、新农村村寨绿化、退耕还林还草、生态屏障保护等重大领域，建立健全耕地、草原、森林、河流、湖泊休养生息制度，建立市场化、多元化的生态补偿机制，在生态保护中培育生态产业，靠山养山，靠水养水，发展生态经济,实现民富地美。

若要绿水青山就要改革生态环境监管体制。生态环境监管是生态文明建设的"保护神",将生态文明建设纳入法治化的监管轨道,是生态文明建设的重要保障。通过设立国有自然资源资产管理和自然生态监管机构,完善生态环境管理制度,无疑可以提高监管机构的独立性和强化监管的力度,强化党和国家生态文明建设的主体意识,加强对生态文明建设的总体设计和组织领导。监管机构必须通过法律制度的建立健全,形成严格的生态文明监管方式。

资料来源:摘自刘旭友"绿水青山就是金山银山"的理论与实践价值.光明日报,2017年11月7日。

本 章 提 要

生产环节可以从两个不同形态来展开讨论。从实物形态讨论投入与产出之间的关系为生产函数,从货币形态讨论产出与成本之间的关系为成本函数。本章讨论了生产函数。

生产活动划分为三次产业。构成实体经济核心是第一产业和第二产业,重要地位不可动摇。

我国目前实行按劳分配为主体、多种分配制度并存的分配制度。坚持按劳动分配原则,完善按要素分配的体制机制,促进收入分配更合理、更有序。最基本的原始生产要素是土地、资本和劳动。

生产函数分为短期生产函数和长期生产函数。反映在一定的技术下,投入和可能最大产出之间的关系,称为技术有效。

一变动投入生产函数是讨论在技术不变的条件下,一种可变投入与可能最大产出之间的关系。主要讨论总产量函数、平均产量函数和边际产量函数。劳动的平均产量是劳动生产率的反映,它与一国人民的生活水平密切相关。

边际产量是增加一单位变动投入要素所引起的总产量的变动。边际产量是要素的贡献,参与分配的依据。当其他都保持不变时,一种变动投入连续增加到一定程度后,再继续投入该要素的边际产量会逐步减少,这就是边际实物报酬递减法则。边际产量与平均产量之间的关系将生产分为三个阶段,第二阶段是生产的合理阶段。

二变动投入生产函数是讨论在技术不变的条件下,两种可变投入与可能最大产出之间的关系。不同生产要素之间可以相互替代,一种要素对另一种要素的替代能力被称为边际技术替代率,边际技术替代率等于两种要素的边际产量之比,也遵循递减法则。

在相同产量下,投入要素所有各种可能组合的轨迹是等产量线。等产量线凸向原点,这是边际实物报酬递减法则在多要素投入时的体现。

产出对投入要素变动的敏感程度是该要素的产出弹性。产出对所有要素投入变动的敏感程度是生产力弹性。生产力弹性等于各要素的产出弹性之和。

在等成本线的约束下,等产量线和等成本线相切,生产者实现优化选择。此时,边际实物报酬均等,各投入要素的性价比相等。在市场竞争条件下,单纯地增加劳动工资不能提高劳动报酬在初次分配中的比重。

生产力弹性的大小反映了企业的规模经济,规模变动时有规模经济和规模不经济。规模报酬有三个阶段:规模经济占主导地位时,规模报酬递增;随后在一个相当的产量范围内,表现为规模报酬不变;规模不经济占主导地位时,规模报酬递减。行业规模的大小也会导致外在经济和外在不经济。

在企业同时生产多种产品时,带来范围经济。范围经济比规模经济常常有更多的发展空间。近来,又提出了重要的是做强。

经验生产函数是通过历史生产数据中回归估计分析得来的,它反映了投入与平均产出之间的关系。

技术进步对生产函数有重要影响,有资本使用型技术进步、劳动使用型技术进步和中性型技术进步。目前,我国要注重开发劳动使用型技术进步。技术进步对经济增长的贡献率可以测定。我们要十分注重科学发展观,尊重自然规律,实现可持续发展。

关键词和术语

三次产业:第一、第二、第三产业,是根据社会生产活动历史发展的顺序对产业结构的划分。产品直接取自自然界的部门称为第一产业;对初级产品进行再加工的部门称为第二产业;为生产和消费提供各种服务的部门称为第三产业,即除第一、第二产业以外的其他各业。

生产要素:是人类进行生产经营活动所必需的各种经济资源和条件。其中最基本的投入称原始投入,常概括为土地、资本和劳动。土地泛指一切自然资源,给生产提供场所、原料和动力;资本是指由人类生产出来又用于生产的资料;劳动是指在生产经营活动所投入的体力和脑力劳动的总和。

分配制度:即生产经营成果在社会主体中如何分割、配给制度的总称。目前我国现行的是按劳分配为主体、多种分配制度并存的分配制度。是劳动、资本、技术和管理等要素按贡献参与分配的初次分配制度。

生产函数:指在一定时期内,技术不变的情况下,生产中所使用的各种生产要素的数量与所能生产的最大产量之间的关系。隐含了技术有效的假定。生产函数又常分为短期生产函数和长期生产函数。短期生产函数是指在考察期内,至少有一种投入要素的数量是不变的生产函数;长期生产函数是指在考察期内,所有投入要素的数量都可以变化的生产函数。

一可变投入生产函数:只有一种变动投入的生产函数。变动投入与总产出之间的关系是总产量函数,变动投入与该投入平均产量之间的关系是平均产量函数,变动投入与该投入边际产量之间的关系是边际产量函数。劳动的平均产量反映了劳动生产率,要素的边际产量反映了要素的贡献。

边际实物报酬递减法则:技术一定,只是一种生产要素的投入量连续增加,其他都保持不变,那么,当这种要素投入量增加到一定程度以后,若再继续增加投入,该要素的边际实物产量会逐步减少,称之为边际实物报酬递减法则。

等产量线:在同一产量下,所有投入要素可能的数量组合轨迹。

边际技术替代率：保持产量和技术不变，增加一个单位的某种投入要素，可以替代下的另一种投入要素的数量，叫作这种投入要素对另一种投入要素的边际技术替代率。

边际技术替代率递减法则：在沿着同一条等产量线，以一种投入不断地替代另一种投入，可替代的数量会越来越少。称作边际技术替代率递减法则。

产出弹性：产出对某投入要素数量变动的敏感程度。表达为产出量的相对变动和投入要素数量的相对变动之比。

生产力弹性：产出对所有投入要素数量相同比例变动的敏感程度。表达为产出的相对变动和所有这些要素数量的相对变动之比。生产力弹性等于各要素产出弹性之和。

等成本线：又称预算曲线，为既定成本下，各种要素投入数量的可能组合。

边际实物报酬均等法则：在实现资源优化配置时，不同投入要素的边际产量与其价格比相等，即各投入要素的性价比一致。

扩张线：在技术和要素价格不变，总成本变动时，生产者优化选择点变动的轨迹。

规模报酬：生产规模变动与产出变动之间的关系。规模变大的有利因素称规模经济；不利因素称规模不经济。规模经济占主导地位时，规模报酬递增；规模不经济占主导地位时，规模报酬递减；规模经济与规模不经济相当时，规模报酬不变。

外在经济与外在不经济：行业生产规模扩大给单个企业带来的有利因素为外在经济，带来的不利因素为外在不经济。

范围经济：企业同时生产多种产品带来的优势为范围经济。

经验生产函数：从企业实际生产经营数据中得到的生产函数，它反映了投入要素和平均产出之间的关系。

资本使用型技术进步：技术进步的结果是投入资本的边际产量变化大于投入劳动的边际产量变化，资本是优质要素，要用更多的资本替代劳动。

劳动使用型技术进步：技术进步的结果是投入劳动的边际产量变化大于投入资本的边际产量变化，劳动是优质要素，要用更多的劳动替代资本。

中性技术进步：技术进步的结果是资本和劳动的边际产量变化相同。进而投入资本和劳动的比例不变。

复 习 题

1. 你是怎样理解生产是人类经济活动中的最重要环节的？

2. 你知道我国是如何划分三次产业的吗？你是如何认识实体经济的？

3. 什么是最基本的生产要素？我国现阶段的分配制度是什么？生产要素与分配制度之间有什么关系？为什么要坚持按劳分配原则？

4. 你是怎样理解短期生产函数与长期生产函数的区别的？

5. 什么是一变动投入生产函数？总产量、平均产量、边际产量三者之间有什么关系？你是怎样看待生产三阶段的？

6. 你是怎样理解边际实物报酬递减法则的？为什么要尊重边际实物报酬递减法则？

7. 什么是多变动投入生产函数？什么是等产量线？等产量线有什么基本特征？

8．你是怎样理解边际技术替代率的？为什么边际技术替代率会递减？

9．你知道什么是产出弹性和生产力弹性吗？生产力弹性和规模报酬有什么关系？

10．生产者实现投入要素优化选择的必要条件是什么？你是怎样理解边际实物报酬均等法则在实际中的应用的？增加劳动工资率能提高劳动报酬在初次分配中的比重吗？

11．什么是规模经济与规模不经济？你是怎样认识规模报酬三阶段的？

12．什么是范围经济？为什么说范围经济常常有更大的发展空间？

13．什么是经验生产函数？经验生产函数有哪些形式？经验生产函数和理论生产函数有什么不同？

14．科学技术进步有哪些不同类型？为什么我国当前要特别注重劳动使用型技术进步？

15．你是怎样认识科学发展观的？职业经理人在可持续发展中有什么作为吗？

16．你是怎样认识"绿水青山就是金山银山"的？

 第四章自我检测题及答案

成本函数分析

在第四章中,我们从生产的实物形态研究了投入和产出之间的关系,即生产函数。它表现为投入要素的实物量和产出量之间的关系。从企业经营决策的角度来看,我们更关心货币形态上投入的成本和产出量之间的关系、生产成本和产出之间关系,即成本函数。通常职业经理人则更加关注成本。

第一节 经 济 成 本

成本是在生产中要素耗费的货币表现,是经济学中十分重要的一个概念。从不同的角度出发,成本有着不同的含义。职业经理人的重要岗位职责是作决策,通常都是为未来作决策,为未来作决策所要用的成本被称为经济成本。经济成本是相对于会计成本而言的,会计成本是企业在经营过程中发生的各项货币支出的记录。无论是收付实现制,还是权责发生制,都是历史的记录,是向后看。通常所说的成本一般是指会计成本,有时又称显性成本,它是企业财务核算的基础。经济成本是向前看,向着未来看,它涉及两个重要概念:机会成本和沉没成本。它比会计成本含义更广泛,内容更丰富。只有真正理解了成本以及与成本有关的各个方面,才算得上是对经济学有所理解。

一、机会成本

机会成本是经济学中最具有闪光点的见解之一。机会成本涉及资源的稀缺性,而稀缺的资源又往往具有多种的用途,这就要做出选择。当它一旦被决定投入某一用途后,就自然失去了作为其他用途的可能性,而在其他诸多用途中,可能会带来的最大回报,就是使用该资源的机会成本。当然,这里还隐含着一个条件,资源是可以自由流动得到有效利用。

例如,你现在有 10 万元资金,可以用来存到银行作为定期储蓄,每年可获息 3 000 元;可以用来购买国家建设债券,每年可获息 3 500 元;也有人来和你商量,问你是否用来作为某项目的直接投资,并承诺每年可获利 4 000 元。如果只有这三种用途,那么你将作出什么决策呢? 当 10 万元资本用于储蓄时,每年的机会成本是 4 000 元;用于购买建设债券,每年的机会成本也是 4 000 元。因为这两种选择的结果,都放弃了可获得 4 000 元的第三种选择的机会。同样,若你选择用来参加某项目的直接投资,每年的机会成本则是 3 500元,因为所放弃的另两种选择最多可获得 3 500 元。这里常需要做不同选择具有相近风险程度的假定,才便于比较。对于较高风险的机会要有风险贴水。

由此可见,机会成本有别于会计成本。机会成本是从多角度来看,能够比较准确地反映有限的资源用于某种经济活动的代价，从而迫使人们比较合理地分配和使用资源，为所做出的正确选择提供了逻辑上的严谨性和有力度的证据。因此，机会成本的概念十分有用。但是，由于未来的事情还没有发生，被放弃的机会可能有多少？很难作出准确的判断。可能的未来回报是多少？更具有很大的不确定性。此外，还要作相近风险的假定也是十分困难的。因此，机会成本的严格计算存在一定困难。

虽然机会成本的严格计算是有困难的，但还是可以在与会计成本比较的基础上进行估算。当购买和使用投入资源同时发生时，会计成本就可以看作是机会成本。如企业用电，马达转动时就在使用投入资源——电，同时电表也在转，记录下用电的数量，会计成本也就在发生，所要支付的电费就是发生的会计成本。如果不用电，也就省下了电费。省下的电费就是用电的机会成本，与会计成本一致。类似的情况，用气、用水的费用，机会成本和会计成本也是一致的。进一步推广来看，各种根据需要临时采购的原材料、零部件，采购后随即投入使用，不需要投入时，也就不采购，采购所支出的会计成本，也就是这些投入的机会成本。进而，企业使用的临时工、计件工，不需要就不投入，也不用支付劳动报酬，支付劳动报酬的会计成本也可以看作是机会成本。这样的场合，可以直接将会计成本作为经济成本来考虑。

但在有些场合，从机会成本角度来考虑经济成本和会计成本就不一致了。主要表现在三个方面：固定资产的投入、存货的使用、自有资金和自身人力资本的投入。

企业在经营过程中，普遍都需要有厂房、固定设施、机器设备等固定资产的投入。目前，广泛采用的是在各种资产税法原则下，确定固定资产计提的折旧进入成本，折旧的基础是厂房设备等固定资产当年建造购置时的会计成本，考虑的是会计成本。而在需要进行企业决策时，就要考虑机会成本，这些厂房设备是自己继续使用，是出租，还是直接出售变现？要考虑不同机会下的回报，决策的机会成本，就可能不同于计提的折旧。

对存货的使用。不少企业都会在仓库里库存一定的原材料，这些原材料是在历史上陆续采购的，而且很可能在不同时间采购的价格也不一样。现在要动用这些原材料，从会计的角度来计算它们的成本会有一些核算的方法，如先进先出法、后进先出法、加权平均法、移动平均法等。但不管采用哪种方法，基础都是当时的进价，这是会计成本。现在，企业正筹划是否要参与一个新的项目竞标，竞标中要考虑是否动用仓库里这些库存。如何对这些库存的原材料核算成本呢？就要考虑这些库存的原材料都有些什么用。投入项目使用？到原材料市场上直接变现？还是继续库存等待它进一步涨价？不同的机会会带来不同的回报，与会计成本的计算就不一样了，决策时应该用机会成本加以考虑。

对自有资金的使用，会计成本与经济成本也不一样。通常企业都会需要一些资金来作为企业的流动资金使用，如果这些资金是从银行借贷来的，需要支付银行的利息，在会计账目上要记作财务费用，计入成本。如果这些资金是企业的自有资金，就不需要支付利息，当然也就没有相应的财务费用，也就不发生会计成本。我们也常听到有人说："企业的自有资金比较充裕，财务费用比较轻。"这句话从会计成本的角度来讲是对的，但从经济成本的角度来讲就不妥当了。自有资金的使用同样要发生成本，自有资金的其他投资机会，可能带来的最大回报就是使用自有资金的机会成本。这是经济成本，在作决策时必须要加以考虑。

　　还有目前在我国出现的大量民营企业，民营企业主为自己的企业经营管理，日夜操劳。同样，他（她）不需要从制度层面给自己支付工资，没有发生现金交易，进而在会计账目中没有现金流的记录，这是否就没有成本了呢？其实并不是这样，参与自己企业的经营活动，就相当于放弃了到别处工作而获得工资的机会，产生了机会成本，作为经济成本，有的场合称稳性成本，在决策时也应加以考虑。

　　我们可以看到，机会成本的计算有时有一定的主观随意性，难以精确计算。当然，会计成本的计算也可能有一些随意性，往往从资产的税法原则出发，尽可能合理避税，也不一定能反映实际损耗。

专栏 5-1

使用笔记本电脑的会计成本与经济成本

　　科学技术的进步和需求的上升，IT 行业大规模生产笔记本电脑，使得生产成本下降，笔记本电脑的市场价格连年下调。从在中国市场开始上市之初的三四万元一台，到现在五六千的千元机成了市场的主打产品，两三千元一台的笔记本电脑也比比皆是。

　　笔记本电脑作为一台设备，在使用过程中不仅有磨损折旧，还有技术折旧。我们应当如何来计算计算机使用成本呢？会计成本和经济成本之间有着很大的差异，可以作一个比较。例如，一台某品牌笔记本电脑，当年的市场价格是 3 万元，由于技术进步，同规格的笔记本电脑，每年市场价格下降 5 000 元，四年后，降到 1 万元。这台计算机的使用寿命为五年，为方便起见，五年间，使用磨损折旧为线性折旧，五年后的残值为零。购买计算机所需的资金是从银行贷来的，年利率为 4%。那么，应当如何来计算这台计算机的使用成本呢？

　　从会计成本的角度来看，由于线性折旧，这台计算机五年报废。因此，每年应当提取折旧费 6 000 元计入成本。第一年，由于在银行贷了 3 万元，发生了财务费用，需要支付利息1 200 元，计入成本。这样，第一年使用计算机的会计成本就是折旧费加财务费用，即

$$6\,000\ 元 + 1\,200\ 元 = 7\,200\ 元$$

　　第二年，由于已经提取 6 000 元折旧归还银行的贷款，贷款余额只有 24 000 元，第二年发生的财务费用就是 960 元。因此，第二年使用计算机的会计成本就是 6 960 元。其余类推，见表 1。

表 1　使用计算机的会计成本和经济成本的比较　　　　　　（元）

年	计算机市场价格	会计折旧	经济折旧	会计折旧利息	经济折旧利息	会计成本	经济成本
1	30 000	6 000	10 000	1 200	1 200	7 200	11 200
2	25 000	6 000	8 800	960	800	6 960	8 800
3	20 000	6 000	6 000	720	480	6 720	6 480
4	15 000	6 000	4 000	480	240	6 480	4 240
5	10 000	6 000	2 000	240	80	6 240	2 080

　　从经济成本的角度计算，同样线性折旧，当年从银行贷款 3 万元购买了一台笔记本电脑，使用一年后，该规格新计算机的市场价格已经降到 25 000 元，手中是一台已经用过一

年的计算机，按线性折旧，这台用过一年的计算机，按市场重置价格已经只值 2 万元了。相当于在这一年初，手中计算机资产值为 3 万元，一年末，手中计算机资产只值 2 万元了，这一年要提取使用磨损折旧和技术进步折旧 1 万元，再加上发生的 1 200 元财务费用，从经济成本的角度考虑，第一年使用计算机的经济成本是 11 200 元。

到第二年年末，该规格新计算机的市场价格已经降到 20 000 元，手中是一台已经用过两年的计算机，按线性折旧，这台用过两年的计算机，按市场重置价格已经只值 12 000 元了，相当于在这一年初，手中计算机资产值 2 万元，一年末，手中计算机资产只值 1.2 万元了，这一年要提取使用磨损折旧和技术进步折旧 8 000 元，再加上上年年末，因提取了 1 万元磨损和技术进步折旧还贷款，剩余 2 万元贷款，发生了的 800 元的财务费用，从经济成本的角度考虑，第二年使用计算机的经济成本是 8 800 元。其余类推，见表 1。

由此可见，经济成本是要不断地将资产用市场价格重置，从而使它能更真实地反映资产使用的代价。用机会成本决策能更准确地反映资产的使用成本。

二、沉没成本

显然机会成本是隐性的，在会计账目上常常没有显示，但在做决策时应当加以考虑。沉没成本就正好相反，沉没成本在会计账目上有显示，是已经发生且再也无法收回的成本。因为无法收回，就不再影响企业的当期决策。它主要表现为过去发生的事情，费用已经支付，事后尽管可能认识到这项决策是不明智的，但后悔也没有用，木已成舟，今后的任何决策都不能取消这项支出。例如，公司去年已花了 50 万元购买 1 000 吨今年每吨 3 000 元的钢材期权，但到了今年钢材的现价已经降到了每吨 2 800 元了，那么这 50 万元的钢材期权的购买支出就是沉没成本，它不能成为今天决策及分析的组成部分。

有趣的是比方说股票市场上的交易。当你一旦购买了某只股票，购买该只股票的支出随即便成了沉没成本，购买的价格与你随后的决策——持有还是抛出，已经无关，与你随后决策有关的只是你对这只股票未来的走向。有人在十年前，以每股 48.5 元的价格购买了某上市公司的 1 万股股票，随后该股票就一路下跌，虽也有起伏，但也是跌多涨少，现在已经跌到了每股 8 元了。是继续持有，还是割肉抛出？心中 48.5 万元的支出总是割舍不下，但那是会计成本，是真实发生的现金流。其实，48.5 万元已经成为沉没成本，与你现在的决策无关。现在需要考虑的是对该股票未来走向的判断。如果未来还要继续下降，你今天不抛，就丢掉了还能以 8 元一股减少损失的机会；如果未来会涨到 50 元一股，你今天抛掉，就丢掉未来可能得到的 50 万元的机会。

沉没成本，虽然是在会计账目写上的显性成本，但在决策时不应加以考虑，需要加以剔除。

专栏 5-2

这样的合同签不签？

在 20 世纪末，在我国某地发现了一个大型矿藏。政府相关部门成立了某某矿山开发建设指挥部，进行大量的投入，实现了"四通一平"。路通、水通、电通，通信也通，场地也进行了平整,还进行了前期的初步开发。结果发现,由于矿产品位过低,没有工业实际开采价值,整个工程就搁置了。一搁置,十年过去了。在建设指挥部的账户上一直写着:投入国有资产人民币 6 亿元。

后来有人研究发现,该处作为矿产开发,虽没有工业价值,但可以将这个地方改造成一个旅游度假中心,还需要继续投入人民币 1 亿元。对矿山前期开发的基础设施也进行了评估,可以作价人民币 1 亿元作为旅游度假中心的投入。而需要继续投入的 1 亿元则由民间集资,一民营企业家表示了浓厚的合作兴趣。但一旦签署合作协议,先期投入的国有资产在账户上就需要变更,从 6 亿元变更为 1 亿元。矿山建设指挥部的总指挥能在这样的合同上签字吗?他需要承担国有资产流失的责任吗?

资料来源:清华大学经济管理学院高级培训中心内部资料。

专栏 5-3

这样的合同怎样签?

为开发海外市场,某公司在 2015 年承接了海外某国第二大汽车生产商一个零件的长期订单。2016 年下半年开始形成批量供货,至 2016 年 9 月根据外方要求,已达 3 000～3 500 件/月批量规模,公司按此规模向钢厂订购某型号钢材,钢材月需求量 200～270 吨/月。至 2016 年 10 月,随后全球经济发展缓慢,此零件的本国供应商向该国政府提交了要求对中国生产的零部件进行反倾销调查诉状,引起了贸易纠纷,项目被迫暂时中止。到了 2016 年年底,两国就上述汽车零部件贸易纠纷终结,该国政府裁决撤销了该项反倾销调查,项目重新启动。

在重新签订供货合同时,公司便面临下述困境,原有库存钢材在采购时,价格高达 8 300 元/吨,而目前该型号钢材价格已降至 5 800 元/吨,见表 1。

表　1

采购时价格	目前材料价	数量
8 300 元/吨	5 800 元/吨	570 吨

客户要求按材料市场现行价格重新定价,见表 2。

表　2

按原料采购时价格定价	基于目前材料价格定价	每件差价
938 元/件	738 元/件	200 元/件

若坚持以完全成本定价,项目则无法启动。如果 570 吨材料按废钢处理,大约值 154 万元,而采购费用约为 473 万元,减少了 319 万元。按照沉没成本不影响当期决策的原则,公司不能因为达不到原成本价格水平而放弃这一机会。按照此底线,双方展开了商务谈判。

最差的情况,按照客户要求,每件降价 200 元,则将减少收益 142.5 万元,小于 319 万元的沉没成本。应通过谈判,尽量减少这一损失。

基于双方互相认可的战略合作关系及长远价值,双方认同了此业务特殊性(全球金融危机及贸易保护特定影响);外方客户原则承担先前终止订单的责任;我方也承担部分损失。最终商定此 570 吨库存材料,订单价格按照 912 元/件。我方承诺此外订单,即行恢复 738 元/件市场合理价格。

在此案例中,体现了沉没成本不影响当期决策的原则,未坚持以会计成本作为唯一定价的原则。谈判方式,既体现了关注客户的降价要求,做出了适当的价格让步;又使本要沉没的成本损失降至最低,仅约为 15 万元,从而比较圆满地解决了问题。

资料来源:清华大学经济管理学院高级培训中心内部资料。

三、经济成本与经济利润

正因为成本有不同的含义,那么利润也就有着不同的含义。无疑,企业的利润应当是企业的总经营收益(total revenue)减去企业投入的总成本。那么,投入的总成本是哪一个含义上的成本呢?

若投入的成本指的是会计成本,企业的经营收益减去会计成本,所得的利润就是会计利润。公司财务报表上的利润通常都是会计利润。

一个企业若要能够持续经营,那么所有投入,含自有要素的投入,都必须得到回报。企业的自有资金必须得到正常的回报,企业主的辛劳也应得到正常的回报,否则,自有资金就会转作他用,企业主也会另谋他业。能留住自有要素继续投入的回报是正常利润。要给自有要素支付的回报,在会计账目上往往没有,它是机会成本。对于企业所有固定资产和存货的投入,也要按市场的价格,机会成本的思想不断地重置。从这样的角度来计算所有投入要素的成本是经济成本。经济成本还要剔除不再影响决策的沉没成本。企业的总经营收益减去经济成本,得到的利润就是经济利润。当经济利润为零时,意味着企业所有的投入也已经得到正常的回报,仍然可以继续经营。

在本书的以后各章节中,若讲到成本和利润,除另加说明外,通常就是指经济成本和利润。

第二节 短期成本函数

成本函数是从货币形态研究生产的投入和产出之间的关系。我们把成本函数分为两大类进行研究:短期成本函数和长期成本函数,本节讨论短期成本函数。

在短期内,由于有的投入是随着产量的变动而变动,而有的投入不随产量的变动而变动,因此在经济学中,将成本分为固定成本和变动成本两大类。随产量变动的那部分成本被称作变动成本,不随产量变动的那部分成本被称作固定成本。就短期而言,会有一部分成本不随产量的变动而变动,生产成本中,既含有变动成本,又含有固定成本,我们将这类成本函数称作短期成本函数;但就长期而言,没有哪一部分成本是不可变动的,生产成本中只有变动成本,没有固定成本,这类成本函数就被称为长期成本函数。

一、总成本

1. 总固定成本

总固定成本 TFC(total fixed cost)是指与那些可长期使用,而且一旦存在,在所考察的期间内,很难改变的生产要素所关联的那部分成本。它具有两个基本特点:一是在短期内无法避免;二是不随产量的增减而改变,即使暂时停产,产量为零,这部分耗费依然会发生。

总固定成本主要是指经常性费用的支出。它又可以分成两大类:一类是与产量无关的当期支出,如厂房设备的租金、资产的保险费用、债券或抵押品的利息等,也包括企业主要管理人员和必需的行政人员的工资(这是由于即使企业规模萎缩,产量大幅度下降,仍需要保持最低限度的管理人员);另一类是不一定当期支出,但最终必须支付,因而需要加以分摊的成本,如正常利润的提取,与时间有关而不与使用有关的厂房设备的折旧。总固定成本不与产量有关,在图 5.2.1 中,总固定成本用平行于横轴的一条水平线来表示,总固定成本函数是常数,如下式所示。

$$TFC = b$$

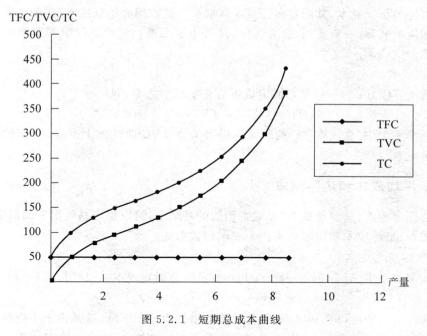

图 5.2.1 短期总成本曲线

人们有时会将固定成本和沉没成本混淆。沉没成本是一旦发生,就再也无法收回的成本,而固定成本则不一定全都沉没。企业若真要退出生产,主要管理人员的工资也就无须再支付,生产过程中使用的设备,即使完全无法使用于其他行业,但还可以作进一步处理,有时作废品处理,也可能会收回部分残值,成本也没有全部沉没。但实际上,在大多数情况下,企业很难区分固定成本是沉没了,还是没有沉没。因此,为简单起见,在多数分析中,我们常将固定成本看作沉没成本,除非确实需要区分沉没和没有沉没时,再单作处理。

2．总变动成本

总变动成本 TVC(total variable cost)是指随着产量变动而变动的各种成本之和，也就是指除固定成本以外的成本之和，产量增加，总变动成本也不断增加。如原材料、零部件、燃料、电力、运输费、随生产而变动的租税、与使用有关的厂房设备的折旧、同产量有关的一线工人的工资奖金等。

通常情况下，在变动成本投入之初，随着变动投入的增加，其与固定投入之间的比例更加得当，投入得到了充分的利用，效率会不断地有所提高，总变动成本虽然随着产量的提高而增加，但增加的速度会不断减慢。但达到一定的程度以后，由于边际实物报酬递减法则发挥作用，效率会下降。这时，随着产量的提高，总变动成本会加速上升。总变动成本的变动趋势如图 5.2.1 中的曲线所示，对于不同的企业，曲线的形状会有所不同。它是产量的函数，如下式。

$$TVC = f(Q)$$

当然，这里的变动成本与固定成本总是相对而言的，有时也很难加以区分。现在又有准固定成本(quasi-fixed costs)的说法，它是介于变动成本和固定成本之间，并不完全随产量的变动而变动，企业不生产时，可以不支付，而企业一旦进行生产就必须支付，一般是指非工资性的员工成本，其内容包括企业新雇员工的雇用和培训成本、各种法定的社会保险及其相应福利等，一旦雇用，就要支付，其与产量无关。生产过程中的照明用电也可以被视作准固定成本。

3．总成本

总成本 TC(total cost)是总固定成本与总变成本之和，即

$$TC = TFC + TVC = b + f(Q)$$

在图 5.2.1 中，总成本 TC 的曲线就相当于将 TVC 曲线向上平移，平移的距离就等于总固定成本。

二、平均成本和边际成本

在总固定成本、总变动成本、总成本函数的基础上，可以很容易导出平均固定成本、平均变动成本、平均成本和边际成本四个成本函数形式。

1．平均固定成本

平均固定成本 AFC(average fixed cost)是以总固定成本除以产量，即

$$AFC = TFC/Q = b/Q$$

从图 5.2.2 中可以看到 AFC 随着产量的增加而不断下降，这是由于不变的总固定成本分摊到越来越大的产量上，平均固定成本就不断地被摊薄，在全部产量范围内呈递减趋势。这也可以从图 5.2.1 看出，AFC 在数值上等于坐标原点到曲线 TFC 相应点射线的斜率。显然，随着产量的增加，射线斜率也就越来越小，但也总大于零，这说明平均固定成本曲线是一条以横轴为渐近线的曲线，如图 5.2.2 所示。

2．平均变动成本

平均变动成本 AVC(average variable cost)是以总变动成本除以产量，即

$$AVC = TVC/Q = f(Q)/Q$$

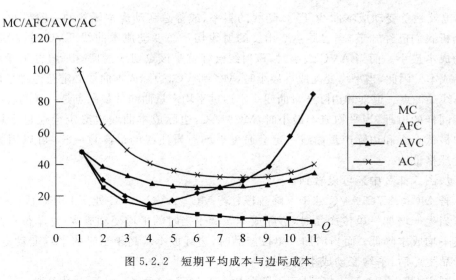

图 5.2.2　短期平均成本与边际成本

　　从图 5.2.2 中可以看到,平均变动成本曲线通常呈"U"形。起初随着产量的增加,变动投入要素和固定投入要素相结合的效率由于逐渐得到发挥而平均变动成本不断减小。但产量增加到一定程度后,由于边际报酬递减法则起着显著的作用,平均变动成本会随产量的增加而加大。

　　从图 5.2.1 中也可以知道,某产量的平均变动成本是原点 0 到总变动成本曲线相应点射线的斜率。当自原点的射线与 TVC 相切时,相应的平均变动成本也就处于平均变动成本曲线 AVC 最低处。在切点以前,射线的斜率随着产量的增加而越来越小;在切点以后,射线的斜率随着产量的增加而越来越大。说明了平均变动成本曲线呈"U"形。

　　3. 平均成本

　　平均成本 AC(average total cost)是总成本除以产量,因此也被称为平均总成本 ATC。

$$AC = TC / Q = (f(Q) + b) / Q$$

平均成本也可以用平均固定成本和平均变动成本之和来得到:

$$AC = AVC + AFC$$

平均成本曲线通常也呈"U"形,这可从图 5.2.2 中看到。这从平均成本曲线是平均固定成本曲线和平均变动成本曲线之和得出,就不难理解了。而且随着产量的增加,AC 曲线和 AVC 曲线也不断在接近。

　　从图 5.2.1 中可以知道,某产量的平均成本也是原点 0 到总成本曲线上相应点射线的斜率。当自原点的射线与 TC 相切时,相应的平均成本也就处于平均成本曲线 AC 最低处。同样,在切点以前,射线的斜率随着产量的增加而越来越小;在切点以后,射线的斜率随着产量的增加而越来越大。这说明了平均成本曲线也呈"U"形。

　　4. 边际成本

　　边际成本 MC(marginal cost)是每增加一个单位产量所增加的总成本,即

$$MC = \frac{总成本的增加量}{产量的增加量} = \frac{总变动成本的增加量}{产量的增加量}$$

由于固定成本不随产量变化,边际成本就不受固定成本的影响。该式表明,相应的

MC 也就是总变动成本曲线 TVC 切线的斜率，或称总变动成本函数的一阶导数。从上面的分析我们已经知道，当自原点 0 出发的射线切于总变动成本曲线 TVC 时，相应的平均变动成本最小。而当 AVC 最小时，该射线恰好就是该点切线，斜率相等，也正好是相应的边际成本。因此，当平均变动成本最小时，MC＝AVC，边际成本曲线必定会通过平均变动成本曲线最低点。道理和边际产量曲线一定通过平均产量曲线的最高点是一样的。

同样的道理，当平均成本最小时，MC＝AC，边际成本曲线也必定会通过平均成本曲线的最低点。和边际产量曲线一定会通过平均产量曲线的最高点一样，可以用数学方法进行严格证明。

从图 5.2.2 中还可以看到：

若 MC＜AVC，AVC 处于下降阶段；若 MC＞AVC，AVC 处于上升阶段。

当生产增加一单位产品时，边际成本若低于当时的平均变动成本，这单位产品生产后会使平均成本降低；而当增加一单位产品时，边际成本若高于当时的平均变动成本，这单位产品生产后，平均变动成本就会提高。

同样，若 MC＜AC，AC 处于下降阶段；若 MC＞AC，AC 处于上升阶段。

由于边际成本曲线 MC 必然既会通过 AVC 曲线的最低点，又会通过 AC 曲线的最低点，而 AC 曲线在 AVC 曲线的上方，因此有平均成本曲线 AC 最低点对应的产出水平，要高于平均变动成本曲线 AVC 最低点对应的产出水平。

第三节　长期成本函数

长期来看，企业可以改变各种投入要素，因此所有投入都是可以变动的，没有固定成本和变动成本之分，总变动成本等于总成本，平均变动成本等于平均成本。在长期成本函数中，就只需研究总成本、平均成本和边际成本三种函数形式。为了与短期成本函数相区别，今后，在研究长期成本函数时，将在这些成本的前面冠以"L"，而在短期成本前冠以"S"。

一、扩张线与长期成本函数

在第四章中已经讨论过，扩张线是在一定技术条件下，当投入要素价格不变、总投入成本发生变动时，在各种产量水平下，投入要素最优组合变动的轨迹，它反映了在各种产量下可能的最小成本。它给出了产量和最小成本之间的对应关系，这关系正是我们要讨论的长期成本函数 LTC(long-run total cost)。图 5.3.1(a)中给出了不同产量水平下扩张线和长期总成本曲线之间的关系。

在产量为 q_1 时，生产者优化选择点为 E_1，对应的总成本为 C_1，C_1 是产量 q_1 的最低总成本；当产量为 q_2 时，生产者优化选择点为 E_2，对应的总成本为 C_2，C_2 是产量 q_2 的最低总成本；而当产量为 q_3 时，生产者优化选择点为 E_3，对应的总成本为 C_3，C_3 是产量 q_3 的最低总成本。以此类推，这样产量和总成本的对应关系就构成了长期成本曲线，如图 5.3.1(b)所示，它表示在所有投入都可以调整时，各种产量下的最小总成本。

长期总成本是其产出的函数，公式为

$$LTC = f(Q)$$

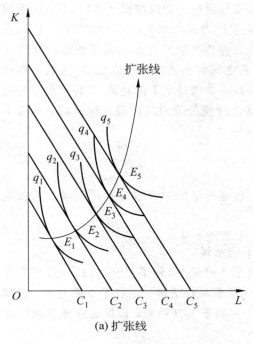

(a) 扩张线

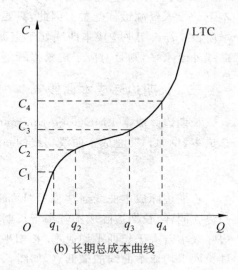

(b) 长期总成本曲线

图 5.3.1　扩张线与长期总成本曲线

从图 5.3.1(b)中可以看到,长期成本曲线的走向受规模经济与规模不经济的影响。通常情况下,在企业的发展之初,规模经济占主导地位,当产出增加时,投入要增加,但增加的速度没有产出增加的速度快,长期总成本曲线递减上升;但企业发展到一定规模以后,规模不经济占主导地位,在产出增加时,需要投入的总成本要加速上升,长期总成本曲线递增上升。如果企业的规模报酬处于不变,长期总成本曲线就是一条直线。

二、长期平均成本曲线

与短期一样,长期总成本除以产量,就得到了长期平均成本 LAC(long-run average cost),也就是

$$LAC = LTC/Q = f(Q)/Q$$

从图 5.3.1(b)中的长期总成本曲线可以看到,某产量的长期平均成本,在数值上等于从原点 O 到长期总成本曲线上相应点射线的斜率。长期平均成本曲线同样呈"U"形。在开始阶段,规模经济在起主导作用,随着产量的增加,长期平均成本会随着产量的增加而不断下降。但当产量增加到一定程度以后,规模不经济便开始起主导作用,生产效率下降,长期平均成本会随着产量的增加而不断地上升,如图 5.3.2 所示。

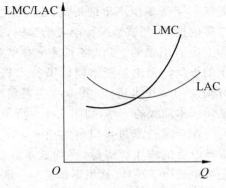

图 5.3.2　长期平均成本和边际成本曲线

　　从长期平均成本曲线的走向中，可以更加形象地反映企业规模报酬递增、不变和递减的现象。当生产函数研究规模报酬变动时，是从生产力弹性出发，生产力弹性大于 1、等于 1、小于 1 来衡量规模报酬变动的情况。生产力弹性要求所有投入要素都以同样的比例变动，其实并不是必要的。为了降低成本，要素之间的投入比例可以变动，达到最小成本下的投入资源最佳配置。因此，只要长期平均成本曲线处于下降趋势，就是规模报酬递增阶段；若长期平均成本曲线处于上升趋势，就是规模报酬递减阶段；若长期平均成本曲线处于水平，则是对应于规模报酬不变阶段。

三、长期边际成本曲线

　　长期边际成本 LMC(long-run marginal cost)是每增加一个单位产量所增加的长期总成本，也即长期总成本曲线切线的斜率。

$$LMC = \frac{长期总成本的增加量}{产量的增加量}$$

　　长期边际成本曲线通常也呈"U"形，开始时呈下降趋势，到了一定阶段以后，呈上升趋势。同样，长期边际成本若小于长期平均成本，长期平均成本一定处于下降趋势；长期边际成本若大于长期平均成本，长期平均成本一定处于上升趋势；长期边际成本曲线通过长期平均成本曲线的最低点，如图 5.3.2 所示。

第四节　动态成本函数和学习效应

　　前面章节涉及的成本函数研究的基础是建立在技术条件不变、投入要素价格不变的情况下，货币形态的投入和产出之间的关系。实际上，技术总在不断地进步，要素价格也在不断地发生变化，今天的投入与未来的产出也有一定的相关性，这就还需要研究**动态成本函数**。

一、技术进步与成本

　　技术进步通常都能带来生产效率的提高，既带来了劳动生产率的提高，也带来了资本生产率的提高，严格地区分两者的影响，在实际操作上是有困难的，可以将其笼统看作要素生产率的提高。无论是资本使用型技术进步，还是劳动使用型技术进步，其直接的表现形式都是平均成本曲线的下移，如图 5.4.1 所示。

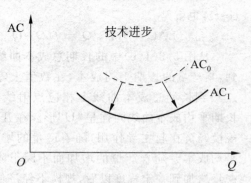

图 5.4.1　技术进步推动成本下降

　　AC_0 是技术进步以前的成本，AC_1 是技术进步以后的成本。当然，平均成本曲线也并不是简单地向下平移，这里不作进一步研究。

二、要素价格与成本

要素价格的变化能直接影响成本。固定投入要素的价格变化,将直接影响固定成本,对变动成本没有影响,从而对边际成本也没有影响,但会影响平均成本和平均变动成本之间的相对位置。变动投入要素的价格变化,影响变动成本,从而影响总成本和边际成本,平均变动成本曲线、平均成本曲线和边际成本曲线都要移动。要素价格的变动常常是拉动成本的重要原因,如图 5.4.2 所示。

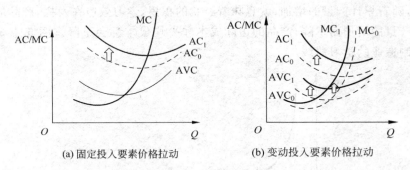

(a) 固定投入要素价格拉动   (b) 变动投入要素价格拉动

图 5.4.2 要素价格提升拉动成本曲线上升

注:下标 0 是要素价格变动前的成本;下标 1 是要素价格变动后的成本。

在过去的一段时间里,我国在国际市场上的产品竞争主要是低成本策略。由于我国的要素成本比较低,尤其是劳动力成本比较低,因此在成本上有一定的竞争优势。

但是,无论是国际市场还是国内市场,由于需求拉动,各种农产品和基础性原材料的价格持续上升,推动成本提高。在过去相当长的一段时间里,由于我国生产要素和资源产品价格一直明显偏低,资金使用成本低,土地使用价格低,水价低,汽油天然气价格低,矿产品价格低,完全不能反映我国资源的严重稀缺程度,许多资源产品也没有反映出环境被损害的成本,劳动力成本也不能长期过低,因此,国内的生产要素和资源性产品的价格就成为改革的重点,让市场机制对资源的配置起决定性作用,在国际市场上的低成本优势已经消失。

通常要素的价格不会也不可能总是同步变动,当一种要素的价格相对另一种要素价格提升时,它就要被另一种要素所替代。目前,由于我国劳动成本提升,用资本替代劳动投入的现象也已经出现,这给扩大就业带来了很大的冲击,因此,政府在制定相应政策时还应十分谨慎。

三、学习效应

经验的积累同样也可以推动劳动生产率的提高,这就是**学习效应**,在实践中学习,熟能生巧。具体表现为今天的生产成本和过去的投入有关,至少有以下四条理由。

一线工人的操作会更加熟练。一个工人在最初完成某个任务时,通常需要的时间比较多,但随着经验的积累,劳动熟练程度一定可以提高,完成同样的任务所需的时间会减少,劳动生产率将提高。尤其对于简单劳动来说,这个现象十分明显。

工程技术人员对产品的设计会更加有效。通过经验的积累,可以更加清晰地知道产品的薄弱环节,进行改进,从而进一步提高产品的质量;同时也知道如何能在完全不影响产品质量的基础上进一步降低成本、提高效率。

企业的经营管理者对生产过程的安排更加合理、指挥更加得当。有了对投入产出过程的深入了解,就可以更加合理地安排生产的各个环节,使各类资源得到更加充分的利用。

企业的采购和营销人员的渠道更加畅通。采购人员知道如何利用企业优势,以更低廉的成本及时采购到企业所需要的各种投入,销售人员也知道如何在最合适的市场上,更好地推销企业的产品。

这样,随着累计产量的增加,就意味着经验的积累,学习效应在发挥,产品的生产成本会随累计产量的增加而下降,产品的边际成本和平均成本都会下降。图 5.4.3 就显示了一个典型制造业的学习曲线。

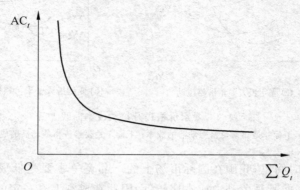

图 5.4.3　学习曲线

学习曲线常可以用式(5.4.1)来表示:

$$\mathrm{AC}_t = b + \alpha \left(\sum Q_t \right)^{-\beta}$$

AC_t 是 t 时刻的平均成本,Q_t 是 t 时刻的产量,$\sum Q_t$ 是到 t 时刻的累计产量。b 是学习效应发生后,最终平均成本可接近的水平,$b+\alpha$ 是最初第一个单位产品的成本。当 $\beta > 0$ 时,被称作学习弹性;当 $\beta = 0$ 时,表明不发生学习效应,生产的平均成本保持不变;β 越大,表明学习效应越显著,成本下降的速度越快。表 5.4.1 就是学习效应引起成本变化的典型趋势。

表 5.4.1　学习效应引起成本变化的典型趋势

t	Q_t	$\sum Q_t$	AC_t	dAC_t
1	1	1	10	
2	1	2	8.5	1.5
3	1	3	7.73	0.77
4	1	4	7.23	0.5
5	1	5	6.86	0.37
6	1	6	6.58	0.29
7	1	7	6.34	0.23
8	1	8	6.15	0.2

从学习效应成本变化的典型趋势中,我们可以归纳出一个规律:学习效应显著地发生在学习的初始阶段,起初,成本下降的幅度比较大,随后就越来越小。当累计产量成倍增加时,成本都下降到原先成本的几乎同样的百分比。

尤其在制造行业,生产的组织通常都是呈批量生产的。学习效应的这个特点告诉我们,对于新产品的生产,先要注意小批量、多批次。在新产品投产的最初阶段,小批量可以加快生产周期,以便更好地积累学习效应,特别是积累组织生产的学习效应。但当学习效应积累到一定程度以后,学习效应降低成本的效果就不那么显著了,这时就要注意规模经济了。批量生产具有规模经济的优势,应注意发挥规模经济,大批量进行组织生产。

学习效应的另一个特点是学习效应在人身上常表现为一种能力。这种能力一旦被人掌握,常常不会被遗忘,也不易被他人窃取。因此,若要学习其他企业的学习效应,最有效的手段往往是直接雇用其他企业有经验的员工。问题的另一面,就是要珍惜和爱护自己的有经验的员工,不要轻易让竞争对手雇用自己的有经验员工。

专栏 5-4

核电站的学习效应

核能在全球能源供应和社会经济发展活动中日益重要,它不仅为所在国提供价格稳定的安全能源,同时还为全球提供近零温室气体排出。目前我国核电总装机容量仅为906.8万千瓦,不足全国装机总容量的2%。我国政府已制定"积极发展核电"的国家能源政策,2020年核电装机容量将达到4 000万千瓦。对于核电发展而言,建造成本和投资收益,是否具有足够的市场竞争力是其得以生存和发展的基础。

我国核电发展慢、成本高,主要是规模小;反过来,规模小,也不利于经验的反馈积累和技术进步。因此,我国应通过大力发展核电,利用规模效应和学习效应,形成系列化机组,降低核电成本,从而促进核电良性发展。

我国首个双堆机组电站主要是从法国引进技术,固定价单位投资1 800美元/千瓦,固定价是建设造价总投资;核电站通常要数年建成,还要考虑建设期利息的财务费用,加上建设期财务费用后为建成价,建成价约为2 034美元/千瓦。根据我国对法国核电技术建设引进和消化的实际情况,从第一个双堆机组按照国产化率30%、50%、70%估算,以至达到基本国产化,投资下降趋势为82%、75%、70%、59%。美国根据西屋电气公司从1986年起,在韩国建设的五个压水堆经验,第2~5号机组单位投资下降趋势为86%、78%、77%、69%。

根据以上中国、韩国两国核电技术国产化的情况,可以求得中国、韩国两国学习弹性指数分别为0.215 7和0.194 4,两国学习弹性指数平均值为0.201 5。根据$\beta=0.201\ 5$估算,第2~5个双堆机组固定价分别为1 504美元/千瓦、1 331美元/千瓦、1 218美元/千瓦、1 144美元/千瓦。根据目前汇率和利率估算,前四台机组平均建成价约为1 902美元/千瓦,第10台核电机组建成价约为1 279美元/千瓦,可将其控制在人民币1万元/千瓦以内。

2007年公布的数据表明:红沿河核电站的单位造价将控制在1 300美元/千瓦,大亚湾核电站当年的单位造价约为 2 200 美元/千瓦,岭澳一期降为 1 800 美元/千瓦,岭澳二期将控制在约 1 500 美元/千瓦,红沿河核电站的单位造价将控制在 1 300 美元/千瓦。

资料来源:国家原子能机构网,中国核信息网;核工业标准化研究所肖定生等,《实现标准化是提高核电竞争力的重要措施》文章。

第五节　成本函数弹性分析

一、成本产出弹性

通常情况下,若产出发生变动,投入的成本也必须会发生变动。在一定的技术条件和要素价格不变的情况下,产出发生的相对变动所引起的投入成本的相对变动。两个相对变动之比,被称为成本产出弹性,记作 E_C:

$$E_C = \frac{\text{总成本变动的百分比}}{\text{产量变动的百分比}} = \frac{\text{总成本的增加量}/\text{总成本}}{\text{产量的增加量}/\text{产量}} = \frac{\text{边际成本}}{\text{平均成本}}$$

总成本的增加量与产量的增加量之比是边际成本,总成本与产量之比是平均成本,因此,成本的产出弹性又正好是边际成本和平均成本之比。当产出弹性大于 1,产出增加时,成本以更快的速度增加,说明规模报酬在递减;而当产出弹性小于 1,产出增加时,成本以较慢的速度增加,说明规模报酬在递增。从货币形态来说明规模报酬递增与规模报酬递减。这与生产力弹性互为倒数,放宽了生产力弹性对各要素投入要按同一个比例变化的限制。

二、范围经济的测度

第四章已经讨论了产生范围经济的原因。一个企业同时生产多种产品时也会影响生产效率。那么,若要度量范围经济的程度,可以用多产品同时生产的总成本,与这些产品各自独立生产的成本之和进行比较,我们将其称为范围经济度(degree of economies of scope,SC)

$$SC = \frac{C(q_1) + C(q_2) - C(q_1, q_2)}{C(q_1, q_2)}$$

上式中,$C(q_1)$ 是单独生产 q_1 所投入的成本,$C(q_2)$ 是单独生产 q_2 所投入的成本,$C(q_1, q_2)$ 是联合生产 q_1 和 q_2 所投入的总成本。当 SC 大于 0 时,说明存在范围经济,分别生产的成本比较大,SC 越大,范围经济的程度越大。而当 SC 小于 0 时,说明存在范围不经济。因此,企业是否一定要多元化经营还要考虑范围经济的程度。

三、经营杠杆分析

企业总在短期内经营,在短期内,投入的固定成本不变。产量越高,分摊到每单位产品上的平均固定成本就越少。因此,若市场上产品的价格只大于平均变动成本,企业仍然有可能亏损。我们将产品价格减去产品的平均变动成本(P-AVC),称为单位产品贡献。这里假定了平均变动成本 AVC 是一个常数,这个简化的假定在实际生产中,在一定范围内是合理的。单位产品贡献首先要用来补偿必须支付的固定成本,产量越高,可以补偿的固定成本就越多。当正好可以克服全部固定成本时,我们将其称为盈亏平衡(break-even)。盈亏平衡点的产量 Q_e。

$$Q_e = \frac{\text{TFC}}{P - \text{AVC}}$$

企业经营者通常都并不满足于盈亏平衡,总是希望还能获得一定的利润,并且还是经济利润。市场上的销售量在盈亏平衡的基础上还要进一步提高,随着销量的增加,利润就会增加。设定了目标利润 π,就设定了目标销量 Q_T:

$$Q_T = \frac{\pi + \text{TFC}}{P - \text{AVC}}$$

能否达到目标销量,就决定了能否实现目标利润,销量的波动必然会带来利润的波动。我们把利润对销量变动的敏感程度称为经营杠杆率(degree of operating leverage,DOL)

$$\text{DOL} = \frac{\text{利润变动的百分比}}{\text{销量变动的百分比}} = \frac{\text{利润的增加量}/\text{利润}}{\text{销量的增加量}/\text{销量}}$$

这里假定产品的市场价格不变,平均变动成本不变,利润的变动完全是由于销量的变动造成的。经营杠杆率就可以写成:

$$\text{DOL} = \frac{(P - \text{AVC})Q_T}{(P - \text{AVC})Q_T - \text{TFC}}$$

分子是企业的毛利润,而分母是企业的净利润,企业的经营杠杆率是企业的毛利润和净利润之比,两者之间相差一个总固定成本。总固定成本在总成本中占有的比例,决定了企业经营杠杆率的大小。

总固定成本在总成本中占的比例越大,企业的经营杠杆率也就越大,利润对销量波动也就越敏感。在市场前景比较看好的情况下,企业宜在经营杠杆率比较大的情况下经营,以求利润能更快地增长。总固定成本在总成本中占的比例越小,企业的经营杠杆率也就越小,利润对销量波动也就越不敏感。在市场前景不确定的情况下,企业宜在经营杠杆率比较小的情况下经营,以求适当地规避风险。

控制经营杠杆率的大小可以用改变固定成本在总成本中的比例来实现。当市场前景看好时,可以更多地使用固定的投入。当市场前景不明朗时,可以更多地使用变动成本,厂房和设备等也可以采用租赁的方式进行投入。

实际超过盈亏平衡点的销量和盈亏平衡点销量之间的比例,被称为企业经营的边际安全率。当边际安全率还比较大时,说明在市场上的销量有较大幅度下降,企业仍有可能免于亏损,它运行起来比较安全。

$$\text{边际安全率} = (Q_T - Q_e)/Q_e$$

企业经营的安全状况也常用表 5.5.1 来衡量。

表 5.5.1 企业经营的安全状况

边际安全率	30%以上	25%～30%	15%～25%	10%～15%	10%以下
安全状况	安全	较安全	不太好	要警惕	危险

第六节　成本函数的估计

在企业进行短期和长期决策时,成本函数往往要比生产函数更具有实用性。要想做到决策时心中有数,成本函数的估计便起着十分关键的作用。短期成本函数对企业决定最优产出和定价是必要的,而长期成本函数是企业规划最重要的基础。通常也都需要在不同的时点上对各种产量的实际成本进行动态地观察。

一、成本数据收集

若要估计成本函数,就需要必要的成本数据,而收集成本数据是成本函数估计中重要的第一步。数据收集得当与否,决定着能否合理地反映成本—产量间的关系,这中间需要注意如下五个问题。

1. 成本含义

由于估计成本函数最主要的目的是决策,是为未做而又将要做的事情进行决策,更加关心的是未来的成本,而不是历史成本或当前成本。因此,首先要对反映历史数据的会计成本进行修正,以反映可能的变动。其次要考虑机会成本。通常情况下,企业只有会计成本的数据,传统的会计成本是不能正确地反映机会成本的。如原材料的库存是以历史成本计值的,就必须以市场价格来作必要的重置,以便能比较接近机会成本。对固定资产和自有资产的投入也要从机会成本的角度加以考虑。当然,机会成本的准确估计是一件困难的事,只能是尽量地调整好。

2. 考察期的选取问题

就企业而言,所要考察的时期应当是一个典型的正常时期,这样才能得到一个足以合理反映成本—产量关系的成本函数。例如,大修和生产往往是错位的,大修期间的产量会很低,投入的费用却很高;而在生产期间,投入费用也许不高,但产量却较高。这段时期要足够长,以包含一定的产量变动范围,能提供足够的观察量,以便于进行回归分析。但这时期又不能过长,以维持投入要素的价格,企业整体的技术水平大体上保持不变。考察期的选取,既要足够长,又不能过分长,究竟最佳的时间单位和最佳的考察时期应当如何来确定,并无一般性的规定,只能是具体问题具体分析,这又是一个说起来容易做起来难的问题。

3. 成本分摊问题

固定成本在产品上也有一个分摊问题,当单一产品生产时,总固定成本要合理地分摊到各个生产期和每个产品上;多产品生产时,总固定成本还要分摊到各种产品的产量上。固定资产的折旧也要尽可能准确地反映资产价值的变化,既要考虑使用磨损的折旧,也要考虑技术进步的折旧。共用设施折旧的提取,要在各种不同产品之间进行分配。典型的折旧方法是直线法或余额递减法。但一般都很难反映长期资产真实的折旧情况,需要对数据资料作必要的调整,这种调整同样有一定的难度。

4. 数据序列问题

成本函数可采用时间序列数据或截面序列数据来估计。

在估计短期成本函数时,较多地采用时间序列数据来估计。时间序列数据是从一家企业收集的各期成本数据,应用这些数据来估计描述该企业的成本与产量关系的短期成本函数。以时间序列数据作回归分析,需要有一定的时间长度,以便于对对象作大量的观察,但又要注意时间也不能太长,因为成本函数通常假定了投入要素价格和生产技术是不变的这一前提条件。有的专家建议,以 1 个月为一次取样时间单位,36 个月为一个考察的周期。

在估计长期成本函数时,较多地是采用截面序列数据。截面数据是在某一个时点上对大量的企业收集数据,在这一时点上,生产技术水平的改变可以不予考虑,大量的企业要包含不同规模的企业,以此来反映不同规模下成本的变动。

也可使用平行数据,在几个时点上采集截面数据。

5. 通货膨胀下的数据修正

在现实经济生活中,通货膨胀几乎是不可避免的。受通货膨胀的影响,随时间的变化,即使投入产出完全保持不变,也会推动名义成本的上升。为修正通货膨胀的影响,可以利用价格指数将名义价格转化为可比价格。将各期的名义价格,用所考察时点的价格指数来除,对成本进行调整。价格指数可以在国家和地方的统计年鉴上得到,也可以从网站上获取,价格指数有不同的类别,应选取合适类别的价格指数。在短期成本估计时,时间序列的跨度通常都比较短,对要素价格也常不作调整。

二、短期成本函数估计

(一)短期成本函数数据的选择

短期成本函数有总成本函数和总变动成本函数之分。短期成本函数估计一般只估计总变动成本函数 TVC,而不估计总成本函数,这是因为固定成本不随产量的变化而变化,它的大小对短期的决策影响小。当有了 TVC 以后,AVC 和 MC 随即可以确定。这样在收集数据时,除要注意考虑机会成本,对会计账户上记录的会计成本进行修正外,还要十分注意区别随产量变动的变动成本,以及不随产量变动的固定成本。

(二)短期成本函数的形式

1. 线性成本函数

若所收集的总变动成本函数数据散点图,大体如图 5.6.1 的观察区所示,与产量基本呈线性关系,就可以用线性函数模型来回归分析。典型的函数形式为

$$TVC = b_0 + b_1 Q$$

b_0 和 b_1 通常是用最小二乘法回归分析得到的参数。这里 b_0 不能被称作固定成本,它仅代表曲线的截距,这里讨论的也仅是短期变动成本,并不包含固定成本。

相应于平均变动成本和边际成本也就分别为

$$AVC = b_0/Q + b_0$$

$$MC = b_1$$

由上述两式可以知道,平均变动成本曲线在所观察

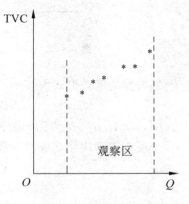

图 5.6.1　线性成本函数

的范围内是向下弯曲的曲线,而边际成本则是一不变的常数,是一条水平线,其值就是总变动成本曲线的斜率,因需要局限在观察区内讨论,回归分析所得的另一个参数 b_0 是截距,不宜被看作固定成本。

2. 二次成本函数

若所收集的总变动成本数据散点图,大体如图 5.6.2 的观察区所示,随着产量的增长,呈不断加速增长的趋势。这时,模型最好用二次成本函数的形式来回归。

典型的二次成本函数形式为

$$TVC = c_0 + c_1 Q + c_2 Q^2$$

式中,c_0、c_1、c_2 为回归分析所得的参数。

相应于平均变动成本和边际成本分别为

$$AVC = c_0/Q + c_1 + c_2 Q$$

$$MC = c_1 + 2c_2 Q$$

在观察区内,平均变动成本曲线呈"U"形,这更能体现平均变动成本函数的特征。而边际成本函数为线性函数,呈一条直线。边际成本曲线通过平均变动成本曲线的最低点。

3. 三次成本函数

二次成本函数虽其平均变动成本曲线呈"U"形,但其边际成本曲线却是一条直线,这与理论上的分析有差异。总变动成本数据散点图分布有更大可能,如图 5.6.3 观察区所示。总变动成本与产量之间的变化趋势,先是以递减的速率增长,后转为以递增的速率增长,这时总变动成本函数最好用三次成本函数来回归。

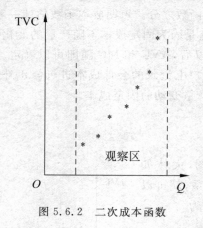

图 5.6.2　二次成本函数　　　　图 5.6.3　三次成本函数

典型的函数形式为

$$TVC = d_0 + d_1 Q + d_2 Q_2 + d_3 Q^3$$

式中,d_0、d_1、d_2、d_3 为回归分析所得的参数。

相应于平均变动成本函数和边际成本函数分别为

$$AVC = d_0/Q + d_1 + d_2 Q + d_3 Q^2$$

$$MC = d_1 + 2d_2 Q + 3d_3 Q^2$$

在所观察区内,平均变动成本曲线和边际成本曲线都呈"U"形,AVC 和 MC 曲线交于 AVC 曲线的最低点。

（三）短期成本函数的经验估计

尽管理论上三次成本函数应比较接近实际情况，但从短期成本函数估计的经验来看，在市场竞争比较充分的条件下，产品成本和产量之间的关系更多地呈线性关系，在所观察的产量范围内，平均变动成本大体不变，边际成本大体不变。对此有许多解释和说明，比较合理的解释是：在理论分析时，是强调短期内，生产的固定投入不变，而只有变动投入是不断变化的。但在实际生产系统中所采集到的数据，一般都是在固定要素投入量和变动要素投入量大体保持一定比例的关系下采集的。例如，机械厂为扩大产量，在增加生产技术工人投入时，也必然会配置相应的机加工设备。在我们所观察的范围内，技术工人和设备装备之间的比例大体是一定的，变动投入一般也不会大幅度变动，往往只在平均变动成本最小处附近变动，从而在产量变动时，平均变动成本大体保持不变，边际成本也大体保持不变。

对于用回归分析所得的短期成本函数，与对生产函数的估计一样，还应进行统计检验和经济检验。

三、长期成本函数估计

长期成本函数的估计困难要更多一些，常用的方法有回归分析法、工程技术法和幸存技术法。

1. 回归分析法

回归分析法的主要问题是数据的采集，通常是使用截面数据。因为若使用时间序列数据，要采集规模变动情况下的数据，时间就要"足够长"，这"足够长"的时间，产品的生产技术早就发生了变化。因此，一个可行的办法就是采用截面数据，在某一个时点，对大量的同一行业、不同规模的企业进行采集数据，以同一行业的不同规模企业代替同一企业规模发生变动的情况。在同一时点，又可认为行业的技术水平是大致保持不变的。

对长期成本函数的估计通常是估计长期平均成本函数。由于长期平均成本曲线是各种产量下平均成本最低点的轨迹，因此在采样时，应注意收集各种产量下经营状况最好的企业数据。如果这些方面处理得好，长期成本函数就能估计得比较切合实际。

由于实际上各企业都是在短期经营中，所采集的数据往往也是反映其在短期中最优产量的情况，这样估计的长期平均成本曲线就相当于各种规模下短期平均成本曲线最低点的轨迹 LAC，这就会和理论的长期平均成本曲线 LAC′ 有一定的差别。

用最小二乘法对数据进行长期平均成本函数回归分析的一般方法在此不再赘述。

2. 工程技术法

从成本数据出发来估计成本函数存在两个缺陷：一是所收集的成本数据往往都是历史数据，而实际生活中的投入要素价格总是变化的，通常都有或大或小的通货膨胀，价格不断地持续上升。那么仅因为要素价格的变化，成本函数也会发生变化，利用价格指数对成本数据进行折算，虽能消除一些价格变动的影响，但由于各种投入要素价格变动的幅度往往又是不一样的，这样寻找一个合适的价格指数就十分困难。二是对于将会计成本数据调整为机会成本数据更不是一件容易的事。

由于生产函数和成本函数是相互对应的，若从实物形态反映投入和产出之间技术关系的生产函数出发，而将投入要素的价格作为外生的变量，引入生产者优化选择的条件，就可以导出成本函数。工程技术法就是从生产函数出发而推导出成本函数。如果生产函数反映的是投入和最大可能产出之间的关系，则导出的函数就是长期成本函数。

3. 幸存技术法

幸存技术法建立在市场竞争的基础上。首先将同一行业的所有企业，按规模的大小进行分类，然后观察每一类企业在整个行业中所占份额随时间变化的趋势，以此来推测该行业的企业长期平均成本曲线变化的趋势。

若观察到的结果表明，在同一个行业中，同时存在不同规模的企业，而且不同规模的企业在行业中所占的份额随时间也没有显著的变化，那么我们可以认为这个行业就是一个规模报酬不变的行业，长期平均成本曲线在所观察范围内呈水平趋向，如图 5.6.4(a)所示。

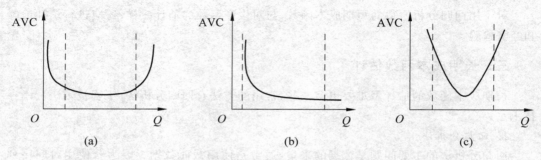

图 5.6.4　幸存技术法估计长期平均成本曲线

若观察到的结果表明，规模小的企业所占的份额有不断减小的趋势，而规模大的企业所占的份额相应地不断增大，这说明长期平均曲线在所观察范围内呈"L"形，如图 5.6.4(b)所示，规模报酬是不断递增的。

若观察到的结果表明，规模中等的企业所占的份额不断增长，而规模偏大或偏小的企业所占的份额都在减小，这就说明长期平均成本曲线在所观察范围内呈"U"形，如图 5.6.4(c)所示。

这种幸存技术法是建立在市场充分竞争的基础上的，企业在市场上通过优胜劣汰，效率不高的企业在竞争中被淘汰，只有效率高的企业才能幸存下来。因此，若市场不是充分竞争，企业能否生存并不是由优胜劣汰的机制所决定的，幸存技术法也就不适用了。

4. 长期成本函数的经验估计

从理论上分析，长期平均成本函数曲线应当是呈"U"形的，但长期成本函数的估计经验却表明，在相当多的行业，长期成本函数曲线并不是呈"U"形的。

经验研究表明，多数行业的长期平均成本曲线呈"L"形，甚至是一条几乎水平向的直线。这结果和理论分析并不矛盾，因为这些数据都是从现实经济活动中采集的。现实中，企业家通常不会在长期平均成本曲线上升阶段组织生产，所收集的数据也就不会反映长期平均成本上升的情况。而且，有些行业有着明显的规模经济，随着规模的进一步扩大，生产效率的确在进一步提高,这就使得长期平均成本曲线估计的经验曲线是以"L"形为主,如图 5.6.5 所示。

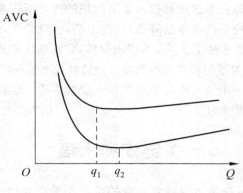

图 5.6.5　最小有效规模产量

由于长期平均成本经验曲线常常呈"L"形,这说明在一个行业,会有一个最小有效规模产量。若想要在一个行业里有一定的竞争力,就需要达到最小的有效规模。如果达不到最小的有效规模,平均成本就会迅速上升。当达到最小有效规模后,平均成本变动就不大。因此,政府常常会给有些行业设置进入门槛,若要进入该行业参与竞争,生产规模必须达到某一规模,这有利于企业有效组织生产。

从更长的时间尺寸来考察,还可以发现最小有效规模的产量也随着技术的进步在不断地变动,平均成本也在下降。图 5.6.5 也表明了这一点。

本 章 提 要

从货币形态出发来研究投入货币与产出之间的关系是成本函数。

从不同的角度出发,成本有着不同的含义。通常所说的会计成本是企业在经营过程中发生的各项货币支出的记录,是向后看,是历史的成本。企业经营决策是为未来的事件决策,是向前看,需要用经济成本。经济成本和机会成本、沉没成本两个概念有关。

机会成本与稀缺有关,当决定将一种资源投入某种用途后,它就失去作为其他用途的可能性,其他诸用途中可能带来的最大回报,就是使用这种资源的机会成本。沉没成本是在会计账目上已经发生、但再也无法收回的成本,它与当今的决策无关。经济成本要考虑机会成本,剔除沉没成本,它能更好地反映资源的使用价值。

企业收益抵扣经济成本后为经济利润。当经济利润为零时,各种资源也都已得到正常回报,企业仍可以正常经营。

成本函数分为短期成本函数和长期成本函数。短期成本函数有七种表达形式,分别是总固定成本、总变动成本、总成本、平均固定成本、平均变动成本、平均成本和边际成本。边际成本曲线一定会通过平均变动成本曲线和平均成本曲线的最低点。当边际成本曲线小于平均成本曲线时,平均成本曲线一定会向下倾斜;当边际成本曲线大于平均成本曲线时,平均成本曲线一定会向上倾斜。平均变动成本曲线的最低点对应平均产量曲线的最高点；边际成本曲线的最低点对应边际产量的最高点。

长期成本函数有三种表达形式：长期总成本、长期平均成本和长期边际成本。

动态成本函数是讨论技术进步和投入要素价格的变化所带来成本函数的变动。生产经验的积累也会推动平均生产成本的降低，熟能生巧，这就是学习效应。

成本对产出变动的敏感程度就是成本产出弹性，它反映了规模经济的变动。多产品生产时，可以用范围经济度对范围经济进行测度。经营杠杆率是利润对销量变动的敏感程度。

成本函数的估计是一个细致而复杂的工作。经验表明：短期平均变动成本曲线常为水平；长期平均成本曲线常为"L"形。

关键词和术语

经济成本：企业经营决策者为将要发生的事件决策所要付出的成本，涉及机会成本和沉没成本两个重要概念。

机会成本：稀缺资源面临诸多用途，一旦被决定投入某一用途后，就将失去了作为其他用途的可能性，而其他诸多用途中，可能带来的最大回报，就是使用该资源的机会成本。

沉没成本：是已经发生而又无法收回的成本。它往往是由过去的决策已经发生，而不能由现在或将来的决策改变的成本。

经济利润：企业的总经营收益减去经济成本得到的利润。经济利润为零，意味着企业所有投入也已经得到正常回报。

正常利润：是指将投入要素留在企业继续使用的最低回报，通常被看作要素的机会成本。

短期成本函数：既含有固定成本，又含有变动成本的函数。

总固定成本：在某个时期内不随产量变动而变动的成本。常常表现为是常数，主要是经常性费用的支出。

总变动成本：随产量变动而变动的各种成本之和。是可变投入要素上支出的全部费用。

总成本：是企业生产某种产品发生的总消耗和费用。为总固定成本与总变动成本之和。

平均固定成本：总固定成本对产量求平均，随产量的增加，平均固定成本就不断地被摊薄。

平均变动成本：总变动成本对产量求平均，通常随产量的变动而变动。

平均成本：总成本对产量求平均。通常也随产量的变动而变动。

边际成本：每增加一单位产量所增加的成本。它只与总变动成本有关，与总固定成本无关。

长期总成本函数：在一定技术条件，各种产量水平下，投入要素最优组合时，总成本与产量之间的关系。它反映了产量与可能最低总成本的关系，可以由生产扩张线得到。

长期平均成本：长期总成本对产量求平均。它通常反映了规模报酬的变化。

长期边际成本：单位产量变化所引起的长期总成本的变化。

动态成本函数：反映随时间、技术进步、投入要素价格变化等带来变动的成本函数。

学习效应：生产经营经验的积累，推动平均成本下降的现象称为学习效应。

成本产出弹性：成本对产出变动的敏感程度。正好是其边际成本和平均成本之比。

范围经济度：多种产品各自生产的成本之和与多种产品联合生产的总成本之差值，与联合生产的总成本之比称范围经济度 SC。

经营杠杆率：企业利润对销量变动的敏感程度。

复 习 题

1. 你知道什么是会计成本吗？经济成本和会计成本有什么不同？

2. 为什么企业经营者在决策时要用经济成本？

3. 什么是机会成本？你来攻读 MBA 学位的机会成本是什么？

4. 什么是沉没成本？决策时剔除沉没成本有什么意义？

5. 你知道会计利润和经济利润有什么区别吗？为什么说经济利润为零，企业仍能正常经营？

6. 短期成本函数有哪些表达形式？这些表达形式之间的关系是什么？

7. 长期成本函数有哪些表达形式？这些表达形式之间的关系是什么？

8. 短期成本函数和长期成本函数之间有什么关系吗？

9. 短期成本函数与一变动投入生产函数之间有什么关系吗？

10. 什么是动态成本函数？

11. 什么是学习效应？你是怎样理解学习效应的？学习效应有什么特点？它对你的企业经营决策有什么启示吗？

12. 你是怎样理解成本产出弹性与规模经济之间的关系的？

13. 什么是经营杠杆率？经营杠杆率对你的经营决策有什么帮助吗？

14. 你会估计经验成本函数吗？估计经验成本函数需要注意什么？

15. 通常估计得到的短期经验成本函数和长期经验成本函数是什么？为什么？

 第五章自我检测题及答案

完全竞争市场企业经营决策分析

前面四章分别从消费者的需求和生产者的供给研究了消费和生产的两个环节,这是市场的两个最重要的侧面:需求和供给。需求方遵循需求法则,供给方遵循供给法则,需求与供给遇到一起就形成了市场。市场是交换商品的场所,场所可以是物理空间,也可以是电子网络空间。我们根据消费者和生产者之间力量对比的关系,将市场分为买方市场和卖方市场。社会主义市场经济是以建立有限的买方市场作为市场运行和成熟的标志。党的十九大又进一步明确:加快完善社会主义市场经济体制。实现产权有效激励、要素自由流动、价格反应灵活、竞争公平有序、企业优胜劣汰。

为了发挥市场机制对资源配置决定性的有效作用,必须要建立一个完整的现代市场体系,它是由各类市场所组成的有机整体。按交易内容,可将市场分成两大类:一类是产品市场(product market),企业在该市场出售其产品和服务;另一类是要素市场(factor market),企业为组织生产而在要素市场上购买各种生产要素。第六章至第九章侧重研究产品市场,第十章侧重研究要素市场。在具体讨论时,又常常隐含了一个特殊的假定,即一个市场上只交换一种商品。

第一节　市场竞争与结构

一、产品市场

狭义的**产品市场**仅指货物(goods)市场,是有形物质产品交换的场所。广义的产品市场还包含提供的服务(services)。在市场上,货物和服务都被看作是商品,在本教程中,除另加说明外,商品同时包含了货物和服务。商品交换是产品市场的核心,因此产品市场有时又被称为商品市场。产品与商品也不作区分。

由于市场是随着商品的交换活动而产生,并随着商品交换关系的扩大而发展起来的。社会生产力的提高和社会的进步,使市场获得了全面发展,形成了完整的市场体系,商品交换是市场交易的基本内容,产品市场在市场体系中处于基础地位,其他的市场在某种程度上是为产品市场服务的。

产品市场通常又进一步被分为农副产品市场、社会消费品市场和生产资料市场。经过四十年的改革开放,我国已经形成了比较健全的产品市场。到2016年年底,在社会消费品零售总额、农副产品收购总额和生产资料销售总额中,由市场决定的比重都已经达到98%以上。在产品市场上,市场对资源的配置已经起到了决定性作用。

二、市场结构

市场是由买方、卖方和买卖双方力量的对比形成的价格这三大要素组成的。在不同的市场上,价格形成的特点不一样,被称为**市场结构**,也被叫作**市场类型**,反映了竞争程度不同的市场状态。不同结构的市场有不同的运行方式,市场上的交易主体也有着不同的行为特点和决策策略,价格与成交量的形成机制也各不相同。

1．市场特征

在经济学中通常根据以下四个特征组成一组指标体系,来反映市场上竞争的激烈程度,进而来区分不同的市场结构。

（1）**参与交易者的数量**。通常情况下,市场上买方的数量总是巨大的,在现实经济生活中,只有少数情况才会出现买方数量不多的现象。而市场上卖方的数量变化很大,市场上的商品可能只有一个或几个企业提供,也可能有许多,甚至会由极大量的企业来提供。

（2）**交易商品的单一性**。即交易的商品是否同质,是指不同企业生产的产品,相互之间的替代程度,是完全可替代、部分可替代,还是完全不可替代。这里的同质,是要消费者完全没有能力区分商品是哪家企业生产的。这不仅表现为商品的外观、技术性能、工艺设计和质量上的不同,还可能表现为产品商标、名称、广告、包装上的不同,甚至销售的时间、地点也不同,以及厂家的服务、声誉等在消费者心理上的差异等。

（3）**进出市场有无障碍**。是指企业进入或退出市场的"自由"程度是否有壁垒。进入或退出越容易,市场的竞争也就越激烈。进入或退出的壁垒可能是经济原因,也有可能是政府管制的原因。通常消费者进出市场是自由的,是完全根据自己的意愿决定购买或不购买。

（4）交易者所得到的**信息是否完全**。是指买卖双方获得市场信息的完全程度。完全信息是要求双方对市场所有与交易有关的信息完全了解。信息不完全,消费者就很可能不能清楚地了解商品的特征,生产者不能及时地掌握需求的变动等。在现实经济生活中,不仅双方对信息的掌握常常不完全,而且双方对信息掌握的不完全程度还常常是不对称的。

2．市场结构分类

根据市场特征的四个指标体系,通常将市场结构分成四类:**完全竞争市场；完全垄断市场；垄断竞争市场；寡头垄断市场**。

为了便于比较,我们将上面四类不同的市场结构特征列于表 6.1.1 中。

表 6.1.1　不同市场结构及其特征

项　目	完全竞争	完全垄断	垄断竞争	寡头垄断
企业个数	大量	唯一	许多	少数
同质性	同质	无替代	有差别	同质/有差别
进退条件	自由	封锁	基本自由	困难
信息完全性	完全信息	不完全信息	不完全信息	不完全信息

如果要进一步细分,完全垄断市场还可以被分为**买方垄断**和**卖方垄断**两种;寡头垄断市场也可以被分为**买方寡头**和**卖方寡头**两种。特别要指出的是:这种不同市场结构的划分,主要是为了循序渐进地学习经济学的需要,而不是现实的市场真的可以严格按这四种类型,或六种类型一一对照,挂上标签进行划分。完全竞争市场仅仅是一个理想中的市场,但它却是研究其他各类市场的基础。完全垄断市场是另一种极端情况。大量实际运行中的市场,基本上是介于两者之间的垄断竞争和寡头垄断市场,中间也没有什么明确的界限。

三、企业收益和利润最大化的必要条件

1. 企业收益

企业(生产者)按一定价格出售一定数量的商品以后,会得到一定数量的货币收入,我们把它称为收益(revenue)。企业的收益可分为总收益、平均收益和边际收益。

总收益 TR(total revenue)是企业出售一定数量的商品所得到的货币总额,在数量上等于单位商品的价格乘以出售商品的数量:

$$TR = PQ$$

就一个企业而言,如果价格不变,总收益曲线 TR 是一条斜线,它只与售出商品的数量成正比。

平均收益 AR(average revenue)是企业出售商品后平均单位商品所获得的货币额,是销售总额除以所出售商品的数量。商品的市场价格不变时,平均收益就等于商品的市场价格:

$$AR = TR/Q = PQ/Q = P$$

企业在经营决策时,更加关心的是每增加销售一个单位商品所带来的总收益的变动,即**边际收益** MR(marginal revenue)。

$$MR = \frac{总收益的增加量}{销售的增加量}$$

2. 企业利润最大化的必要条件

企业的利润等于企业的总收益减去企业的总成本,即

$$\pi = TR - TC$$

当销售量增加时,总的销售收益会增加,增加的收益就是这时的边际收益;但要增加销售量,就要增加生产的数量,产量增加必然要带动总成本的增加,增加的总成本就是这时的边际成本。如果此时:增加的收益,即边际收益,大于增加的成本,即边际成本,利润就会增加,那么,就应当增加产量;但如果增加的收益(边际收益)小于增加的成本(边际成本),利润就会减少,就应当减少产量;要实现利润最大,一个合理的条件至少要是边际收益等于边际成本。边际收益等于边际成本时的产量,企业可能实现利润最大化。因此,利润最大化的必要条件可表达为:边际收益 MR 等于边际成本 MC。这不仅适用于完全竞争的市场,也适用于其他各类市场,通称为 **MR = MC 定理**。利润最大化是说获取最大可能的利润,在亏损时,是指亏损最小化。

这里还要注意的是:MR = MC 定理是企业利润最大化的必要条件,而不是充分条件,是否真正有利润,还需要进一步考察企业生产平均成本的大小。

第二节　完全竞争市场上的短期经营决策

一、完全竞争市场的特征

完全竞争市场是指完全不受外来阻碍和干扰，没有外力控制的自由市场，通常被认为应当具备下述四个特征。

1. 价格既定

市场上有大量的买主和卖主。这里的"大量"意味着每一个买者的需求量和卖者的供给量在该商品的交易总量中只占很小很小的比例，任意一个消费者或生产者的单独行动，都不能对市场价格造成可以看得见的影响。而且，无论是买方还是卖方，都没有可能采取任何联合行动，是市场供求双方总的力量决定了市场的价格 $\bar{P}$，每一个其他的买者和卖者，都是这一价格的**被动接收者**。在单个生产者或消费者眼里，市场的价格就是一个常数。卖者可以按照这个市场价格出售自己希望出售的产品，而没有必要去降价；也不可能提价，只要稍一提价，就必然会导致客户的大量流失，使顾客完全没有讨价还价的能力。买者也只能在这个价格下决定自己是否购买？买多少？并且也没有议价能力。

$$P = \bar{P}$$

2. 产品同质

所有的生产者提供的都是标准化产品，即都是同质的、无差异的产品。无论是在原料、加工、包装、服务，还是规格、性能等方面，都是一样的，没有一点区别，因此对于消费者而言，根本无法区分是哪家生产的产品，也不在乎是哪家生产的产品。这样，不同生产者之间生产的产品完全可以替代，可以进行完全平等的竞争。正是产品的同质性，才保证了价格的单一性。

3. 要素自由的流动

投入要素在市场上是完全自由地流动。新的企业想要进入市场，是没有障碍的，老的企业要退出市场，也不会遭到阻拦，保证来去自由。这里所谓的自由不仅是指经济意义上的来去自由，也包含了社会政治法律上的来去自由，不受阻碍，不会发生什么特别的成本。没有经济壁垒，也没有行政、政治壁垒。企业若觉得该市场上有赢利机会，企业就进来；企业若觉得不合适就不进，已在市场上的企业也可以自由退出。自由地进出，对于竞争的有效性非常重要，它有利于资源的及时流动，以便能得到合理的配置。

4. 信息充分

所有的消费者和生产者都具有充分的市场信息和商品知识。完全掌握现在和将来的市场情况和可能的变动，都有条件作出合理的消费选择和生产决策，因而就不会有任何消费者会受"欺骗"，而以高于市场价格进行购买，也不会有任何生产者会低于市场价格进行销售。因为大家都知道要买卖什么产品、价格是多少，信息比较充分。

经济学理论意义上的完全竞争市场，必须全部满足以上四个条件，缺一不可。但在现实生活中，却连一个条件都不能充分满足，它只能是一种理论的抽象。完全的竞争市场在现实生活中是不存在的，只有部分农产品市场，可以多少有点接近完全竞争市场。我国有数以千百万计的人在种小麦，而又几乎人人都要消费面粉，面粉可以说是同质的，几乎没有人会介意吃在嘴里的馒头是张家庄小麦的面粉做的，还是李家庄小麦的面粉做的。有关的价格也是公布于众的，价格的信息也还算充分。

也有人认为股票市场接近是完全竞争市场，但我国的股票市场，至少目前还完全不能看作是完全竞争市场。

完全竞争市场是理想中的市场，在理论上，它的资源配置最优，经济效益最高，因此使我们有了一把尺子、一面镜子，用这个标准来衡量现实经济生活中各式各样的市场，看它们离我们的理想还差多远，如何使它们向理想的标准靠拢，并从中得到启迪。

在现实经济生活中，有时市场并不符合上述的四个条件，市场上的企业数也不是很多，但也可能相互间展开了激烈的竞争，面对的需求极富有弹性，它们的决策也就像在完全竞争市场上时一样。在做企业家调查时，大多数企业经营决策者表示：他们是市场价格无奈的接受者。

完全竞争市场的核心特征是买卖双方都是价格被动的接收者，在这个意义上，我国有些产品，特别是与人民生活休戚相关的产品，政府严格管制产品价格，企业也仿佛是面对完全竞争市场来进行决策。不同的是价格并不是由市场的供求决定的，而是由政府的管制决定的。

二、完全竞争企业面对的需求曲线

在完全竞争市场上的单个企业，由于是市场价格无奈的接受者，因此只能根据市场的价格来决定其销售的数量，面对的需要曲线就仿佛是一条水平线，如图 6.2.1 所示，即一条完全弹性的需求曲线。

此时，由于市场价格不变，平均收益 AR（average revenue）就等于商品的市场价格：

$$AR = TR/Q = \overline{P}Q/Q = \overline{P}$$

企业的平均收益曲线和企业所面临的需求曲线重合。企业在经营决策时，更关心的是每增加销售一个单位商品所带来的总收益的增量，即边际收益 MR（marginal revenue）。由于市场价格是一个不变的常数，因此企业的边际收益也等于商品的市场价格。这样，企业面临的需求曲线、平均收益曲线、边际收益曲线三条曲线就合为了一条曲线，如图 6.2.1 所示。**三线合一**是完全竞争市场上的一个显著特点。

图 6.2.1　完全竞争企业的平均
与边际收益曲线

三、短期决策

在完全竞争市场上，企业的经营决策者是市场价格无奈的接受者，只能调整自己的产量来达到利润的最大化。在短期内，固定投入不变，但可以在一定的范围内调整变动投入来改变产量，以达到利润最大或者是亏损最小的目的，从而在不同的价格前提下作相应的产量决策。

　　首先,我们可以用图 6.2.2 来进一步说明企业的短期决策。当市场价格为 P_1 时,由于三线合一,企业面对的需求曲线,就是企业的边际收益曲线。边际收益曲线 MR 和边际成本曲线 MC 交于 E_1 点,E_1 点决定了企业的产量为 Q_1,产量为 Q_1 时的平均成本为 $AC(Q_1)$,低于市场价格 P_1。因此,平均每出售一单位产品,就可获得经济利润 $P_1-AC(Q_1)$,企业在完全竞争市场上以市场价格 P_1 出售它愿意出售的数量 Q_1,而且获得最大的经济利润 $Q_1[P_1-AC(Q_1)]$。这也被认为是企业实现了在市场上的短期均衡。

　　无论企业是再增加生产还是减少生产,都会使利润减少。因为若要进一步增加产量,即在 Q_1 的右边,MC>MR,每增加一单位产量所花去的边际成本要大于该单位产量所带来的边际收益。增加产量,利润会呈减小趋势。若减少产量,即在 Q_1 的左边,MC<MR,每减少一单位产量所节省下来的边际成本要小于因该单位产品产量而失去的边际收益,减少产量,也会引起利润的减少。当市场价格为 P_1 时,只有产量为 Q_1,企业才可能实现利润的最大化。

　　其次,若市场价格下降,经济利润也就减少。当市场价格降到 P_2 时,边际收益曲线也降到了 P_2 的位置,边际收益曲线和边际成本曲线正好交于平均成本曲线的最低点 E_2,E_2 点决定了企业的产量为 Q_2,这时市场价格 P_2 正好与平均成本 $AC(Q_2)$ 相等。总收益等于总成本,因此 E_2 点也就是**盈亏平衡点**(break even),又被称作扯平点。如图 6.2.3 所示,在盈亏平衡点,企业获得正常利润,也就是说企业所有各种自有资源都考虑了机会成本,作为经济成本已经得到最基本的报偿,只是没有经济利润,企业也应当继续经营下去,它同样处于短期均衡。这是第二种情况。

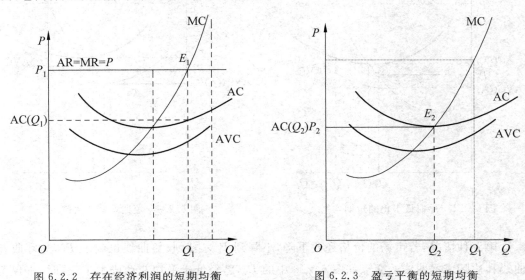

图 6.2.2　存在经济利润的短期均衡　　　图 6.2.3　盈亏平衡的短期均衡

　　第三种情况,若市场价格还要下降,降到如图 6.2.4 所示的 P_3 点时,边际收益曲线也到了 P_3 点位置。边际收益曲线和边际成本曲线的交点 E_3,处于平均成本曲线最低点和平均变动成本曲线最低点之间。企业是否应当停业呢？E_3 点决定了企业利润最大化的产量为 Q_3，此时，商品的市场价格为 P_3，要低于此时的平均成本 $AC(Q_3)$，但还高于平均变动成本 $AVC(Q_3)$。也就是说，已经收不回全部成本了，企业肯定要发生亏损，但却能收回全部的变动成本，而且不仅是全部的变动成本，还有部分的固定成本。从短期来看，若停产，就要亏损全部固定成本；若生产，除能收回全部的变动成本外，多少也能收回部分的固定成本。因此，应当继续生产，尽管会发生亏损，但比起不生产的亏损还是少一些，平均每单位产品亏损 $AC(Q_3)-P_3$，总的亏损是 $Q_3[AC(Q_3)-P_3]$，这是最小的亏损，比停产亏损全部的总固定成本 TFC 要小，企业在短期内还是应当继续生产经营下去，这也就达到了短期均衡。这里考虑的是将全部固定成本都看作沉没成本来处理的。如果固定成本没有全部沉没，可以将没有沉没的固定成本当作变动成本来考虑；如果固定成本完全没有沉没，当市场价格低于平均成本时企业就要停止经营。

第四种情况，倘若市场价格继续下降，下降到如图 6.2.5 所示的 P_4 点时，边际收益曲线和边际成本曲线相交于平均变动成本的最低点 E_4，E_4 点决定了企业的产量为 Q_4，这时市场价格 P_4 正好等于平均变动成本 $AVC(Q_4)$，刚好可以收回变动成本，若生产，可收回全部变动成本，但全部固定成本已亏损了；若不生产，就不用投入变动成本，也就至多亏损全部固定成本。既然生产与不生产一样，干脆关门算了。因此，E_4 点也被称为**关门点**。

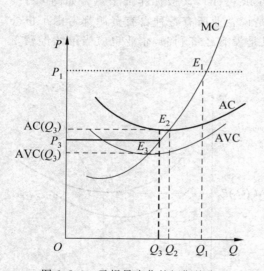

图 6.2.4　亏损最小化的短期均衡

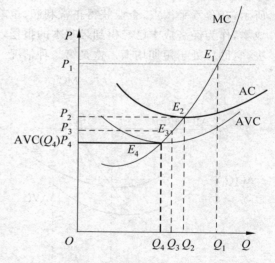

图 6.2.5　短期均衡的关门点

第五种情况，若市场的价格还要下降，下降到 P_5，边际收益曲线也到了 P_5，边际收益曲线和边际成本曲线的交点如图 6.2.6 中的 E_5，已经低于平均变动成本了，这时，不仅不能收回固定成本，也不能收回全部的变动成本，不生产也只是亏损全部固定成本；若生产，不仅会亏掉全部固定成本，还要亏掉部分变动成本，生产得越多亏损越大，还不如关门为好，"关门大吉"也就是这个道理，立即停止经营是最好的决策。

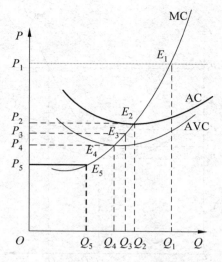

图 6.2.6　停止经营的短期均衡

　　由以上分析可知,在完全竞争市场上,就企业而言,产品价格不是由自己决定,而是由市场决定。短期内,企业不能改变厂房设备和生产技术条件,成本曲线也是既定的。由企业边际成本曲线和企业边际收益曲线的交点来决策,以交点相对于平均成本、平均变动成本曲线的位置,来决定企业是赢利、亏损还是关门更好。这两个点,即盈亏平衡点和关门点,将企业的短期均衡分成以上五种不同的状况。

四、企业的短期供给曲线

　　我们从消费者行为分析得到了消费者的需求曲线,消费者的边际效用决定了消费者的需求曲线。那么,生产者的供给曲线是怎样来的呢? 供给曲线是表示价格与供给量之间的关系。它指的是在每一给定的价格下,企业愿意给市场提供多少产品。上面的分析正好说明了在完全竞争市场上,在不同价格下,企业愿意给市场提供的数量。

　　如果市场价格高于平均变动成本最低点,企业为实现利润最大化,将进行生产,利润最大化的必要条件是 MR＝MC,可以从边际成本曲线上找到相应于当时市场价格下,企业愿意提供的产量。而当市场价格低于平均变动成本最低点时,企业就要关门,停止营业,不再生产,其供给量也就为零。把这两点归结起来,我们就可以得到以下结论。

　　在完全竞争市场上,**企业的短期供给曲线**是平均变动成本最低点以上的那部分边际成本曲线。边际成本曲线的一部分是企业的供给曲线,供给曲线与企业生产的边际成本紧密相关,如图 6.2.7 所示。当市场价格低于平均变动成本最低点时,企业的供给量就降到零。因此,企业的短期供给曲线也可以看成是由两部分组成:当市场价格大于平均变动成本最低点时,供给曲线是边际成本曲线高于平均变动成本曲线最低点的那一部分;当市场价格小于平均变动成本最低点时,企业愿意给市场提供的数量一直为零,供给曲线则是纵坐标轴的一部分。

　　在完全竞争性市场上,企业的供给曲线通常都是向右上方倾斜的,这是由于投入要素

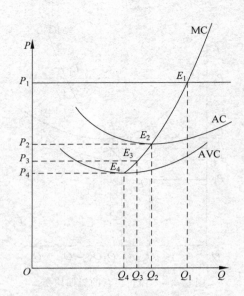

图 6.2.7　企业的短期供给曲线

遵循边际实物报酬递减造成的。也说明当市场价格上升时，可以促使市场上的企业增加生产。而在变动投入要素的价格上升时，边际成本曲线会向左移动，即使市场上产品的价格不变，企业也会减少产量。

五、市场的短期供给曲线

在完全竞争市场上，意味着有许许多多的企业生产相同的产品。那么，某种产品的**市场的短期供给曲线**，就是市场上所有生产这种产品企业的短期供给曲线的横坐标相加。也就是说：在市场每一个可能的价格下，市场上总的供给量等于市场上各个企业在此价格下愿意生产的产量相加。假如市场上有三个企业1、2、3，生产相同的产品，它们各自的短期供给曲线如图 6.2.8 的 S_1、S_2、S_3 所示。当市场价格低于 P_1 时，没有任何一个企业愿意供给，总供给也就为零；在价格高于 P_1 但还低于 P_2 时，市场上只有企业 3 愿意供给，市场上的总供给也就是 S_3 的一部分；只有当市场价格高于 P_2 时，三家企业才都愿意供给，市场的总供给 S 就是这三家企业愿意供给的产量之和。为方便起见，这里只讨论了市场上三家企业，横坐标相加的分析同样适用于市场上有很多家企业的情况。

我们从图 6.2.8 中可以看到，数学上横坐标相加的总供给曲线会出现折点和间断，当市场上有大量企业时，可能有大量折点和间断，但已变得不那么重要了，我们可将市场上短期的总供给曲线看作一条向右上方倾斜的曲线。在短期内，市场上的企业个数通常都假定保持不变的。

而正是市场的供给曲线，与市场上所有消费者的需求曲线横坐标相加得到的市场需求曲线，两者的相互作用给出了该商品市场的成交价格。市场上买卖双方的每一个个体，都将是这个价格的接受者。市场上只有供给或需求曲线的移动，才能引起市场价格的变动。

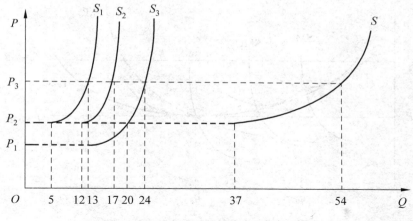

图 6.2.8　企业供给曲线与市场供给曲线

第三节　完全竞争市场上的长期经营决策

在短期内,企业总有一种或多种固定的投入,因为时间较短,限制了企业采用新技术的可能性,也就无法扩大或缩小其生产的规模,只能通过调整变动投入来改变产量,只要市场价格还高于平均变动成本最低点,企业就会继续生产。但若从长期考虑,情况就不同了,企业有足够的时间来改变其工厂的规模,也来得及考虑进入或退出市场,还有可能改变企业所采用的生产技术。这样,企业的成本曲线要发生变动,市场的供给和需求曲线也都可能发生变化。只有当市场价格高于企业平均成本曲线的最低点时,企业才会继续生产。若市场价格低于企业平均成本曲线的最低点时,企业就会停止生产,退出该行业,或改进技术调整生产规模来降低成本。

一、企业长期均衡产量的选择

在完全竞争的长期均衡市场上的企业,正如短期一样,仍然是市场价格被动的接受者,面对的还是一条水平的需求曲线,但它却有了更大的选择空间。图 6.3.1 显示了企业在长期均衡中的调整过程。

假若在开始时,某商品市场上的供给曲线和需求曲线决定了商品的市场价格为 P_0,市场上有短期成本曲线分别为 SAC_0、SAC_1、$\cdots$、SAC_e 等许多不同规模的企业都在组织生产。它们都根据市场的价格,即边际收益曲线和各自的边际成本曲线的交点决定了各自利润最大化的产量。只要这时的市场价格大于各自的平均成本,它们都会继续生产,并各自将获得大小不等的利润;市场价格只高于平均变动成本,而低于平均成本的企业就要考虑退出,不再追加固定要素的投入;而那些平均变动成本高于市场价格的企业就不能在市场上生存,只能直接退出该行业,或改进技术,改变生产的规模来降低成本。留在市场上的企业,或多或少获得了利润。

由于在完全竞争市场上,信息是充分的。若行业中赢利少的企业看到只要调整规模,

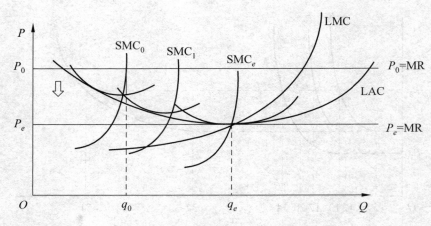

图 6.3.1　企业长期均衡中的产量选择

就可以获得更大的利润,也都会纷纷扩大自己的规模,增加产量。由于进出也是自由的,若其他行业的生产者看到这个行业有利可图,利润颇丰,也会纷纷进入这个行业中来。这样,就会导致这种产品市场上的企业数增加,每家企业的供给曲线也就有可能向右移动,因此它们的横坐标相加得到的市场供给曲线要向右移动,引起市场价格的下降,使原来赢利的企业盈利减少,甚至有的企业会出现亏损。

在图 6.3.1 中,当市场价格下降后,以成本 SAC_0 规模生产的企业首先就要发生亏损,这样会迫使这类企业要么退出该行业,要么进一步扩大规模,把成本降下来,而如图 6.3.1 中以 SAC_1 规模生产的企业,仍能获得超额的利润。只要市场还有企业能获得的经济利润,行业内亏损企业就会调整规模,降低成本,向效益高的企业看齐。同时也就会存在诱因,吸引其他行业的生产者加入这一行业中来。结果必然是市场供给进一步增加,供给曲线进一步向右移动,市场价格继续下降,一直到市场价格下降到 P_e、长期平均成本曲线最低点。只有那些能以最优规模 SAC_e 生产最优产量 q_e 的企业,才不会发生亏损,它们的短期平均成本曲线的最低点和长期平均成本曲线最低点相切,但也没有经济利润可赚。而其他状态企业都要发生亏损,将退出市场。

留在市场上的企业也没有发生亏损。正如前面已经指出的那样,尽管经济利润为零,企业的各种投入都有正常的回报,取得了正常利润,会计利润大于零,也就不存在要退出该行业的压力。由于没有经济利润,也就没有吸引其他生产者进入该行业的诱因,市场的价格就不会进一步下降。万一市场价格真的下降了,企业就要发生亏损,就会有企业关门停产,市场的供给减少,供给曲线会向左移动,从而迫使市场价格又回升,回到价格 P_e,从而形成企业和该行业市场上的**长期均衡**。显然,企业实现长期均衡的条件为

$$P = \mathrm{MR} = \mathrm{SMC}_e = \mathrm{SAC}_e = \mathrm{LMC} = \mathrm{LAC}$$

即企业的边际收益曲线、短期边际成本曲线、短期平均成本曲线、长期边际成本曲线、长期平均成本曲线五条线交于一点,和市场价格 P_e 相等。

在企业和市场长期均衡时,企业以最低可能的成本组织生产,消费者以最低可能的价格购买到产品,实现了资源最有效的配置。实现长期均衡需要相当长的时间,而在短期

内,企业仍然是可能获得利润或发生亏损的。往往是先进入有利润行业的企业比后进入的企业有更多的利润,先退出无利可图行业的企业比后退出的企业可以节省更多的资源。因此,长期均衡的概念是在告诉我们应当采取的行动方向。

在完全竞争的长期均衡中运行的企业,并不意味着它们都具有完全相同的会计成本曲线。很可能某一企业因为有某项专利或诀窍,生产成本比其他企业低,在长期均衡中,它也可能获得利润。但也可以将这种专利或诀窍看作一种资源,它的利用给企业增加的价值也是一种机会成本,将它也折算到经济成本里去,经济利润就又趋于零了。不过,此时的专利或诀窍也就得到了正常的回报。

同样的道理,某个企业占有某种地理的优势、人际的优势、销售的优势、采购的优势等,从而得到了成本上的优势。可以将这些优势也看作资源,都当作机会成本计入经济成本中,不同企业间的经济成本趋于一致,经济利润就又趋于零。

经济利润为零,对于市场处于长期均衡来说是一个必要的条件。经济利润是表明吸引投资者的机会,而会计利润只是表明企业投入的显性成本能得到回报,但不一定能刺激其他投资者进入该行业。

二、市场的长期供给曲线

在短期内,行业内的固定要素如资本的投入量,以及企业的个数通常是不变的。在价格上升时,各企业愿意提供更多的产量,也是通过雇用更多的变动投入,如劳动,来增加产量的,因此,市场供给曲线就是各企业供给曲线的横坐标相加,往往是向上倾斜的。而长期均衡的情况就不同了,企业对市场价格上升(或下降)的反应有了新的方式,新企业的进入(或老企业的退出)成为了可能,改变了市场上的供给,再次迫使所有企业的经济利润回到零。这就意味着在行业长期均衡的供给曲线上,企业的经济利润为零。市场上企业的个数在变动,这使得市场上的总供给曲线不可能由市场上每家企业的供给曲线横坐标相加,实际上也的确不知道可以把哪些企业的供给曲线横坐标加起来。

从长期均衡的过程来看,由于不断有新企业进入和老企业退出,企业的数目不确定。尽管对单个企业来说,产量的变动可能不会影响投入要素的价格,但当行业内企业的个数发生变动,即行业规模发生变动时,还可能会影响要素的价格,从而导致单个企业平均成本曲线的移动,也就是说行业对单个企业的外在经济和外在不经济就要发生作用了,当然也就影响了市场的长期供给曲线。这里仍然保持了生产技术不变的假定。由于对要素价格等影响的不同,**市场长期供给曲线**分为以下三种情况。

1. 成本递增行业

若当某行业所用的投入要素是属于专用性要素时,它占整个社会对这种投入要素需求量的相当一部分。当行业的产量和行业内企业个数扩张时,会引起要素价格的上升,行业对单个企业的外在不经济占主导地位,这被称为**成本递增行业**。如我国的在职培训市场,由于终身教育越来越多地得到人们广泛的认可和接受,人们对在职培训的需求不断地增加,各种培训机构日益增多,但能从事培训教育的师资力量稀缺,各培训机构争夺这有限的培训师,从而推动了培训人力成本的上升,进而带动了平均成本曲线的上升,如图 6.3.2 所示。

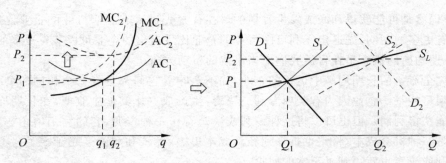

图 6.3.2　成本递增行业长期供给曲线

在图 6.3.2 中，左边是单个培训机构的成本曲线，右边是培训市场上供求曲线。在 10 年前，单个培训机构的成本曲线是 AC_1，均衡时，市场的需求曲线 D_1 和供给曲线 S_1 的交点决定了市场价格为 P_1，它和单个培训机构平均成本 AC_1 最低点的平均成本相等，培训机构的经济利润为零，市场上对培训的实际供给量为 Q_1。近年来，市场上对在职培训的需求迅速上升，由 D_1 推到了 D_2，提升了培训的价格，于是更多的培训机构出现，导致培训师资的紧缺，提升了人力资源成本，单个培训机构的成本曲线上升到 AC_2。经过一段竞争，又达到均衡，市场上的需求曲线 D_2 和供给曲线 S_2 相交，交点决定了市场价格为 P_2，这时的 P_2 和此时单个培训机构平均成本 AC_2 最低点的平均成本相等，培训机构的经济利润又回到零。这时市场上对培训的实际供给量为 Q_2。

在长期均衡时，市场上价格为 P_1 时，供给量为 Q_1；价格为 P_2 时，供给量为 Q_2。市场的长期供给曲线就是 S_L，是一条向上倾斜的曲线。这是成本递增行业的情况。

2．成本递减行业

当然，也有一些行业，由于行业外在经济占主导的原因，随着行业内企业个数的增加，引起投入要素的数量增加，反而使要素的价格下降，这被称为**成本递减行业**。如电子行业，由于电子产品的广泛应用，使电子行业里的企业个数不断增加，从而增加了对上游基础性产品电子元器件的需求增加，而电子元器件的生产因规模经济的原因，使得生产成本大大下降，从而带动了下游单个企业生产成本的下降，如图 6.3.3 所示。

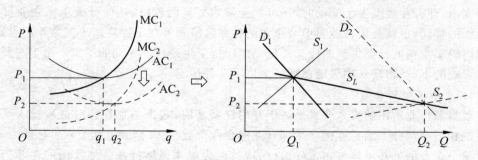

图 6.3.3　成本递减行业长期供给曲线

在图 6.3.3 中，左边是单个企业的成本曲线，右边是市场上的供求曲线。在 15 年前，单个企业的成本曲线是 AC_1，均衡时，市场的需求曲线 D_1 和供给曲线 S_1 的交点决定了市场价格为 P_1，它和单个企业平均成本 AC_1 最低点的平均成本相等，企业的经济利润为零,市场上对电子产品的实际供给量为 Q_1。近年来,由于电子产品的广泛应用,市场上的需求迅速上升,由 D_1 推到了 D_2,提升了电子产品的价格,进而电子行业出现了更多的企业,带动了对上游产品电子元器件的需求量大升,而规模经济的原因又使元器件的生产成本下降,进而降低了下游企业生产电子产品的成本,下游单个企业的成本曲线下降到 AC_2。经过一段竞争,又达到均衡,市场上的需求曲线 D_2 和供给曲线 S_2 相交,交点决定的市场价格为 P_2,这时的 P_2 和此时单个下游企业平均成本 AC_2 最低点的平均成本相等,企业的经济利润又回到零。这时市场上对电子产品的实际供给量为 Q_2。

在长期均衡时,市场上价格为 P_1 时,供给量为 Q_1;价格为 P_2 时,供给量为 Q_2。市场的长期供给曲线为 S_L,就形成一条向下倾斜的曲线。这是成本递减行业的情况。

3. 成本不变行业

至少在理论上还存在一个**成本不变行业**。在该行业对投入要素的需求,只占整个社会对这种要素需求很小的一部分。这个行业内企业个数的变化,不会影响投入要素的价格,单个企业的平均成本曲线不会发生变动,行业对单个企业而言不存在外在经济和外在不经济问题。这样市场的长期供给曲线 S_L 是一条水平线,该线的价格等于长期的最小平均成本,如图 6.3.4 所示。

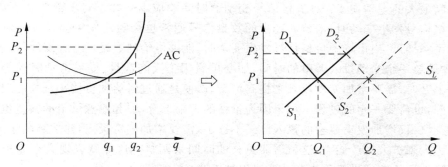

图 6.3.4　成本不变行业的长期供给曲线

若要严格地使成本不变,几乎是不可能的。鸡蛋行业就多少有点接近于成本不变行业。前几年媒体广泛传播鸡蛋健康新说,介绍鸡蛋的五大优点：健脑益智、保护肝脏、防治动脉硬化、预防癌症和延缓衰老,使市场上对鸡蛋的需求曲线从 D_1 右移到 D_2,市场上鸡蛋的价格也一时上升到 P_2,导致这一期间生产鸡蛋的企业和农户获得了一定的经济利润,吸引了更多企业和农户进入饲养蛋鸡的行业。由于这是一个成本大体不变的行业,随着市场上供给的增加,市场上的鸡蛋价格又逐渐回到 P_1 的水平。事实上,北京市的鸡蛋价格多年来也一直大体维持在每千克 6 元的水平,成了一个成本不变行业。近年来,由于饲料和人工成本的提升拉动,鸡蛋的市场价格才有所上升。

第四节　竞争市场分析

完全竞争市场是不受任何外来力量干预的市场,市场上的价格和成交量完全由市场的供给和需求决定。但是,在现今世界上,几乎没有任何一个国家或地区的政府不对市场进行这样或那样的干预。党的十九大政治报告中明确指出：要"创新和完善宏观调控，发挥国家发展规划的战略导向作用，健全财政、货币、产业、区域等经济政策协调机制"。让市场对资源的配置起决定性作用和更好发挥政府作用并不对立，资源的有效配置既需要"看不见的手"，也需要"看不见的法网"，看不见的手是指利益在引导，看不见的法网是指制度在规范，法网恢恢，疏而不漏。两者总是相辅相成，相得益彰。那么，这些干预的目的是什么？常用了哪些干预的手段？干预的结果是什么呢？对生产者、消费者又有什么影响？这些问题都是企业决策者需要认真思考的。

一、供给曲线的价格弹性

同需求价格弹性一样，用**供给价格弹性**来衡量供给量对于价格变动的敏感程度。它反映了市场上价格变动会影响销量多大程度上的变动，定义为销量变动的百分比和价格变动的百分比之比：

$$E_{sp} = \frac{产量变动的百分比}{价格变动的百分比}$$

企业的供给价格弹性通常为正，而需求价格弹性通常为负，但它和消费者的需求价格弹性之间最大的差别在于：对价格信号变动的时间响应不一样。对于消费者来说，当市场上价格信号发生变动时，消费者需求的数量信号通常也会随之发生变动。但对于企业来说就不一样了，当市场上价格信号发生变动时，能够供给的数量信号在瞬间不能发生变动，至少还要一个变动投入调整的时间，如变更雇用工人的数量、变更劳动时间等。在市场价格上升时，需要增加变动投入来提高产量，即使是通过付给加班费来延长已雇工人的劳动时间，也需要一定的过程。如果因为价格的大幅上升，引起愿意供给的数量也大幅度上升，这时仅仅增加变动要素的投入已经不够了，需要增加固定投入，建造新的生产线，雇用新的工人来扩大生产能力，这就需要更长的时间来调整。这样就表现为企业短期的供给价格弹性比长期的供给价格弹性要来得缺乏弹性。

所相关的时间越短，供给就越缺乏价格弹性。某活鱼市场的供给价格弹性如图 6.4.1 所示。

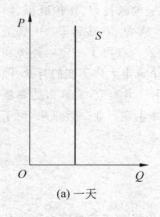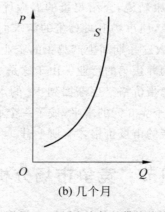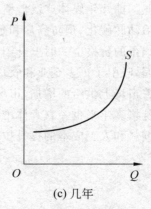

图 6.4.1　活鱼市场的供给价格弹性

在活鱼市场上,若考虑的相关时间尺度就是一天,那么无论市场价格怎样发生变化,活鱼的供给量几乎不会发生变化,供给量的增加或减小都改变不了什么,当天运来的活鱼都需要及时出售,再多也没有。供给几乎完全无价格弹性,如图 6.4.1(a)所示。

若考虑的时间尺度为几个月,只要市场的活鱼价格合适,活鱼的经营者认为可以赢利,捕鱼量就会有所增加,还有可能从外地调进活鱼,使活鱼的供给量增加,而当经营者认为无利可图时,活鱼的供给量就会减小,供给就有一定的价格弹性,如图 6.4.1(b)所示。

若考虑的时间尺度为几年,供给价格弹性就会进一步提高,如图 6.4.1(c)所示。只要价格上升,养鱼业就会进一步发展,供给量也就会有较大的上升;若价格下降,供给量也就会有较大的减少。

行业的供给价格弹性是反映行业产量对市场价格变动的敏感程度。在短期,它也并不总是市场上所有企业的供给曲线横坐标相加那么简单。当市场价格上升时,行业的所有企业都会选择增加产量,进而也提高了对投入要素的需求,很可能会导致要素价格的上升,使企业的边际成本曲线向左上方移动,从而降低了每家企业选择的产量,供给价格弹性会适当地小一些。

在长期,行业的供给价格弹性与行业是成本递增、递减还是不变有关。在成本不变行业,长期供给曲线是水平的,它的长期供给价格弹性无穷大;在成本递增行业,长期供给价格弹性大于零,通常也大于短期供给价格弹性;在成本递减行业,长期供给价格弹性还会是负的。

由于供给量的变动与价格信号的变动不同步,通常要落后一个生产的周期;而需求量的变动与价格信号的变动通常又是同步发生,因此时常就会发生市场上价格与成交量的波动。我国的猪肉市场就是一个很典型的事例。

专栏 6-1

"猪贱伤农,肉贵伤民"都伤不起

猪肉历来都是我国最重要的畜产品,也是城乡居民最重要的动物蛋白来源。进入 2007 年以来,我国猪肉价格一度出现大面积持续较快上涨,下图是 2003 年到 2015 年每季度猪肉市场白条肉价格的走势。猪肉价格既是城乡广大消费者十分关注的话题,也是养猪农户十分关切的话题,两头都牵挂着千家万户,引领着居民消费价格指数。

是什么原因造成猪肉供不应求或供大于求,价格上下波动呢? 这一问题引起社会各界高度关注。2006 年受南方高致病性生猪高热病病害影响,养殖场及散养户的仔猪和育肥猪死亡率上升,致使供给短缺。进入 2007 年,全国又有二十多个省份先后发生高致病性猪蓝耳病疫情,又进一步推动了供给紧张。同时由于受米、面、油价格上调等因素的影响,玉米、麸皮、豆粕价格上涨较快,以玉米、麸皮、豆粕等为主要成分的生猪饲料价格也同步上涨且高位运行,也起了重要的推波助澜的作用。

供给的数量信号和市场价格信号不同步,使市场的波动进一步加剧。猪肉的供给者看到市场猪肉价格走高,使出现了惜宰,供给不足,期盼着能等一个更好的价格,继续拉动市场价格上扬。价格越上扬,越觉得惜宰得对。等到一定时间后,生猪就不得不宰,市场供给增加,价格就开始下降,价格一开始下降,便出现恐慌心理,担心价格会继续下降,加紧出栏生猪,造成市场供给增加,价格下降加快。直到生猪存栏大量减少,又开始孕育一个新的周期,振幅有所减小,频率有加快趋势。

对于政府而言:一边是生猪养殖周期性涨落,一边是"猪贱伤农,肉贵伤民"的忧虑。怎样才能实现生猪的持续稳定发展呢?

资料来源:历年中国农产品价格调查年鉴。

二、消费者剩余与生产者剩余

在完全竞争市场上,市场的价格是由市场上供求双方所决定的,如图 6.4.2 所示,市场上成交的价格和成交量分别为 Q_e 和 P_e。

1. 消费者剩余

需求曲线表示在不同的数量下,消费者愿意支付的最高价格。消费者个人需求曲线是由边际效用决定的,随着消费的数量增加,边际效用递减,消费者愿意支付的最高价格也随之下降。市场上的需求曲线是消费者需求曲线横坐标相加得来的,它表明由于不同消费者的偏好等许多条件不一样,愿意支付的最高价格也是不一样的。

如图 6.4.3 所示,市场上某种产品的供求平衡的价格是每单位 10 元,消费者 a 愿意

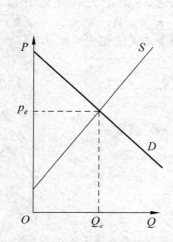

图 6.4.2 完全竞争市场上的均衡

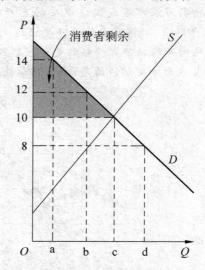

图 6.4.3 市场上的消费者剩余

支付的最高价格是每单位 14 元,而实际上他(她)只需要支付 10 元,即享受到了 4 元的差价;消费者 b 愿意支付的最高价格是每单位 12 元,而实际上他(她)也只需要支付 10 元,即享受到了 2 元的差价;而消费者 c 愿意支付的最高价格是每单位 10 元,而实际上也需要他(她)支付 10 元,即没有享受到差价;消费者 d 愿意支付的最高价格是每单位 8 元,而市场需要他(她)支付 10 元,因此他(她)没有参与消费。享受到的差价在消费者眼里是一种超值,差价越大,消费者的满意程度就越大。而全体消费者享受到的超值,我们称作**消费者剩余** CS(consumer surplus),即图 6.4.3 中需求曲线、价格曲线和坐标纵轴包围的一块三角形面积。三角形面积的大小决定了全体消费者剩余的多少,以消费者剩余来测度消费者的满意程度,剩余越多,消费者的满意程度就越高。而用消费者剩余的变动,来测度政府的干预给消费者带来的损益。

2. 生产者剩余

生产者的供给曲线,表示生产者对出售不同数量的产品愿意接受的最低价格。一个企业的供给曲线是由其边际成本曲线决定的,在生产不同数量时,边际成本在变化,产品的市场价格和边际成本之间差额的总和就是企业的**生产者剩余**(producer surplus,PS),如图 6.4.4 所示。

市场上的供给曲线是市场上所有生产者的供给曲线横坐标相加。不同的生产者由于生产的边际成本不一样,愿意接受的最低价格也不一样,如图 6.4.5 所示。

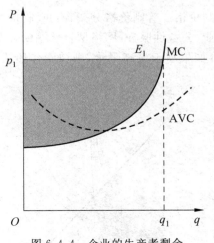

图 6.4.4　企业的生产者剩余

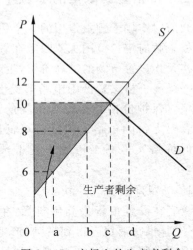

图 6.4.5　市场上的生产者剩余

如图 6.4.5 所示,市场上某种产品的供求平衡的价格是每单位 10 元,生产者 a 愿意接受的最低价格是每单位 6 元,而实际上它可以得到 10 元,即多出了 4 元的差价;生产者 b 愿意接受的最低价格是每单位 8 元,而实际上它也可以得到 10 元,即多出了 2 元的差价;而生产者 c 愿意接受最低价格是每单位 10 元,而实际上它也得到了 10 元,即没有差价;生产者 d 愿意接受的最低价格是每单位 12 元,而在市场上它只能得到 10 元,因此,它没有生产。生产者比它的底线多得到的差价,在生产者眼里就是毛利,首先用来补偿投入的固定成本,剩下的就是利润。市场上全体生产者得到的毛利,就被称作市场上生产者剩余 PS,即图 6.4.5 中的供给曲线、价格曲线和坐标纵轴包围的一块三角形面积。三角形面积的大小决定了全体生产者剩余的多少,以生产者剩余来测度生产者满意的程度,剩余越多,生产者的满意程度就越高。而以生产者剩余的变动来测度政府的干预给生产者带来利润的变动,因为其中的固定成本是不变的,生产剩余的变动就一定是企业利润的变动。

生产者剩余是由产量从 0 到利润最大化的产量 q_1 之间、市场价格曲线以下、边际成本以上那部分面积所决定的。

由于边际成本是增加的产量所带来的总变动成本的增加量,因此,边际成本曲线和横坐标轴之间的面积实际上就是相应产量下的总变动成本。可见,生产者剩余是企业总收益和总变动成本之间的差,体现为总固定成本和利润 π,即毛利

$$PS = TR - TVC = TFC + \pi$$

3. 社会剩余

通过市场交易,实现的消费者剩余和生产者剩余之和,被称作**社会剩余** SS(social surplus),也被称为**社会福利**。

我们可以用社会剩余的变化来说明政府干预的有效性和代价。

$$SS = PS + CS$$

三、价格管制政策的损益评价

政府对市场干预最常用的一个手段就是管制价格。管制价格分两种:限制价格和保护价格。政府定价范围主要限定在重要公用事业、公益性服务,网络型自然垄断环节。**限制价格**是指设置市场的最高价格,生产者的要价如果高于最高限价,则被看作违法行为,而这一最高价格又是低于市场不受干预时的均衡价格。**保护价格**是指设置市场的最低价格,消费者要支付的价格不得低于最低限价,而这一最低价格又是高于市场不受干预时的均衡价格。

1. 限制价格

政府在设置市场最高限价后,生产者的积极性受到限制,消费者得到鼓励,产生了过度的需求愿望。因此,生产者的剩余和消费者的剩余都要发生变化。

如图 6.4.6 所示,由于市场的价格受到了限制,在限制价格 $P_{\max}$ 下,企业只愿意供给 q_1 的数量,生产和销售的产品数量减少了,从 q_0 降到 q_1。这时,虽然消费者的需求量增加到了 q_2,短边原则,市场上只有一部分消费者仍能买到所需要的产品,而其余的消费者则因供给不足而买不到所需要的产品。

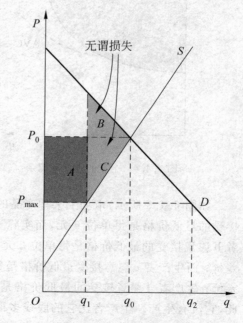

图 6.4.6　最高限价对消费者和生产者的影响

能够买到产品的消费者可能是因为他们在恰当的时间出现在恰当的地方,也可能是因为他们更愿意花时间排队等待,也可能是其他原因,与市场的均衡价格相比,他们以较低的价格买到了他们所需要的产品,增加了消费剩余,得到了一定的好处。而其余想购买产品的消费者则因买不到产品,利益受到损害。与市场均衡时相比较,买到产品的消费者,消费者剩余增加了,增加了一个矩形 A 的面积,均衡价格 P_0 和最高限价 P_{max} 之间的差,与所购买到产品数量 q_1 的乘积;而买不到产品的消费者,原先可以得到的消费者剩余没有了,减少了一个三角形 B 的面积,在 q_1 与 q_0 之间、需求曲线以下、均衡价格线以上的那个三角形的面积,那是消费者原本该得到的剩余,因供给不足而损失掉了。消费者剩余总的变化是 $A-B$。

$$\Delta CS = A - B$$

在这里我们还假定是那部分最想得到产品,对产品的主观评价更高一些的消费者得到了产品。因此,他们也愿意为购买到产品而作出更多的努力。如果产品采取在消费者中间随机配置,购买到产品的消费者作出的更多努力也被看作机会成本,实际消费者剩余的增加要更小一些,增加部分没有 A 那么大,减少部分要大于 B。

市场价格的控制,使生产者不得不接受更低的价格,一部分生产者或生产能力只得退出市场。留在市场上的生产者接受了更低的价格,生产者剩余受到了影响,减少了一个矩形 A 的面积,降低的价差 (P_0-P_{max}) 和生产数量 q_1 的乘积;离开市场的生产者或减小生产能力的生产者也遭受了损失,损失了一个三角形 C 的面积,原本生产者可以得到的生产剩余,在减少的产量 q_1 与 q_0 之间、供给曲线以上、均衡价格线以下的那个三角形的面积。生产者遭受的总的损失为 $-A-C$。

$$\Delta PS = -A - C$$

生产者剩余的损失是否可以由消费者的得益所补偿呢?消费者得到了 A,生产者损失了 A,可以看作利益从生产者手里转移到了消费者手里,这正是最高限价的制定者所希望看到的。但生产者失去的 C,没有人得到;消费者减少的 B,也没有补偿。这两部分是由于实行价格限制而导致的社会剩余的总损失,我们称为**无谓损失**(deadweight loss),即白白地损失了。

$$\Delta SS = \Delta CS + \Delta PS = -B - C$$

无谓损失是价格限制带来的低效率,是实行最高限价的代价。制定政策的本意是要有利于消费者,只要政策制定者对消费者增加剩余的正面评价,大于生产者剩余减少的负面评价,付出的无谓损失的代价也许是值得的,政策应坚持实行。

消费者对价格限制的评价是否总是积极的呢?这要看 A 的面积是否大于 B 的面积。并不能保证 A 的面积总是大于 B 的面积。在两种情况下,A 的面积会小于 B 的面积。当需求缺乏价格弹性,而供给比较富有价格弹性时,A 的面积就会小于 B 的面积,如图 6.4.7 所示。这是第一种情况。

在人们的日常生活中,大量的轻工产品就大致属于这种情况。日常生活中的轻工产品通常是必需品,需求一般缺乏价格弹性,而生产的技术含量往往不高,进入门槛也不高,各种投入要素也比较丰富,市场的供给也往往富有价格弹性。若对这类产品实行最高限价,生产者果然不高兴,消费者总的剩余减少了,自然也会不高兴。因此,政府就不宜对此类产品实行最高价格限制的政策。因为若对这类产品实行价格限制,将导致生产者不高兴,消费者也不领情。

第二种情况是价格限制过度,如图 6.4.8 所示。

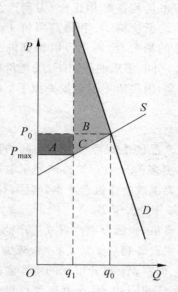

图 6.4.7　需求缺乏弹性时的价格管制影响

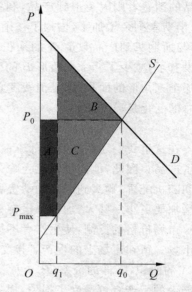

图 6.4.8　限价过度的影响

政府实行限制价格的政策本意是要有利于消费者,但一旦价格限制过度,使得产品严重匮乏,当消费者为了能够消费所希望的产品,而不得不投入大量的资源来获得消费的机会时,消费者同样也会不高兴,实际社会剩余减少的无谓损失要比图 6.4.8 所示的 B 和 C 的面积还要大。在我国计划经济的年代,大量的日常生活必需品严重匮乏,实际上已经出现了这样的情形。

在需求缺乏价格弹性,供给也缺乏价格弹性时,政府的价格管制还是比较有效的,既达到了转移利益的目的,造成的无谓损失也并不大,如图 6.4.9 所示。

生活中必需供给又比较缺乏价格弹性的产品,如农产品,大体上就是这样的情况。尤其是粮食,不仅需求缺乏价格弹性,供给通常也缺乏价格弹性。我国从 1953 年开始实行粮食的统购统销政策[①],由国家严格制定粮食的价格,并直接经营粮食的收购与销售。政策规定:"所有收购量和供应量、收购标准和供应标准、收购价格和供应

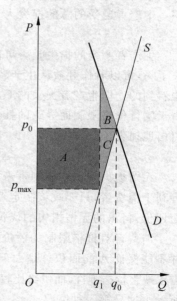

图 6.4.9　对供求缺乏价格弹性
的价格限制影响

---

①1953 年 10 月 16 日,中共中央《关于实行粮食的计划收购与计划供应的决议》。

价格等,都必须由中央统一规定或经中央批准,地方则在既定的方针政策原则下,因地制宜,分工负责,保障其实施。"当时实行的价格政策被称为工农业产品**剪刀差**,即有意地压低了农产品的价格。粮食的价格相当低,把本应由农民得到的利益转移出来,为我国工业的发展积累了初步的资金。我国在建立初步的工业化体系,由一个纯粹的农业国向工农业并举发展的过程中,我国的农民作出了巨大的贡献,对国家经济的发展产生过十分重要的影响,对保证粮食供应、支援社会主义建设,确实起到了重要作用。特别是我国第一、二个"五年计划"期间,国家建设资金的主要来源是从工农业产品的剪刀差中得到的。对促进国民经济的恢复与发展发挥了积极的作用。

但是,管得过多、统得过死、粮食价格偏低等,在相当大的程度上抑制了农民生产的积极性,导致粮食生产发展不快,农产品供求矛盾十分突出。当时我国 80% 的人口从事农业生产,结果生产的粮食却还不够吃,在播种和收获季节,投入的劳动力还不够用,需要组织城镇机关人员和学生来支持,可见农业劳动生产率的低下。从表 6.4.1 中可以看出,1952—1978 年,我国粮食的总产量只增加了 86%,而同期的人口也增长了 67%,人均年占有粮食只是略有提高,只提高了 10% 左右。因此,长期地限制农产品价格不是办法,它严重地挫伤了农民的生产积极性。放开粮食价格后,情况才有了根本性转变,2016 年我国年人均粮食已经达到了 446 千克。

表 6.4.1　我国 1952—1978 年粮食与人口增长情况

年　　份	1952	1957	1962	1965	1970	1975	1978
粮食/万吨	16 392	19 505	16 000	19 453	23 996	28 452	30 477
人口/百万	574.82	64.653	67.295	72.538	82.992	92.42	96.259
年人均粮食/千克	285	302	238	268	289	308	317

这里的损益评价以及随后的损益评价,都只是从实证研究的角度出发来讨论政府采取的相应政策,消费者和生产者的剩余要发生变化,并且还要产生无谓的损失,而没有从规范研究的角度去讨论政府为什么要采取这样的政策。因此,还不能简单得出结论,这样的政策是对? 还是错? 同时从实证和规范两个角度来研究,也很难得到唯一"正确"的答案,还要从更广的角度加以讨论。

2. 保护价格

改革开放以后,为了提高农民的生产积极性、保护农民的利益,国家从逐步提高农产品价格,到放开农产品价格。1997 年中央决定,将粮食定购价与市场价并轨。从 2005 年起,为了更好地保护农民利益,国家对主要粮食作物稻谷和小麦(小麦是 2006 年)两大品种实行最低价收购政策,在规定时间内,敞开收购,价格还是由国家制定,制定保护价格。实行这些政策以后,农民的生产积极性有了很大的提高,粮食产量也大幅度上升。保护价格高于市场的均衡价格,消费者剩余和生产者剩余也发生了变化。如图 6.4.10 所示,规定消费者的购买价格不得低于 P_{min}。

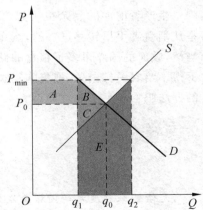

图 6.4.10　保护价格对生产者和消费者的影响

由于市场的价格从 P_0 提高到 P_{min}，消费者愿意购买的数量也从 q_0 降到了 q_1，消费者剩余减少了。由于消费数量由 q_0 降到了 q_1，消费者剩余减少了一个三角形 B 的面积；由于购买 q_1 的产品价格从 P_0 提高到 P_{min}，消费者剩余减少了一个矩形 A 的面积。两者加起来，消费者剩余减少了 $A+B$ 的面积。

$$\Delta CS = -A - B$$

粮食价格升高后，消费者剩余减少了，为了弥补消费者剩余的减少，在最初一段时间内，政府对食用商品粮的城镇居民，实行粮食差价补贴，以后逐渐将其纳入工资。

对于粮食的生产者而言，在保护价格 P_{min} 下，生产者愿意生产的粮食是 q_2，但是只实现销售 q_1。由于实现的销售数量从 q_0 降到了 q_1，生产者剩余减少了一个三角形 C 的面积；由于销售 q_1 的产品价格从 P_0 提高到 P_{min}，生产者剩余增加了一个矩形 A 的面积。两者加起来，生产者剩余增加了 A 的面积，减少了 C 的面积。

但是由于实际已经生产 q_2，多生产 $q_2 - q_1$ 的粮食，增加了总变动成本，在产量 q_1 到 q_2 之间、供给曲线 S 以下、横轴以上、一个梯形 E 的面积，多生产的粮食销售得不到实现，生产者的剩余的变动为

$$\Delta PS = A - C - E$$

生产者的情况更糟糕。这时作为保护政策的制定者政府，就需要出面在保护价格的情况下，将多余的粮食敞开收购，收购的代价是 P_{min} 价格下收购 $q_2 - q_1$ 的粮食，如图 6.4.11 所示。

政府收购的数量是 q_g，多余的粮食 $q_g = q_2 - q_1$，代价是 $q_g \times P_{min}$，对粮食的需求曲线从 D 移到 $D + q_g$，消费者剩余仍然是减少了 $A+B$ 的面积，得到政府相应的粮食补贴，但生产者剩余增加了，增加了在价格 P_0 和 P_{min} 之间、纵轴右边、供给曲线的左边、一块梯形的面积，即 $A+B+F$ 的面积。

$$\Delta PS = A + B + F$$

生产者增加的剩余也可以看作：其中的 $A+B$

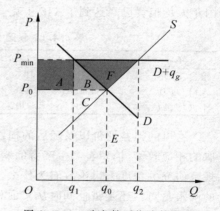

图 6.4.11　政府敞开收购的影响

是从消费者手里转移过去的，真正多得的是 F，但政府为此付出了矩形 $q_g \times P_{min}$ 的代价。当然，政府的国库里多了粮食的储备，但毕竟代价太大。在政府财政支付出现困难时，就不得不给农民打白条，拖欠购置农民粮食的款项，农民还是没有得到实惠，那么，还有更好的办法吗？

专栏 6-2

无偿献血的昨天和今天

无偿献血制度无疑闪耀着现代社会文明的光辉，是社会文明程度的重要标志，体现着血浓于水的人间真情。

1997 年 12 月 29 日，第八届全国人民代表大会常务委员会第二十九次会议通过国家

主席令第九十三号,公布《中华人民共和国献血法》。第二条规定:国家实行无偿献血制度。提倡十八周岁至五十五周岁的健康公民自愿献血。

我国曾存在着三种献血制度:个体供血、义务献血、无偿献血。个体供血由于受经济利益所驱使,导致供血人员频繁抽血,血液质量不断下降,有些地方还有被称作"血霸"的不法分子非法组织个体供血者,从中渔利。义务献血使各机关企事业单位分配指标、下达任务,保障医疗临床使用,体现了计划经济时代的特点,但供血者却被动献血,甚至有些单位为完成指标,冒名顶替、变相卖血,扭曲了义务献血制度。只有无偿献血制度才体现了人间真情、社会文明。

在实施无偿献血最初的年头里,确实也出现了一些问题。无偿献血量的增长水平远远赶不上医疗服务量的增长水平。"血荒"正不分血型、不分时间、不分地点,持续地威胁着中国,引发了公众关注。据媒体报道:某地90%以上的输血手术被迫停止,有的医院储血量甚至不够一次手术使用。不得不下限令"省着点用",甚至要患者"互助献血,自谋生路"。

据卫生部称:"过去说供血紧张是指某一血型紧缺或者季节性供血紧张,现在这一缺口有扩大的趋势"。"血荒"已经从年头蔓延到了年尾。

《中华人民共和国献血法》第六条规定,对献血者,除发给无偿献血证书外,有关单位还可以给予适当补贴。然而,"可以"和"适当"中所包含的弹性,难免会挫伤不少献血者的积极性。补贴不均——这一最切身的利益,相同意义的健康血液却因补贴不同,而被贴上了不同的价格标签。这对于普通人而言,确实很难释怀。同时也诱发了不少献血者对"无偿献血、有偿用血"的信任危机。

不仅血荒,更是心慌。在"今天你献血了吗"的民意调查中,近半数受访者称未献过血,他们的最大顾虑是"献血到用血的过程不透明,担心有人从中牟利",可见遭遇到了多么严重的信任危机。

1998年我国将互助献血认可为无偿献血的一种方式,作为义务献血法的一个补充,规定:为保障公民临床急救用血需要,国家提倡并指导择期手术的患者自身储血,动员家庭、亲友、所在单位以及社会互助献血。但医院及献血站对献血人与用血人之间的关系,通常不进行实质审查,因此在现实中出现了卖血现象。2018年2月1日,国家卫计委回复记者采访时表示,"结合全国无偿献血工作发展的良好形势,我国已经具备停止互助献血的基础。因此要求除边远地区以外,2018年3月底前全国停止开展互助献血。"又加剧了鲜血的供求矛盾。

应当如何来认识鲜血的供给和需求呢?又应当如何来完善这一体现了人类文明的无偿献血制度呢?这就是对人类的智慧和文明的一种考验。

面对这样的局面,国家和相关部门采取了一系列的措施。把握舆论引导主动权,传递无偿献血正能量,提高输血用血透明度;同时加强血液保障能力,保障血液质量安全,增加采血点、采血车、送血车;实行区域联动保障制度,让区间、季节性、偏型性血液供需矛盾得到有效缓解;不断提高科学用血水平,扩展微创手术;提高医学人才队伍建设,探索输血医学发展的正规化人才培养模式。情况已经开始有了变化。

世界卫生组织提出,只有一个国家的人口献血率达到1‰~3‰的水平,才能基本满足本国临床的用血需求。2016年我国总献血量为1 400万人次,达到人口献血率的1‰,

供求紧张程度有所缓和。但与世界发达国家相比仍有很大差距，不断提升我国无偿献血水平任重道远。

资料来源：《南方日报》《南方周末》《京华时报》《中国青年报》等。

四、产量管制政策的损益评价

政府还可以对产量直接进行干预。通过削减生产者的产量、减少供给来迫使市场价格的提高。如政府可以制定法令，对生产者所能生产的数量实行配额制，设定适当的**配额**（quatas），迫使市场的价格提到某一水平。例如，为了保护粮食的价格，可以限制粮食作物的种植面积来控制粮食产量，如图 6.4.12 所示。

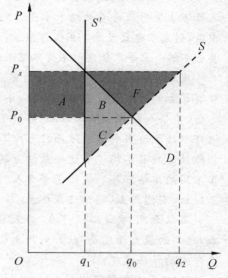

图 6.4.12　限制产量的政策影响

政府限制粮食作物的种植面积，迫使粮食产量从 q_2 降到 q_1，供给曲线达到 q_1 后，不再有供给，供给曲线 S' 垂直向上，使得供给价格完全无弹性，迫使价格从 P_0 上升到 P_s，保护了价格的水平。这就是退耕还林、退耕还草、退耕还湖的政策。2002 年 12 月 6 日公布了中华人民共和国国务院 367 号令《退耕还林条例》。农民减少了种植粮食的耕地，减少了粮食生产，保护了粮食价格，同时，还增加了林地的面积、草地的面积、湖面的面积，有效地保护了环境，已经起到实效。同时，将在保护价格的前提下，农民应得的全部生产者剩余，补给减少粮食耕种面积的农民，如图 6.4.12 中相当于 $B+C+F$ 的面积。

这样，消费者的剩余还是减少了 $A+B$ 的面积，得到了政府的粮食补贴；产量从 q_0 减少到 q_1，生产者剩余减少了 C 的面积，但产量 q_1 的粮食价格从 P_0 上升到 P_s，生产者剩余增加了 A 的面积，同时，农民退耕得到了 $B+C+F$ 面积的退耕补贴，与均衡市场相比，生产者剩余增加了 $A+B+F$ 的面积，从而保护了农民的利益。政府给消费者补贴了 $A+B$ 的面积，给生产者补贴了 $B+C+F$ 的面积，两者政府一共补贴了 $A+2B+C+F$ 的面积，而生产者剩余实际增加了 $A+B+F$ 的面积，消费者得到补贴后，剩余没有变化，因此，产生了 $B+C$ 面积的无谓损失，与保护价格收购政策相比，减少了政府保护农民利益政策的代价。不断地完善农业支持保护政策，确保国家粮食安全，把中国人民的饭碗牢牢端在自己手中。

五、对外开放政策的损益评价

对外开放政策无疑是我国最重要的基本国策之一，而加入世界贸易组织（WTO）是近 40 年来对外开放政策的历史性大事件。我国自 1986 年申请重返关贸总协定以来，为复关和加入世界贸易组织而进行了长达 15 年的艰苦努力。终于在 2001 年 11 月 20 日，世界贸易组织总干事迈克尔·穆尔致函世界贸易组织成员，宣布中国政府已于 2001 年 11 月 11 日接受《中国加入世界贸易组织议定书》，这个议定书将于 2001 年 12 月 11 日生效，中国也将于同日正式成为世界贸易组织第 143 个成员。从此,我国将全面享受世界贸易组织赋予其成员的各项权利,并将遵守世界贸易组织规则,认真履行义务。

参加世界贸易组织会给我国带来什么呢? 世界上,许多国家通常都会利用关税和配额的手段,来保护和维持国内产品的价格水平高于国际总水平,从而使得国内的企业享受到比国际间自由贸易条件下更高的利润。加入 WTO 后,我国可获得多边、稳定、无条件的最惠国待遇,并以发展中国家的身份获得普惠制等特殊优惠待遇。同时也承诺关税总水平逐步下降,配额的限制也要放宽。因此,中国加入世界贸易组织有利也有弊。

一个国家如果没有关税,也没有配额的限制,那么低于国内通行价格水平的国外产品将要大量进口,如图 6.4.13 所示。

在没有进口时,国内市场由国内的供给 S 和国内的需求 D 所决定,市场上均衡价格和产量分别为 P_0 和 Q_0。但由于该产品的国际市场价格为 P_w,低于国内市场的均衡价格 P_0,在没有关税和配额限制的情况下,国内的消费者将有意愿不受限制地去购买国外产品,国内市场的价格也从 P_0 下降到 P_w,在价格降到 P_w 时,国内生产者的产量从 Q_0 降到 Q_s,而消费者的需求量也从 Q_0 增加到 Q_d,它们之间的差额($Q_d - Q_s$)就需要进口。

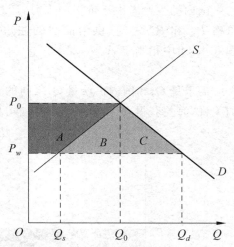

图 6.4.13　没有关税与配额的自由贸易

国内的消费者在更便宜的价格下消费了更多的产品,消费者剩余增加了,增加了在价格 P_0 和 P_w 之间、需求曲线的左边、纵坐标轴右边一块梯形的面积。这块面积在图 6.4.13 中相当于 $A + B + C$ 部分。

$$\Delta CS = A + B + C$$

而国内的生产者,由于价格的下降,产量从 Q_0 降到 Q_s,生产者剩余减少了,减少了在价格 P_0 和 P_w 之间、供给曲线的左边、纵坐标轴右边一块梯形的面积。这块面积在图 6.4.13 中相当于 A。

$$\Delta PS = -A$$

两者之和,社会剩余增加了,增加了 $B + C$ 的面积。

$$\Delta SS = B + C$$

社会剩余的增加,说明了改革开放政策、加入 WTO 从总体上来说对我国是有利的,增加了社会总福利。但对相关行业的生产者却是不利的,减少了该行业的生产者剩余。这个行业的利润会减少,工人会失业,同样要影响国内市场上的需求,会引起需求曲线向右移动,实际上消费者剩余和社会剩余的增加就不会有那么大。

在现实中,更常见的政府政策既不是完全地限制进口,也不是彻底放开,并没有任何限制的自由贸易,而是设置一定的**关税**或**进口配额**限制,对一些幼稚行业和特殊产品在一段时间内进行适当保护。

如果对每单位进口产品征收进口关税 T，与自由贸易相比，国内的市场价格就要上升到 P^*（$P^* = P_w + T$），如图 6.4.14 所示。

在征收进口关税后，市场价格上升到 P^*，消费者消费的数量从 Q_d 减少到 Q_d'，与完全的自由贸易相比，消费者剩余减少了，减少了在价格 P_w 和 P^* 之间、需求曲线的左边、纵坐标轴右边一块梯形的面积。这块面积在图 6.4.14 中相当于 $A + B + C + E$。

$$\Delta CS = -A - B - C - E$$

国内的生产者由于价格的上升，产量从 Q_s 增加到 Q_s'，生产者剩余增加了，增加了在价格 P_w 和 P^* 之间、供给曲线的左边、纵坐标轴右边一块梯形的面积。这块面积在图 6.4.14 中相当于 A。

$$\Delta PS = A$$

需求量 Q_d' 和国内供给量 Q_s' 之间的差，需从国际市场上进口。进口时征收每单位 T 的关税，海关获得 $T^*(Q_d' - Q_s')$ 的税收，相当于图 6.4.14 中 E 的面积。

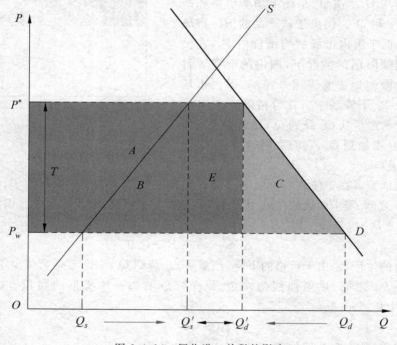

图 6.4.14　征收进口关税的影响

消费者损失了 $A + B + C + E$ 面积的剩余，国内生产者多了 A 面积的剩余，国家海关得到了 E 面积的税收，还有 $B + C$ 面积是造成的无谓损失，这是征收关税限制进口付出的代价。

也有政府用配额的方法来限制进口。国外的生产者只有得到配额，才能把产品运到国内来出售。配额的多少决定了进口数量的大小，相当于国内的总供给曲线向右水平移动到 S'，移动所限配额的距离，如图 6.4.15 所示。

与自由贸易比较，由于政府对进口实行配额，使国内市场的价格提高到 P^*，国内生产者多了 A 面积的剩余，消费者损失了 $A + B + C + E$ 面积的剩余，这与征收关税的情况

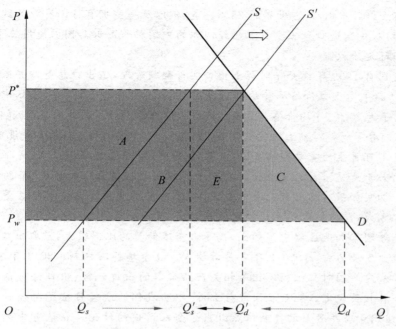

图 6.4.15　实行进口配额的影响

一样。其中所不同的是国家海关失去了关税 E 面积的收入，相应的好处都被得到配额的国外生产者拿走了。除仍然造成 $B+C$ 面积的无谓损失外，还失去了关税 E 的面积。用配额的方法限制进口和用关税的方法限制进口比起来，国内的情况更糟糕。拿到配额就意味着得到更高的利润，为争夺配额常常还会引发腐败，从这个意义上政府征收关税的方法要比发放配额的办法要好。

在出口时，为有效保护国内稀缺资源，出口配额仍是政府的一项有效政策。我国对稀土出口采取了配额管理，详见专栏 6-3。

专栏 6-3

中国稀土出口为什么没有定价权？

稀土是一组同时具有光、磁、电，以及生物等多种特性的新型功能材料，是信息技术、生物技术、能源技术等高技术领域和国防建设的重要基础材料，同时也对改造某些传统产业，如农业、化工、建材等起着重要作用。

中国稀土在世界上曾拥有过多个第一：资源储量第一，占世界储量 70%；产量第一，占世界稀土商品量 80% 至 90%；销售量第一，60% 至 70% 稀土出口到国外。

但由于受国外一些大商家控制，一直没有定价权。他们在低价时大量购进中国稀土产品；当价格上涨时，则停止采购，使用库存。迫使我国 100 多家企业竞相降价出口，导致恶性竞争，只能在微利上挣扎。

我国稀土储量的 2/3 已经流失。据国土资源矿产部 2009 年公布的数据显示，稀土实际储量只有 2 700 万吨,只占世界的 23%。美、俄以及一些拥有稀土资源的欧洲国家都早已经封矿,均从中国进口稀土。日本已经囤积的中国稀土足够其国内使用三十年,并掌握了稀土的国际定价权。

虽然我国自 1999 年就开始对稀土出口实行配额管理,但出口总量却并未减少。全国 30 种稀土产品平均出口价格尽管均有所提高。从 1990 年到 2005 年,虽然中国稀土的年出口量增长了近 10 倍,平均价格却被压低到当初价格的 64%。与此同时,世界高科技电子、激光、通信、超导等材料对稀土的需求虽呈几何级增长,中国的稀土价格却并没有水涨船高。

稀土是不可再生的重要战略资源,2011 年 5 月,国务院发布《关于促进稀土行业持续健康发展的若干意见》,再次重申我国政府通过综合管理措施保护环境、节约稀土资源的政策目标。切实加强对稀土行业进行管理,合理确定年度稀土出口配额总量。完善出口配额的分配方式,严惩倒卖稀土出口配额行为。

但欧美等国家和地区以中国稀土、钨等占全球储量的比例较大,采取出口限制影响了各国相关产业发展为由,于 2012 年 3 月诉诸 WTO 争端解决机制。2014 年 3 月,世界贸易组织初步裁定我国对稀土、钨、钼等相关产品采取的出口配额、出口许可证和出口限价措施不符合其相关规定。此后我国进行上诉,申明我们的政策目标是符合世贸组织规则的,但世贸组织于当年 8 月的终裁依然做出了令人遗憾的结论。在认可中方对稀土采取综合性资源与环境保护措施的同时,判定中方稀土出口政策违规。

从 2015 年 1 月 1 日开始,我国正式取消实施多年的稀土出口配额管理。企业只需拿出口合同即可申领出口,无须再提供批文。取消稀土出口配额管理既是兑现入世承诺,又是应对 WTO 裁决的结果,同时也是我国让市场在资源配置中起决定性作用,构建更加开放的市场经济体系的主动选择。通过不断完善稀土行业的管理机制,加大国家政策的实施、落实和执行力度,保护国家宝贵的战略资源,使稀土行业走上健康、有序、可持续的发展道路。近一二年内,稀土行业供给侧改革也初见成效,稀土市场价格有所攀升。

资料来源：人民网、环球网等.2017.

为适应经济全球化的新趋势,我国一直在不断地促进国际国内要素的自由流动,让市场对资源的配置起决定性作用。党的十九大再次重申坚持对外开放的基本国策,坚持打开国门搞建设,倡议"一带一路",共建人类命运共同体。全力支持多边贸易体制,加快自由贸易区建设,推动建设开放型世界经济。但自 2008 年国际金融危机爆发以来,一些国家的贸易保护主义抬头,国际间的贸易摩擦加剧。本来在我国加入世界贸易组织（WTO）十五年后,2016 年 12 月 11 日应自动终止以替代国价格计算对我国反倾销的幅度,但美国仍然以拒绝承认我国市场经济地位为由,并得到了欧盟及加拿大、日本和墨西哥等其他国家的认同,继续使用替代国价格来计算对我国的反倾销。2018 年,美国又肆意挑起并扩大中美之间的贸易战。详见专栏 6-4,采用替代国价格计算反倾销必须终止。

专栏 6-4

替代国价格计算反倾销必须终止

我国于 2001 年 12 月 11 日正式加入 WTO,根据《中国加入世界贸易组织议定书》第十五条有关确定补贴和倾销时的价格可比性规定："无论如何,(a)项(ii)目的规定应在加入之日后15年终止"。即自2016年12月11日起,在对中国反倾销中,**无论如何**,必须终止采用替代国价格计算倾销幅度的做法。但是美国、欧盟和其他一些WTO成员国利用其国内法,至今仍以拒绝承认中国是市场经济为名,对中国实行反倾销。

自参加WTO以来,我国是全球遭受贸易摩擦最多的国家,我国企业也因此蒙受了巨大损失。2017年11月,美国又发起的对中国产普通合金铝板的反倾销调查中,继续使用"替代国"制度。使用"替代国"价格计算倾销幅度,中国企业容易被认定存在倾销行为,并可征收高额的反倾销税,大大削弱了中国产品在美国市场上的竞争力,甚至将其完全排挤出了美国市场。

实际情况却是中国经济的发展、企业国际竞争力在不断增强,已经开始往所有产业链两头延伸,如高铁、核电、量子通信等产业已经处于世界领先地位,已经从劳动密集型、资源密集型转移至技术密集型、资本密集型,使目前世界上一些发达国家的经济也遭受到中国的冲击。这是一场性命攸关的生死博弈,他们从自身眼前利益考虑,以不承认我国的市场经济地位为由,继续使用"替代国"价格计算对中国产品实行反倾销,其结果必然是两败俱伤。

我国商务部已经向世界贸易组织提出申诉,要求美国、欧盟等国家履行国际义务。

资料参考:新华社特约经济分析师.景乃权.

六、税收与补贴政策的损益评价

一个国家的税收政策是经济政策中最重要的组成部分,是促进社会经济发展、保证政府财政收入的重要手段。政府既可以向生产者征税,也可以向消费者征税。**补贴**相当于负税收,既可以向生产者补贴,也可以向消费者补贴。

税收又分为两大类:**从量税**和**从价税**。从量税是以货物的重量、数量、长度、容量和面积等计量单位为标准计征的税。其中,重量单位是最常用的从量税计量单位,它与产品的价格无关。向生产者征收从量税,意味着每单位产品的税额是一样的。相当于消费者

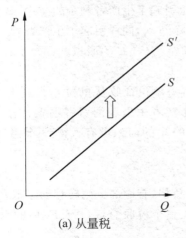

(a) 从量税

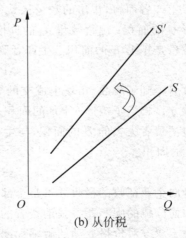

(b) 从价税

图 6.4.16　向生产者征税对供给的影响

看到的供给曲线纵向平移,平移所征税收的距离,如图 6.4.16(a)所示。征收从价税与产品的价格有关,是以产品的价格作为征收标准,表现为产品价格的一个百分数。同样的产品,价格越高,征收的税额就越大。消费者看到的供给曲线不仅向上移动,而且还有反时针转动,如图 6.4.16(b)所示。

在现实中还有混合税,即两种税率混合使用。为简单起见,我们以从量税为例。如政府向产品的生产者征收从量税,每单位产品征收税收 t,那么税收真的全部由生产者负担了吗?

由于政府向生产者征税,相当于提高了企业的生产成本,边际成本曲线发生移动,从量税使市场的供给曲线纵向平移了税收 t 的距离,如图 6.4.17 所示。

如果不征税,税前市场的价格和成交量分别是 p_0 和 q_0,现在向生产者每单位征收 t 的从量税,在消费者眼里,市场的供给曲线由 S 移到了 S' 的位置,虽然企业自身的市场供给曲线还在 S 的位置。这时,市场上的成交价格由 p_0 上升到 p_b,价格的上升,使得成交量从 q_0 降到 q_1,生产者真正得到的价格是 p_s,中间的差就是征收的税收 t。

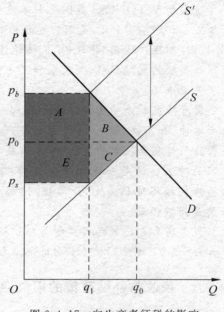

图 6.4.17 向生产者征税的影响

对于消费者而言,消费的数量从 q_0 减到 q_1,引起了消费者剩余的减少,减少的数量是三角形 B 的面积;购买数量 q_1 的价格也从 p_0 上升 p_b,也引起了消费者剩余的减少,减少的数量是矩形 A 的面积。消费者剩余一共减少了 $A+B$ 的面积。

$$\Delta \mathrm{CS} = -A - B$$

对于生产者而言,售出的数量从 q_0 减到 q_1,也引起了生产者剩余的减少,减少的数量是三角形 C 的面积;出售数量 q_1 的价格也从 p_0 降到 p_s,同样引起了生产者剩余的减少,减少的数量是矩形 E 的面积。生产者剩余一共减少了 $C+E$ 的面积。

$$\Delta \mathrm{PS} = -C - E$$

但政府得到了税收,市场上成交的数量为 q_1,每单位征收从量税 t,得到的总税额为两者相乘 $q_1 t$,相当于矩形 $A+B$ 的面积,分别从生产者手里和消费者手里转移到了政府手里。但消费者失去的 B 的面积,与生产者失去的 C 的面积没有人得到,产生了无谓损失 $B+C$ 的面积。

$$\Delta \mathrm{SS} = -B - C$$

政府向企业征收的税收并不是全部都由企业负担,有一部分则转移到了消费者身上。他们是如何分摊的呢?要寻找消费者的负担 A 在整个税收总额($A+E$)中的百分比,看来是取决于双方对价格变动的敏感程度。

通过分析,可以知道税负的分摊取决于供求的价格弹性。需求价格完全无弹性,转移因子为 1,则完全由消费者负担;供给价格完全无弹性,转移因子为零,则完全由生产者负担。需求价格完全弹性,转移因子为零,则消费者完全不负担;供给价格完全弹性,转移因子为 1,则生产者完全不负担。两者间谁的价格弹性大,谁的负担小,若弹性一样大,则各负担 50%。

以上分析是向生产者征税。如果向消费者征税又会发生什么情况呢?向消费者征税,会引起生产者所面临的市场需求曲线向下移动,征从量税时,需求曲线向下纵向平移单位征收税额的距离。也会产生消费者剩余和生产者剩余的损失,税收的负担也要向生产者转移,转移因子同样和它们的供给与需求的价格弹性有关,也同样要产生无谓的损失。在此就不再一一分析了。

纳税人通常并不完全是税收的最终承担者,税负是能够转移的。税负能够转移的税种常常被称作**间接税**。我国向生产者征收的增值税、营业税,向消费者征收的消费税都是间接税。相对于间接税而言,不能转移的税种就被称作**直接税**。例如,所得税、遗产税等就是直接税。我国目前主要征收的是间接税。2012 年政府各项税收中 3/4 是间接税;1/4 是直接税。党的十八届三中全会提出:要完善税收制度,逐步提高直接税比重。

有时,政府也会向生产者或者消费者补贴。我国从 2004 年开始对粮农实行种粮直接补贴、良种补贴、农机购置补贴和农资综合补贴等农业补贴政策。为拉动内需,近几年来我国还多次出台节能家电补贴政策。补贴相当于征收负税收,供给或需求曲线向相反的方向移动。生产者剩余和消费者剩余会相应增加,可见专栏 6-5,这样的项目政府支持不支持。补贴同样要发生转移,转移因子还是与供给和需求的价格弹性相关,也是要产生无谓的损失。

专栏 6-5

这样的项目政府支持不支持?

进入 21 世纪以来,世界显示产品以平板液晶屏为主流,高速发展,而我国却没有自己的生产厂,全部依赖进口。某市东方公司在当地政府的支持下,于 2005 年投资 120 亿元建成了第一条液晶屏生产线并开始量产,但当年却亏损了 16 亿元,急需注资 18 亿元,否则将前功尽弃。

项目可行性研究报告论证的可是投产即赢利,这样的项目政府还支持不支持?一时争论不休,当地政府只得再次请来专家进行咨询。

在进行项目可行性研究时,公司主导生产 17 英寸液晶屏,主要用于个人计算机,市场单价为 325 美元。由于国际竞争对手想把我国第一条液晶生产线扼杀在摇篮里,因此 17 英寸液晶屏销售单价在一年内直降到 125 美元,这是造成东方公司巨亏的主因。

专家向政府提出建议:财政投入的绩效关键看创造了多少社会剩余。2005 年我国市场个人计算机销售 1 870 万台,2006 年预计销售 2 100 多万台。一年内竟为我国消费者创造了近 40 亿美元的消费者剩余,政府应当继续支持。目前东方公司已跻身半导体领域全球第二大创新公司,2016 年全球国际专利申请全球第八,2016 年销售收入近 700 亿人民币。2017 年 1 季度市场数据显示,智能手机液晶显示屏、平板电脑显示屏、笔记本电

管
理

经
济
学
（
第
四
版
）
（
简
明
版
）

脑显示屏出货量均位列全球第一,显示器显示屏出货量居全球第二,液晶电视显示屏出货量居全球第三。

资料来源:吴文学.管理会计那点事儿[M].北京:清华大学出版社,2017.

本 章 提 要

为了发挥市场机制对资源配置的决定性作用,必须建立一个完整的现代市场体系。完整的市场体系由产品市场和要素市场组成。

由参与交易者的数量、交易商品的单一性、进出市场的障碍、信息是否完全四个指标将市场分为四个不同的类型,反应不同的竞争激烈程度。这种区分更多的是为了循序渐进地学习经济学的需要。

边际收益等于边际成本是企业利润最大化的必要条件,不是充分条件。

在完全竞争市场上,企业是市场价格被动的接受者。需求曲线、平均收益曲线和边际收益曲线三线合一是重要特征。

在短期内,企业改变变动投入决策产量。盈亏平衡点和关门点将短期决策分为三个阶段。

平均变动成本最低点以上的那部分边际成本曲线,是企业的短期供给曲线。市场上的短期供给曲线是市场上所有企业短期供给曲线的横坐标相加。

长期平均成本最低点决定了完全竞争市场长期均衡的价格。在长期均衡时所有企业的经济利润趋于零。

长期均衡的市场供给曲线有三种不同情况:成本递增行业、成本递减行业和成本不变行业。

供给价格弹性与需求价格弹性之间最大的区别在于:数量信号对价格信号变动的时间响应不一样,这就会引起市场的波动。

在市场的交易中,消费者获得消费者剩余,生产者获得生产者剩余。目前政府都会对市场实行干预。通常会用消费者和生产者剩余的变动来评价政府政策干预的损益。

政府实行限制性价格会引起消费者剩余和生产者剩余的变动。一部分生产者的利益转移到消费者手中,但消费者并非始终都受益,同时还产生了一定的无谓损失。

政府实行保护性价格,同样会引起生产者剩余和消费者剩余的变动。一部分消费者的利益转移到生产者手中,也发生了无谓损失。

各国间的自由贸易会带来该国社会剩余的增加。各国政府通常也都会采用关税和配额来保护本国的弱势产业,也发生了无谓损失。

政府向生产者征税会引起生产者和消费者剩余的减少,并带来无谓损失。税收负担会向消费者转移,转移因子取决于需求和供给价格弹性。

关键词和术语

产品市场:是指可供人们消费的最终产品和服务的交换场所及其交换关系的总和。我国的产品市场主要包括农产品市场、工业消费品市场和生产资料市场。从投入的角度看,生产资料市场应属要素市场,但从商品交换的角度看,生产资料市场更具有产品市场的一般特征。

要素市场:要素是指生产要素,在生产经营活动中利用的各种经济资源的统称。在市场经济条件下,要求生产要素商品化,以商品的形式,在市场上通过市场交易实现流动和配置,从而形成的市场。我国主要的要素市场是资本市场、劳动力市场、技术市场等。

市场结构:也称市场类型。是市场主体(买方和卖方)之间的内在联系和价格形成机制。反映了竞争程度不同的市场状态,通常分为完全竞争、完全垄断、垄断竞争和寡头垄断四种不同的市场结构。

总收益:企业按一定价格出售一定数量得到的总货币收入,数量上等于产品价格乘以销售数量。

平均收益:总收益对销售数量求平均。在产品价格不变时,平均收益等于产品价格。

边际收益:每增加一单位产品的销售所带来的总收益的增加。

边际收益等于边际成本:又称 MR＝MC 定理。是企业实现利润最大化的必要条件,在不同市场结构中都适用。

完全竞争市场:指竞争充分而不受任何外来阻碍和干扰的一种市场结构。通常应当具备四个条件:价格既定,产品同质,要素流动自由,市场信息充分。

盈亏平衡点:又称扯平点,总收益正好等于总成本时的产量。这时企业没有经济利润,但所有投入得到正常利润。

关门点:正好亏损全部固定成本时的产量,生产与不生产的盈利一个样。

企业短期供给曲线:平均变动成本最低点以上那部分边际成本曲线。

市场短期供给曲线:市场上所有生产这种产品的企业短期供给曲线横坐标相加。

长期竞争均衡:市场上所有企业以可能的最低平均成本组织生产,这时市场价格等于最小的长期平均成本,所有企业的经济利润都为零。

成本递增行业:外在不经济占主导地位,投入要素价格随行业内企业数量增加而上升的行业。成本递增行业的市场供给曲线向右上方倾斜。

成本递减行业:外在经济占主导地位,投入要素价格随行业内企业数量增加而下降的行业。成本递减行业的市场供给曲线向右下方倾斜。

成本不变行业:投入要素价格不随行业内企业数量变化而变化的行业。成本不变行业的市场供给曲线呈水平线。

供给价格弹性:供给的数量对价格变动的敏感程度。供给数量的信号和价格变动的信号不同步,通常要滞后一个生产周期。

消费者剩余:消费者为购买一种产品愿意支付的货币量和实际支付的货币量之间的差距。可以用需求曲线、价格曲线和纵坐标包围的面积来衡量,消费者剩余的大小可以用来测度消费者满意的程度。

生产者剩余:生产者出售产品实际成交的价格和可能接受的最低价格之间的差距。可以用供给曲线,价格曲线和纵坐标包围的面积来衡量。生产者剩余包含了总固定成本和利润,生产者剩余的变动反映了企业利润的变动。

社会剩余:也称社会福利,通过市场交易实现的消费者剩余和生产者剩余之和。

限制价格：给市场设置最高价格，设置的最高价格通常低于市场的均衡价格，是政府干预市场的一种手段。

保护价格：给市场设置最低价格，设置的最低价格通常高于市场的均衡价格，也是政府干预市场的一种手段。

无谓损失：社会剩余的减少，通常是政府干预的结果。

配额：对生产者生产数量实行的限制。

税收：是国家为实现其职能，凭借政治权力，按照法律规定，通过税收工具强制地、无偿地征收，是参与国民收入和社会产品的分配和再分配取得财政收入的一种形式。可以向生产者征收，可以向消费者征收。纳税人并不总是税收最终承担者，能够转移的税负是**间接税**，不能转移的税负是**直接税**，直接税的纳税人是税收最终承担者。

从量税：是以货物的重量、数量、长度、容量和面积等计量单位为标准计征的税，它与产品的价格无关。

从价税：是以产品的价格作为征收标准计征的税，税收表现为产品价格的一个百分数。

补贴：相当于负税收。可以向生产者补贴，也可以向消费者补贴。

关税：是一个国家的海关对进出口货物和物品征收的税收。目前在世界各国出口税很少使用的情况下，通常所称的关税主要指进口关税。

复 习 题

1. 你是怎样理解我国必须要建立一个完整的现代市场体系？为什么要使市场在资源配置中起决定性作用？

2. 什么是市场结构？区分不同市场结构的标志是什么？你是怎样看待不同市场结构的划分的？

3. 什么是企业的边际收益？企业实现利润最大化的必要条件是什么？

4. 完全竞争市场的特征是什么？你是怎样理解三线合一的？

5. 完全竞争市场上企业的短期决策有哪几个不同的阶段？什么是盈亏平衡点？什么是关门点？

6. 什么是企业的短期供给曲线？什么是市场的短期供给曲线？

7. 在完全竞争市场上，什么是行业和企业的长期均衡？

8. 在完全竞争市场上，长期均衡企业的会计利润都相等吗？你是怎样理解长期均衡时不同企业的经济利润趋于一致的？

9. 什么是完全竞争市场的长期均衡的市场供给曲线？

10. 供给价格弹性和需求价格弹性之间有什么不同？对市场均衡有什么影响？

11. 什么是消费者剩余？什么是生产者剩余？什么是社会剩余？你是怎样理解这些剩余的变动的？

12. 你是怎样评价政府的限制价格政策的？消费者总是满意的吗？为什么？

13. 你是怎样评价政府的保护价格政策的？生产者总是满意的吗？为什么？

14．你是怎样理解我国"退耕还林"政策的出台和实施的？

15．你是怎样评价我国加入世界贸易组织对我国经济发展的影响的？

16．你是怎样看待关税与配额之间的差别的？

17．你是怎样看待贸易保护主义的？

18．向生产者征税会向消费者转移吗？若转移，转移因子是由什么决定的？会发生无谓损失吗？

19．向消费者征税会向生产者转移吗？若转移，转移因子是由什么决定的？会发生无谓损失吗？

20．向生产者补贴会向消费者转移吗？若转移，转移因子是由什么决定的？会发生无谓损失吗？

21．向消费者补贴会向生产者转移吗？若转移，转移因子是由什么决定的？会发生无谓损失吗？

22．什么是从价税？什么是从量税？直接税与间接税之间有什么区别？

 第六章自我检测题及答案

第七章 完全垄断市场的企业经营决策分析

完全竞争市场的对立面就是完全垄断市场。完全垄断市场是市场结构的又一极端形式。完全垄断市场有两种不同情况：一是**卖方垄断市场**（monopoly），即在市场上只有一个卖方，但却有许多买方，通常所说的完全垄断市场，除特别说明外，一般是指卖方垄断市场，简称为垄断市场；二是**买方垄断市场**（monopsony），即市场上有许多卖方，但却只有一个买方，在本章中也将专门加以讨论。

第一节 垄断市场的条件和成因

一、垄断市场的条件

要形成一个**完全垄断市场**需要满足以下四个条件。

（1）在完全垄断市场上，一种商品只有一个生产者。垄断者就是市场唯一的供给者，它能够完全控制市场上的价格和出售的产量，是**价格的制定者**。该商品的市场需求曲线就是该生产者所面对的需求曲线，通常情况下，它是一条向右下方倾斜的曲线。

（2）没有替代品，垄断者的商品和其他商品有着极高的差异性。它与其他商品需求交叉价格弹性等于零，不受竞争的威胁，不用担心会有竞争者来抢夺市场份额。

（3）存在巨大的进入障碍，潜在的竞争者没有可能进入该市场。

（4）市场上的信息也是不透明的。

不难看出，要完全具备这四个条件的市场，在现实经济生活中也是没有的。垄断的核心是没有替代品，即使电力公司在照明领域常常被看作是一个垄断的供给者，但也不是严格意义上的完全垄断。照明的电灯也存在替代品，没有电灯可以点油灯，没有油灯可以点蜡烛，没有蜡烛还可以点火把。有了替代品，就不是严格意义上的垄断。

垄断市场的核心特征是垄断者是该商品价格的制定者，表现为影响商品价格的能力。

二、垄断市场的成因

尽管说完全垄断市场在现实经济生活中是没有的，但在和企业经营决策者进行讨论时，几乎一致认为现实的经济活动中存在大量的垄断，但有趣的是都是指其他企业在市场上有垄断，自己却没有。现实经济生活中确实存在大量的垄断现象，许多企业在市场上都有着或多或少的垄断力，差别就在于垄断的时间长一点、短一点，垄断的范围广一点、窄一点，垄断的能力大一点、小一点。形成垄断市场是有其成因的，它主要体现在以下六个方面。

1. 规模经济

在某些行业,存在着明显的规模经济。只有通过集中资金,从事大规模的生产,才有可能使生产成本降低下来,若存在许多企业进行竞争,任何一家的产量都到不了实现较低成本的规模经济水平。规模经济形成垄断的标志是:一家企业还没有达到它的最优产量就已经充分满足了整个市场的需求。

如图 7.1.1 所示,AC 是企业的平均成本曲线,D 是市场的需求曲线,在平均成本曲线 AC 下降阶段就与市场需求曲线相交,这说明一家企业就已经满足了整个市场需求,而且还没有达到它的最优产量。

在这种情况下,企业会有扩张其产量的积极性,直到满足整个市场的需求为止。倘若这个行业存在几个竞争者,这几个竞争者就会开展一场"生死竞争",直到胜利的幸存者成为垄断者为止。这种由于规模经济而形成的垄断被称为自然垄断(natural monopoly)。

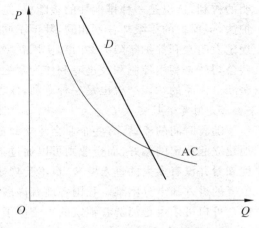

图 7.1.1 规模经济造成的垄断

我们很难设想,在一个地区同时有几套电网在竞相向消费者提供电力,你是 220V50Hz,我是 110V60Hz,结果一定既不经济,又会造成混乱。发电厂可以相互竞争,竞价上网,但电网,对于广大用户来说,只能面对一家,它对你就有了垄断。有些企业有自己的备用供电系统,那是为了确保安全的需要,则另当别论。同样,我们不能设想,在一座城市里,有几家煤气管道公司同时在地下铺设纵横交错的管道,让消费者有选择不同管道公司的权利,这对资源的浪费程度可想而知,同时也十分危险。几乎所有的市政提供的产品和服务,都有这样的特点。

这里所讲的规模经济是与市场的大小尺度相比较而言的。大国和小国的垄断行业就不会一样,小国会有更多的自然垄断行业。

2. 原料控制

通过拥有或控制主要原料也可以有效地阻止竞争、培育垄断。例如,美国的铝业公司在 1945 年前,通过控制铝土矿(生产铝的主要原料)的近乎所有来源,而垄断制铝业多年;加拿大国际镍公司有一段时间控制了已知储量的 90% 的镍矿,而取得对生产镍的垄断;南非德比尔斯公司则一度垄断了钻石的生产。我国的钨矿和稀土金属在世界上也有相当大的垄断权。另外还有一些产品因使用特殊原料,而获得垄断,如贵州的茅台酒、西湖龙井茶叶、崂山矿泉水等。有些特有的旅游资源,因其是世界唯一而获得垄断。

3. 政府特许

在许多情况下,政府会因某种特殊需要,而特许某个企业或部门,甚至个人出售某种产品或劳务,进行排他性的经营权。在我国,有的是出于经济的原因,如烟酒行业,因为利润特别高,只允许烟酒专卖局经营;有的是出于国家安全的需要,如军事工业,则由政府规定某一个部门生产经营。有的是出于更好地符合公共利益,如广播电台、电视台往往也是特许垄断经营等。如今，世界各国几乎都有特许经营。在我国经济体制改革的过程中，也一直坚持在关系国家安全和国民经济命脉的重要行业和关键领域，国有经济占支配或绝对控制地位。

4. 专利发明

为了鼓励发明创造，给予发明者一个专利权，在一定的时间内有使用、保持和转卖发明的权利，这也是一种排他性的垄断权，是对发明者的奖赏。世界上多数国家都有专利保护法，但保护的年限却各不相同，甚至不同形式的专利，保护年限也不尽相同。目前，我国规定发明专利保护年限为20年，实用新型专利和外观设计专利的期限为10年。现在，一些公司就是利用控制和改进专利作为掌握垄断权力的一个重要来源，我们称之为技术性垄断。作品的知识产权也是一种专利，作者或代理商成为他（她）的作品销售的垄断者。

5. 消费者锁定

随着时间的流逝，有些企业会建立起消费者对其产品的忠诚感。消费者已经习惯性地建立起特定的偏好，而企业则可以通过消费者的习惯性偏好维持垄断。虽然从技术角度来看并没有多大的进入壁垒，也不受规模经济的影响，政府也没有什么限制，但新的竞争者的进入却十分困难。我国各地有许多风味食品，因其特殊的风味而锁定了特殊的人群。可口可乐也是消费者锁定的一个例子。

6. 网络外延

对于消费者而言，一件产品，当有更多消费者购买和使用时，价值会进一步上升，价值与消费者群体大小相关，网络外延性就发生了。微软的计算机操作系统、互联网的接入服务、移动电话的网络服务等都有着显著的网络外延效应。先入企业建立了用户基础，创立了先入优势，形成了进入壁垒的垄断局面，后来企业就很难突破了。

专栏 7-1

五矿有色的定价话语权

钨矿是中国的优势资源，储量全球第一，占据全球十大矿山的半壁江山，大约是世界总储量的60％，国内钨矿主要分布在江西、湖南、广西、福建等省份。练成的钨是熔点最高、比重最大、硬度仅次于金刚石的金属，被广泛用于国防工业、航空航天、机械制造、石油钻井、特种钢等行业。其作为重要的战略物资，关系到国家经济命脉和国防安全。

但在过去相当长的一段时间里，我国为换取外汇而低价出口钨，国内各地厂商在出口中竞相压价，在国际市场上常见"他乡遇故知"自相残杀。并且长期缺乏定价权，价格体系基本执行英国《金属通报》的报价。

2009年，五矿有色通过对湖南有色重组等战略措施，结束了三巨头争霸，走向中国钨业整合，逐步取得了钨矿的定价话语权。

2011年12月五矿有色推出了钨精矿指导价格，对当时国内的钨矿价格产生了影响，国内金属钨的价格就跟着上涨，对国外钨精矿的价格也产生了深远影响，国外价格跟着中国走，基本保持一致，并在中国设立钨矿石交易市场。在钨精矿价格比较低迷的时候，五矿有色通过收储来稳定和提升市场价格，开始掌握定价话语权。

目前,五矿有色通过持有湖南有色 100% 的股权,控制了湖南省 90% 以上的钨矿资源,拥有中国 75% 以上的钨矿资源,产量占全国的一半以上,话语权得到了进一步提高。

据中新网南昌 2016 年 1 月 5 日电,江西省国土资源厅 5 日宣布,该省北部发现超大型钨铜矿,探明三氧化钨(WO₃)资源量为 286 万吨,钨矿储量规模刷新世界纪录,大大提高了中国钨矿资源的保障程度,进一步增强了中国钨矿在世界的话语权。

资料来源:亚洲金融网、长江有色金属网等,2016,2017.

第二节 垄断市场上的企业经营决策

一、垄断者面临的需求与收益

由于垄断市场上只有一家企业,市场的需求曲线就是企业面临的需求曲线。在通常情况下,需求曲线是向右下方倾斜的,随着价格的降低,需求的数量增加,如图 7.2.1 所示。当需求曲线呈线性变化时,其表达式可为

$$P = a - bQ$$

垄断者的平均收益:

$$AR = TR/Q = PQ/Q = P = a - bQ$$

此时平均收益和市场的需求曲线重合。垄断者对市场有了完全的控制权,但并不是说价格想定多高就定多高就是好的。因为高价不是目的,总收益和平均收益大也不是目的,利润最大化才是目的。利润最大化必须满足利润最大化的必要条件,因此,垄断者更加关心边际收益。边际收益是垄断者多销售一个单位产品所带来总收益的增加。

边际收益曲线与需求曲线是**分离**的,而且边际收益曲线下降的速度比需求曲线下降得更快,如图 7.2.1 所示,边际收益曲线总在需求曲线的下方。

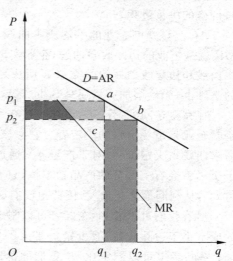

图 7.2.1 垄断市场的需求曲线
和边际收益曲线

这其实也不难明白。比如,在某大型电器商场,当某型号的平面彩电每台价格为 2 000 元时,每周可销售 400 台彩电。要想增加销售量,如每周能销售 401 台彩电,市场价格就要下降。从 400 台增加到 401 台,销量增加 0.25%,由于考虑到彩电还是富有价格弹性的商品,并不需要价格也下降 0.25%,如只要下降 0.1%,即每台彩电 1 998 元就行。这样以 1 998 元的价格,每周该电器商场可以出售 401 台这一型号的彩电。新增这一台彩电的售价为 1 998 元,问题出在原来每台可以销 2 000 元的 400 台彩电也要以 1 998 元的价格出售。这样,新增一台销量真正增加的收益并不是 1 998 元,还要减去原来每周 400 台彩电按新价出售而减少的 800 元收益,真正增加的边际收益为 1 198 元。在图 7.2.1 中,当销量从 q_1 增加到 q_2 时,增加销量带来的收益增加是矩形 $q_1 q_2 bc$ 的面积;当价格从 p_1 降到 p_2

时，价格下降引起收益的减少是矩形 p_1p_2ca 的面积。两者之间的差才是增加销售真正带来的边际收益。若矩形 q_1q_2bc 的面积小于矩形 p_1p_2ca 的面积，则边际收益还会是负的。

以上的分析是假定需求曲线是线性的。其实，即使需求曲线是非线性的，无论是凸向原点还是凹向原点，只要需求量随着价格的变动而反向变动，边际收益曲线都在需求曲线的下方，且以更快的速度向右下方下降。平均收益曲线和需求曲线也不再重合，我们就不作进一步说明了。

边际收益曲线与需求曲线分离了，边际收益曲线与需求曲线两线分离是垄断者经营决策的重要特征。因此，以后的分析还要紧紧抓住两线分离这个特征。

二、垄断者的价格与产量决策

垄断者究竟应当生产多大产量？我们已经知道，若要实现利润最大化，必须满足边际收益等于边际成本的必要条件，边际收益曲线和边际成本曲线的交点对应的产量才可能是利润最大化时的产量。图 7.2.2 分析了在垄断市场上，垄断者目标利润最大化的产量与价格的决策过程。

AC 是该垄断企业的平均成本曲线，MC 是边际成本曲线，D 是所面临的需求曲线，MR 就是企业的边际收益曲线，企业实现利润最大化的必要条件是 MR＝MC。即**边际成本曲线和边际收益曲线的交点 E 所决定的产量 q^***，q^* 是企业利润最大化的产量。在 q^* 的基础上，无论增加产量还是减少产量，利润都要减小。

在完全垄断的情况下，市场上只有一家企业，产品的市场价格也就必然由它来决定，垄断企业是市场价格的决定者。它应该怎样来决定价格？最合理的办法就是根据市场的需求曲线来决定价格，对于**产量 q^*，通过需求曲线 D 决定的价格是 p^***；若将价格定得高于 p^*，就会有一部分的产品销不掉，只有 p^* 可正好销售完由 MR＝MC 所决定的全部产量 q^*，从利润最大化出发，因此也没有必要定比 p^* 再低的价格。

尽管我们可以看到，垄断者可以制定比 p^* 更高的价格，但销售量就要减少。这时，边际成本小于边际收益，减少销售带来的成本下降要比引起收益的下降要少，总利润要下降；垄断者也可以制定比 p^* 更低的价格，使销售量提高。同样，此时边际成本大于边际收益，增加的销售量带来的成本上升要比引起收益的增加要多，总利润还是要下降。

但 MR＝MC 只是利润最大化的必要条件，是否真的会赢利？究竟是盈余最大还是亏损最小？主要取决于市场价格与平均成本之间的比较。如图 7.2.2 中，若市场价格 p^* 高于产量 q^* 下的平均成本 $AC(q^*)$，则有经济利润，总利润的数量是带阴影的矩形面积。

但在边际收益等于边际成本时，市场价格 p^* 并不总是能高于平均成本，如图 7.2.3 所示。由 MR＝MC 所决定的产量 q^*，对应的市场价格 p^* 低于当时的平均成本，但还能高于平均变动成本，垄断企业也会发生亏损，不过此时亏损最小，最小亏损额为图中阴影的矩形面积。对于在短期内的垄断企业而言，还是应当继续生产经营，因为这样做可以收回部分固定成本，否则就要亏掉全部固定成本。倘若 p^* 小于平均变动成本，则以关门停业为好。因此，当需求曲线对应 p^* 的点正好在平均成本曲线上，就是盈亏平衡点；若正好落在平均变动成本曲线上，就是关门点。这种情况与完全竞争市场上的企业短期均衡相似。垄断企业也并不总能赢利。

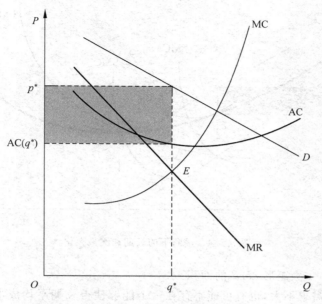

图 7.2.2　垄断者利润最大化的价格与产量

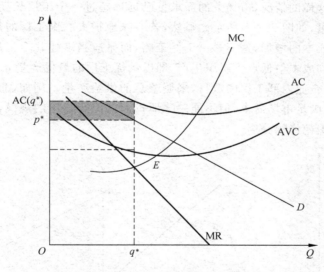

图 7.2.3　垄断企业的短期亏损最小化

　　从长期来看,市场的价格还是应当高于平均成本。由于是垄断企业,没有竞争者会挤进市场,与之分享潜在的利润,短期内垄断者能够获得的经济利润,长期内也不会消失,继续获得经济利润,和完全竞争条件下的长期均衡就不一样。同时要根据市场需求的变动,调整企业生产的规模,努力降低成本,直到**边际收益等于长期边际成本**,如图 7.2.4 所示。这时,长期边际成本曲线和边际收益曲线的交点决定了产量 q_1。

　　再由 q_1 的产量出发,建设一个最优规模的工厂 SAC_1,它是所有生产 q_1 产量各种可能的规模工厂中,成本最低的工厂。市场的价格仍由需求曲线 D 决定,并能长期获得经

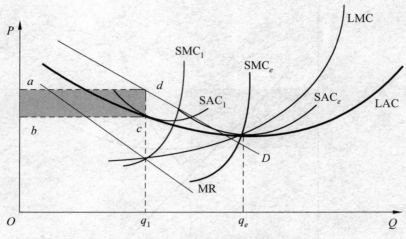

图 7.2.4　垄断下的长期利润最大化

济利润,如图 7.2.4 中矩形 *abcd* 的面积。

　　如果市场上需求不大,也有可能不存在一个能够使得长期平均成本低于需求价格的工厂规模,垄断企业在长期中也会停止生产,并退出市场。

　　当然也存在这样的情况,市场上的需求量已远远超过一个工厂长期平均成本曲线最低点所对应的产量,如图 7.2.5 所示。显然,若一味地扩大一个工厂的规模来提高产量,必然会引起平均成本的增加,这不是一个好策略,而是应当多建几个工厂,并调整每一个工厂都在长期平均成本最低点下组织生产,即以最优工厂的最优产量 q_e 来组织生产。然后,通过调整垄断企业内部工厂的数目,来调整总的供给产量。例如,北京前门的全聚德烤鸭店,显然不能满足市场需求,但不能一味地扩大前门烤鸭店的规模,而是应去各处开设规模得当的全聚德烤鸭分店。

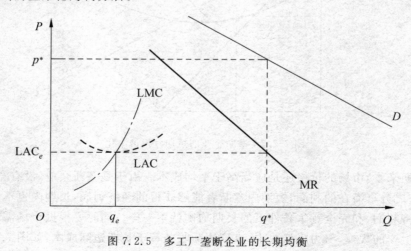

图 7.2.5　多工厂垄断企业的长期均衡

　　在有了多个工厂时,垄断企业总的长期边际成本也有不同情况。在成本不变行业,长期边际成本曲线也是水平的,边际成本的大小由单个工厂的长期平均成本最低点 LAC$_e$

来决定。

还是边际收益等于边际成本决定了这个垄断企业的总产量 q^*，再由市场需求曲线 D 决定了产量 q^* 时的市场价格 p^*，而通过

$$N = q^*/q_e$$

来决定垄断企业内部设立的工厂数 N。此时，就能实现多工厂情况下的长期均衡，获得利润的最大化，它与完全竞争的情况不一样，多工厂的垄断企业在长期均衡时，也能获得经济利润。

第三节   垄断市场分析

一、垄断者的供给曲线

在完全竞争市场上，企业接受的产品市场价格和愿意供给的产品数量有着明确的对应关系，形成了企业的供给曲线，进而也能得到市场上的供给曲线。

但是在垄断市场上，垄断者制定的产品价格和愿意供给的产品数量，不仅取决于自身的边际成本，还取决于消费者的需求曲线。这就意味着在垄断市场上，就**不再存在**价格和产量之间一一**对应**的**供给关系**，垄断者没有明确的供给曲线。垄断生产者有生产的边际成本曲线，但已经不再是它的供给曲线。

当消费者的需求曲线发生变化时，尽管垄断者的生产状况并没有变，即边际成本曲线没有变，垄断者有可能愿意出售的产品数量也没有变，但却要了不同的产品价格。如图 7.3.1 所示。

垄断者起初面对的消费者的需求曲线为 D_1，边际收益曲线就是 MR_1，相交于垄断者边际成本曲线 MC 决定了产量为 q_1，产品市场价格为 p_1。现在，消费者的需求曲线变动 D_2，而此时的边际收益曲线 MR_2，与垄断者边际成本曲线 MC 的交点决定的产量尽管仍有可能还是 q_1，但价格是 p_2，销量尽管相同，但却制定了不同的价格。

当然，也可能是制定的价格尽管相同，但愿意出售的产品数量却不一样，如图 7.3.2 所示。

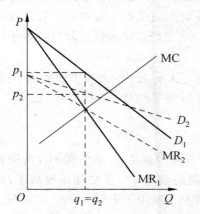

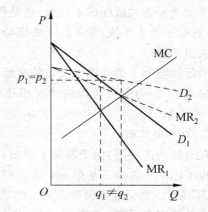

图 7.3.1   不同消费者相同数量不同价格　　　图 7.3.2   不同消费者价格相同数量不同

垄断者起初面对的消费者的需求曲线还是 D_1，边际收益曲线就还是 MR_1，交于垄断者边际成本曲线 MC 决定了产量为 q_1，产品市场价格为 p_1。现在，消费者的需求曲线变动成图 7.3.2 中 D_2 的位置，而此时的边际收益曲线 MR_2，与垄断者边际成本曲线 MC 的交点决定的产量为 q_2，和 q_1 并不相同，但由需求曲线 D_2 决定的价格有可能仍是 p_1。尽管愿意出售的数量不一样，但却制定了相同的价格。

垄断者在面对需求发生变动时，通常是既改变价格，又改变销量。这是垄断者与完全竞争市场上的企业决策之间的一个重要差别。

二、垄断与竞争的比较

试设想一个由大量小企业组成的完全竞争行业，有人将这些小企业全部兼并收购，组成一个垄断集团，那么两者会发生什么变化？价格是上升还是下降？产量是增加还是减少？效率是改善还是恶化？

1. 产量与价格的比较

我们已经知道，当一个完全竞争的行业处于长期均衡时，行业内的每一家企业都在长期平均成本 LAC 曲线的最低点组织生产，产品的市场价格也和最低的长期平均成本 LAC 相等，以致每一个企业的经济利润都为零。为简单起见，以成本不变行业为例，市场的供给曲线 S 就是一条水平线。如图 7.3.3 所示，市场价格为 p_e，市场上的成交量为 q_e。市场上的每家企业也都接受这个市场价格 p_e，也没有想改变产量或控制价格的企图。

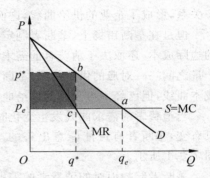

图 7.3.3　竞争与垄断的比较

试设想当这个行业由一家企业兼并收购，形成了一个垄断企业集团，生产状况没有变化，消费者需求也没有变化，需求曲线仍是 D。但这时垄断者已经认识到：他所面临的边际收益曲线已经和需求曲线分离，是比需求曲线 D 更加陡峭的 MR。而当行业被一个垄断集团兼并收购后，原先竞争行业的边际成本曲线就成了垄断者的边际成本曲线，也是各工厂边际成本曲线横坐标相加。若是成本不变行业，就是一条水平线，竞争行业的市场供给曲线 S。垄断者将通过边际收益等于边际成本来决定产量。

边际收益等于边际成本决定的垄断产量是 q^*；从 q^* 出发，由需求曲线 D 决定的垄断价格为 p^*。与完全竞争的情况相比较，垄断者限制了产量，q^* 小于 q_e，提高了价格，即 p^* 高于 p_e。

2. 效率的比较

在垄断的条件下，由于限制了产量，消费者的消费数量从 q_e 减少到 q^*，消费者剩余就减少了图 7.3.3 中三角形 abc 的面积。对于消费的数量 q^*，价格却还提高了，价格从 p_e 提高到 p^*，也引起了消费者剩余的减少，消费者剩余减少了矩形 $p_e cb p^*$ 的面积。消费者剩余总的减少了在 p^* 和 p_e 之间、坐标纵轴右边、需求曲线左边一个梯形的面积。由于提高了产品的价格，增加了生产者剩余，增加了矩形 $p_e cb p^*$ 的面积。一部分剩余从消费者手里转移到垄断者手里,垄断者得到了好处,利益进行了再分配。同时,两者相抵,社会剩余减少了三角形 *abc* 的面积,这就是无谓损失,垄断带来了社会福利的下降。这里所说的是成本不变行业的情况,在成本递增行业,当生产者减少产量时,还会产生一部分因减小产量而生产者剩余的减少,无谓损失要更大一点。

3. 寻租

正是由于垄断,垄断者得到了剩余的再分配,将一部分消费者剩余转移到自己的手里,这样就有了寻求和维持垄断的动机,便出现了寻租现象。**寻租**是为了攫取更多的消费者剩余或经济利润的努力。这种努力并不限于垄断企业,但努力获取垄断的经济利润却是寻租的主要形式。

努力制造或创造垄断,再努力维持垄断,是寻租者的主要目标。寻租者要为此支付大量的财力和物力,在社会上进行非生产性活动。例如,各种游说,也许还包括有些捐款、行贿以得到使潜在竞争者进入市场会更加困难的政府管制;以过分泛滥的广告来锁定客户群,防止竞争者的入侵;也可能有配置多余,但又不利用的生产能力,以威慑潜在竞争者进入将无利可图;近年来,我国的房地产商竞拍土地,哄抬地价,抬高房地产行业的入门门槛等。因此,实际垄断造成的无谓损失要远大于三角形 *abc* 的面积。

4. 垄断与成本

垄断对于竞争而言,也会存在一定的成本优势。特别是自然垄断行业,适宜大规模的生产,规模经济效益非常显著,在同一行业,只允许很少量的企业经营。例如,汽车制造业、飞机制造业等行业。在这种情况下,完全竞争或者是完全没有可能,或者会导致很高的生产成本。在我国改革开放的初期,汽车制造业就是一个很明显的例子。全国有大小200多家汽车制造厂,这200多家汽车制造厂的生产总量,还达不到一个工厂的规模经济产量。结果,汽车工业制造成本居高不下,国际市场完全没有竞争力。直到近十年形成了几个有相当规模的汽车制造集团,成本下降,汽车制造业才开始在国际上有一定的竞争力。

5. 垄断与技术进步

还有一种观点认为,由于完全垄断的生产者在长期均衡中获得了利润,从而有财力和激励,产生强烈的动机来从事研究和开发。因为垄断企业有把握得到技术创新的全部利益,不用担心成果可能会被竞争对手利用,为他人作嫁衣。这些研究和开发所带来的技术进步,也是当今工业化国家、人民生活水平提高的主要来源。同时也是垄断者维持垄断的重要手段。当然并不是所有人都同意这种观点,他们认为并没有多少因素激励垄断生产者从事创新和技术进步,大量的技术进步是由许多中小企业推动的,历史上也有垄断压抑技术进步的大量事例。垄断的功过是非一直存在争议。

三、垄断力的量度

现在我们看到完全竞争企业和垄断企业之间的一个重要区别就是:对于完全竞争企业,价格必须等于边际成本,而垄断企业具有**垄断力**(monopoly power),有着控制一种商品价格的能力,价格要高于边际成本,对边际成本可以有或多或少的偏离。

我们不难得到

$$\frac{P - \mathrm{MC}}{P} = -\frac{1}{E_{dp}}$$

这为定价给出了一个经验法则。通常价格减边际成本被称作毛利,再除以价格就是毛利率。垄断者利润最大化的毛利率,是由消费者需求价格弹性所决定的,它应等于需求价格弹性倒数的相反数。当消费者需求价格弹性越大,垄断者可以指望的毛利率就越低;当消费者需求价格弹性越小,垄断者可以指望的毛利率就越高。在估计了消费者需求价格弹性以后,不必去计算边际收益,就可以计算利润最大化时的价格。实际上,边际收益的计算也是很困难的,可以直接将价格表达为边际成本的一个加价率。

$$P = \frac{\mathrm{MC}}{1 + (1/E_{dp})}$$

通常在超市,消费者对各类物品的平均需求价格弹性大约在 -10,超市商品的进价就相当于边际成本,利润最大化的加价率为 11%。对北京市超市的调查结果表明,实际加价率为 $8\% \sim 12\%$。对于 24 小时营业的日夜店,消费者为图方便,需求价格弹性要更小一些,大约为 -5,利润最大化的加价率为 25%。实际调查的结果表明,日夜店的加价率通常为 $20\% \sim 30\%$。当然,全国各地城市之间、各地城市和乡村之间,消费者的需求价格弹性并不一样。竞争激烈时,弹性要大一点,加价率也就要低一点。这就是为什么大城市的超市加价率通常就比小城市的低一些,而农村超市的加价率通常就高于城市超市的加价率。

我们可以看到,当需求非常富有弹性时,做一个垄断者实际上并没有多大好处,价格接近边际成本,与一个完全竞争者企业差不多。同时我们也可以看到,边际成本不可能为负,追求利润最大化的企业也不可能在需求缺乏价格弹性的阶段运行企业,如果处于缺乏弹性的区域,它会提高价格、减少产量,直到进入富有弹性的区域为止。

当消费者的需求价格弹性变小时,加价率就会提高。专栏 7-2 就说明了这个现象。

专栏 7-2

全民医保医疗改革

看病贵、看病难是我国老百姓反映最强烈的一个问题。药品价格居高不下,是其中最大的难点。据统计,近 30 多年来,我国人均收入只提高了十几倍,而药品价格却上涨了 100 倍,有的甚至上涨了 200 倍。究其原因主要还是一个制度性安排问题,是历史积累的深层次矛盾和向市场经济转轨过程中的叠加。因病致贫、因病返贫是我国目前存在贫困人口的主因。

在改革开放以前,机关和企事业单位实行公费医疗制度,医院由国家全额拨款;大多数其他人群则实行各种形式的合作医疗。在改革开放之后,医疗体制采取了市场化改革的方向,国家财政对医院的投入比重减少,而实际支出却不断增加,只得明文允许医院以 15% 的药品差价来弥补亏空,这就是所谓的"以药养医"的改革策略。

由于生病的弱势人群,通常对药品的需求缺乏需求价格弹性,这就给药品价格带来了狂升的机会。尤其是那些用以治疗危重病例,又缺乏替代品的特效药品,更是涨到了天文数字。再加上药品流通环节重重,政府对药品价格管理不力,企业生产技术落后,在利益驱动下的市场无序竞争和各种严重违规行为,使看病难、看病贵的问题在相当长的一段时间里得不到有效解决,甚至愈演愈烈,人间惨剧时有发生。

2009 年 11 月,国家发展改革委等部门联合发布《改革药品和医疗服务价格形成机制的意见》。启动新一轮医改,其核心亮点是:让药品价格趋于合理,而临床诊疗、护理、手术等医疗服务价格将适当提高。明确了从"以药养医"转变为"以技养医"。

关键在于建立好全民医保体系,深化医疗体制改革。党的十九大政治报告中指出:深化医药卫生体制改革,全面建立中国特色基本医疗卫生制度、医疗保障制度和优质高效的医疗卫生服务体系,健全现代医院管理制度。加强基层医疗卫生服务体系和全科医生队伍建设。全面取消"以药养医",健全药品供应保障制度。完善统一的城乡居民基本医疗保险制度和大病保险制度。同时大力实施公共卫生服务项目,不断完善综合监管制度,为我国人民更加美好的生活打下基础。

资料来源:人民网、新华网,2016、2017.

经济学家阿巴·勒讷(Abba Lerner)在 1934 年提出用垄断者利润最大化时价格超过边际成本的相对程度来测定企业拥有的垄断力,后被称作**勒讷指数** L。

$$L = \frac{P - \mathrm{MC}}{P} = -\frac{1}{E_{dp}}$$

勒讷指数音译为中文时,有了新的含义,它反映了垄断者可以"勒索"消费者的程度,即转移消费者剩余的程度。勒讷指数在 0~1,消费者越富有需求价格弹性,勒讷指数就越小。对于完全竞争市场上的企业来说,$L = 0$。

需要进一步指出的是:有垄断力,并不意味着利润水平就一定高,利润水平还与相对于价格的平均成本有关。平均成本低的利润水平会高一些。如有些投放市场的新药品,生产的边际成本确实并不高,但开发研制成本却极其高昂,大大提高了均摊后的平均成本。

四、垄断力的来源

一个企业拥有垄断力,并不一定需要该企业在市场上是完全垄断的,当市场上的企业数量不多时,它们也能获得一定的市场垄断力。拥有垄断力的大小主要有以下三个因素。

1. 市场上的需求价格弹性

如果市场上只有一家企业,是一个完全垄断者,市场的需求价格弹性,就是垄断者面对的需求价格弹性。更常见的情况是,市场上有多个企业,它们相互竞争。这时市场的需求价格弹性为各个企业设置了一个需求价格弹性的下限,单个企业的需求价格弹性不可能低于这个下限。

石油的需求是相当缺乏价格弹性的,这就是为什么欧佩克(OPEC)仍能在一定程度上控制价格,将石油价格提高到远高于边际成本的水平。新能源的出现,提高了对石油的需求价格弹性,也就降低了欧佩克对石油价格的控制力。但对于咖啡、茶叶、锡、铜等许多商品,需求价格弹性就要大得多,尽管也曾有人试图组织卡特尔,但由于市场的需求价格弹性较大,单个企业的潜在垄断力受到限制,提高价格的企图就都失败了。

2. 市场上企业的数目

当市场上企业的数目增加时，竞争加剧，每家企业的市场份额将减少，单个企业的垄断力将下降。因此，市场上已有的经营者通常都不喜欢有新的企业进入市场，都会千方百计地制造进入壁垒，企图阻止新的竞争者进入。

当然，最重要的还不是市场上企业的总数，关键是"主要"企业的数目。有影响力的企业数目对企业垄断力的影响更大。

3. 企业间决策者的相互行为

市场上的垄断力还与市场上企业间决策者的相互行为有关。有时，市场上的企业数目不多，市场的需求价格弹性也不大，但因为单个企业决策者行为的攻击性，会使市场竞争十分激烈，产品价格可能会压低，甚至达到完全竞争的水平，从而使每个企业都失去垄断力。

也有可能尽管市场上企业数目不少，但并没有过分竞争。甚至，彼此还会心领神会地默许共谋，一致限制产量、提高价格，从而实实在在地提高单个企业的垄断力。

可以看出，企业的垄断力也是在动态变化，随着市场的需求、生产的成本，相互间的行为也在发生变化。

第四节　买方垄断企业的决策分析

到目前为止，我们的讨论一直都集中在卖方市场上的垄断。而当买方只有一个，或数量不是太多时，而卖方却是大量的，买方同样也拥有市场的垄断力，能获得更多的好处。

一、买方垄断的决策

在市场上只有一个购买者时，卖方是大量的，这就形成了**买方垄断市场**。我国军队的总装备部，就是各种军用物资的唯一购买者；我国电力部门目前的改革是"厂网分离，竞价上网"，电网对于广大用电的消费者而言是卖方垄断，而对于发电厂来说就是买方垄断，见专栏 7-3；还有大量作为轻工产品原料的农副产品，当地企业也往往是唯一的购买者；汽车生产集团对零部件的采购；甚至学校的老师使用助教，也是买方市场。因此，买方市场还是大量存在的。而且也不一定需要是唯一的采购者，当只有少数几个购买者时，他们也都可能拥有**买方垄断力**（monopsony power）。购买者有影响价格的能力，能够以低于完全竞争市场的价格购买商品。

作为具有买方垄断力的购买者，会有自己的需求曲线作为购买量的函数，它反映了购买者对此商品的一种评价。随着购买量的增加，边际效用递减法则在起作用，评价的边际效用在减少，需求曲线向右下方倾斜，购买者愿意支付的价格会随购买数量的增加而减少，如图 7.4.1 中的 D。

在买方市场上，购买者同时也面对着卖方的供给曲线，随价格的上升，卖方愿意供给的数量也会增加，如图 7.4.1 中的 S。当供给曲线是线性时，不难理解，这也是购买者的平均支出曲线，两线合一。

在卖方垄断市场上，垄断者考虑多卖出一个单位的产品，能多收回多少，这被称为边际收益 MR；在买方垄断市场上，购买者就应当考虑多采购一个单位的产品，要多支付多少，则被称为**边际支出** ME(marginal expenditure)。

我们知道只有价格提升时，卖方才愿意供给更多的数量。你要多采购就要支付更高的价格，不仅新增的采购要支付更高的新价格，而且，原先可以在较低价格采购的产品也需要支付新的价格，因此，多采购一单位产品需要多支付的钱要大于这时的采购价格。例如，你想使用研究生当你的助教，每周 100 元津贴，只有一名研究生愿意做，若每周津贴 200 元，才有两名研究生愿意做，当你的助教从一名增加到两名，你每周多支付的费用是 300 元。因此，边际支出曲线在供给曲线的上方。当供给曲线是线性的，边际支出

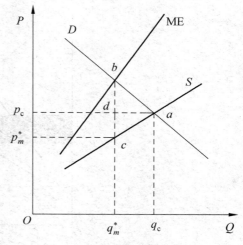

图 7.4.1 买方垄断市场的决策

曲线也是线性的。当供给曲线是非线性的，边际支出曲线也是非线性的，但是总在供给曲线的上方，斜率也要大一些，如图 7.4.1 中的 ME。边际支出曲线和供给曲线分离。

作为购买者，当多支付的边际支出小于自身所得到的边际效用（或称边际价值，多购买给你增加的满意）时，增加购买将带来购买者满意程度（利益）的增加；但当多支付的边际支出大于购买者得到的边际效用，增加购买将带来购买者满意程度（利益）的减少。显然，只有当边际支出等于边际效用时，购买者才能得到最大的满意（利益）程度。就是图 7.4.1 中，边际支出曲线 ME 和需求曲线 D 的交点，决定的购买量 q_m^* 是满意程度最大的购买量，而实际支付的价格，则由购买的数量 q_m^*，通过供给曲线 S 决定价格 p_m^*，购买者是买方垄断，有条件决定价格。如果这是一个完全竞争市场，市场上的成交数量和价格就应当是供求决定的 q_c 和 p_c。我们注意到，由于是买方垄断市场，最终的购买数量 q_m^* 和价格 p_m^*，分别都少于和小于完全竞争市场上的成交数量 q_c 和价格 p_c。

二、买方垄断的社会成本

由于在买方市场上，购买者以较低的价格采购了较少的数量，可以肯定的是给卖方带来了损失。而与完全竞争市场相比较，对社会剩余的变化有什么影响吗？

图 7.4.2 告诉我们，市场上卖方出售的数量从 q_c 减到 q_m^*，引起生产者剩余的减少，减少了三角形 dac 的面积 C。而出售 q_m^* 数量的产品，价格也从 p_c 降到 p_m^*，也引起了生产者剩余的损失，损失了矩形 $p_c dcp_m^*$ 的面积 A。卖方一共损失了 $A+C$ 的剩余。

而作为需求方的购买者，购买的数量减少了，从 q_c 减到 q_m^*，消费者剩余也要减少，减少了三角形 bad 的面积 B。而购买 q_m^* 数量的产品，价格从 p_c 降到 p_m^*，引起了消费者剩余的增加，增加了矩形 $p_c dcp_m^*$ 的面积 A。总的剩余变化是 $A-B$。

相当于剩余 A，从生产者手里转移到了消费者手里。但是 $B+C$ 是净损失、无谓损失、社会剩余的减少，这是为买方垄断所付出的社会成本。

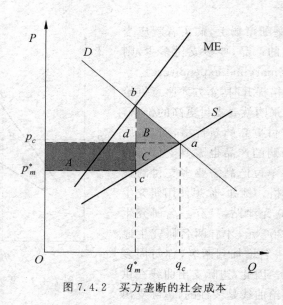

图 7.4.2　买方垄断的社会成本

三、买方垄断力的来源

类似于卖方垄断市场,买方垄断力的来源取决于三个因素。

1. 市场的供给价格弹性

在买方市场上,购买者面临的向上翘起的供给曲线,引起了边际支出曲线和供给曲线的分离。供给价格弹性越小,翘起的程度就越大,边际支出曲线和供给曲线分离的程度也越大,买方也就有了更大的垄断力。如果供给是富有价格弹性的,买方的垄断力也就很小。在我国劳动力市场上,主要是在简单劳动力市场上,他们为了基本生存的需要,供给缺乏价格弹性,给买方带来了很大的垄断力,因此简单劳动者的工资相对来说一直很低。

2. 买方的数目

在买方市场上,购买者数目也是影响买方垄断力的一个重要因素。多数市场上,买方会有一个以上,随着买方数目的增加,对价格的控制能力就要下降,每个购买者都面临着共同的供给曲线,买方垄断力就要下降。

3. 买方之间的行为

买方的行为对垄断力也有重要的影响。当几个买方之间相互激烈竞争,也会将价格抬高,甚至会超过完全竞争市场的价格。而如果能相互默契,价格就不会被抬高。

专栏 7-3

中国电网改革将向何处去?

一个国家的电网具有基础性、网络性、规模性、安全性等重要特征,事关整个社会稳定、国民经济发展和人民生活健康,必须要确保安全。我国电网先后经历了三次重大改革。

第一轮改革是由技术进步引发了发电侧的激烈竞争,打破了发电厂与输电网的纵向垄断关系,呈现出"厂网分开",实行发电企业"竞价上网"。形成了国家电网除对下游用户的卖方垄断外,还对上游发电企业的买方垄断。电网对上下游的供应商和消费者都形成了垄断。

第二轮改革又是技术进步推动了信息成本的不断下降,售电侧的竞争不断加剧,用户侧开始增加自己的选择权,部分环节的交易成本开始小于组织成本,竞争性环节与自然垄断性环节逐步分开,呈现出"网运分开"的特征。电网环节按照成本核定输电收入,用户侧进行自由选择,供给侧则竞价上网。

第三轮改革还是随着各种可再生能源的技术进步,引入分布式能源,不再完全借助长距离的电网输送,直接在用户侧实现自产自销,呈现出"脱网运行"的苗头。未来电网必将是广泛互联、智能互动、灵活柔性、安全可控的新型智能电网。每次的重大技术进步都引起了深刻的改革,曾两头垄断的电网今后会怎样发展呢?

2017 年 11 月,国家电网已经从全民所有制企业改制为国有独资公司,从政府企业变成了有限责任公司,电网改革仍任重道远。

资料来源:康晓文.电力市场改革已形成协同进化的历史洪流.能谱网,2107-12-14.

第五节 价格管制和反垄断法

我们已经看到,无论是卖方垄断还是买方垄断,都会付出一定的社会成本,产生无谓损失,造成效率的降低。因此,政府应当对此采取相应的措施。常用的办法就是进行**价格管制**和通过立法,如**反垄断法**、反不正当竞争法,来限制垄断力。价格管制用于竞争难以存在的领域;反垄断法用于竞争可能存在而被人破坏的领域。十八届三中全会提出:国有资本继续控制经营的自然垄断行业,实行以政企分开、政资分开、特许经营、政府监管为主要内容的改革,根据不同行业特点实行网运分开、放开竞争性业务,推进公共资源配置市场化。进一步破除各种形式的行政垄断。

一、价格管制

我们在第六章竞争市场分析中提到,对于竞争市场的价格管制,无论是限制的最高价格,还是保护的支持价格,若偏离竞争价格都要产生无谓损失。但是,在企业有了垄断力后,再进行价格管制就不一样了,价格管制可以减少垄断力造成的无谓损失,如图 7.5.1 所示。

从图 7.5.1 中我们可以看到,作为垄断者,为了实现利润最大化,设定的产量为 q_m,制定的价格为 p_m,造成了无谓损失,损失了 ac 线右边、需求曲线 D 下面和边际成本曲线 MC 上面所包围的一个准三角形的面积。之所以说它是准三角形,是因为其中有一边不是直线。

现在政府对垄断者进行价格管制,规定价格不得高于 p_1。价格 p_1 对应的产量是 q_1,在产量小于 q_1 时,价格也不得高于 p_1,这时垄断者也是价格的接受者,价格曲线、平均收益曲线、边际收益曲线三线合一,边际收益曲线就是价格为 p_1 的水平线。而当产量大于 q_1 时,价格会低于 p_1,垄断者仍是价格的决定者。边际收益曲线仍是原来的边际收益曲线 MR。这样一来,垄断者的边际收益曲线就被分成断开的两段,一段是水平线,一段是

管
理
经
济
学
（
第
四
版
）
（
简
明
版
）

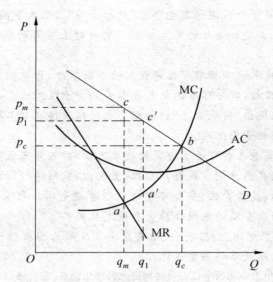

图 7.5.1　垄断企业的价格管制

向下倾斜的斜线。如图 7.5.1 中，和边际成本曲线交在边际收益曲线的断裂处，根据边际收益等于边际成本决定产量，垄断者设定的产量为 q_1；由需求曲线决定价格，价格为 p_1。这时我们可以看到，垄断造成的无谓损失减小了，减小的是由 $a'c'$ 线右边、需求曲线 D 下面和边际成本曲线 MC 上面所包围的一个准三角形的面积。

　　如果政府管制的价格进一步下降，产量还能提高，无谓损失还会减少。直到边际成本和需求曲线的交点决定的价格 p_c，垄断造成的无谓损失就可以全部消除。其实这时的价格就是完全竞争的价格 p_c，产量是完全竞争的产量 q_c。

　　如果政府还要进一步限制价格，就相当于对完全竞争市场的企业进行限价，企业根据边际成本等于价格来决定产量，产量就会下降，无谓损失又会出现。

　　最理想的是政府管制的价格，正好是边际成本曲线和需求曲线的交点所决定的价格，但这在实际操作中会有很大的困难。政府要准确了解消费者的需求，投入一定的力量，而若要弄清楚垄断者的边际成本曲线要花更大的力量。这些同样是社会的成本。

　　这里值得注意的是：政府的价格管制常常用于具有显著规模经济的自然垄断行业，企业处于规模报酬递增阶段。规模报酬递增阶段的平均成本曲线是向下倾斜的，那么边际成本曲线也就一定在平均成本曲线的下方，如图 7.5.2 所示。

　　对于这样的行业若没有管制时，垄断者会将产量定在 q_m，而价格为 p_m，将产生很大的无谓损失。而政府通常希望将价格压到完全竞争时的价格，垄断的无谓损失可以完全消除，从而可以提高社会效率。但是，对于垄断行业来说，边际成本曲线和需求曲线的交点所决定的价格 p_c，一定低于此时的平均成本。也就是说，企业一定是亏损的。这样的政府价格管制只能有两个结果：要么是企业退出；要么是政府补贴。我国政府长期以来常采用的办法是补贴。

　　政府长期的补贴会造成极大的政府财政负担，垄断企业若长期接受补贴往往也会失去降低成本、提高效率的积极性。一个变通的办法就是允许垄断企业适当地提高价格，政

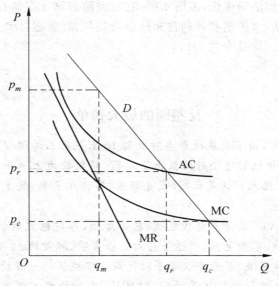

图 7.5.2　自然垄断企业的管制价格

府的价格限制不限制得那么低,把价格限到企业能够保本的价格水平即可。一个比较合理的选择就是平均成本和需求曲线的交点决定的价格 p_r,虽然比价格 p_c 要高,但也总比完全垄断下的价格 p_m 要低。同样,产量也介于两者之间。但这样政策的制定也相当困难,因为企业的平均成本和消费者的需求曲线是会不断变动的,而且也有相当的滞后性。政府为企业保了本,但也限制了企业的利润,企业提高效率的积极性还是会受挫。这就通常表现为大量的市政公共服务行业,普遍具有规模经济的特点,又与民生密切相连,政府不管制价格,广大消费者受损;政府管制价格,又通常会影响企业积极性,造成这类企业常常运作效率不高。

二、反垄断法

从前面的分析中,我们已经知道,无论是买方还是卖方的垄断,都会对另一方造成损害,并产生无谓损失;过度的市场力对社会公正公平也是问题,需要对垄断力加以限制。政府的价格管制虽是一个办法,但还需要用法律手段来对那些限制或看起来限制竞争的行为加以禁止。

世界上出现最早的反垄断法是 100 多年前美国的《谢尔曼法案》(Sherman Act 1890)。现今,多数国家都有相应的反垄断法,只是严格和广泛程度都不尽相同。

我国早在 1993 年 9 月 2 日,第八届全国人民代表大会常务委员会第三次会议就通过了《中华人民共和国反不正当竞争法》,该法于 1993 年 12 月 1 日起施行。后在 2007 年 8 月 30 日,第十届全国人民代表大会常务委员会第二十九次会议又通过了《中华人民共和国反垄断法》,该法于 2008 年 8 月 1 日起施行。我国法律规定的垄断行为包括:经营者达成垄断协议;经营者滥用市场支配地位;具有或者可能具有排除、限制竞争效果的经营者集中。从表面上看,法律所用的措辞有点模糊,并没有对什么是允许的、什么是禁止的有严格的定义。但法网恢恢，疏而不漏，它对预防和制止垄断行为，保护市场公平竞争，提高经济运行效率，维护消费者利益和社会公共利益，促进社会主义市场经济健康发展正起着重要的作用。详见专栏 7-4。

专栏 7-4

反垄断的最大罚单

2017 年 9 月 27 日，国家发展改革委对我国 18 家聚氯乙烯树脂"PVC"生产经营企业达成并实施价格垄断协议的违法行为做出了处罚，罚款额为上一年度相关市场销售额的 1% 至 2%，共计 4.57 亿元。这是我国《反垄断法》实施九年来，反垄断部门对国内企业开出的最大的一笔罚单。

聚氯乙烯树脂"PVC"是生产电线电缆、农用薄膜、各种包装材料的主要原料，广泛用于建筑建材、医疗器械、家用电器、快递等行业。经查明，涉案的 18 家企业从 2016 年 3 月起，就开始通过微信群交流、召开会议等手段达成并实施了统一涨价的垄断协议。这一行为不仅违反了我国《反垄断法》，还导致国内"PVC"市场价格不到半年涨幅便超过 40%，严重破坏了市场竞争秩序，加重了下游企业成本。

国家发展改革委反垄断部门依法对牵头主导的湖北宜化集团有限责任公司、中盐吉兰泰盐化集团有限公司处以 2016 年度相关市场销售额 2% 的罚款。对处于从属地位的新疆中泰化学股份有限公司等 16 家涉案企业，处以 2016 年度相关市场销售额 1% 的罚款，上述 18 家涉案企业共计罚款 4.57 亿元。

资料来源：新浪网，2017-9-27.

第六节　垄断力的定价

市场上存在垄断力的企业是很普遍的。尽管有些不是完全的垄断，但市场是由几个有影响的企业组成的，它们在市场上也都有一些垄断力。因此，这些企业的决策者就面临着如何有效地利用拥有的市场垄断力，为企业的利润最大化作出有利的决策。决策的核心是如何合理地攫取更多消费者剩余，将它转化为企业的利润。

一、差别价格

第三节中将价格表达为边际成本的一个加价率的公式告诉我们，有垄断力企业的产品定价，不仅取决于生产的边际成本，而且还与消费者的需求价格弹性有关。但不同的消费者对价格反应的敏感程度却是不一样的，即需求价格弹性不一样，能不能对不同的消费者收取不同的价格，而不是利润最大化时的单一垄断价格，这就是**差别价格**，最常见的形式有三种。

1. 一级差别价格

最理想的是向每一位消费者购买的每单位产品都索取不同的价格。消费者为其所购买的每一个单位的产品，都有愿意支付的最高价格，这一最高价格被称作消费者内心的保留价格（reservation price），垄断者向消费者索取这个保留价。向所有消费者都索取各自保留价格的做法,就被称为**一级差别价格**。所有消费者的保留价实际上就构成了需求曲线。如图7.6.1所示。

　　如果垄断者做到了一级差别价格,就攫取了全部消费者剩余,获得的利润是最大的。在完全竞争时,市场的价格和销量是 p_c 和 q_c,消费者有三角形 p_cac 的消费者剩余;在完全垄断时,垄断者定的市场的价格和销量分别是 p_m 和 q_m,消费者也还有三角形 p_mbc 的消费者剩余。一级差别价格时,消费者的剩余为零,全部转化为企业利润的增加,前提是垄断者能掌握消费者的全部信息。

　　而在实践中,完全的一级差别价格几乎是不可能的。首先是无法知道每个消费者心里的保留价格究竟是多少。消费者不会将自己心里的保留价格告诉垄断者,这不符合消费者利益。其次即使垄断者知道了,也无法索取。那么,垄断者该如何实现向每一个不同的消费者收取不同的价格呢? 除非也就只有几个消费者。

　　但是,有些时候可以实现不完全的接近一级差别价格。例如,有可能对对象客户有相当了解的律师、注册会计师、私人医生等特殊专业人士,实现接近一级差别价格。据说目前社会上实际存在的小学生择校费,也接近一级差别价格。实行一级差别价格的企业可以获得最大可能的利润,但实施的成本也相当高。有趣的是,若不考虑一级差别价格的实施成本,一级差别价格的社会剩余最大化,没有了无谓损失,有效性提高了。

　　2. 二级差别价格

　　对同一种商品,购买不同数量索取不同的价格就是**二级差别价格**。随购买数量的增加,给出一定的数量折扣;或者分段索取不同的价格,如图7.6.2所示。

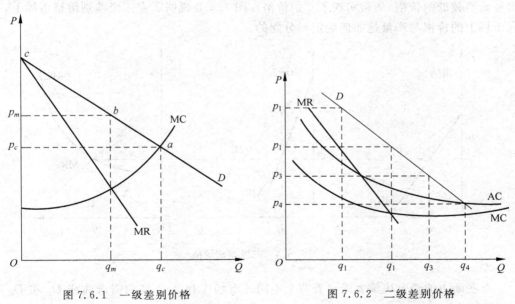

图7.6.1　一级差别价格　　　　　　　图7.6.2　二级差别价格

　　当消费者购买数量在0和 q_1 之间时,价格就定在 p_1;购买数量在 q_1 和 q_2 之间时,价格就定在 p_2;购买数量在 q_2 和 q_3 之间时,价格就定在 p_3;购买数量在 q_3 和 q_4 之间时,价格就定在 p_4;进行分段计价。也可以在一段时间内的累计购买数量给出一定数量的折扣，以鼓励消费者增加购买的数量，这对存在规模报酬递增的企业比较有效，既扩大了产量，又降低了成本，从而使生产者得益，消费者也得益。

分段定价的二级差别价格，主要是针对消费者在一定时间内，会购买多个数量的产品才有效。价格降低后，消费者的购买数量会增加。商家通常不会对冰箱等耐用消费品提供二级差别价格。二级差别价格的好处是：不需要对消费者的信息有特别的了解，只要向所有的消费者提供一份递减分段价格表即可，让消费者自己作出选择。

现实经济生活中的零售和批发价格不一样，也是二级差别价格的一种通常实现形式。还有一些其他形式，后面将会进行介绍。

二级差别价格会给垄断者带来利润的增加，而对社会剩余的影响却是一个复杂的问题，我们要视不同情况来决定。

3. 三级差别价格

更加大量的是三级差别价格。**三级差别价格**是根据不同的市场来制定不同的价格，例子几乎随处可见。实行三级差别价格，要满足两个条件：一是市场能够被区分开；二是不同的市场上要有不同的需求价格弹性。当然企业有一定的垄断力才是大前提。

应当如何对不同市场上的相同产品确定价格呢？销量又如何在这些不同市场上进行分配呢？目标还是利润最大化。利润最大化就要遵循一条原则，即边际收益等于边际成本。哪个市场出售的边际收益高，就在哪个市场多出售，直到每个市场上出售最后一个单位产品的边际收益相等，正好等于这时企业生产的边际成本。

这样，需求价格弹性小的消费者将被索要较高的价格，而需求价格弹性大的消费者则将被索要较低的价格，从而实现了差别价格。图 7.6.3 说明了在三级差别价格市场上，不同市场上的价格与产量是如何确定和分配的。

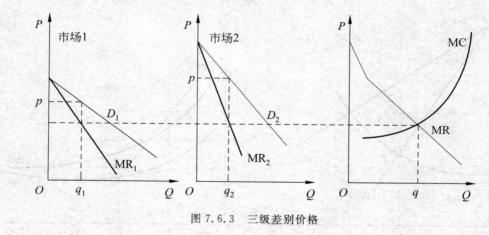

图 7.6.3　三级差别价格

有垄断力的经营决策者面对着两个不同的市场 1 和 2，市场的需求曲线 D_1 和 D_2 不一样。从各自的需求曲线出发，分别求得垄断者在不同市场上的边际收益曲线 MR_1 和 MR_2；再将这两个市场上的边际收益横坐标相加，得到总的边际收益 MR；由总的边际收益曲线 MR 和经营者的边际成本曲线相交，得到利润最大化的产量 q；同时也求得了此时的边际成本 $MC(q)$；再让市场 1 上的边际收益 MR_1 等于 $MC(q)$，得到分配到市场 1

的销量 q_1，由 q_1 通过市场 1 的需求曲线 D_1，确定在市场 1 上的产品价格 p_1；同样，再让市场 2 上的边际收益 MR_2 等于 $MC(q)$，得到分配到市场 2 上的销量 q_2，由 q_2 通过市场 2 的需求曲线 D_2，确定在市场 2 上的产品价格 p_2，这种确定与分配的价格和销量，经营者的利润会最大。

　　当然，也不是任何时候两个市场都一定要分配一些销量，才是值得的。当一个市场上需求过低，以至边际收益很小时，如图 7.6.4 所示，在市场 1 上销售就不值得，应全部放在市场 2 上销售。市场 2 的边际收益曲线就是和边际成本曲线相交的总边际收益曲线。

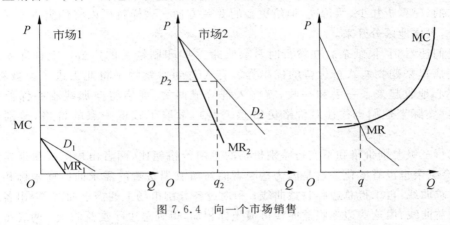

图 7.6.4　向一个市场销售

　　这样的分配产量和定价思想还可以扩展到多个市场的情况。

　　三级差别价格实施的关键是区分市场，不同的市场要能够被区分开。可以根据销售的地区分，国内市场一个价，国外市场一个价。弹性大的市场价格低一些，弹性小的市场价格高一些，国家的海关帮助分割。可以根据消费的对象分，看电影，成人一个价，中学生一个价。中学生通常对价格更敏感一些，因此，电影票的价格就要定得低一些。也可以根据男女性别分，进舞厅跳舞，男士一个价，女士一个价，有不少舞厅女士是免费的，这也是差别价格。还可以根据用途分，工业用水一个价，农业用水一个价；居民用水一个价，商业用水还有一个价。我国用电也有类似的差别定价。还可以根据消费的时间分，高峰一个价，低峰一个价；旺季一个价，淡季一个价。用电，高峰与低峰不一样；打电话，白天和晚上不一样；外出旅游，旺季和淡季不一样。根据消费时间区分的产品往往不能保存，或者保存的成本很高。服务当然也不能保存，生产和消费同时发生。

　　还需要注意到的是：根据时间分的差别定价与三级差别定价有所不同。在三级差别定价时，不同市场上的边际收益要相等，都等于边际成本。这是因为不同场合下所提供的产品或服务不是完全独立的，在一个市场上销售产品数量的多少，会影响到另一个市场销售产品的成本。但根据时间区分的差别定价就不一样了。在高峰期间，用电的多少不会影响在低峰期间发电的成本。在旺季接待旅游人数的多少，也不会影响在淡季接待的成本。因此，时间差别定价可以通过用各自的边际成本和边际收益相等来单独确定。由于时间差别定价还是与三级差别定价最接近，因此就将其放到三级差别定价里来讨论。

　　在三级差别定价时，必须要能够分离市场，以阻止高价市场上的消费者到低价市场上来购买。有些也是相对容易的，如只要检查学生证，就可以防止成人购买学生票入场。但分离却并非总是那么容易。购买飞机票旅行，目的不一样，需求价格弹性也大不一样。公务出差的旅行，对购买飞机票的需求价格弹性就不那么大；自己一家人外出闲暇旅游，购买飞机票的需求价格弹性就要大得多。如何区分这两类消费者不同弹性的需求还是有一定困难的。通过长期的观察，总结了一些规律：闲暇旅游往往是提前规划，订票的时间可以比较早，变动也相对少一些；公务出差，通常都是临时决定，尤其是重要的紧急公务，往往在飞机要起飞时才会去订票，而且不确定的因素也比较多，常常需要多次变更。这样早订票，还给日期和航班的变更加上种种限制，但票价可以低一点，多给一些折扣；而对临起飞前的订票，折扣少，票价高，但给更多的变更方便。这样就可以将两类本不可区分的客户群，大体地区分开来。

我们还看到，报纸杂志在发行时常会夹带一些印刷精美的广告。上面印着凭本广告到商店里来购物八八折优待的优惠券。有人看到后就随手将此丢进了垃圾箱，也有人会小心地收起来。一丢和一收，就将人群分成两类，商店将向那些小心保留优惠券的顾客（实际上他们也往往对价格更敏感一些），索取了较低一点的价格，差别价格就实现了。

实行三级差别价格和不实行差别价格的垄断价格相比，两者出售的总量通常是相等的，社会剩余也没有变化。这是因为垄断者面对所有消费者的需求曲线横坐标相加得到总的需求曲线，再求得总边际收益曲线；和通过各分割市场上的需求曲线，得出各市场上边际收益曲线，由这些边际收益曲线再横坐标相加，得到总边际收益曲线；两者得到的总边际收益曲线是一样的，从而和垄断者边际成本曲线的交点决定的产量也是一样的。在分割市场上，有的价格上升，销量减少了；有的价格下降，销量增加了。而社会剩余却没有变化，无谓损失没有变化，但生产者却攫取了部分消费者剩余，利润增加了。

当然，也有实在无法被区分不同的消费人群，或者是区分的成本也实在太高，也就会放弃差别价格。那么，放弃差别价格后还有什么办法吗？

二、两部收费

两部收费（two-part tariff）是与二级差别价格多少有点关联的一种攫取消费者剩余的方法。它向消费者先后收了两次费用：首先，它要求消费者为获得购买产品的权利而支付一定的费用，被称作入门费 T；其次，根据希望消费的数量 q，按价格 p 再次支付费用。消费者总的支付费用为

$$\mathrm{TE} = T + pq$$

现实经济生活中就有许多两部收费：公园就常常两部收费，进门买门票，当参加公园里的游乐项目时，按项目的多少再收费用；会员制商店两部收费，先交会员费入会，成为会员制商店的成员后，才有资格到会员店里购买商品，购买商品时再交钱。移动电话也是两部收费，先交月租费开通你的电话号码，使你有权利使用手机通话，再根据通话的时间再一次收费。甚至复印也是两部收费，先要买复印机，要复印文件时还需要不断地往里添纸等。

当购买数量增加时，固定的入门费被分摊，产品的平均价格在下降，从这个意义来看，两部收费制可以算是二级差别定价中的一种。企业应当如何来设定入门费 T 呢？又应

当如何来确定产品的价格 P 呢？消费者面对某个价格表，或某个价格公式时，又应当如何来作出选择呢？

利润最大化的入门费和价格确定是复杂的，需要精心设计，如移动通信费的自选套餐，详见专栏 7-5。为简单起见，说明两部收费制是能够为企业攫取更多的消费者剩余，从而获得更多的利润。作一个简单的假定：所有消费者对产品的需求是相同的，即他们有同样的需求曲线，如图 7.6.5 所示。

如果市场上只有一个消费者，他（她）的需求曲线为 D，有垄断力的经营决策者的边际成本是 MC。需求曲线和边际成本的交点确定了

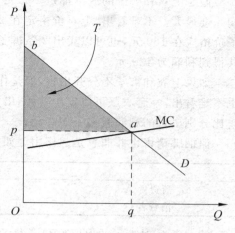

图 7.6.5　两部收费的入门费与价格

价格 p 和成交量 q，这时没有无谓损失，资源得到了有效利用。消费者获得消费者剩余，即三角形 pab 的面积，决策者想尽最大的可能攫取消费者剩余，就将全部消费者剩余定为入门费 T，这是消费者可能接受的极限，全部消费者剩余都转化为企业增加的利润。这就是将某一价格下的消费者剩余来作为消费者的入门费 T，而需求曲线和边际成本的交点确定价格为 p。

若要有效地实现两部收费，也需要对消费者有充分的了解。而且当**消费者行为偏好一致性好时**，即他们有相同的需求曲线时，两部收费制的效果会比较好。

两部收费定价不仅对希望增加利润的企业是有价值的，而且对政府管理部门也是很有参考价值的，可以利用入门费和流量费来管理公共事业，如水、电、煤气、有线电视、本地电话等。

三、捆绑销售

在现实经济生活中，**捆绑销售**（bundling）也是可以经常看到的现象。将多种产品捆绑在一起，作为一个整体来销售，如计算机、显示器、打印机作为一个整体来出售；计算机操作系统和办公软件作为组合软件来出售；音响、播放机、扩大器作为一个家庭影院来出售；各式家具作为整套来出售；厨房设备作为整体来出售；旅游的一条龙服务打包来出售；上衣和裤子作为套装来出售等。

为什么捆绑销售可以给企业带来好处？如不同的消费者对上衣和裤子有着不同的偏好。消费者 A 对上衣有着特别的喜爱，心中的保留价比较高，愿意花 300 元买件上衣，而对裤子的穿着却比较随便，一条裤子最多出价 160 元；而消费者 B 认为上衣和裤子应当要比较协调，一件上衣的保留价是 250 元，一条裤子的保留价是 210 元。

	上　衣	裤　子
消费者 A	300 元	160 元
消费者 B	250 元	210 元

假定上衣和裤子的成本都是 100 元, 上衣和裤子分别定价, 经营者应当如何来定价利润才会最大? 不难看出, 上衣价格定在 250 元一件, 可以卖出 2 件, 获得 300 元利润; 裤子价格应在 160 元, 也可以卖出 2 条裤子, 获得利润 120 元, 共出售 2 件上衣和 2 条裤子, 共得到利润为 420 元。

如果上衣和裤子不分开出售, 而是作为一个整体一套衣服出售应当怎样定价? 我们也不难看出, 一套衣服可以定 460 元, 出售两套衣服, 可以得到利润 520 元。这样, 捆绑销售比分别出售的利润就多了 100 元。

但捆绑销售也并非总是起作用。如果遇到下面的两个消费者会怎样?

	上 衣	裤 子
消费者 A	300 元	160 元
消费者 C	250 元	140 元

消费者 C 对裤子的保留价和消费者 B 不一样。我们还假定上衣和裤子的成本都是 100 元, 上衣和裤子分别定价。上衣还定 250 元一件, 可以卖出 2 件, 获得 300 元利润; 裤子价格定在 140 元, 还是卖出 2 条裤子, 获得利润 80 元, 出售 2 件上衣和 2 条裤子, 共得到利润 380 元。

如果上衣和裤子不分开出售, 作为一个整体一套衣服出售又应当怎样定价? 这时, 一套衣服只可以定价 390 元, 还可以出售 2 套衣服, 但得到利润 380 元。捆绑销售并没有比分别出售得到的利润多。

捆绑销售有时可以给经营者增加利润, 有时却不增加。原因在于消费者的偏好。在消费者偏好空间里, 如图 7.6.6 所示, 纵轴是上衣的保留价格, 横轴是裤子的保留价格, 图中 a、b、c 三个点分别代表消费者 A、B、C 保留价组合点的位置。

在图 7.6.6 中, 我们可以看到消费者 A 和 B 的保留价组合点的连线是负斜率, 说明这两个消费者需求偏好负相关, 即对一种产品具有较高保留价的消费者, 而对另一种产品的保留价却较低。对于**消费者需求偏好负相关**的群体实行捆绑销售是有效的。而消费者 A 和 C 的保留价组合点的连线是正斜率, 说明这两个消费者需求偏好正相关, 对一种产品具有较高保留价的消费者, 对另一种产品的保留价也较高。对于消费者需求偏好正相关的群体来说, 实行捆绑销售是无效的。

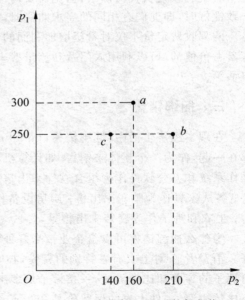

图 7.6.6　消费者 A、B、C 的保留价

我国的移动通信公司通常都会推出各色话费和增值服务的套餐就是捆绑销售的一种具体实现形式。可参见专栏 7-5 中移动的套餐。

移动通信的套餐

在现代生活中,移动通信服务已经成了人们日常生活中不可或缺的组成部分,微信、自媒体、手机支付、手机游戏等新技术的层出不穷,更是把移动通信服务推到了新的阶段。它的服务有一个显著特点,一次性投入的固定成本巨大,而运行的边际成本却十分低廉,不断扩大业务量是收回固定成本、增加利润最重要的手段。因此,移动通信公司为更好地吸引消费者,推出了眼花缭乱的通信服务套餐,将差别价格、两部收费制和捆绑式销售等各种营销手段充分地结合在一起,几乎用到了极致。各地营运公司又根据各地消费者的特点,花样翻新,套餐还不尽相同。

我们可以在中国移动官方网站上看到自选套餐。将资费分为语音通话、上网流量、数据业务三个主要组成部分,语音通话有 18 元、28 元、48 元、88 元等八种档位,上网流量则分为 20 元、30 元、50 元等九种档位的流量包,数据业务则有短信包、彩信包、手机报、手机支付等不断推陈出新的业务。由消费者自己选择语音通话、上网流量、数据业务等和其他业务的自由组合。

从过去由运营商来差别定价、制定搭售,到由消费者自主选择套餐,套餐组合可以达到数百上千种,以实现充分满足客户的个性化需求,充分尊重客户的自主选择权。以至于消费者反而会陷入而不可自拔、被彻底绑架的境地,营运商却赚得钵满盆满。

资料来源:中国移动官方网站,2017.

四、内部转移定价

当前,有许多企业,主要是大企业,内部存在若干个成本结算中心,它们要各自结算自己的成本和利润。尤其是纵向一体化的企业,各个部门之间的产品存在投入产出关系,一个部门的产出作为零部件,需要"卖给"另一部门继续生产。这个价格如"卖"高了,会影响下游的生产成本,进而影响最终产品在市场上的竞争力;这个价格如"卖"低了,上游不高兴,会影响上游生产的积极性。而如何准确地选择这个中间产品的转移价格,就是**内部转移定价**。

在没有外部市场时,上游的中间产品只有给下游继续生产,下游要的中间产品也只有从上游转移。此时,不能由部门经理因本部门的利益来决定中间产品转移的数量和价格,必须由公司的决策者从公司利润最大化来设置中间产品转移的数量和价格,对上游部门而言,是价格的接受者,价格等于生产的边际成本,上游仿佛是在完全竞争市场上,公司整体利益好。

在具有非竞争性外部市场时,当上游处于卖方垄断,中间产品既可以转移下游继续生产,也可以在外部市场出售,需要采取差别价格,通常,内部转移价格低于外部市场价格。当下游处于买方垄断时,下游需要的中间产品既可以从上游转移,也可以从外部市场采购,同样采取差别价格,通常,内部转移价格高于外部市场采购价格。

在外部市场是充分竞争时,内部转移价格就等于外部竞争市场价格。若上游发生亏损就关闭上游部门,下游亏损,就关闭下游部门。

内部转移价格的定价机制,还可以帮助企业合理地避税。现在,世界上有许多跨国企业,将公司内部的不同部门,设立在世界上不同的国家和地区。由于不同国家和地区的税赋常常相差甚大,而通过调整内部转移价格,将利润从高税赋的国家或地区,向低税赋的国家或地区转移。上游部门处于高税赋,下游部门处于低税赋,降低中间产品的转移价格,将利润从上游转到下游部门;上游部门处于低税赋,下游部门处于高税赋,提高中间产品转移价格,将利润从下游转到上游部门,从而达到避税的目的。

目前,在华的一些跨国公司常常用企业内部转移定价的方法来进行避税逃税,将利润转移到国外,从账面上看,甚至有些外商在华投资企业处于亏损状态,使得我国税收蒙受巨大损失。常用的手段有以下内容。

与海外母公司或关联企业进行关联交易。从境外关联企业高于国际市场价格进口原料,再以低于国际市场价格将产品出口到境外关联企业,将企业的利润向境外转移。

向母公司或关联企业支付高额特许权使用费,增加成本。有时境外关联企业还把特许权使用费打入设备定价。

通过向母公司或境外银行大量借贷,支付巨额利息,减少账面盈利;虚报境外资产购价,虚增投资资本,扩大折旧份额;通过融资租赁的方式从境外母公司或关联企业租入,抬高租价,转移利润。

外商投资企业向境外关联企业无偿或低价提供劳务,向我国境内的关联企业人为抬高劳务费。

企业把利润转移到设在避税地的控股公司。全球有英属维尔京群岛、开曼群岛、巴哈马、百慕大、卡曼岛等避税港。英属维尔京群岛虽仅153平方公里,却汇集了35万家公司,在这里注册的公司中有1万多家都与中国有关。[①] 专栏7-6就是说明苹果公司通过转移定价,达到避税的目的。

专栏 7-6

苹果公司跨国避税"三明治"

跨国公司在海外避税已经算不上新闻了,苹果公司俨然成为美国跨国公司海外避税的范例。

美国苹果公司是1976年在美国加州成立的一家计算机公司,几年后就开始布局纳税战略,如今已经形成了复杂而完整的体系,很少能被人完全看懂。

它主要是通过两家爱尔兰子公司和一家荷兰子公司来达到避税目的,其避税结构酷似用两片面包(两家爱尔兰子公司)夹着一片午餐肉(一家荷兰子公司)的三明治。

"第一片面包"是美国苹果公司在爱尔兰设立的苹果销售公司,负责接收除了美国以外所有地区的销售收入。"第二片面包"也是美国苹果公司在爱尔兰开设的一家苹果国际运营公司,但该公司的总部设在了"避税天堂"——加勒比群岛。三明治中间夹着的"午餐肉"是美国苹果公司设立在荷兰的苹果欧洲运营公司。"三明治"上的"黄油"就是指知识产权。

---

① 刘志娟,2009年24期,国际经贸。

苹果公司将其所拥有的知识产权许可给了位于爱尔兰的苹果国际运营公司("第二片面包"),该公司再将其许可给位于荷兰的苹果欧洲运营公司("午餐肉"),欧洲运营公司再许可给位于爱尔兰的苹果销售公司("第一片面包")。

三明治的"第一片面包""第二片面包"和"午餐肉"在荷兰都被认定为是欧盟公司,根据荷兰的法律,欧盟成员国公司之间的资金转移,免缴预提所得税;接着轮到"午餐肉"向"第二片面包"缴纳许可费,根据爱尔兰税法,总部或者母公司在外国就认定外国公司不需要向爱尔兰缴税。如此一来,购买费中的知识产权许可费就从"第一片面包"顺利通过"午餐肉"流转到"第二片面包",且流转到"第二片面包"的总部所在地——"避税天堂"加勒比群岛。在整个收入转移过程中,苹果公司只需要缴纳荷兰低廉的交易税和部分爱尔兰低廉的所得税。

2016年8月欧盟向苹果公司开出超百亿美元的巨额罚单,苹果公司跨国避税"三明治"是合理合法的吗?

参考资料:百度文库,苹果公司避税案例2017.

本 章 提 要

完全垄断市场是市场结构中又一个极端情况。有卖方垄断和买方垄断两类。垄断市场通常是指卖方垄断市场。

卖方垄断市场应具备四个条件。形成垄断的成因有六个:规模经济、原料控制、政府特许、专利发明、消费者锁定和网络外延。

垄断企业是价格的决定者。决策的重要特征是需求曲线和边际收益曲线分离。垄断者根据边际收益等于边际成本来决定利润最大化的产量,再由需求曲线来确定市场价格。在长期均衡时也能获得经济利润。垄断也带来了社会的无谓损失。

垄断企业没有价格与产量一一对应的供给曲线。多工厂垄断企业是根据边际成本来分配产量的。

垄断降低了资源配置的效率,政府通常会对企业的垄断行为实行限制。垄断者垄断力的量度取决于消费者需求价格弹性倒数的相反数。

买方垄断也给垄断者带来了利益,但同时也带来无谓损失。

垄断者可以利用市场垄断力获取更多的消费者剩余。根据消费者需求价格弹性可以实行三级差别价格。向每一个消费者收取保留价是一级差别价格。根据购买的不同数量收取不同价格是二级差别价格。在不同的市场收取不同的价格是三级差别价格。

在消费者行为偏好一致时可以实行两部收费。根据消费者剩余收取入门费,消费者获得消费资格;再根据消费者消费的数量,再次收费。

在消费者行为偏好负相关时,可以实行捆绑销售。

当企业内部有多个成本结算中心时,要实行内部转移定价。

国际跨国公司常用转移定价的手段来进行避税或逃税。

关键词和术语

完全垄断市场：和完全竞争市场相对立的一种市场结构形式。在市场上只有一个卖者，或只有一个买者，分别称为卖方垄断市场和买方垄断市场。通常称垄断市场时，常单指卖方垄断市场。

政府特许：政府因某种原因，特许某企业、部门，甚至个人进行排他性的经营权。

专利保护：给予发明者一种排他性的垄断权，在一定的时间内有使用、保持和转卖发明的权利。

消费者锁定：通过消费者习惯性建立特定的偏好，增加对产品的忠诚感，以维持垄断。

网络外延：价值随更多消费者购买、使用而增加为网络外延效应。也有利于形成垄断局面。

寻租：为获取更多的消费者剩余、生产者剩余或经济利润的非生产性努力。

垄断力：控制产品价格的能力，用**勒纳指数**来衡量，大小等于需求价格弹性倒数的相反数。

边际支出：多购买一单位产品增加的支出。

反垄断法：用法律手段对那些限制，或看起来限制竞争的行为加于禁止。是反对垄断保护竞争的制度，我国的《反垄断法》是 2008 年 8 月 1 日开始实施。而早在 1993 年 12 月 1 日就开始实施《中华人民共和国反不正当竞争法》。

差别价格：对同样的产品，针对不同的消费者收取不同的价格，以攫取更多消费者剩余。

一级差别价格：消费者愿意支付的最高价格为消费者心中的保留价格，向每一个消费者收取其保留价格为一级差别价格。

二级差别价格：根据消费者一次或一定时间内多次购买的数量收取不同的价格。

三级差别价格：根据不同的市场收取不同的价格。需求价格弹性大的市场价格低；需求价格弹性小的市场价格高。不同市场上最后一个单位产品的边际收益都相等。

两部收费：先向消费者收取一定数量固定费用的入门费，购买消费的权利；再根据消费的数量收取使用费用，先后收取入门和使用两部分费用。消费者行为偏好一致性好时，两部收费制的效果比较好。消费者行为偏好一致性好，是指他们的个别需求曲线相同或相近。

捆绑销售：又称搭售。将多种产品作为一个整体进行销售。不能分开销售时为纯捆绑销售。消费者行为偏好负相关时，捆绑销售的效果比较好。消费者行为偏好负相关是指不同消费者对不同产品的偏好次序不一致。

内部转移定价：在大公司内部，确定各部门之间中间产品的转移价格为内部转移定价。

复 习 题

1. 什么是完全垄断市场? 买方垄断和卖方垄断有什么区别?

2. 你是怎样看待市场垄断的? 形成完全垄断市场的原因有哪些?

3. 追求利润最大化的垄断者决策有什么特征? 你是怎样理解企业面对的需求曲线和边际收益曲线的分离的?

4. 为什么垄断要造成无谓损失? 垄断企业一定能获得经济利润吗? 为什么?

5. 垄断企业的短期均衡与长期均衡有什么不一样吗?

6. 你是怎样理解垄断企业没有价格与销量一一对应的供给曲线?

7. 你是怎样评价垄断与竞争对优化资源配置的优势和劣势?

8. 什么因素决定了企业在市场上的垄断力? 市场垄断力是如何测定的?

9. 什么是边际支出? 买方垄断企业是如何决策的? 会造成无谓损失吗?

10. 你是怎样看待政府对垄断企业实行价格管制的有效性?

11. 你是如何认识我国的《反垄断法》的?

12. 什么是差别价格? 有哪些差别价格法? 不同的差别价格法各自是如何实行的? 在实行时要注意什么?

13. 什么是两部收费制? 如何实现两部收费制? 实行两部收费制要注意些什么?

14. 什么是捆绑销售? 如何实现捆绑销售? 实行捆绑销售要注意些什么?

15. 为什么企业要利用内部转移价格来转移部门间的利润? 你是怎样认识避税和逃税的?

 第七章自我检测题及答案

第八章 垄断竞争与寡头垄断市场企业经营决策分析

完全竞争和完全垄断是市场结构中的两个极端，从某种意义上说，两者都是理论的抽象，在现实生活中其实并不多见，大多数现实的市场是介于两者之间。一个企业可能处在两者之间的某一个位置，或比较接近于完全竞争市场，或比较接近于完全垄断市场。这中间市场结构的范围很宽阔，因此，我们又常将其分为两类：一类是垄断竞争市场；另一类是寡头垄断市场。了解了这两类市场，就能更好地了解我们身边的市场。

第一节 垄断竞争市场的企业经营决策

一、垄断竞争市场的特征

"垄断竞争"（monopolistic competition）这个名称的本身，就是垄断和竞争两者的结合，它必须满足一定的条件，买方的数量更多，买方议价能力不强，基本是价格的接受者，我们侧重从供给方来展开讨论。

（1）市场上有许多的卖主，也有更多的买主。"许多"的含义是指这些卖主对市场可以施加有限的影响，是市场价格的影响者；但由于数量多，若要互相完全联合起来控制市场价格，不是说不可能，至少是十分困难的。在垄断竞争市场上的一个企业，在作决策时，由于市场份额不大，自己估计对其他企业没有多大影响，其他企业不会作出什么反应。也就是说，垄断竞争市场上的企业自我感觉可以独立行动、互不依存。**自以为是价格的决定者。**

（2）产品**既有差别，又有**一定的**替代性。**产品之间有差别又有替代性是垄断竞争的最主要特征。这种差别的形成，有以下几种情况。

实质上的**差别。**如由于原材料、设计、加工技术等不同，甚至在使用功能上也有所不同。

非实质上的**差别。**如由于包装、商标、广告、形象等引起的消费者感觉上的不同。出售条件的不同，如地理位置、销售时间、售后服务、服务态度上的不同。

因此，市场上的产品往往可以形成许多**产品组**（product groups），如"牙膏""卫生纸""毛巾"等大量的日常用品。在同一产品组内，产品是相似而不尽相同的，多少有一点差别，但差别又不是大得不能替代。正因为有差别，才可以形成一定程度的垄断；因差别不大，彼此间又在一定程度上可以替代，需求的交叉价格弹性较高，就可以形成一定程度的竞争。替代越容易，竞争程度就越高。因为每个企业既是垄断者，又是竞争者，兼有垄断和竞争的两个特点。我们说在同一个垄断竞争市场上，已经不是严格意义上的同一行业，同一种产品,它们的产品相似而不尽相同,是同一产品组。为了方便起见,我们还是用行业、市场这样的概念来进行说明。

(3)企业可以比较自由地进出市场。每一个企业的规模不是很大,所需的资本也不是很多,因而,要进出市场并没有多大的障碍。但也并不是完全自由地进出,还需要一定的资本量,需要某种特定的技术;也不是任何人都可以随时进出市场的,比如,一个新的企业要进入某个特定的行业,必须购买一定数量的生产设备,对其职工进行必要的生产技术培训,支付一定的费用以取得生产经营的许可证,以及为打开市场销路所支付一定的广告费用、推销费用等。一旦某行业内赢利不错,就会不断有新的企业积极进入,这里没有太大的技术壁垒,也没有什么行政壁垒。

(4)信息大体上是畅通的、透明的。垄断竞争广泛地存在于零售业和服务业之中:服装业、纺织业、食品加工业是全国范围内的垄断竞争行业;快餐业、副食业、鞋帽业是地方层次上的垄断竞争行业。信息大体上是畅通的、透明的:生产者对不同产品的差异性和可替代程度大体有所了解;消费者对不同产品的差异性和可替代程度也许了解,也许不太了解,短时间内不大了解,长时间内也就会比较了解。

二、企业面临的需求曲线

垄断竞争的企业所面对的需求曲线,就不会像完全竞争企业那样是一条具有完全弹性的水平线,而是多少有点向右下方倾斜的斜线。既然产品具有差别,企业若要增加销量,只有降低点价格。产品的差别性越大,需求曲线的斜率的绝对值就越大。但产品又不是完全不能替代,彼此间存在竞争,需求曲线的斜率也不像完全垄断企业的需求曲线斜率的绝对值一样那么大,而是一条略微向右下方倾斜的曲线。

就垄断竞争市场上的单个企业来说,它自认为可以独自行动,而其他企业不会对其决策作出反应。因此,就有一条自己想象的**主观需求曲线**(subjective demand curve)。但实际上,市场对交易者而言,信息还是比较充分的,当它降低价格时,其他企业势必也会降低价格,假定在一产品组内有 N 家企业,这 N 家企业的生产函数也大体相似,那么每家企业的产销量也只能是整个市场需求量的 N 分之一。这是一个合理的市场份额,由此而导出的需求曲线,被称为**客观需求曲线**(objective demand curve)。

例如,某市场上有 100 家皮夹克生产者,在一个销售期内,每件价格为 1 000 元,可售出 25 万件;若每件价格降到 800 元,销售量可增加到 32 万件。按客观需求曲线来看,对于一个皮夹克生产者,占了市场份额的 1%,当每件价格为 1 000 元时,可售出 2 500 件;当每件价格为 800 元时,则可售出 3 200 件,这就是客观需求曲线,是一个比例需求曲线。但就单个生产者来说,他自认为自己出售的皮夹克降价时,不会引起其他生产者全都降价的连锁反应,市场上因降价而增加的 7 万件皮夹克销量,他可以很好地占有,可以售出的皮夹克数量要远大于3 200件,从而形成了一条远为平坦的主观需求曲线。图 8.1.1 就是单个垄断竞争的客观需求曲线 D 和主观需求曲线 d。

主观需求曲线和客观需求曲线分离,是垄断竞争企业面对的需求曲线最主要的特征。

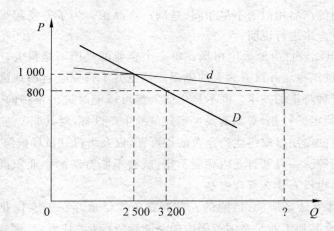

图 8.1.1　单个垄断竞争企业的主观需求曲线和客观需求曲线

三、短期均衡的价格与产量决策

在短期内，一般认为在同一产品组内，企业的数目 N 不会发生变化，固定投入不变，这决定了单个垄断竞争企业所面临的客观需求曲线不变。但在通常情况下，垄断竞争者是按自己的主观意愿进行决策，主观意愿就是根据主观需求曲线 d 及相应的边际收益曲线 mr 来进行决策，如图 8.1.2 所示。

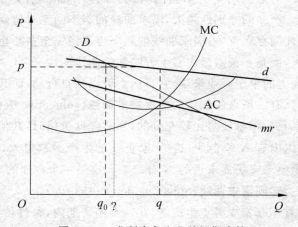

图 8.1.2　垄断竞争企业的短期决策

由主观需求曲线得到的边际收益和边际成本曲线的交点，$mr=MC$，决定了产销量 q，而由主观需求曲线 d 决定了价格 p。但是，在价格 p 下，由客观需求曲线 D 决定的销量却不是 q，主观愿望和客观可能并不一致。也就不可能达到均衡，即使是短期均衡。其实，一家垄断竞争企业降低价格的信息，很快会被传播出去，以至于不久后，垄断竞争市场上所有的企业都降了价，迫使每个垄断竞争者面对的主观需求曲线 d 要调整，向左下移动，从而主观的边际收益曲线 mr 也向左下移动。移动后的主观需求曲线得到的边际收益和边际成本曲线的交点，$mr=MC$ 决定的产销量 q 也在不断减小，向左移动。主观需

求曲线 d 和客观需求曲线 D 的交点决定的产量 q_0 是主观与客观一致的点,由于主观需求曲线 d 在向左下移动,主客观一致的产量 q_0 就会向右移动。当 q 与 q_0 正好重合时,也就是按垄断竞争生产者的主观意愿追求利润最大化所决定的产量 q,正好等于市场按比例分配给他的产量 q_0,这时就实现了**垄断竞争企业的短期均衡**,如图 8.1.3 所示。

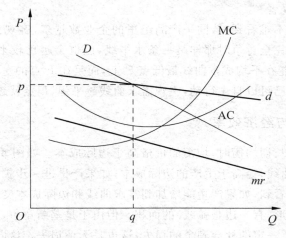

图 8.1.3　垄断竞争企业短期均衡

只要市场价格还高于产品的平均成本,企业就能在短期内赢得经济利润,图 8.1.3 中的情况就是可获经济利润的情况。当主观需求曲线和客观需求曲线的交点决定的市场价格正好落在平均成本曲线上时,就处于盈亏平衡点;若该交点决定的市场价格低于平均成本,但又高于平均变动成本,在短期内仍应继续经营,和完全竞争企业一样,这样做也是为了能收回部分固定成本,否则固定成本就全部损失了;若交点决定的市场价格正好落在平均变动成本曲线上,就到了关门点;如果还低于平均变动成本曲线,则更应及时停业关门。

四、长期均衡的价格与产量决策

短期均衡并不能持久维持。若垄断竞争企业在短期内有亏损,尽管为收回部分固定成本,而不得不继续经营,但从长期来看,必然会退出。若垄断竞争企业在短期内有经济利润,从长期来看,经济利润将吸引新的企业进入市场,在垄断竞争市场上,新企业的加入是没有多大障碍的。

只要一有新的企业加入,同一产品组里的企业数 N 就会增加,N 不断加大,客观需求曲线 D 就会不断地向左下移动,而主观需求曲线也会相应地不断向左下移动。

由于有新的企业加入,同一产品组里的企业数增加了,也加剧了对投入要素的竞争,还可能引起要素价格的上升,从而使成本曲线向上移动。

成本曲线上移,需求曲线左下移,经济利润也就不断地下降,直到经济利润全部消失,这时既没有迫使企业退出的压力,也没有吸引企业进入的诱因,从而就达到了长期均衡。此时如图 8.1.4 所示。**主观需求曲线 d_{LR} 正好与平均成本曲线相切**。而客观需求曲线 D

与主观需求曲线 d_{LR} 也正好交于该切点。该切点的平均成本决定了市场上垄断竞争企业长期均衡的价格 p_{LR}，此时的产量是垄断竞争企业长期均衡的产量 q_{LR}。我们可以看到，对于一个垄断竞争市场上的企业，从短期来看，与垄断者好像并没有多大差别，也是个价格的决定者；但若从长期来看，由于市场的进出没有限制，像在完全竞争市场上的企业那样，它还是价格的接受者。

从图 8.1.4 中还不难看到，若同一产品组里的企业数越多，客观需求曲线就越陡，而主观需求曲线虽不像完全竞争时那样是一条水平线，但也会越比较平坦。由于多少有点倾斜，切点 E 就不可能在平均成本曲线最低点 F 上，而是在 F 点的左边。企业数越多，垄断竞争者就越觉得自己可以自主行动，主观需求曲线越平坦，E 点就越接近 F 点。

五、垄断竞争与经济效率

在垄断竞争企业长期均衡时，均衡的价格高于边际成本。如图 8.1.5 所示，此时，消费者的评价，即需求曲线，会高于生产的边际成本，如果产量进一步扩大，则社会剩余还可以进一步增加。可以看到，如果产量能增加到需求曲线和边际成本交点的产量，社会剩余可以增加图中准三角形（有一边是弧线）的面积。但由于是垄断竞争，不是完全竞争，在长期均衡时，还是产生了一定的社会剩余的损失，这也是无谓损失。这同样是由于企业垄断力所造成的，垄断竞争企业也有垄断力。

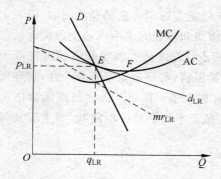

图 8.1.4 垄断竞争企业的长期均衡

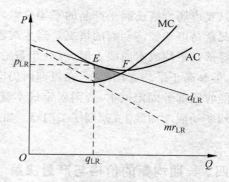

图 8.1.5 垄断竞争企业的无谓损失

同时还可以看到，垄断竞争企业在长期均衡时，也不在平均成本最低点组织生产。组织生产的 E 离平均成本最低点 F 还有一段距离。在经济学上，我们将垄断竞争企业长期均衡点 E，与完全竞争企业长期均衡点 F 之间的距离，叫作**剩余生产能力**（excess capacity），它表示经济资源未能得到充分利用的程度。同行业的垄断竞争企业数越少，或者产品之间的差异性越大，E 点离 F 点越远，造成的无谓损失也就越大。我们可以看到，在垄断竞争行业中的确有剩余的生产能力。在餐馆里，总可以看到有部分空的桌子；在宾馆，总有部分空置的房间；在百货商店，总有部分没有顾客的售货员。除非是非常有名气时，就有了垄断。如全聚德烤鸭店，顾客盈门，常需要提前订座。

而且垄断竞争企业在长期均衡时，**经济利润**也是**趋于零**。这是由于在垄断竞争市场上，企业进出基本是自由的，新企业的进入，像完全竞争市场那样，使得垄断竞争企业的经济利润趋于零。在一般情况下,垄断竞争企业产品的品牌会有不同,具有品牌优势的产品会赚到一点利润,但如果将品牌优势也看作机会成本,经济利润仍趋于零。垄断竞争企业造成的无谓损失使消费者受损,价格高于边际成本,生产者也没有获利,经济利润趋于零。幸好在大多数垄断竞争市场上,企业的垄断力通常都不大,造成的无谓损失也就不多,消费者还可以得到产品多样化的可选择好处。消费者可以从产品的多样化中得到个性化需求的满足。

垄断竞争作为垄断和竞争的结合,兼是两者的优缺点。对消费者来说,产品的多样化满足了消费者的不同偏好,但需要付出较高的价格。对生产者来说:一方面,在没有达到最低成本的情况下组织生产,会造成资源一定程度的配置效率降低;另一方面,竞争的威胁,会迫使企业不断地大搞技术创新,而一定程度的垄断,可保护创新的收益,因此能够促进企业开动脑筋,积极创新。

第二节　价格竞争与非价格竞争

一、价格竞争

价格竞争是指企业运用价格手段,通过对产品价格的提高、维持或降低,以及对竞争者定价或变价的灵活反应等,来与竞争者争夺市场份额的一种竞争手段。长期以来,价格竞争一直深受企业经营决策者的重视。尽管也常被看作最低级的手段,但却一直被广泛地运用。尤其在垄断竞争市场和寡头垄断市场上,价格都被作为一个最关键变量来看待。

我们在第二章讨论需求价格弹性分析时知道:当企业面对激烈市场竞争时,需求价格弹性就大;在需求价格弹性大的时候,企业应当选择适当降价。降价的底线是价格等于边际成本。这时,只要价格还大于平均变动成本,在短期内,就能获得最大利润或最小的亏损。当然,从长期看,价格还是要大于或等于平均成本。企业在面临激烈竞争时,应苦练"内功",不断地改进和提高管理水平,在降低企业生产成本上狠下功夫,不失为有效的企业战略,这通常被称为**低成本战略**,企业苦练内功的核心常常就是在降低成本上下功夫。

低成本战略是一项艰苦而持之以恒的工作。要抓住企业成本驱动的每一个关键因素,如规模经济,范围经济,行业的外在经济,学习效应,关键资源合理配置的投入成本,内部转移与外部采购的利益比较,新产品、新技术的投入时机,生产能力的综合利用效率,成本的准确分析等。

成本降低了,就有了使用价格竞争手段的空间。在面对富有需求价格弹性的市场,适当地降价,销售量会更快地上升,从而可以获得更大的市场份额,给企业带来更大的利润。

1996年长虹彩电通过战略性调整,一举控制了60%以上的国家彩管供应,并以买方垄断的地位,迫使其上游各元器件生产供应商大幅度降价,导致长虹采购成本的下降。然后,将其成本优势转化为价格竞争优势,在彩电行业掀起了一场价格大战,并在当年迅速成为市场占有率第一的品牌。

格兰仕微波炉也是在价格竞争中胜出的一个例子。在20世纪90年代初,格兰仕在国内率先引进国外微波炉元器件组装生产微波炉；在其他企业纷纷效仿时，由于先走一步，因此取得了一定的学习效应，成本上占有优势，在市场上带头降价，进一步扩大了市场份额，提高了产量；产量的增加产生了显著的规模经济，使成本进一步领先，又有了降低价格的资本。现在已经全面掌握了微波炉等白色家电生产的核心技术和自我配套能力，达到了国际领先水平，并持续在技术创新上下功夫，由中国制造向中国创造迈进，详见专栏 8-1。

专栏 8-1

从中国制造向中国创造迈进的格兰仕

格兰仕于 1978 年在广东顺德，从乡镇小手工作坊起步，发展到今天拥有 5 万名员工的跨国白色家电集团，成为中国家电业最具影响力的龙头企业之一。

格兰仕于 1992 年从纺织业转向家电业，开始研制微波炉，让微波炉从"奢侈品"成为了现代家庭必需品，并且不断引领微波炉向节能化、智能化、艺术化、一体化等方向创新发展。从白色到彩色，从方形到圆形；从微波技术到光波技术，从微波变频到光波变频，再到双模变频技术；从侧开门式、下拉门式，到上开门平台式。格兰仕持续引领了微波炉产业的技术升级和消费升级。

今天的格兰仕全面掌握了白色家电的核心技术和核心自我配套能力，是世界微波炉行业的领军品牌，微波炉、电烤箱、电蒸炉技术水平、产销规模行业领先，同时拥有冰箱、空调、洗衣机、洗碗机等家电的专业制造能力，自主研制的磁控管、压缩机、变压器等核心元器件均处于国际行业领先水平。截至 2016 年，格兰仕累计申请国内国际专利 2 208 项。

通过科技创新，赋予了家电更多的贴心功能与人格特征，让用户享受智慧家居带来的人情温暖和生活趣味。从做好家电到做好家人的智造理念，透过高端整体厨房、智能洗碗机、健康蒸汽滚筒洗衣机、互联网生态冰箱、嵌入式一体化家电、G＋智慧家居等越来越多的智慧有趣的生活科技。由中国制造向中国创造迈进，为全球用户创造更便利、更舒适、更愉悦的生活，赢得了消费者的尊重。

参考资料：格兰仕官方网站.www.galanz.com.cn,2017.

我国许多小家电企业也几乎走过同样的历程，价格竞争是发展过程中的主要手段。我国大量产品在国际上的竞争，大体上也采取了低成本战略，利用成本优势，主要是劳动力成本优势，用价格竞争的手段日益扩大了我国在国际贸易中的份额。

价格竞争的结果虽然推动了企业努力降低成本、节约资源、提高生产率，促进了资源更加合理的配置，消费者也从中得到了显著的好处。但企业的利润越来越薄，转而需要寻找新的战略，进行非价格竞争。**非价格竞争**主要是指品质竞争和广告竞争，又称企业的**差异化战略**。

二、品质竞争

采用非价格竞争，实行差异化战略，就是指企业努力制造产品间的差异化。产品有了差异化,就可以在一段时间内取得垄断的好处;延长产品差异化的时间,就可以延长取得经济利润的时间。产品的差别可从两个角度来产生:一是在产品自身品质上下功夫,这就是**品质竞争**;二是从消费者对产品的心里感觉上下功夫,这就是**广告竞争**。

品质竞争是差异化战略的重要手段,由于消费者的需要千差万别,那么企业就可以从同一种产品中,变出五花八门的花样来适应消费者千差万别的需要,从而展开品质竞争,甚至到完全是量体裁衣的个性化产品。

以我国的自行车为例。在计划经济体制下,自行车供给一直短缺,没有竞争,因此,自行车是几十年一贯制,几亿人骑自行车,款式变化极少,也就是男式、女式、"26"车、"28"车等非常有限的几种品牌。

近一二十年来,自行车行业也展开了激烈的竞争,各自行车制造企业纷纷在品质竞争上大下功夫,努力制造产品品质的变异。

从材料上分,有普通钢、锰钢、合金钢、塑钢、镁合金、高级铝合金……

从款式上分,有男式、女式、山地、变速、电动、便携……

从规格上分,有"28""26""24""22""20"……

从表面涂覆方式上分,有喷漆、烤漆、电镀、氧化……

从车体颜色上分,有黑色、红色、绿色、蓝色……

甚至自行车的每一个部件,车铃、车把、车座、车闸、车尾灯……都可以变异。企业力争从每一个附加功能上努力造成差距。

品质竞争还可以从包装、推销、售后服务上下功夫,也可以随产品免费赠送各种小礼品。企业千方百计地制造产品的差别,以此来满足不同消费者的需要。

从经济分析的角度来看,产品的差异化大体上可以分为两种:横向差异化和纵向差异化。**横向差异化**主要是产品的某些方面的特征差别,如颜色、外形等方面的差异,主要适应消费者偏好的差异性,这些差异有的消费者喜欢,有的消费者不喜欢。**纵向差异化**主要是某些功能上的改变,往往意味着产品质量的变化。消费者很可能是一致地表示欢迎或不满意,也常常意味着消费者要付出更高的代价。

差异可以是核心部件、关键功能上的差异,也可以是非核心部件、非关键功能上的差异。核心部件、关键功能上的差异化,有利于和竞争对手产品属性进行区分,带来消费者的忠诚和对价格敏感程度的降低。

差异可以是有自主知识产权、核心竞争能力的差异,也可以是没有自主知识产权、非核心竞争能力的差异。有**自主知识产权、核心竞争能力**的差异就可以持久,否则很快会被竞争对手模仿,没有真正获得差异化。目前,各种山寨产品层出不穷,这些都没有核心竞争力。只有在关键技术上持续的创新,才能获得持久的竞争力。我国已经开始构建以企业为主体,市场为导向,产学研相结合技术创新体系,开创一批有自主知识产权的、有持续竞争力的新产品。专栏 8-2 就是在核心技术具有全部自主知识产权的一例。党的十八届三中全会决定指出:建立产学研协同创新机制,强化企业在技术创新中的主体地位,发挥大型企业创新、骨干作用,激发中小企业创新活力,推进应用型技术研发机构市场化、企业化改革。以不断增强我国企业、产品在国际竞争中的核心竞争力,迈向全球价值链的中高端。

专栏 8-2

同方威视让世界更安全

同方威视技术股份有限公司，简称"威视"，是一家在辐射应用技术相关领域产品开发、生产和推广的专业公司。源于清华大学早期开发，主要承担公司大、中、小型辐射成像设备、核监测设备、爆炸物监测设备等系列产品的研发、设计、制造。技术储备长达半个多世纪，凝结了几代清华人的心血，产品核心技术具有全部的自主知识产权。

威视成立之初，就与清华大学建立了优势互补的长期战略合作关系，2004年成立了联合研究所与威视研发中心，在前瞻性技术研究与产品开发方面各有侧重而又联系紧密，形成了具有威视特色以企业为主体，以市场为导向，产学研相结合的创新机制。公司的专利申请和授权量每年都大幅递增，已申请了千余件国内外专利，并在数十个国家注册了商标，已形成严密的知识产权保护网。

目前威视的产品及服务已遍布五大洲一百多个国家和地区，涵盖了民航、海关、城市轨道交通、铁路、公路、港口和重点安防机构等行业，得到了世界各国用户的广泛认可，在全球市场上占据重要地位，电子加速器销售总量已经超过1000台，在货物和车辆探测设备全球市场份额达到40.7%，已连续5年位居首位，同方威视让世界更安全。

资料来源：同方威视网站. www. nuctech. com, 2017.

当然，品质竞争变异会导致成本的增加，只有当品质竞争变异而增加的成本，小于因变异而增加的收益时，这样的变异，才是对企业有利的变异。不能引起消费者觉察的差异、没有必要的过度差异、消费者认为没有必要的差异等都是无价值的差异。

这里要特别说明的是，这种所谓有利的变异，也只是在短期中使垄断竞争企业取得经济利润。在产品变异后，更加能吸引消费者，可能会有更高的价格、更大的销量，在短期内获得经济利润。只要企业能在短期内获得经济利润，就会有新的企业挤进来，从而使经济利润损失。从长期来看，品质竞争并不能给企业带来一劳永逸的好处，这就需要企业不断地展开品质竞争，进行产品品质的不断变异，以期获得短期的利益。

尽管如此，短期内可获得的经济利润，仍是企业努力产品差异化的强大动力。这种利润可以看作对创新者的奖励。特别是从动态的角度来看，如果企业能够不断地创新、不断地开发新产品，就能不断地从产品差异化中获得短期的经济利润。"不断地"积累起来，就使垄断竞争企业在长期内也可能获得经济利润。所谓"人无我有，人有我优，人优我新"的理念，不断地研制新产品，不断地储备新产品，不断地推出新产品，因此也理应获得更高的利润。

由于产品品质变异，引起成本变动、销售量和销售价格的变动是千差万别的，因此要对市场进行很好的研究，对需求进行预测，以确定最有利的产品品质变异。

专栏 8-3

差异化赢回市场

某公司的一个铸件产品，在2011年之前一直在当地占100%的市场份额，2011年全年销售量约为30 000件，自2012年2月以来，此产品销售数量急剧下降。根据市场调查,一家物流距离多出公司 1 500 千米的外地企业,以低于公司约 50 元/件的价格进入市场,占据公司该产品 55% 的市场份额。

2012 年 7 月,通过对该产品的分析,公司进行了重新设计,使产品毛坯重量由原来的 96.15 千克下降至 85 千克,减重 11.15 千克,意味着客户进行二次加工时将获得利益。因减少了切削量 11.15 千克,生产效率提升 35% 左右,减少刀具消耗 10% 左右。同时也使公司生产成本大幅下降,零件减重 11.15 千克使生产时投入原材料减少 25 千克。以 5.5 元/千克计算,直接生产成本下降 137.5 元/件,生产成本的下降也带来了与竞争对手更大的降价空间。

新的设计既形成了与竞争对手差异化(最终产品重量减轻 3 千克),也形成了对竞争对手的成本价格优势。加之与竞争对手物流成本上的优势,在这一产品竞争中,公司稳操胜券,迫使对手退出了竞争。

表 1 明确反映了差异化及成本领先组合的市场效应。

表 1　差异化及成本领先组合的市场效应

2012 年 1—7 月月平均销量/件	2012 年 8—10 月月平均销量/件	市场增长幅度/%
893	1 917	115

资料来源:清华大学经济管理学院高级培训中心内部资料。

三、广告竞争

品质竞争是指企业努力造成产品的差别,以适应不同消费者的需要。广告竞争则是利用广告的宣传,努力使消费者的需要适应产品的差别。

这里的广告是专指商业广告,以广告的名义,通过大众传播媒介,向目标消费者及广大消费者传达商品或劳务的存在特征,以及消费者所能得到的利益,以引起消费者的注意。其中,既有产品的直接广告,也有公司的形象广告。

早期广告的主要形式有:

报纸、杂志、书籍等印刷广告;

广播、电视、电影等视听广告;

街头、建筑物、体育场、旅游景点等公共场所的路牌、灯箱、霓虹灯、招贴等户外广告;

车站、机场、码头,以及车、船、飞机等设置内装张贴的交通广告;

橱窗、货架的现场销售广告;

销售信、订货单、商品目录、说明书等邮政广告;

推销人员的口头广告等。

其中,报刊、电视的广告,是各种广告形式中最重要的广告。

现在已经有越来越多的公司舍弃了费用较高的广播、电视、印刷等传统广告,而是选择了网络。传统广告业务的黄金时代已经过去,取而代之的是网络传媒。最突出的是互联网广告,它通过网络平台投放广告。利用网站上的广告横幅、文本链接、多媒体的方法,在互联网刊登或发布广告,具有得天独厚的优势,速度最快且效果很理想,是中小企业扩展壮大的好途径，也是其实行精准营销的基础。我们可以把它分为：搜索广告、展示广告、分类广告、引导广告、电子邮件广告五大类。在 2015 年，发生了革命性变化，互联网媒体广告收入首次超过电视、报纸、广告和杂志四家传统媒体广告收入之和，达到了 2 093.7 亿元，2016 年，互联网广告收入再增 38.6%，达到了 2 902.7 亿元，在五大媒体广告收入中的占比高达 68%。国家工商总局于 2016 年 9 月也出台了《互联网广告管理暂行办法》，有关法律法规也渐趋成熟。

由于广告费用通常是较高的，它增加了生产成本以外的销售成本，使总成本大为增加，因此，要特别注意广告的效果。

广告的促销效果通常是正的，一般来说，只进行一两次广告宣传，作用不大，广告宣传的次数增多了，会产生重复效果，会引起消费者的注意和好奇，增加宣传效果。但广告增加到相当的次数以后，销售量就会达到饱和状态，再增加也就难了。也就是说，广告的投入也有一个从报酬递增到报酬递减的过程。

这就是说，广告也要有适当的度。过度的广告也会给企业带来不利的影响，秦池酒的过度广告，虽然已经过去多年，但教训仍值得人们谨记，详见专栏 8-4。

专栏 8-4

"成也萧何，败也萧何"秦池酒厂的跌宕起伏

说起广告对产品销售的影响，几乎都会使人想起秦池酒。秦池酒厂原是山东省临朐县的一家小酒厂，地处沂蒙山脚，最初诞生于抗日战争时期，在当地小有名气。改革开放后由于白酒市场的竞争激烈，秦池酒逐渐开始陷于困境。

为了打破僵局，公司于 1993 年开始把目光瞄向东三省的大门——沈阳。在当地电视台上买断段位、密集投放广告，并对消费者实行免费品尝等一系列活动，取得了很好效果，使秦池酒厂尝到了做广告的甜头，从而走出了困境。

1995 年，秦池以 6 660 万元中标，成为央视黄金时段广告的"标王"。由此一夜成名，在全国人民眼前亮相，其白酒也"身价"倍增。中标后的一个多月时间里，秦池酒厂就签订了 4 亿元的销售合同；头两个月销售收益就达到了 2.18 亿元；实现利税 6 800 万元，相当于秦池酒厂建厂以来的总和。效果相当于每天向中央电视台开进一辆桑塔纳，开出来的却是一辆豪华版的奥迪。

1996 年秦池又以 3.2 亿元的天价，再次成为中央电视台黄金时段的"标王"。这时，更多的人开始关注"标王"光环背后的故事。"一个县级小企业怎么能有这么多钱做广告？""用这么多钱做广告，你会有多大利润？""要有这么大利润，能有多大产量？""你有这么大的生产能力吗？"提出了一系列的质疑。"标王"在成为众人关注的焦点之时，在我国又出现了假酒案，喝假酒还死了人。由此引发的危机，给秦池酒带来了灭顶之灾。再加上缺乏危机管理经验，在遭遇"危机"后，表现得无所适从。尽管公司也辩称 3.2 亿元可以每天在中央电视台做 42 分钟广告，这是国家政策所不允许，实际上不需投入 3.2 亿元广告费，但是已经无人来听。真是"成也萧何，败也萧何"。秦池酒厂从此一蹶不振，从传媒视野中消失，沉寂数年，直到近年来，秦池特曲的品牌才在当地又有了起色，销售地区局限在

临朐本地,每年销售规模在 1 亿元左右,已经回到"标王"之前的水平。

资料来源:清华大学经济管理学院丁京 MBA 论文。

如何来寻找广告的适当的度?经济学家给出了下面一个公式,详见附录 8A-2 的数学推导:

$$\frac{A}{PQ} = -\frac{E_A}{E_{dp}}$$

这是一个很好的**广告经验法则**。广告的投放支出总量是 A,A 在总销售额 PQ 中的比例,应当等于需求的广告弹性和需求的价格弹性之比。E_A 是需求的广告弹性,消费者需求数量对广告投入变动的敏感程度,前面有一个负号是因为需求价格弹性是负值,以此来判别广告的投放是否合适。广告的支出和需求广告弹性成正比,需求广告弹性大的产品,广告就要做多一点。而与需求价格弹性成反比,需求价格弹性大的产品,也意味着市场的垄断力比较小,广告也就要少做一点,广告的支出和需求价格弹性成反比。

广告的支出和需求广告弹性成正比比较好理解。需求广告弹性大,说明消费者对广告的敏感程度高,消费者容易受广告的影响,多做点广告可以扩大需求。而广告的支出和需求价格弹性成反比却不是很直观。较小的需求价格弹性意味着市场的垄断力比较大,价格对边际成本的偏离多,增加销售能带来较多的利润,增加广告投入是值得的。同时,广告还有利于强化和维持企业的市场垄断力。

同时也告诉我们,不同的产品投放广告的合适度是不一样的。需求广告弹性比较敏感,而对于需求价格弹性不怎么敏感的产品就适合多做一点广告。

具有差异化的最终消费品的广告效果比较好,尤其是以采购者就是消费者本人的商品广告效果为最好。女士们是日常生活消费品的主要采购者,因此,女士们喜欢用的化妆品,其广告费占总销售额中的比例在各类商品中是最高的,几乎是各国的普遍现象。同质的最终消费品,如面粉、大豆、花生等,其广告就很少见;主要生产中间产品的企业,广告支出一般也都很少,做的广告基本上也是公司的形象广告,很少有产品广告。

广告的投放强度与市场的结构也有一定关系。在完全竞争市场上,由于产品的同质性,广告几乎没有多大作用。或者说广告是用来主观制造产品的差别,就是要制造竞争的不完全性。在完全垄断市场上,广告可以增加消费者的需求,更重要的是广告可以提高潜在竞争对手的进入壁垒。而在垄断竞争市场上,激烈的竞争则更加显示了广告的重要性,广告可以提高产品在消费者心目中的差异性,强化消费者的忠诚度,提高和维持自身在市场的垄断力和份额。在寡头垄断市场上,广告还是寡头垄断企业博弈的重要手段。在第九章,将对此进一步展开讨论。

对于广告竞争一直存在不同的认识和争论。一部分人认为,广告竞争不仅有利于生产者,也有利于消费者。广告为消费者提供了信息,消费者能更充分地了解市场、产品的价格、新产品的特性以及销售的时间和地点,有利于消费者更好地选择所需要的商品,这比无目的东奔西走地搜索要省时省力,使市场更具有竞争性,从而提高了市场有效配置资源的能力。

但也有一部分人认为,广告竞争只有利于生产者,因为广告费用归根结底要转移到消费者身上,增加了消费者不必要的负担,也是社会资源的一种浪费。而且,有许多广告并不是产品信息,而是心理性的引导,误导了消费者的消费。并且大多数人都同意,消费者从品质竞争中得到的好处要大于从广告竞争中得到的好处。

广告竞争与价格竞争之间的相互作用也是有趣的。产品的特征广告缓解了价格竞争,特征广告的重要作用是加强了消费者对产品之间差异性的认知,即使是主观的感觉区别,也会缓解价格竞争;但产品的价格广告则加剧了价格竞争,本来由于消费者的信息不完全,竞争还不是那么激烈,由于价格广告传递了价格的信息,提醒了消费者,价格竞争便更加激烈了。

第三节 寡头垄断市场的企业经营决策

寡头垄断市场也分为卖方寡头垄断市场(oligopoly)和买方寡头垄断市场(oligopsony)两类。这里侧重于对卖方寡头垄断市场展开讨论。

一、寡头垄断市场的特征

寡头垄断又是一种市场结构,它接近于完全垄断时的情况,也是一种比较现实的混合市场。按产值计算,当今世界上大部分工业制成品是由寡头垄断行业制造的,从经济分析的角度来看,它也是**最有魅力**的市场。

(1)市场上的企业数极少。只有几家企业就控制了产品的全部或绝大部分供给,这里的几家也没有严格的规定。主要表现在市场上,每一家企业都有着举足轻重的地位,对其产品价格的制定都具有相当的影响力。它们在市场上的决策特点是**相互依存**,任何一家企业在做决策时,都必须把竞争对手的反应考虑在内。因而,它们并不是价格的制定者,更不是价格的接受者,而是**价格的探索者**(price searcher)。在选择最佳行动方案时,无论什么时候都要考虑其他企业经营者要作出的潜在反应,因此,行动就会格外地谨慎。将人际间的行为引入决策,问题就变得更加复杂起来。

(2)产品同质或异质。在寡头垄断行业,产品同质和异质的情况都存在。产品同质,没有差别,彼此间替代程度很高。例如,钢铁、制铜、制铝、尼龙、水泥等原材料类行业。同一规格的产品,性能要高度地接近,要几乎可以完全替代。也可能产品异质,产品之间有一些差别,不同企业产品彼此间的替代程度,相对低一些。如汽车、飞机、计算机等行业,尽管基本功能相同,但各种不同配置,使得产品间性能有时会相差甚远。

(3)进出市场有障碍。其他企业要进入市场不说是极其困难,也是相当困难。这里有自然的障碍,如规模经济,要有相当的资金才能进入市场,一般人拿不出来;也有人为的障碍,原有企业之间相互依存、休戚相关,设置障碍,使新企业难以进入;还会有法律障碍,进入需要极其严格的审批程序和条件;专利和专有技术也是排除竞争者进入的一个条件。市场上的已有企业要退出市场,也不是一件容易的事,断然退出会有很大损失。正可谓是**进也难、退也难**,进退两难。

(4)信息不完全。寡头垄断市场上,交易的信息是不完全、不对称的。情况非常复杂,至今还没有一套成熟自洽的理论来说明寡头垄断市场的运行。

寡头垄断之所以被看作最有魅力的市场,就是因为没有一种理论可以解释我们在市场上观察到的所有不同企业的行为。常用的理论模型分成两大类：传统理论模型和博弈论模型。本章侧重讨论**传统理论模型**，博弈论模型将在下一章讨论。

二、企业面临的需求曲线

寡头垄断市场结构的主要特征，就是要考虑企业之间在价格、产量决策等方面的相互影响。表现为企业面对的需求曲线是**一条纽结的需求曲线**（kinked demand curve）。

在寡头垄断市场上，由于交易的信息不充分，寡头垄断企业并不知道自己产品价格变动后，对手会有什么样的反应，一个较好的办法就是从最坏处着想。企业决定降低自己产品的价格，以期达到扩大市场销量时，最好估计竞争对手也会降价；而企业决定提高价格时，最好估计竞争对手不一定会盲从，这就要准备企业的产品需求减少很多。这样，企业在面对降价和涨价的决策时，市场上需求的反应不一样，是两条不同弹性的需求曲线，如图 8.3.1 所示，一条折的需求曲线。在这里作了两个基本假定：

（1）如果提高自己产品的价格，对手将不跟随，这是一种稳健的假定；

（2）如果降低自己产品的价格，对手将跟着降价。

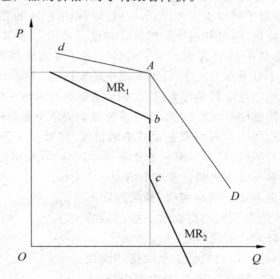

图 8.3.1　寡头垄断企业折的需求曲线

形成**跟跌不跟涨**。当企业产品降价时，面临的是需求曲线 AD；当企业产品涨价时，面临的是需求曲线 dA，需求曲线 dA 比需求曲线 AD 更富有价格弹性。这是说明当企业产品降价时，不能独立享受降价的成果，竞争对手也跟着降价，大家均分新客户。但在涨价时，竞争对手却并不跟着，从而要失去更多的客户，形成一条纽结的需求曲线。

从折的需求曲线 dA 和 AD 可分别导出边际收益曲线 MR_1 和 MR_2。由于需求曲线是折的，边际收益曲线就是断开的，如图 8.3.1 所示。

关于需求曲线是折的信念并不总是正确的，而且企业也有可能会发现这种不正确。例如，当原材料价格上升带动了边际成本的增加，足以引起寡头垄断企业要提高自己产品的价格；而且，也有足够的理由相信其他企业的边际成本也都经历了同样的拉动，它们也

管理

经济学（第四版）（简明版）

会提高自己的价格，对手并不总是跟跌不跟涨，有时也会跟涨。

三、寡头垄断市场的均衡

企业在研究市场时，通常都希望能确定均衡的价格与产量。而所谓的均衡是企业已经做到了它们所能做到的最好，没有理由要改变价格和产量。在完全竞争市场上，市场的供给等于需求，实现均衡；在垄断市场上，边际收益等于边际成本，实现均衡；在垄断竞争市场上，企业经济利润被压到零，实现均衡。但是，在寡头市场上，一个企业的价格与产量决策要基于其竞争对手的策略行为，而竞争对手的策略行为也取决于其对手的决策。那么，怎样才能得出均衡的市场价格和产量？甚至实际上是否存在均衡呢？这些都令人产生了疑问。

我们可以把双方同样的聪明原则用到寡头垄断市场上：各寡头垄断企业也都在给定对手的行为以后，尽力做到最好。但如何来假定对手的行为呢？既然你是假定在给定对手行为后，采取最好的行为；当然，对手也是在假定给定你的行为后，采取它能采取的最好的行为。寡头垄断企业都会考虑其竞争对手，也相信竞争对手也会这样考虑。凡是你能考虑到的问题，竞争对手同样也能考虑到，这就是所谓的同样的聪明。

这粗看起来有点抽象，但是却很合乎逻辑。它给了我们一个在寡头垄断市场上确定均衡的基础，这个概念是在 1951 年由数学家约翰·纳什首先解释清楚的，我们把它称为**纳什均衡**。这是一个十分重要的概念，在博弈论中还要讨论。

纳什均衡是指在给定竞争对手行为后，各寡头垄断企业采取它所能采取的最好行为。

为了尽可能地使问题简单，而又可以解释清楚寡头垄断企业的决策方法，在本章里将集中考虑在寡头垄断市场上只有两家企业竞争的情况，即**双寡头**（duopoly）。这样一来，寡头垄断企业在考虑对手时，只要考虑一个竞争对手就行了，而从讨论中得到的结论，也往往可以推广应用到多家寡头垄断企业的市场中。

如果寡头垄断企业在作价格决策时，确实跟跌不跟涨，那么会出现什么情况呢？它将面对一条纽结的需求曲线和断开的边际收益曲线，如图 8.3.2 所示。

边际收益等于边际成本，仍然是企业取得利润最大化的必要条件。这样，若边际成本曲线 MC_0 和边际收益曲线 MR 的交点正好交在边际收益曲线的断裂口 bc 段上，利润最大化的产量为断裂口对应的产量 q，市场价格还是由产量通过需求曲线决定的，为 p。如果由于各种原因，引起了寡头垄断企业成本的波动，边际成本曲线 MC_0 上下移动，如到了 MC_1 或 MC_2 的位置，只要交点不超过线段 bc 这个上下限，在此范围内无论边际成本如何变动，企业若要利润最大化，成交产量 q 和市场价格 p 都不会变动。因此，纽

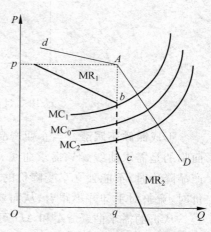

图 8.3.2　寡头垄断企业的价格刚性

结的需求曲线模型预示着：寡头垄断企业的价格与产量对成本不大的变动并不敏感，存在一定程度的**价格刚性**。这是寡头垄断市场的一个特征。即使企业生产的成本改变了，

面临的需求改变了,企业依然不太愿意改变价格。事实也确实如此,在寡头垄断市场上,价格变动的频率要远低于其他类型的市场。

实际上,纽结的需求曲线模型只是对市场上既成事实的描述,而没有真正解释寡头垄断企业的均衡价格 p 和产量 q 是如何决定的,纽结是在什么价格下发生的,为什么就不是其他什么价格呢?因此,纽结需求曲线模型要作为寡头垄断市场的普遍理论,仍受到了严重挑战。在一个新的行业,或在短期,当企业不能确定竞争对手对价格变化的反应时,纽结需求曲线模型可能适用。

第四节　寡头垄断企业的策略行为

寡头垄断市场上的相互依存,以及企业的每一个决策都要考虑竞争对手的反应,从而使寡头垄断市场的模型变得更加复杂。就像围棋,尽管只有黑白两种棋子,比赛规则也很简单,但策略却变化无穷。何况现实经济生活中的寡头垄断市场还存在诸多不确定的因素。因此,至今还没有一个寡头垄断理论模型可以解释所有的现象。下面介绍几个最基本的模型,它们各自建立在对企业行为不同假设的基础上。

一、古诺模型

为简单起见,这里假定是由两个企业组成的双寡头垄断模型。它们彼此独立行动,产品相互完全替代,各自追求各自的利润最大化,面对着共同都知道的市场。在同时决定生产多少,在作出决策时必须考虑对手,对手也知道对手正在考虑对手。而产品的市场价格取决于双方共同的产量,这被称为**古诺模型**(Cournot model)。

双寡头垄断企业共同面对的需求曲线为

$$P = f(Q_1 + Q_2)$$

古诺模型的核心假定是:将对手的产量当作是确定的,不因自己的产量的变动而变动。从数学的角度来看,这是假定了对产量交叉偏导数为零。这样的假定有相当的合理性,当双方同时作出决策时,都不知道对方的产量,也就只能在猜定对方产量的前提下作出自己最好的决策,这正是纳什均衡的思想。这里所谓的同时,是指在不知道对手是什么决策的前提下,作出自己的决策。

对企业 1 来说,希望自己的利润 π_1 最大化,利润取决于产品的市场价格 P 和自己的销量 Q_1,并减去生产的成本 $TC_1(Q_1)$。

$$\pi_1 = f(Q_1 + Q_2)Q_1 - TC_1(Q_1)$$

企业 1 利润最大化的必要条件仍然是边际收益等边际成本。若共同面对的市场需求函数是

$$P = a - bQ = a - b(Q_1 + Q_2), \quad a > 0, b > 0$$

当利润最大化时,要满足:

$$a - 2bQ_1 - bQ_2 = MC_1$$

这是企业 1 的**反应方程**,表明企业 1 在认为企业 2 生产数量为 Q_2 时,企业 1 会生产的数量。

同样的道理，企业 2 的反应方程是

$$a - 2bQ_2 - bQ_1 = \mathrm{MC}_2$$

在我们知道各自企业生产的边际成本函数后，就不难利用双方的反应方程联合求解，来确定企业 1 和企业 2 的产量。这组产量水平，就是**古诺均衡**产量。在古诺均衡时，都正确假定了对手的产量，并相应最大化了自己企业的利润。

可以看出，古诺均衡是纳什均衡的一个例子。在纳什均衡中，每家企业都是在给定对手行为的前提下，做它能做的最好行为，双方都没有再改变自己行为的冲动，被称为均衡。在古诺均衡时，双方也都实现了在给定对手产量的前提下，实现自己的利润最大化，所以双方也都没有改变自己产量决策的冲动，也就实现了纳什均衡。

为简单起见，假定双方的边际成本都等于零，固定成本也等于零，这样有利于计算上的简单，便于各模型之间的比较。

可以求得，

企业 1 的反应方程为

$$Q_1 = a/2b - Q_2/2$$

企业 2 的反应方程为

$$Q_2 = a/2b - Q_1/2$$

古诺均衡的产量为

$$Q_1 = Q_2 = a/3b$$

产品的市场价格

$$P = a/3$$

而双方企业的利润为

$$\pi_1 = \pi_2 = a^2/9b$$

我们可以看到，在双方的边际成本相等时，产量也是相等的。不同于完全竞争，均衡时的寡头垄断企业，在长期仍有一定的经济利润。市场的价格也高于企业生产的边际成本，会造成一定的社会剩余损失，这同样是无谓损失。

古诺均衡产量就是两条反应方程曲线的交点，如图 8.4.1 所示。

如果这两家寡头垄断企业生产的边际成本不一样，可以推断，它们的产量也会不一样，赢利也会不相同。一定是边际成本低的企业，产量会大一些，赢利会多一些。

这里是讨论双方同时决策的古诺均衡。但如果一方有优先决策机会时会发生什么情况呢？先决策者会有什么优势吗？决策结果会发生什么变化呢？

仍利用上面的例子。现在企业 1 获得了优先决策的机会，而企业 2 则是在看到企业 1 决策结果后，再作出的决策。但企业 1 作出决策时必须考虑企业 2 的反应，企业 2 一定会在看到企业 1 决策结果的基础上，作出对自己最有利的决策，这是**斯塔克博格模型**（Stackelberg model）。

企业 2 在作决策时已经看到了企业 1 的决策结果，

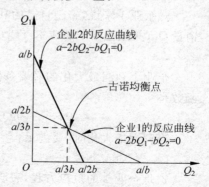

图 8.4.1 双寡头企业古诺均衡

在企业 2 的眼里,企业 1 的产量已经是真实确定的了,在此基础上作企业 2 的最好决策。而利润最大化的最好决策是由企业 2 的反应给出的。

企业 1 若要实现自己的利润最大化,边际收益等于边际成本。而现在由于边际成本等于零,只要边际收益也等于零就行了。企业 1 的总收益为

$$TR = PQ = [a - b(Q_1 + Q_2)]Q_1 = aQ_1 - bQ_1^2 - bQ_1Q_2$$

不仅取决于自身的产量 Q_1,还取决于 Q_2 的产量,企业 1 十分清楚 Q_2 的产量是企业 2 看到企业 1 决策结果后决定的产量,是由企业 2 的反应方程决定的。

可以求得企业 1 的产量和企业 2 的产量分别为

$$Q_1 = a/2b, \quad Q_2 = a/4b$$

市场上产品的价格为

$$P = a/4$$

企业 1 和企业 2 获得的利润分别为

$$\pi_1 = a^2/8b, \quad \pi_2 = a^2/16b$$

获得优先决策的企业 1 占优势。这里,它的产量是企业 2 的 2 倍,利润也是 2 倍。先决策者获得了优势,被称为"**先发优势**"。企业 1 在考虑了企业 2 反应的基础上首先作决策,造成既成事实,企业 2 只能在企业 1 产量的基础上为自己的利润最大化决策。如果企业 2 要提高产量,结果就是将市场上产品的价格压低,双方受损,利润更低。除非企业 2 是"我就是少赚了,也不能让你多赚"的非理性行为,这是没有意识到寡头垄断企业相互依存的重要特点。因此,这里有双方都是理性的假设前提。

二、伯特兰模型

古诺模型是假定寡头垄断企业是用产量作为变量来展开竞争的。但是在许多寡头垄断行业,价格信号更强、更公开、更透明,相互竞争表现在价格上。价格是一个更重要的策略变量,下面继续利用纳什均衡的概念,来进一步研究价格竞争。这里需要讨论相同产品的价格竞争和差异化产品的价格竞争,还有同时决策的价格竞争和先后决策的价格竞争之分。

仍如前面古诺模型那样,为了简单起见,讨论双寡头垄断模型。生产的产品是完全可以替代的,共同面对市场,各自独立行动,追求各自的利润。不过现在所选择的变量是价格,而不是产量。这被称为**伯特兰模型**(Bertrand model)。结果会与古诺均衡不一样吗?

如果共同面对的需求曲线为

$$P = 36 - Q$$

式中,$Q = Q_1 + Q_2$ 单位,两家企业的边际成本都是 6 万元/单位,还是不考虑固定成本的情况。如果这两家寡头垄断企业同时选择产量作为变量,利用反应方程可以得到:古诺均衡的产量为 $Q_1 = Q_2 = 10$ 单位,产品的市场价格为 16 万元/单位,各自的利润为 100 万元。若现在这两个双寡头垄断企业不是同时选择产量,而是选择价格,那么它们会选择什么价格?利润会有什么变化?

先讨论假设产品同质,是完全可以替代的,那么消费者只会从价格低的那一方购买。如果两家定价不同,价格低的那家便会占领整个市场,价格高的那家什么都卖不出去;如

果两家定价相同，由于产品完全可以替代，我们可以假定它们各占一半的市场份额。

不难看到，它们都有削价的冲动，直到不能再削价，实现纳什均衡。纳什均衡就是完全竞争均衡，价格等于边际成本：$p_1 = p_2 = 6$ 万元/单位，各自的产量为 $Q_1 = Q_2 = 15$ 单位，都获得了零经济利润。这时，它们之间还会有改变价格的冲动吗？若提高价格，就将市场拱手相让给竞争对手，没有任何益处；若降低价格，虽然能得到整个市场，但由于价格低于边际成本，会造成损失。因此，它们都没有改变价格的冲动，都已经做到在给定对手行为下做自己所能做的最好的，实现了纳什均衡。

它们也不可能存在另一个纳什均衡，例如，都把价格定在 10 万元/单位，从而都获得了一定的经济利润。这时，它们中间的每一家企业都有削价的冲动，从而占领市场获取更多的利润，直到价格为 6 万元/单位为止。

由产量作为变量到价格作为变量，得到了完全不同的结果。在古诺模型中，以产量为变量，双方都有经济利润；而在伯特兰模型中，以价格为变量，寡头垄断企业以边际成本定价，经济利润则为零。

如果寡头垄断企业双方的边际成本不一样，结果还要复杂一点。为简单起见，这里还是假定了双方的边际成本是常数。是边际成本低的企业将价格降到等于较高一家的边际成本水平，这样成本高的企业只能是零经济利润，而成本低的企业还能获得一定的经济利润比较好；还是边际成本低的企业将价格降到低于较高成本企业的边际成本，将对手挤出市场比较好呢？这还要看其他的外部条件。

同质产品的伯特兰模型受到不少质疑。两家产品不可能完全同质，多少会有点差异；企业的生产能力也会有所限制，一家企业不大可能就能满足整个市场的需求；相同的价格就能平分市场也缺乏必然的理由；只有几家企业，还要竞争得如此激烈，非把自己逼到零经济利润，也过于牵强。因此，真是同质产品时，更有可能决策的变量是产量，而不是价格，即古诺模型的古诺均衡更合理一些。但伯特兰模型还是给了我们一个很好的启示，寡头垄断市场上的均衡还要取决于企业对策略变量的选择。

然而，在寡头垄断市场上，不同企业间的产品，常常存在某种程度上的差异性。且由企业决定价格的情况也确实非常普遍，在这样的场合，伯特兰模型就似乎更加合理。

当产品存在差异化时，由企业来选择价格，价格作为变量；而消费者根据产品的性价比来选择购买哪家产品。这样，每家企业能够在市场上销售的数量不仅取决于自身产品的价格，还取决于竞争对手产品的价格。这时和古诺模型相当，在古诺模型中以产量作为变量，在伯特兰模型中是以价格作为变量。同样，从各自的利润最大化出发，得到各自伯特兰模型的反应方程，进而得到差异化产品的伯特兰模型的均衡解。但数学上比古诺均衡要稍为复杂，这里就不再赘述。

在以价格为变量的伯特兰模型中，如果有一方获得优先决策权时，情况和古诺模型有所不同。先决策的企业不占优势，后决策的企业有机会进一步削减价格，进而获得更大的市场份额，得到更多的利润。因此，在以价格作为策略变量时，后发具有优势。在市场竞争中，先发的机会只有一个，但后发的机会会有多个。因此，市场上一旦发生价格战，通常都会异常的激烈。

三、卡特尔模型

既然寡头垄断企业之间是一种相互依存的关系,那么是否就能达成一种协议来共同操纵市场,分享利润,像一个完全垄断者那样行事,形成**卡特尔模型**呢?卡特尔是生产同类产品的所有企业,或主要企业间达成一种公开的协议,共同来限制产量、提高价格、控制市场。中东的石油输出国组织(OPEC)就常被看作是卡特尔模型的一个案例。

卡特尔模型是以全体企业的总利润最大化为目标,这就相当于多工厂的垄断企业。根据所面临的市场需求曲线 D 可以确定市场上总的边际收益曲线 MR。又根据参加卡特尔各成员的边际成本曲线,横坐标相加,构成总的边际成本曲线 MC,而 MR 和 MC 的交点,决定了卡特尔的总产量 q_T,由市场需求曲线决定了卡特尔统一的市场价格 p。按各成员的边际成本都相等的原则,进行分配产量限额 q_1、q_2…,如图 8.4.2 所示。

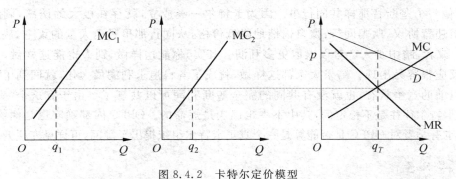

图 8.4.2　卡特尔定价模型

仍以上面古诺模型中双寡头垄断企业为例,它们相互勾结,组成卡特尔,市场的需求曲线仍是

$$P = a - bQ$$

这是它们共同面对的需求曲线,由于假定了双方的边际成本等于零,总的边际成本也就等于零。作为卡特尔的边际收益为

$$MR = a - 2bQ$$

这时的边际收益等于边际成本,卡特尔的利益最大化。利润最大化时的产量为

$$q_T = a/2b$$

产品的市场价格为

$$p = a/2$$

由于两个企业边际成本相等,平分产量为

$$q_1 = q_2 = a/4b$$

利润分别为

$$\pi_1 = \pi_2 = a^2/8b$$

寡头垄断企业组成卡特尔以后,与古诺模型相比,总的产量降低了,产品的市场价格提高了,每家的利润也都增加了。同时,由于价格对边际成本的进一步偏离,社会的剩余会减少,无谓损失会进一步加大。

在一个国家的内部,各企业间通过公开的勾结,来限制产量、抬高价格通常都是不合法的。在我国的《反垄断法》中就有明确的规定。因此,卡特尔常常是国际性的,OPEC(石油输出国组织)也常被看作是卡特尔组织的典型。

尽管按边际成本相等的原则分配产量,能使整个卡特尔利润最大化。但是这一原则在实际操作中,往往并不能实施。通常的做法是大企业分配的限额多,小企业分配的限额少。按实力地位分配,通过讨价还价的谈判达成一定的协议。常见的做法是以某一基期各自的市场份额进行分配。不管以后市场如何变化,基期的市场份额是分配的基础。问题的焦点就在于基期的确定,过早的年份作为基期的可能性不大,制定协议的上年或略早一些年份作为基期,更容易达成一致。或者按地区和国别瓜分市场的方式来分配,"各霸一方"互不侵犯,也是较容易被各成员接受的方案。

卡特尔所面临的还有一个十分头疼的"实施"问题,即该如何使得卡特尔成员都遵守协议,像一个垄断者那样共同行事。因为卡特尔一经成立,就存在极大的诱惑,刺激每一个成员违背协议,欺骗同行,擅自悄悄地降低价格,从同行那里吸引大量的买主,从而大占便宜;或者,暗中扩大产量以谋取更多利润。其实,你能这样做,别人也能这样做,这样的连锁反应很容易出现。结果大家都这样做,就成了各自追求利润最大化,就回到了卡特尔成立以前的竞争状态,也就没有共同的完全垄断利润可以共享了。由于有这个"头疼"的问题,卡特尔往往是不稳定的,其中不少也确实是短命的。OPEC内部确实也是纠纷不断。因此,也有学者对OPEC是否能算是一个真正卡特尔组织提出了疑问,可详见专栏8-5。

专栏 8-5

OPEC 是卡特尔组织吗?

OPEC(石油输出国组织)成立于1960年,自从OPEC在1973年大幅度提高石油价格以来,OPEC被认为是利润最大化的卡特尔组织的观点非常流行。李天籽等学者研究认为,OPEC行为与经济学上传统的卡特尔理论存在重大的差别,OPEC并不是卡特尔,它不能像卡特尔组织一样操纵和控制国际市场石油价格。

OPEC在1973年以前,从没有讨论过统一油价的问题,各国有自由定价的空间。虽然OPEC从1974年就开始对"合理油价"体制进行了研究,但一直没有达成一致。现在,OPEC仍然确定一个"价格走廊",力争使石油价格在这个"价格走廊"内波动。但这个合理价格只是作为参考,并没有强制要求各成员国必须遵守。

在1973年到1982年,在人们认为OPEC最为成功的10年时间里,也并没有对产出进行分配。产出分配是OPEC在1982年制定的,配额制度也十分松散,主要由沙特一直扮演着协调性生产者的角色,担负着维持OPEC石油价格的责任。分配的产出也没有得到很好的执行,超额生产的情况十分严重。

OPEC是由各国政府组成,对于国家政府的惩罚措施往往会涉及国家主权问题,它们也并不服从制裁,只能靠自觉遵守和外界压力等间接手段,OPEC组织对待各成员国缺乏一定的权威性,因此OPEC一直都没有形成有效的惩罚机制。

而OPEC石油产量市场份额历史最高点是在1973年,也只有55.8%,1985年只占

28.5％的市场份额。当然还有一些其他原因。

近年来，OPEC一直提供大约全球三分之一左右的石油供应，每天平均在3 000万桶左右。而据最新的报告预期，由于该组织以外石油生产国的供应增长，主要是受益于世界上页岩油气开发的蓬勃发展推动，特别是美国在未来石油供应的增长，外加可再生清洁能源技术的迅速发展，OPEC的市场份额在2014年后出现了进一步下降，正面临着提油价还是保市场份额的十字路口。高盛公司2017年预测：对于OPEC来说，未来的主要挑战将过渡到市场份额。

因此，从OPEC的配额制度、监督制度、惩罚机制，以及对世界石油价格的影响力、所占市场的份额等方面来看，再加上自身其他的局限性，OPEC还不能算是一个真正的卡特尔组织。也有学者认为：沙特阿拉伯和俄罗斯合起来占世界石油出口的25％，超过了接下来六个主要石油出口国的总和，它们才是石油市场上的双寡头。若考虑到美国对石油市场供求的影响力，世界石油市场应是一个三寡头垄断市场。

参考资料：李天籽等.欧佩克对国际石油市场价格的影响分析，2007年3月；百度快照.一牛财经，2017年12月。

卡特尔若想成功要有两个基本条件：第一，要有一个稳定的组织。该组织应能在各成员之间进行经常性协调，达成价格和产量分配的协议。对达成的协议要能够监督执行，对成员中不遵守协议的诈骗行为要能及时地发现，对发现的诈骗行为要有惩处的手段。第二，卡特尔面对的需求曲线比较缺乏需求价格弹性。这样以便增强卡特尔对市场的垄断力，成员通过卡特尔能获得更多的利润，也就有更大的意愿来面对所要解决的困难问题。要卡特尔面对的需求曲线缺乏价格弹性，首先要求产品本身的需求价格弹性就要小，而且卡特尔在市场上占有的份额也要大。对石油的需求就相当缺乏价格弹性，至少在短期内，需求相当缺乏价格弹性，OPEC就可以将价格推到大大高于充分竞争时的价格。

四、默许共谋

由于寡头垄断企业要形成稳定的卡特尔协议是非常困难的，而且这种公开的协议，在许多国家和地区也是非法的，会受到《反垄断法》的限制。在寡头垄断市场上，所有的企业或大多数企业都能意识到它们是相互依存的，也很明白不合作的后果是什么，又都想避免法律的风险，这样就形成一种默许共谋的方式。由默许共谋来达到合作的目的。**默许共谋是没有明确勾结协议，通常都不被认定为非法，这与卡特尔不一样。**当然，如果有什么证据被发现，同样也是非法行为。当年吉林玉米中心批发市场有限公司以召集研讨会的名义，哄抬绿豆价格，被国家发改委等部门处罚。对于和民生更加休戚相关的短缺药品，2017年11月，发改委又公布了《短缺药品和原料药经营者价格行为指南》，规范短缺药品和原料药市场，经营者不得相互串通操纵市场价格，建立药品购销的公平市场环境，保护消费者利益，详见专栏8-6。因此，默许共谋的前提是不能触犯相关法律。

专栏 8-6

不得相互串通操纵市场

为进一步规范短缺药品和原料药市场价格行为，遏制违法涨价、恶意控销等行为，国家发改委于 2017 年 11 月 23 日公布了《短缺药品和原料药经营者价格行为指南》。

指南要求经营者不得达成横向价格垄断协议，明示的或默示的，包括但不限于通过书面、口头、邮件、微信、短信等方式达成的垄断协议。经营者不得达成纵向价格垄断协议，短缺药品和原料药经营者与交易相对人之间，不得达成维持转售价格的垄断协议，包括固定向第三人转售药品的价格和限定向第三人转售药品的最低价格。具有市场支配地位的经营者不得以不公平的高价销售或者以不公平的低价来购买短缺药品和原料药。短缺药品和原料药经营者不得相互串通，不得操纵短缺药品或原料药市场价格，更不得损害其他经营者或者消费者的合法权益。

指南要求短缺药品和原料药经营者不得捏造、散布涨价信息，推动短缺药品和原料药的价格过高、过快上涨，扰乱市场价格秩序。除生产自用外，短缺药品和原料药经营者不得超出正常储存数量或者储存周期，大量囤积短缺药品或原料药产品，推动价格过快、过高上涨；不得利用虚假的或者使人误解的价格手段，欺骗、诱导消费者或者其他经营者与其进行交易。

资料来源：发展改革委网站，2017-11-23.

默许共谋常常是由行业内一家企业率先制定价格，其他企业随后跟上，以带头企业的价格为基准，制定各自的产品价格。如果产品同质，价格通常是一致的；如果产品有差异化，价格也有所差别。如果市场需求或生产成本发生变动，也是带头企业率先行动，跟随者随后跟上。但绝不协商，更不能形成什么协议。默许共谋的主要方式有主导企业（dominant firm）价格领导、低成本企业价格领导、"晴雨表"企业价格领导几种形式。

1. 主导企业价格领导

主导企业价格领导即由行业中某一个企业，像一个垄断企业那样，为实现自己的利润最大化来制定和变动价格，是价格的决定者；而其他企业像在完全竞争市场上的企业那样，自动跟着定价和变动，是价格的接受者。

通常是由生产规模和市场份额都比较大、至少相对比较大、地位稳固的企业来做主导企业。由于规模经济，企业有较低的生产成本，有承担首先调整价格所带来的风险能力，又由于在市场上有销售方面的优势，有把握预见到其他企业也能跟随自己来确定价格。这样主导企业就处在一个相当于完全垄断的地位，是价格的制定者，而其他企业所在的地位相当于在完全竞争市场上企业，只能是价格被动的接受者。

图 8.4.3 就说明了主导企业价格领导模型的产量与价格的决策过程。

图 8.4.3 中的 D 是整个行业所面对的市场需求曲线。由于非领导的跟随企业是类似于在完全竞争市场上的企业，它们是价格领导企业所决定价格的被动接受者。利润最大化时的产量，就是边际成本等于价格时的产量。这样，在短期内，它们各自平均变动成本最低点以上的那部分的边际成本曲线，就是各自的供给曲

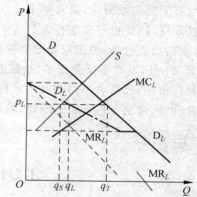

图 8.4.3 主导价格领导模型的产量与价格

线。它们各自的供给曲线横坐标相加,就是这些跟随企业的总供给曲线,如图8.4.3中所示中的 S。MC_L 是领导企业的边际成本曲线。作为主导企业,应当有领导者的风范,市场上的需求,首先要满足跟随企业的供给。而领导企业所面对的**需求曲线 D_L**,就是在同一价格下,**市场总需求量 D 减去跟随企业的总供给量 S** 得到的,是横坐标产量相减,即图中的 D_L。这是问题的关键,D_L 通常是一条断开的折线。价格领导企业相当于一个完全垄断企业,由于面对的需求曲线 D_L 是一条断开的折线,边际收益曲线 MR_L 也就是断开的折线。其利润最大化的必要条件仍是 $MR_L = MC_L$,这就决定了价格领导企业的产量是 q_L,以及由 q_L 通过领导企业面对的需求曲线 D_L 决定的价格 P_L。跟随企业接受价格领导企业所设立的价格 P_L,全体跟随企业像完全竞争企业那样,价格等于边际成本,决定产量为 q_s。市场上总的销量为

$$q_T = q_L + q_s$$

在一些行业中,一个大型企业有可能会自然成为领导,而其他企业也是为自己的利益,最好的选择就是和领导企业保持一致,而不是企图与领导企业进行价格竞争。当市场需求或生产成本发生变动时,跟随企业会期盼着主导企业发出价格变化的信息,而主导企业也会像领导者那样,率先作出决策。在我国一些城市的房地产市场上已经出现这个现象。领导企业虽也可能更换,但绝不是协商产生的。

2. 低成本企业价格领导

成本占一定优势的企业,也可能率先制定价格,**成为低成本企业价格领导模型**。若有两家企业,企业1的生产成本低于企业2的生产成本,当然企业1有条件将价格降到企业2的平均成本最低点以下,这样企业2会发生亏损,就有可能要退出行业,企业1便成了完全垄断企业,这通常会触犯《反垄断法》。因此,企业1的合理做法就是将价格降到企业2的平均成本最低点,使企业2仍然愿意继续留在这个行业内,虽没有经济利润,但还是可以获得正常利润。一切投入的要素也都能得到正常回报。而企业1因成本更低,而取得一定的经济利润。通常企业2也并不企图来降低价格,以损失利润来换回部分市场;提高价格会迅速失去消费者,会对自己更加不利。

我们在一些市场上,还常常会看到有些商店贴出公告:"天天都是最低价""保证全市最低价"等承诺条款。甚至还承诺在未来一段时间内的销售价格保证,几周、1个月、2个月,如果在全市任何商店,发现有更低价格出售完全相同的商品,可以退还差价,甚至再惩罚性地补偿部分或全部差价。

这种条款固然是吸引消费者的一种手段,但更重要的是将价格信息告诉竞争对手。如果企业1是价格承诺商店,你是竞争对手企业2,你会低于对手承诺价吗?如果你进一步降低价格,企业1已经准确无误地告诉你,企业1一定也要降价,你很难因降价而从企业1那里争取到更多的消费者,降价并不是好策略。你会高于对手的承诺价吗?这显然对自己也不利,除非消费者不了解情况,还到你商店里来,否则都会到竞争对手那里去购买,你将失去全部消费者。这样,最好的策略就是和对手保持一样的价格水平。

企业1真的就尽最大可能地给了最低价,甚至将经济利润降到零了吗?企业1知道竞争对手企业2会和自己采取同样的价格,可以按利润最大化的卡特尔模型来确定承诺价格。尽管两家并没有达成任何协议,但最低价格条款的承诺,成了两家默许共谋的一种

有效手段。可见，低成本企业价格领导，也不是一定需要成本最低的企业来领导。

随着互联网的迅猛发展，使得企业间价格默许变得更加容易。现在已经有大量的企业把他们产品的价格直接在网上全部公开，这样除了把产品价格告诉消费者以外，同时也把价格通知给了所有的竞争对手，你的竞争对手在充分了解你的产品价格后，理智的决策并不是乘机挑起价格战，而是相互靠拢，形成并不触犯相关法律的价格同盟。

3. "晴雨表"企业价格领导

作为"晴雨表"企业，不一定是行业中市场中份额最大的，也不一定是成本最低的，而是因为在以往的市场成长过程中，或因经验的积累，或因信息的掌握，或因综合判断的能力，它能够比较准确地预测市场行情的变化，能够把握需求和成本的变动，能够比较及时地作出合理的决策。跟随企业随即作出决策而获得相应的利益，或企业没有跟随而产生了相应的损失，跟随符合其他企业的最大利益。在竞争的过程中形成了**"晴雨表"企业价格领导**。

这里讨论了寡头垄断市场上几个特殊的模型，也都不是一个普遍的理论。每一个模型都只关注了寡头垄断的某一个方面，而忽略了其他方面。在现代经济生活中，寡头垄断是最重要的市场组织形式。几乎在过去的一个世纪，经济学中的许多重大理论突破，大多都发生在寡头垄断企业的竞争理论领域。也可以预测，在未来相当长的一段时间里，经济学新的重大突破很可能仍然发生在寡头垄断企业的竞争理论领域。博弈论在经济学中的应用和发展，大大丰富了寡头垄断企业的竞争理论。第九章将对此进一步展开讨论。

第五节　定价实践

价格往往是市场经济体制中企业竞争的最重要的决策变量，在前面提及的四种市场结构类型中，已经讨论了各种定价模型。从理论上讲，遵循边际收益等于边际成本是最重要的基本原则，都是基于**消费者价值评价导向的定价**。但是，在现实经济生活中，情况则更为复杂。企业经营的目标也是多元化的，市场需求的信息和企业生产成本的信息，未必掌握得那么及时、准确，想要做到边际收益等于边际成本通常也十分困难。在现实经济生活中，还有许多不同的定价方法，除消费者价值评价导向外，还有**成本导向的定价、利润导向的定价、竞争导向的定价**等。有些仅仅是粗估定价，但却很实用，是一些节省搜索成本和决策时间的快速定价方法。

一、成本加成定价法

若要确定产品的市场价格，主要有两个基本策略思路：一是基于消费者对产品主观价值评价，也就是边际效用基础上的定价。从企业面对的需求曲线出发，看消费者能接受什么价格；再考虑企业的生产成本，从赢利的角度来看是否愿意供给，从而确定价格。到目前为止，所讨论确定价格的基本思路，都是这一途径。二是基于企业生产成本基础上的定价。先全面核算生产成本，在成本的基础上考虑目标利润，再确定价格。当然，确定的价格要经得住市场上消费者的检验，消费者不接受，再调整目标利润，调整价格，或在成本上再下功夫。**成本加成定价法**就是第二种定价的基本思路。在以往现实经济生活中，成本加成定价法就使用得十分广泛。

成本加成定价法是以全部成本(固定成本加变动成本)作为基础,按以下三步来确定价格。

第一步,核算单位产品的变动成本 AVC。如直接材料费、直接人工费等,在通常情况下,也大致可以算得清楚,是相对比较容易操作的一步。

第二步,核算总固定成本。然后按照产量把总固定成本分摊到单位产品上,求得平均固定成本 AFC。这里就会有不少问题,通常总固定成本虽可以核算清楚,但在多大产量分摊,就会发生困难。作为固定成本的固定设施,通常都可以使用较长的时间,几年、十几年或几十年。设施最终可以生产多少产量,要在该设施报废时才可以真正确定下来,但已经是时过境迁了。这里有一个常用变通的办法,固定设施通常都有设计寿命或设计产量,将设计寿命或设计产量的 75%～80% 作为标准产量,总固定成本就在标准产量上进行分摊,来核算平均固定成本。这里有时还有一个问题,即固定设施,特别是大型固定设施,通常都远不止为一种产品服务,投入的固定费用要在不同产品之间分摊,因此对于如何确定不同产品的分摊权重,就是更为困难的任务。

例如,我国目前高等教育实行教育成本分担制,由教育的受益者:政府、企业、学生、家长和社会人士等共同分担。但有趣的是生均教育成本却很难计算清楚和准确。一所高等学校,在一般情况下,每年随学生人数变动的变动成本大体上可以核算清楚;不随学生人数变动的折合每年总固定投入也基本上能有大体确切的估算,但如何将固定成本按生均进行合理的分摊就非常困难。显然,通常高校都有不同层次的学生,本科生、硕士生、博士生,每年在校时需要占用学校的人力、物力、财力各不相同,如何折算成本科生当量?折算系数怎样确定?就相当困难。再说,不同系科、专业需要占用的资源也是相差迥异,怎样处理不同专业的权重系数又是非常的困难。更不要去考虑一所高等学校的无形资产应当如何来分享分担。因此,一件看来很简单的事,实际操作起来还是十分困难的。

这些说明了平均固定成本的计算,要比平均变动成本的计算更困难。实际上也只能按经验和习惯进行一个估算。有了平均固定成本 AFC,再加上平均变动成本 AVC,就得到平均成本 AC。

第三步,在平均成本 AC 的基础上加成。加上**目标利润率**,就得到价格 P。这里的目标利润率通常是企业所期望的平均利润率 η。

即

$$P = AC(1 + \eta)$$

例:某企业生产的产品,各种材料费和人工费等平均变动成本 AVC 为每件 10 元,总固定设施折合的总固定成本 TFC 为 250 万元,这些固定设施,设计的生产能力为 62.5 万件,设计能力的 80%,标准产量为 50 万件。如果企业的期望目标利润率为 20%,那么价格应定为多少?

由于 AVC=10 元/件,分摊的平均固定成本 AFC=5 元/件,则平均 AC=15 元/件,期望目标利润 20%,所以价格为

$$P = AC(1 + 20\%) = 18(元 / 件)$$

在定出产品价格为 18 元/件后,还应根据市场的需求情况适当加以调整。如其他企

业的竞争价格低于 18 元/件，或估计若按 18 元/件定价，市场上的需求远远低于企业目前的生产能力，就要考虑适当降低利润率，以调低价格。

成本加成定价法之所以能得到广泛的应用，主要原因是这种方法所需的数据比较少，方法简单易用。但也不要误以为成本加成定价法就很容易，有时估计单位产品的平均变动成本，特别是分摊固定成本也是十分困难的，甚至做不到比较准确。因此，成本加成定价法，更多地适用于平均成本变动不大的产品。

对于平均成本变动不大的产品，在一定的条件下，成本加成定价法和目标利润最大化的定价方法有一致性。这现象可以在现实的经济生活中观察到，对于需求价格弹性小的商品可以期待高的利润率。在竞争增强时，商品需求价格弹性加大，目标利润率也就要下降。在完全竞争市场上，需求价格弹性趋于负无穷大，目标利润率也就只能趋于零。因此，在考虑需求因素以后，以商品需求价格弹性来确定企业的目标利润率，成本加成定价法也可以达到利润最大化的目标。而对于有长期市场经验的营销经理来说，是可以根据产品的市场需求大致确定目标利润率的。这就更说明了成本加成定价法不失为一种简单实用的价格决策方法。

成本加成定价法虽然比较简单，但它却是以历史上的会计成本作为依据进行计算的，而价格决策应当考虑经济成本。这是成本加成定价法的一个不足，但并不是方法本身的不足，在计算成本时可以利用市场重置核算经济成本的方法来加以弥补。

我们还应注意到，成本加成定价法在有些场合是不适用的。在平均成本和边际成本相差比较远时，基于平均成本基础上的加成定价和利润最大化的定价可能要相差较大，从而使企业损失了许多利润。因此，就有人对成本加成定价法提出了尖锐的批评：一个制定价格的原则或者方法，在理论上若不能满足边际成本等于边际收益的要求，通常就不会在实践中产生最优的决策，除非运气极佳。

当然，成本加成定价法本质上的缺点是在定价时，没有很好地考虑市场的需求。消费者购买的愿望并不是由产品的成本决定的，而是由消费者对产品性能的主观评价决定的。成本加成定价法以平均成本为基础，也就是说固定成本也参与决定价格，从前面各章的学习中，我们已经知道，这在理论上是错误的。这会推出一个致命的错误：当市场上的需求萎缩时，因成交量的减少而引起分摊的平均固定成本上升，进而价格上调；或市场上的需求扩大时，因成交量的增加而引起分摊的平均固定成本下降，进而价格下调。这正好错误地估计了价格调整的方向。但是，毕竟成本加成定价法已经使用多年，并还会继续使用下去。

二、增量分析定价法

增量分析定价法是边际分析定价法的灵活运用。边际收益和边际成本都是强调变化一单位产量所引起的收益或成本的变动。但在现实经济生活中，组织生产不是一单位、一单位地组织的，销售也不是一单位、一单位地完成的。市场上的交易是一笔一笔做出来的，而每笔交易的数量也往往各不相同。这就有了一个替代的方案，若计算每笔交易使企业增加的总收益超过增加的总成本，就可以考虑接受，否则就不予接受。

增量分析定价法可以被看作边际分析定价法的推广。利润的增量是每笔交易的边际收益和边际成本之差,当利润增量为零时,即边际收益等于边际成本,企业可能会实现利润的最大化。

例:某游乐场打算增设一个游乐项目,游乐场的门票若为 50 元/人,估计每天可有10 000 人来游乐场。由于新增了游乐项目,估计该游乐场每天平均的游客可以增加10%,而该游乐项目设立后,游乐场每天增加成本为 4 万元。问是否应当增设该游乐项目呢?

显然,在增设该游乐项目后,该游乐场每天增加游客 1 000 人,增加收益 5 万元,而每天增加成本为 4 万元,两者相比,每天利润增加 1 万元,从增量分析定价法来考虑,增设这一个游乐项目的方案是可行的。

一些航空公司,在飞机起飞前,会对空余的座位往往给予特别优惠价,这也是一种增量分析定价法。因为这时增加一名旅客,对航空公司来说,增加的成本是很小的,只要票价高于增加的成本,这一趟航班的利润就是增加的。

可见,增量分析定价法最适合于在短期经营条件下,尚有剩余生产能力的企业,因为这时大量的固定成本已经沉没。

增量分析定价法要用得好,须注意以下三点。

(1) 决策引起的利润增量应当是决策引起的各种效果的总和。当一个企业要确定某种新产品的价格时,不仅要计算这种新产品能带来的利润,还要计算这种新产品的销售而引起的其他产品的利润变化。新产品可能是与原产品在需求上是相互替代的,新产品的销路大了,原来那部分老产品的销路就要减小,引起利润的减少;新产品也可能与原产品在需求上是互补的,新产品的上市会推动原产品的销售,引起利润的增加。这两种情况都要考虑,需要计算的是新产品的出现引起的整个企业利润的变化。

(2) 在计算利润增量时,不仅要考虑短期效果,也要考虑长期效果。也就是说,不仅要注意当期的利润增量,而且还要注意长远的利润增量。如企业目前生产和销售的一种新产品可能有利可图,但从长远来看,它会限制企业中另外一些产品的发展,在决策时就要考虑它的长远综合效果。飞机临起飞前的折扣票,尽管对本次航班有利,但对整体不利,因此,现在航空公司已经普遍取消飞机临起飞前的折扣票,或者仅用于航空公司内部员工,而在考虑是否需要增加或减少航班时仍可以用增量分析定价法。

(3) 由于固定成本必须分摊,对于一个企业而言不能所有的定价都用增量分析法来定价,它特别适合于在固定成本已经分摊,还有剩余生产能力的这种情况。当然,所有的定价都用成本加成的方法来定价既是不必要的,也是不合适的。

增量分析定价法既要注意短期的效益,也要考虑长期的效益,还要考虑需求和生产的关系。这给企业决策者提供了一种相对灵活的定价方法,为优秀职业经理人灵活应用定价策略、发挥聪明才智提供了舞台。

三、目标利润导向定价法

目标利润导向定价法也是现实经济生活中常用的定价方法。它不同于成本加成定价法,成本加成是以利润率为目标,目标利润则以总利润为导向。企业在经营时都希望能获得尽可能高的利润,但确很难判断最大利润到底是多大,而且边际收益等于边际成本这一时机也很难掌握。实际上企业可以做到的并不是去实现最大利润，而是努力实现其目标利润。目标利润也许正好是最大利润，但通常却不是最大利润。

目标利润的确定，常常是在过去历史的基础上，加上对未来市场的判断来制定的。企业上期赢利 1 000 万元，基于对本期市场形势的考虑，本期目标利润在上期的基础上，增加 20%。1 200 万元就是本期的目标利润，而没有考虑这是否是本期的最大利润。确立目标利润后还要进一步分解企业内的不同赢利部门各分担多少赢利的目标，各部门再制订完成赢利目标的具体方案，是保持原价格、扩大市场增加销量来完成利润目标，还是提高价格减少销量，抑或降低价格增加销量来实现目标利润。在方案确定后，再落实实施的方案和措施。

目标利润能否实现，很大程度上取决于对市场形势的判断。在目标利润的执行过程中，发现问题、适当地调整利润目标也是常常发生的。

四、新产品定价法

对于新产品，并没有历史的数据可用来对需求函数进行估计，只能采用特定的定价方法来确定新产品的价格。这里有两种不同的定价策略可供选择：**撇油定价法**和**渗透定价法**。

1. 撇油定价法（高价定价法）

"撇油"的原意是把浮在面上的一层油撇出来，撇油定价法把价格定得较高，目的是想在短期内尽可能地赚更多的钱。撇油定价法因价格定得很高，所以会刺激竞争对手迅速进入市场。

撇油定价法实质上也是差别定价法的一种，即随时间的推移而定出不同的价格。在新产品销售的初期，新产品首先以较高价在价格弹性小的市场上出售（针对部分以捷足先登先睹为快、愿意出较高价格的消费者）；然后随着时间的推移，再逐步降价，使新产品进入需求弹性较大的市场（针对较低价才能消费的消费者）。诸如彩电、冰箱、洗衣机、个人电脑等耐用品，就常采用这种定价方法。一种新品种上市，要确定最佳的价格实际上是很困难的，一个合理的办法就是把价格定得高一点，将产品销售给愿意出高价的少数消费者，之后再逐渐把价格降下来。有许多教材，实际上也采用了这样的定价策略，开始出一个精装版，成本高不了多少，可价格却高出几倍，过几个月再出简装版，最后还出学生普及版，价格不断往下调整。

撇油定价法通常是企业的短期定价策略，一般适用于下列情况。

（1）不同的消费者有不同的需求价格弹性。企业有足够的时间，尽量先让需求价格弹性小的消费者充分购买；然后降价再向需求价格弹性大的消费者进行推销。

（2）新产品的试制周期比较长，有专利保护，产品具有自主知识产权，核心竞争力。因而，较高的价格也不怕刺激竞争对手迅速进入市场，竞争对手想进入并不容易，时间会比较长。

（3）尽管小规模生产的成本较高，消费者缺乏需求价格弹性，但高价仍能给企业带来显著的收益。

（4）高价能给人以好的形象，给人感觉是高档品，质量好。

（5）对产品未来的需求前景有很大的不确定性。一开始价格定得高一些,把可以赚到的钱先赚到再说。健身用的"呼啦圈"就是一个很好的例子。到今天也说不清楚是什么原因,令当时全国人民一下都晃起了"呼啦圈",但也确实"呼啦"一下,都不再晃了,需求极不稳定。

2. 渗透定价法(低价定价法)

"渗透"是打入市场的意思。渗透定价法把价格定得较低,目的是打入市场。渗透法由于价格定得较低,无多大油水可捞,因此可以能阻止竞争者进入市场。如果企业研制出了一种新产品,目标是先占领市场,或者是挤进现有市场,将可替代产品挤出去,采用渗透定价法就较好。这种渗透定价法常用于竞争比较激烈的日用小商品,如牙膏、香皂、洗发露等小商品。

下列情况可适用渗透定价法。

（1）需求价格弹性大,低价能增加大量新的消费者。

（2）规模经济很明显,需求量扩大后,能使生产成本大大下降。

（3）未来市场需求前景被看好,需要用低价来阻止竞争对手打入市场,或者需要用低价来吸引大量消费者,扩大市场。

（4）出于竞争或心理上的原因,需要尽快地占领市场,以求在同行中处于领先地位。

一旦企业达到向市场渗透的目的后,它就会逐渐地提高价格。因此,渗透定价法是一种为了实现长期目标,而谨慎牺牲短期利益的定价方法。

五、产品生命周期定价法

企业还应当根据产品的生命周期来制定不同阶段的定价策略,这被称为**产品生命周期定价法**。产品生命周期是指产品从进入市场到退出市场所经历的市场生命过程。一般可分为导入期、成长期、成熟期和衰退期四个阶段。事实上,产品在生命周期的不同阶段,需求价格弹性相差很大,通常都会呈动态变化。

在产品的导入期,企业对市场的了解很少,消费者对产品的了解也很少。基于产品本身的特点和对市场未来的预估,被广泛应用的有两种不同的方法:撇油定价法和渗透定价法。这两种导入方法的不同,决定了随后的定价策略的差别。撇油定价法针对起初消费者缺乏需求价格弹性,随着竞争对手的加入,导致价格的下降,需求价格弹性会有所上升;而渗透定价法则使产品迅速进入市场,随消费者对产品价值的认可,价格会有所上升,需求价格弹性则有下降的趋势。

在成长期,消费者对该产品已经熟悉,消费习惯也已形成,老顾客会重复购买,还会带来新的客户,销售量激增,企业利润迅速增长,在这一阶段利润达到最大。随着销售量的增大,企业生产规模也逐步扩大,产品成本逐步降低,新的竞争者也会投入竞争。在适当的时机,企业可以采取降价策略,以激发那些对价格比较敏感的消费者产生购买愿望并实施购买行动。至于采取不采取,什么时候采取降价策略还取决于导入期的策略。

在成熟期,销售量的增长会缓慢下来,利润增长也开始缓慢下降,逐步达到最高峰,然后缓慢下降。市场竞争非常激烈,只能采取主动出击的策略,使成熟期延长,或使产品更新换代,生命周期出现再循环。降低价格常是这一阶段的重要手段,大量小型企业将在竞争中被淘汰,从而形成以大型企业为主的垄断局面。

在衰退期,消费者转向新的产品,市场的销量开始显著减少。因此,企业应注意适时推出新产品;对于老产品,应注意利用好最后的获利机会,且逐步退出市场。

研究表明,几乎每一种产品都有其独特的定价历史,在产品生命周期中,需求价格弹性的变化也各不相同。因此,要注意观察和监督价格弹性的变化趋势,采取相应对策。

六、网络定价法

互联网的日益发展,让其成了人们日常生活中重要的组成部分,网络营销也有了极为迅速的增长。在起步阶段,出于开拓市场、寻求立足的需求,企业大多采取低价或免费的定价方式,并开始逐步形成具有自身特点的**网络定价**。主要有以下五种策略。

1. 低价定价策略

网络销售几乎不受地理位置限制的影响,直接面对开放的全球化市场。一下就面对着全球的消费者,消费者可以很方便地做到货比多家,竞争也就会更加激烈,消费者的需求价格弹性也就更大。通常,消费者也期待网络销售的价格,要低于一般市场流行的价格。而且,企业通过网络销售,也确实可以显著地节约大量的销售成本。因此网络定价在公开价格时,就要比市场同类产品的价格低。在网络上也常用一种折扣价格,就是公布比市场价格给一个多大的折扣,让消费者清晰地了解到降价的幅度;也可以采取优惠定价,对一次或持续购买超过一定数量商品的消费者实行优惠价;或在某个时间段内实行促销价;或除给予价格折扣外,还附带赠送小礼品。这些都是**低价定价策略**。

2. 个性化定价策略

网络销售可以方便地实行个性化服务。根据消费者的需要,进行定制生产,满足消费者的个性化要求。消费者的个性化需求通常都有很大的差异性,而现代企业管理 ERP (企业资源管理系统)的使用,已经为满足消费者个性化需求创造了十分有利的条件。对个性化产品实行**个性化定价**。在网上,消费者对个性化产品价格确定的过程,也可以有比较透明的认识,可以买到既中意、价格也合适的产品,企业也扩大了产品销路。

3. 使用权定价策略

在传统的交易过程中,不仅交易了产品的使用权,同时也交易了产品的所有权。但随着社会经济的发展和人民生活水平的提高,人们的需求越来越多,对于许多产品在购买后,使用几次后就不再使用了,造成了极大的浪费。因此,人们希望只购买使用权,购买有限使用次数的使用权,而不购买所有权。一般可以通过网络传输的产品,如软件、音乐、电影等,就可以实现**使用权定价**,按使用次数付费,而不交易所有权。这样既节省了消费者的支出,企业也可以吸引更多的消费者,从而扩大了市场份额。

4. 网上竞拍定价策略

网上竞拍也是目前发展迅速的一个领域。后面第九章还会讨论到,竞拍定价是市场形成合理价格的一种合理方式。网上**竞拍定价**,是由消费者在互联网上公开竞价,在规定的时间里,竞价高者成交。现在已经创造了许多网络竞拍交易平台。

5. 免费定价策略

在网络定价中,**免费定价**不仅是一种促销手段,还是一种很有效的产品定价策略。例如,雅虎(Yahoo)公司通过最初的免费建立门户站点,经过 4 年的亏损经营,得到了飞速发展,最终通过广告收入等间接收益,全面扭亏转盈,这就是一个比较典型的例子。

七、其他定价法

在实际经济生活中,也有一部分定价已基本脱离边际收益和边际成本的分析,是基于策略性基础上的定价。常见的有限制性定价、声望定价、习惯定价、竞争定价等。

1. 限制性定价

限制性定价是指已拥有市场控制权的垄断企业,为限制潜在的竞争者进入市场,达到长时间维持市场垄断的目的,而设立的限制性价格。

对于在短期内的垄断企业,本可以根据需求曲线的价格弹性,确定较高的价格,以获得最大化的经济利润。但若该企业的定价和平均成本之间的差越大,经济利润也就越丰厚,那么对于潜在竞争对手进入市场的诱惑力也就越大,若没有其他方面的市场进入障碍,潜在竞争对手进入市场的速度就越快。而竞争对手的进入,就会使该企业的经济利润下降。若该企业的定价低一点,经济利润也会相应地低一些,竞争对手进入的速度也就会放慢,甚至可以完全阻止对手的进入。在这里需要处理好短期利益和长期利益之间的关系,进行权衡。

2. 声望定价

有些商品为了确立和维护其声望或"形象",常常无论其成本是多少,都要远高于相近产品一般市场价格进行销售,如钻石、貂皮大衣、超豪华轿车等就属于这一类商品。如果价格定得不是很高,可能会失去其高档品的"形象",反而使得销售量下降。它们的需求曲线如图 8.5.3 所示,是一条转折的需求曲线,这类商品采取绝不低于其声望值 P* 的定价政策。在现实经济生活中,许多精品店为了能够满足一些特殊人群的心理需要,往往采用**声望定价**。也有些产品的质量,消费者很难判断,以为价格高,其质量也会好,这类产品也常采用声望定价。

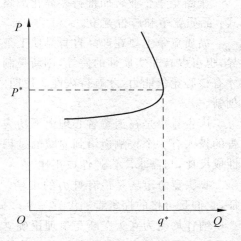

图 8.5.3 声望定价的需求曲线

3. 习惯定价

有一类商品,习惯于按历史上的价格定价。在一个较长的时间内,价格不变动。你若要经营这类商品或服务,就必须接受这个**习惯定价**。

也有一类习惯定价是出于心理上的因素,如国外不少产品定价是 9.99 元、99.99 元等。99.99 元,似乎仍是几十元,还不到 100 元,以示该产品便宜。在我国,定价为 16.88元、168.88 元、1688 元等的产品已经经常出现,这主要是为了迎合人们的某种祈福心理。当然,也可以整数定价。一套西服,本可定价为 962 元,改定为 1 000 元,以满足消费者显示地位和声望的心理。

4. 竞争定价

竞争定价是以竞争对手的价格作为基础的定价方法,招标和拍卖是竞争定价的两种形式。招标是以一种公开的方式来选择最合适的卖主。拍卖则是以一种公开的方式寻找出价最高的买主。这些内容将在第九章里作进一步讨论,这里就不再赘述。

本 章 提 要

在完全竞争市场和完全垄断市场之间,是垄断竞争市场和寡头垄断市场。

在垄断竞争市场上有许多卖主,他们自以为是价格的决定者,其实他们只是价格的接受者。市场上的产品既有差别又有替代是这个市场产品的重要特征。

垄断竞争企业面对的主观需求曲线和客观需求曲线分离。在短期内,垄断竞争企业可能获得经济利润。在长期内,主观需求曲线和平均成本曲线相切,经济利润为零,企业还有剩余生产能力,同时也产生了无谓损失。

价格竞争常常是垄断竞争市场上的重要手段,推动了企业的低成本战略。低成本战略促进了资源的合理配置,提高了生产效率,消费者虽得到了实惠,但企业的利润却越来越薄。

垄断竞争企业转而推行差异化战略,进行非价格竞争。非价格竞争的有两种主要形式:品质竞争和广告竞争。

品质竞争主要在产品自身品质上下功夫,制造产品的差异化。既可以有实质性的差异,也可以有非实质性的差异,创新是制造差异的主要手段。只有具有自主知识权的差异才有核心竞争能力,才有持久性。短期内可获得经济利润是创新的动力,因此需要不断地创新。

广告竞争是在消费者心理上下功夫,让消费者觉得你的产品和别的产品不一样。广告的投入有一个报酬递增到递减的过程。广告的投入也要有适当的度,它和需求价格弹性成反比,与需求广告弹性成正比。

寡头竞争市场是最有魅力的市场。寡头垄断企业在决策时相互依存是最重要的特征,它们是价格的探索者。没有一个寡头垄断理论可以解释所有寡头竞争的现象。

纳什均衡为寡头垄断竞争理论确立了重要基础:在给定对手行为后,各寡头垄断企业采取它所能采取的最好行动。在价格竞争时,常常表现为价格刚性。

猜测产量是古诺均衡模型。在将对手产量当作确定的基础上,同时决定自己的产量,得到各自的反应方程和古诺均衡解。当一方可以先决策时,便形成斯塔克博格模型,先行动者占优。

猜测价格是伯特兰模型。在将对手价格当作确定的基础上,同时决定自己产品的价格,也得到各自的反应方程和伯特兰均衡解。猜测价格时,后行动者占优。

寡头垄断企业达成协议,像垄断者那样操纵市场,分享利润是卡特尔模型。若要形成卡特尔组织需要一定条件。

默许共谋是寡头企业勾结的另一种形式。常见的有主导企业价格模型、低成本企业价格领导模型、"晴雨表"企业价格领导模型。

在现实经济生活中还有许多定价实践,常见的有成本加成定价法、增量分析定价法、目标利润导向定价法、新产品定价法、产品生命周期定价法、网络定价法,以及其他的一些定价方法。

关键词和术语

垄断竞争市场:介于完全竞争市场和完全垄断市场之间,更接近完全竞争市场的一种市场结构形式,既有竞争又有垄断。

产品组:既有差别又有替代的大量产品组合。产品之间有实质上的差别,也可能只有非实质上的差别,而在效用上都可以一定程度上的替代,这是垄断竞争市场上产品的主要特征。

主观需求曲线:垄断竞争市场上的企业自己以为可以独立行动,不会引起竞争对手的反应而想象的需求曲线。

客观需求曲线:又称比例需求曲线。垄断竞争企业根据在市场上所占的份额,从市场需求曲线得出的需求曲线。

剩余生产能力:完全竞争企业长期均衡点对应的产量和垄断竞争企业长期均衡点对应的产量之间的差,称剩余生产能力。表明资源未充分利用的程度。

低成本战略:企业采取各种措施,努力使自己的产品生产成本在行业内领先的策略。低成本战略是一项艰苦而持之以恒的工作。

价格竞争:是指企业运用价格手段,通过价格的提高、维持或降低,以及对竞争者定价或变价的灵活反应等,来与竞争者争夺市场份额的一种竞争方式。

差异化战略:是指企业努力使产品、服务、企业形象等与竞争对手有明显的区别,以获得竞争优势所采取的战略。品质竞争和广告竞争是差异化战略的两种主要手段。

品质竞争:是在产品自身上下功夫,以适应消费者的不同需要。有横向差异化,指产品某些特征上的差别适应消费者偏好的差异性;有纵向差异化,指产品某些功能上的改进,以适应消费者需求提升的需要。

广告竞争:企业在产品形象上下功夫,让消费者心理上觉得自己的产品和别人的产品不一样。

需求广告弹性:需求的数量对广告投入变动的敏感程度。

广告经验法则:广告投放应当有适当的度。广告的投放量在总销售收益中的比例与需求广告弹性成正比,与需求价格弹性成反比。

寡头垄断市场:是介于垄断竞争与完全垄断之间的一种比较现实的混合市场,是指少数几个企业控制整个市场的生产和销售的市场结构。也是最有魅力的市场。

扭结需求曲线:面对涨价和降价,需求量对价格变动的敏感程度不一样。通常涨价的需求价格弹性大于降价的需求价格弹性,表现为需求曲线有折点。

纳什均衡:给定其他人策略的条件下,每个局中人选择自己所能采取的最优策略,没有人有足够理由打破这种均衡。

古诺模型(Cournot model):又译古尔诺模型。由两个企业组成的双寡头垄断模型,面对共同市场,各自独立行动,在猜测对手产量的前提下,同时确定自己利润最大化的产量的模型。

斯塔克博格模型(Stackelberg model):面对共同市场的双寡头垄断企业,当一方有机会先决策产量时,确定自己利润最大化的产量模型。

先发优势:先决策者获得的优势。

伯特兰模型(Bertrand model):同样是由两个企业组成的双寡头垄断模型,面对共同市场,各自独立行动,在猜测对手产品价格的前提下,同时确定自己利润最大化的价格的模型。

卡特尔模型(Cartel model):是一种公开的串谋行为。共同操纵市场,限制产量,提高价格,分享利润的模型。它能使一个竞争性市场变成一个垄断市场。

石油输出国组织(OPEC):目前共有 11 个会员国,约共占世界石油蕴藏 77%及石油产量 40%。于 1960 年 9 月 14 日在伊拉克首都巴格达成立,宗旨是维护产油国利益,并维持原油价格及产量水准的一个国际卡特尔组织。成立时有沙特阿拉伯、委内瑞拉、科威特、伊拉克及伊朗五国。其成立后,陆续加入新的会员国,包括卡塔尔(1961)、利比亚(1962)、印尼 (1962)、阿拉伯联合酋长国(1967)、阿尔及利亚(1969)、尼日利亚(1971)、厄瓜多尔(1973)及加蓬(1975)八国。后厄瓜多尔及加蓬退出。

默许共谋:没有明确协议的一种心领神会勾结,通常不被认定为非法。

主导企业价格领导模型:行业中的一个有影响的企业像垄断企业那样,为自己利润最大化制定和变动价格,其余企业跟随定价和变动。

低成本企业价格领导模型:行业内一个成本占优势的企业率先制定价格,如"天天都是最低价","保证全市最低价"等,其余企业跟随。

晴雨表企业价格领导模型:行业内通常能最先感受或预测到市场条件变化的企业及时作出决策,其余企业跟随。

成本加成定价法:在计算平均成本(平均变动成本加平均固定成本)的基础上,加目标利润率的定价。

增量分析定价法:比较新增订单引起的全部收益增加和成本增加而确定的定价方法,是边际分析的推广应用。

目标利润导向定价法:以目标总利润为导向的定价方法。

撇油定价:高价位定价。在短期内尽可能赚取更多的收益,是为眼前利益牺牲长远利益的定价方法。

渗透定价:低价位定价。价格定得较低,为长远利益牺牲眼前利益的定价方法。

产品生命周期定价:根据产品生命周期不同阶段的定价策略。

网络定价:根据网络自身特点的定价方法。有低价位定价策略、个性化定价策略、使用权定价策略、竞拍定价策略、免费定价策略等各种不同策略。

限制性定价:为限制竞争对手进入市场,达到长期维持垄断的限制性定价。

声望定价:为维护形象满足特殊客户群心理需要的高价位定价。

习惯性心理定价:出于心理因素的一种习惯性定价。

复 习 题

1. 什么是垄断竞争市场？垄断竞争市场上的产品有什么特征？

2. 垄断竞争企业面对的需求曲线有什么特点？垄断竞争企业是如何进行短期决策的？

3. 垄断竞争企业的长期均衡有什么特点？你是如何评价垄断竞争行业的长期均衡的？

4. 什么是非价格竞争？非价格竞争有什么特点？有哪些主要的非价格竞争方式？你是如何比较价格竞争与非价格竞争的？

5. 什么是品质竞争？品质竞争需要注意什么？你是如何评价品质竞争的？

6. 什么是广告竞争？投放广告需要注意什么？为什么不同产品的广告投放量不一样？你是如何评价广告竞争的？

7. 什么是寡头垄断市场？寡头垄断市场上的企业决策有什么重要特征？

8. 为什么在寡头垄断市场上经常会出现价格刚性？

9. 什么是纳什均衡？你是怎样认识纳什均衡的？

10. 什么是古诺模型？什么是反应方程？古诺均衡解是纳什均衡解吗？如果一方有机会优先决策，会出现什么结果？

11. 什么是伯特兰模型？同质产品和异质产品的价格决策有什么不同吗？伯特兰模型的反应方程是什么？伯特兰均衡解是纳什均衡解吗？如果一方有机会优先决策，会出现什么结果？

12. 什么是卡特尔模型？卡特尔组织若要成功需要什么条件？你所在的企业有条件组织卡特尔吗？在一国内部组织卡特尔合法吗？

13. 什么是默许共谋？默许共谋合法吗？如何做到默许共谋？默许共谋有哪些形式？

14. 什么是成本加成定价法？成本加成定价法如何实施？在实施过程中要注意些什么？你是怎样评价成本加成定价法的优势和不足的？

15. 什么是增量分析定价法？你会增量定价法吗？增量分析定价法在实施过程中要注意些什么？

16. 什么是目标利润导向定价法？你用过目标利润导向定价法吗？

17. 什么是新产品定价法？为什么不同的新产品，会有不同的定价方法？

18. 什么是产品生命周期定价法？为什么在产品的不同周期要有不同的定价方法？

19. 网络定价有什么特点？有几种网络定价策略？

20. 你还有什么其他定价方法吗？

 第八章自我检测题及答案

博弈论与企业竞争策略

在上一章我们已经开始讨论在寡头垄断市场上，企业进行决策时如何将竞争对手可能的反应考虑进来，并介绍了几个传统的寡头垄断模型。但并没有讨论为什么有的决策者倾向利用这个模型，有的决策者却倾向利用那个模型；没有讨论应当怎样阻止潜在竞争者的进入；没有讨论在情况发生变化时又应如何决策。

我们从这些模型的讨论中可以看到，寡头垄断者要想得到理想的结果，往往需要合作，但又发现合作往往是困难的、难以维持的。这不仅取决于决策者自己的行为，还取决于竞争对手的行为。一个人在作决策时，必须考虑竞争对手对其决策有什么反应，这就是**博弈**。这里将应用博弈论的理论来讨论企业，尤其是寡头垄断企业的竞争策略。博弈论对理解寡头垄断企业的行为是十分有用的。

第一节　社会人假定与经济博弈分类

博弈论并不是经济学的一个分支，应用的范围也远远不只是经济学。我们在这里只讨论**经济博弈**，讨论经济博弈在企业，特别是寡头垄断企业决策中的策略应用，而不去涉及其他领域中的博弈。

一、社会人的假定

博弈是要讨论人与人之间的反应，一定会涉及人的行为。当与不同人博弈时，所采取的策略也就各不相同。我国幅员辽阔，不同地区人的文化、风俗、习惯等各不相同。因此，和不同地区的人发生交易，所要采取的策略也应当不一样。有人将我国各地人群大体分为三类：一类是决策者主要考虑在这次交易中，自己能有多大的获利。可不可以接受这样水平的获利，如果可以接受这样水平的获利，交易就可以继续进行。至于对手能从中获利多少是对手主要考虑的事，无须越俎代庖。一类决策者在交易时，固然会认真考虑自己从中获利多少，还同时考虑对手会从中获利多少，还有没有可能"你再少获利一点，让我多获利一点"的情况发生。因此，谈判会异常艰难。一类决策者作交易讲究"缘分"，有"缘分"就好说，都是兄弟，谁赚钱不一样。要是没有"缘分"，即便自己一点钱也不赚，也不能让对手得半点好处。

在市场经济的条件下，我们是在和谁博弈呢？怎样才可以被称作市场经济条件下的决策者？最初起源于经济人的假定，其出发点是为了对经济学进行分析、推导、演绎、解释，避免对具体"人性"的争论，而对人做了一个抽象的假设。实际上就是将人不当"人"，而是当成一种纯粹的"经济动物"，是在追求自身的快乐和利益，进行着自利活动的"动物",强调了人的"动物性",人的活动唯一获得的经济好处,就是物质性补偿的最大化,马斯洛需求五层次的低层次需求,把个人经济利益最大化作为公理,构建了古典经济学的理论基础。

随着经济学理论的不断完善和充实,并逐渐将"理性经济人"作为经济学的一个基本假设,形成了经济学的新古典学派。人可以利用的经济资源是稀缺的,人可以做出理性的选择,实现消费者效用最大化;厂商利润最大化;要素所有者收入最大化;政府目标决策最优化。实际上是将人抽象化,做一个可量化的"机械人"假定,建立了大量的数学模型来试图描述人的行为,并有不断复杂化的趋势。出发点仍是侧重讨论多层次需求中的低层次需求,本质上还是突出人都是"自利"的一面。

后来又有了"社会人"假定,以此为基础,也已经形成了许多经济学派,但到目前为止,还没有形成统一的认识以及统一的学派。人首先是一种"社会人"和"组织人",这是人与动物的根本区别,而不只是"经济人"。作为一种社会存在,除了物质经济利益外,人还追求安全、自尊、情感、社会地位等社会性的需要,高层次的需要。亚当·斯密在奉献了"国富论"的同时,还精心撰写了"道德情操论"。人所做出的选择,并不仅仅是以他的内在效用函数为基础,还建立在他个人的社会经验、不断的学习过程中,以及构成其日常生活组成部分的人与人之间相互作用的基础之上。因此,人的行为是直接依赖于他人生活在其中的社会经济文化环境。"人的本质不是单个人所固有的抽象物,在其现实性上,它是一切社会关系的总和"①。所以,人不能只考虑自己,还要考虑他人;不能只考虑我们自己人类,还要考虑在地球上和我们人类共存的一切"它们";甚至不仅要考虑今天的我们和一切"它们",还要考虑明天的我们和一切"它们"。不能只考虑"个人利益最大化",还要考虑"公共利益最大化"。不能只迷恋于自身的感受,还要注意他人的感受,注意自己的行动会如何影响他人的体验。本质上是人不能只有"自利",还应当要"利他"。

在社会主义市场经济体制的条件下,若要市场机制对资源的配置起决定性作用,必然要明确经济活动主体追求利益的正当性,优胜劣汰竞争的必然性。但要求任何市场主体,只能在不损害公众利益的前提下,追求和实现自身的利益,在分工合作的基础上进行优胜劣汰的竞争。是公众利益前提下的自利,合作基础上的竞争。而且,我国目前市场主体是多元化的,有自然人,也有法人。法人又代表着多种所有制形式,有私有,也有公有,还有混合所有。公有制中又有集体所有和全民所有等不同的实现形式。这样就有"自利性"和"利他性"的合理协调;追求"个人利益最大化"和"公共利益最大化"的有机结合。人只能是社会中的一员,不能脱离社会去谈人,不能脱离社会的公共利益谈个人的利益。社会人的假定是社会人追求共赢前提下的自利,合作基础上的竞争。社会越发展,人类越进步,人的社会性越强,需要的层次也就越高,进而"利己"性与"利他"性的共享和兼容就越强。因此,由经济人假定到社会人假定是经济理论发展的必然。时至今日,已经没有哪个个人或国家可以独自应对人类所面临的各种挑战,能够退回自我封闭的孤岛。经济必然要向着包容、普惠、平衡、共赢的全球化方向发展;社会必然要向着和平、合作、繁荣、美好的人

①恩格斯.马克思恩格斯选集(第1卷).北京:人民出版社,1963,p.18.

类命运共同体发展。处理好"自利"和"利他"的关系,才是人类社会文明进步最重要的标志,因为人类社会是一个命运共同体。

我们将主要讨论博弈的参与者是社会人,能充分认识到自身行为的重要性,在共赢的前提下追求和实现自身的利益,在合作的基础上进行优胜劣汰的竞争。社会人应当如何来进行决策? 实际做出决策的总是社会中的某个自然人,他(她)真的能做到"利己"性和"利他"性合理协调吗? 他(她)真的能追求"个人利益最大化"和"公共利益最大化"有机结合吗? 他(她)真的能"经济人"和"社会人"高度统一吗? 他(她)真的能理性决策吗? 对此后续我们讨论了经济博弈极其丰富多彩和生动活泼的内容。

在讨论经济博弈之前还做了一个假定:就是必须将对手看作和自己一样的聪明,凡是自己能想到问题、策略,竞争对手一样能想到。能作出合乎理性的决策。这里的理性是指基于正常思维结果的行为,能反复用换位思考的方法,冷静、客观地进行分析、比较、综合、判断,从而得出符合逻辑推理的结论。

二、合作博弈与非合作博弈

企业之间的经济博弈既可以是合作的,也可以是非合作的。如果参与各方进行谈判,最后形成了具有约束力的合同文本,若合同文本是可以执行的,就是**合作博弈**。而如果不能形成具有约束力的可执行合同文本,就是**非合作博弈**。

合作博弈的例子有很多,如去 4S 店买一辆汽车。与代理人反复谈判,进行讨价还价。就价格、配置、售后服务、付款方式等进行一系列的谈判,其过程也是反复的较量,结果形成一个购销合同,随后这份合同条款可以一一执行,对不能执行的违约也事前一一作了规定。这就是合作博弈。一个新项目合作开发,可以谈判,也可以形成可执行的合同,同样是合作博弈。

但并不是所有博弈都可以签订可执行的合同。两家企业通过广告战,争夺市场份额,双方都知道加大广告的投放可以有利于获取更多的市场份额。但双方若都加大广告的投放,结果又会发生怎样的变化? 那么,你加大不加大广告的投放量呢? 这就不能形成合同文本;达成的理解,也不能很好地执行;对违约方也不好处罚。这就是非合作博弈。

我们主要关心非合作博弈。非合作博弈最重要的是**理解竞争对手的观点**,并**推断其对自己的行为会作怎样的反应**,这就需要进行换位思考,需要进行反复的换位思考。但实际上若要准确推断对手对自己行为的反应是困难的。

三、非合作博弈的分类

非合作博弈也有不同的类型,它们的策略也各不相同。先说明几个关键词,这是讨论经济博弈的四个要素。

博弈方(player):参加博弈的决策者。

策略(strategy):博弈方所采取的行动方案。

决策(action):根据博弈方的策略所采取的行动。

得益(pay offs):博弈结束时,博弈方扣除成本后的最终收益。

1. 同时博弈与序列博弈

同时博弈是指博弈双方同时作出决策。这里"同时"的概念是指在作决策时,不知道对方的决策,而且即便随后知道了对方的决策,也不可变更自己的决策,而并不一定严格地要在同一个时刻。项目竞标就是同时博弈,各方书写竞标书,并不一定非要在同一个时刻完成。但你在写竞标书时,并不知道其他竞标对手竞标书的内容。在此情况下的博弈,就是同时博弈。同时博弈又称**静态博弈**。

而**序列博弈**,就是指各博弈方的策略行动有先后。一方可能先采取行动,而另一方在知道对方行动后再采取行动。**动态博弈**就是典型的序列博弈。现实经济生活中的价格战、广告战常常都是序列博弈。

尽管同时博弈也要考虑对手的行动对自己的行动有什么影响,但和确实知道对手行动后的决策并不一样。

2. 一次性博弈和重复博弈

有些博弈只有一次,正所谓"机不可失,时不再来"。特别是一些重大的博弈,在关键时刻,往往就是**一次性博弈**。"人生能有几回搏",就是指重大关键时刻的博弈。这时要采取的策略就要十分谨慎地考虑了。

也有许多博弈是在博弈方之间反复进行的,是多次的**重复博弈**。当博弈有了重复机会时,采取的策略就要发生变化;而且,在事前知道最后一次的有限次重复博弈,以及事前不知道或没有最后一次的无限次重复博弈时,所采取的策略也会大不一样。

3. 完全信息博弈和不完全信息博弈

在有些场合,博弈双方知己知彼。**双方都知道对方,双方也都知道对方知道对方**,这才是**完全信息博弈**。显然,严格意义上完全信息博弈只能是理论意义上的博弈。由于完全信息博弈是讨论的基础,尽管在现实经济生活中通常都不存在,但经济博弈还是从完全信息博弈开始讨论的,在完全信息博弈中讨论的基本策略思路,在不完全信息博弈中都有重要的参考价值。

现实经济生活中经济博弈,几乎都是**不完全信息博弈**。博弈方对其他所有或部分博弈方的特征、策略空间及收益等信息了解得不够准确、不够完全。在这种情况下进行的博弈,就是不完全信息博弈。如果你知道对方,而对方却不知道你知道对方,这也是不完全信息的博弈,是信息不对称的不完全信息博弈。这里强调的是信息了解得不够准确、不够完全,而不是完全不了解。若对对方完全不了解,那就不是博弈,是瞎撞,盲目决策。在信息不够准确、不够完全的前提下,就要努力来猜测对手可能采取的策略与行为,需要用到不确定性分析,数学手段就比较复杂。

4. 两人博弈和多人博弈

上面提到的几乎都是讲博弈双方的**两人博弈**。而现实经济生活中的博弈,不一定只有博弈双方存在,很可能会出现第三方或更多的博弈方参与的**多人博弈**。有了第三方或更多方参与博弈,会影响博弈的结果。但两人博弈是基础,因此这里侧重讨论两人博弈。

第二节　三种基本博弈策略

博弈是考虑了每一个参与者的行动及反应后作出的决策，将人的行为考虑进来了。只要涉及人的行为，问题就会十分复杂。许多人非常喜欢的围棋，就是两个人参与博弈，利用黑白两种棋子，严格规定一人一步，先后次序出手，谁围的地盘大谁就赢得了胜利，规则十分简单。如此简单规则的博弈，至今却没有一个策略指导你一定可以赢得胜利。而现实经济生活中的博弈，要比围棋复杂得多。不一定就是两个人在博弈；可以利用的决策变量也多得多，可以博弈产量，可以博弈价格，也可以博弈广告的投入等；也没有严格规定就一定是你一招、我一招地轮流出手。如此复杂的经济博弈，还能有指导博弈方必胜的胜招吗？当然没有。这是博弈的一个重要特点，说不清楚哪种策略就一定是最好的。对现实中的博弈问题，通常都没有唯一正确的标准答案或解决方案。

我们曾多次在课堂上，请同学们做一个由马丁·苏毕克（Martin Shubik）设计的游戏。将 100 元用一个特别的方法进行拍卖，出价最高的竞拍者，以所报的数目换得这 100 元，出价次高的竞拍者也要交出所报的出价，却什么也得不到。你会参加这个游戏吗？

通常我们都是在课堂上迅速发动同学们参与。很快有人报了 1 元，随即有人报上 2 元。只要有两个以上的同学参与竞拍，游戏就停不下来。第一个竞报 1 元的同学发现如果不再增加，就白白损失 1 元；只有竞报 3 元，还可以获利 97 元，这样就竞报了 3 元。随后竞报 2 元的同学也已经没有选择，只有继续提高竞报的价格。有直接提高 50 元的，这样，问题就回到了竞报 3 元的同学面前，还增加不增加？其实别无选择，干脆 99 元吧！问题再次回到已经竞报了 50 元的同学前面。怎么办呢？最终"获胜"的同学很可能报价已经远远超过 100 元了。为什么如此聪明的同学竟陷入这样尴尬的境地？

这个游戏告诉我们：要参与博弈，必须要清楚你是在参与一个什么类型的博弈？这个博弈的规则是什么？你可能有什么样的策略可以使用？可能的结局是什么？这里的一个重要假定是：你的竞争对手和你一样聪明，你能想到的主意，你的竞争对手全都可能想到。

这里还有一个博弈论中的重要核心概念，就是均衡，博弈能不能达到一种稳定状态，没有一方愿意单独改变策略，这就实现了**均衡**。这个概念是数学家约翰·纳什在 1951 年首先解释清楚的。在博弈论讨论的过程中会反复运用这个概念，**纳什均衡**是指在给定竞争对手的行为以后，各方都采用了它能采用的最好行为，没有任何单独一方愿意改变其策略。

尽管说，在博弈中已经没有什么是可以指导博弈方必胜的策略，却有可以指导博弈方提高胜算概率的策略。就像尽管没有什么策略来告诉战斗的指挥者一定能获得胜利，但还是有《孙子兵法》，有三十六计，可以帮助指挥者提高胜算的概率。这里，我们主要来讨论经济博弈论中三种基本策略。

一、上策策略

首先讨论上策策略（dominant strategy），有些经济学教科书上，将其译作**占优策略**。所谓上策，就是**不管对手作什么决策**，对参与者来说某个选择**都是最优的选择**，这个选择就是参与者的上策。

例如，两个双寡头企业 A 和企业 B，正在考虑是否策划一次新的广告攻势。双方都知道对方在思考是否发动新的广告。且都进行了反复的思考，做还是不做？对手做还是不做？对各种可能性也作了周密的测算。也许还请了咨询公司征求咨询意见。测算的结果如表 9.2.1 所示，是双方都知道。

表 9.2.1　广告博弈的得益矩阵

企业 B

	做广告	不做广告
企业 A　做广告	12,5	15,0
企业 A　不做广告	6,8	10,2

表 9.2.1 被称为博弈的**得益矩阵**，其上方是企业 B 可能的两种策略选择：做广告，或者不做广告；左边是企业 A 的两种可能的策略选择：做广告和不做广告。可能的结果写在了相应的单元里，并作了一个规定：每单元中，逗号前面的那个数，表示左边那个企业 A 得到的**最终得益**；逗号后面的那个数，表示上方那个企业 B 得到的最终得益。例如，两个企业都做广告，结果就是企业 A 从做广告中最终得到 12 万元的利润，企业 B 从做广告中最终得到 5 万元的利润。对于其他可能的决策，也都有相应的结果。最终得益是已经考虑扣除可能发生的成本。

如果你是企业 A 的决策者，你决策做广告吗？如果你是企业 B 的决策者，你决策做广告吗？

应当怎样来选择呢？首先，如果你是企业 A 的决策者，你应当去想企业 B 会做什么呢？如果企业 B 选择做广告，企业 A 也选择做广告，得 12 万元；若选择不做广告，得 6 万元；选择做广告优于选择不做广告，比较第一列两个单元中逗号前面的两个数字。如果企业 B 选择不做广告，若企业 A 选择做广告，得 15 万元；也选择不做广告，得 10 万元，比较第二列两个单元中逗号前面的两个数字；还是选择做广告优于选择不做广告。两句话可以合成一句：对于企业 A 来说，无论企业 B 选择做广告还是不做广告，结果都是企业 A 做广告优于不做广告。企业 A 做广告，是企业 A 的上策。

同样的道理，你也可以站在企业 B 的立场上思考：你是企业 B 的决策者，你应当去想企业 A 会做什么呢？如果企业 A 选择做广告，企业 B 也选择做广告，得 5 万元；若选择不做广告，得 0 万元。选择做广告优于选择不做广告，比较第一行两个单元逗号后面的两个数字。如果企业 A 选择不做广告，若企业 B 选择做广告，得 8 万元；也选择不做广告，得 2 万元。还是选择做广告优于选择不做广告，比较第二行两个单元逗号后面的两个数字。两句话也可以合成一句话：对于企业 B 来说，无论企业 A 选择做广告还是不做广告，结果都是企业 B 做广告优于不做广告。企业 B 做广告，是企业 B 的上策。

因此，如果这两个企业的决策者都是理性的，博弈的结果应当是两家都做广告，因为做广告是它们的上策，结果是容易确定的。一个理性的决策者总会选择上策，并且预计对方有上策时，也会采用上策。

这里，两个参与者都有上策，我们将博弈的结果称作**上策均衡**（equilibrium in dominant strategy）。不管竞争对手的策略如何，每一家的决策都是最优的，这样的博弈结果就被称为上策均衡。上策均衡是简单而易于分析的决策，因为参与者都不必担心竞争对手的行动是什么，都可以作出自己最好的决策。

显然，上策均衡是纳什均衡，双方都选择了最佳选择，谁也没有改变的冲动。**上策均衡是纳什均衡的特例**。纳什均衡是在给定对手做什么的前提下，做它能做的最好行动。上策均衡有了更加严格的前提条件，即对手无论做什么，都是对自己最好的行动，才是上策均衡。纳什均衡就不一定是上策均衡了。

但是，并不是每一个博弈过程中双方都有上策。上面广告战的结果稍作一点变动，这在现实中是完全可能的。如果博弈双方都不做广告，则企业 A 具有更大的优势，企业 A 做广告是带有防御性的，得益矩阵的结果如表 9.2.2 所示。

表 9.2.2　无上策均衡的得益矩阵

| | | 企业 B | |
		做广告	不做广告
	做广告	12,5	15,0
企业 A	不做广告	6,8	18,2

现在，企业 A 没有上策。企业 B 做广告，企业 A 做广告比不做广告好；企业 B 不做广告，企业 A 不做广告要比做广告好。那么，企业 A 该怎么办呢？

这里，我们也看到，企业 B 仍然有上策。无论企业 A 做还是不做广告，企业 B 都是做广告比不做广告好，做广告是企业 B 的上策。

如果你是企业 A，你认为企业 B 的决策是什么？因为你也是同样聪明，你也一定能够认识到企业 B 有上策，其上策是做广告，企业 B 会选择做广告，你也就选择做广告。这是合乎逻辑的结果。这个结果还是纳什均衡，是一方有上策的纳什均衡，但已经不是上策均衡了。

上策也不是至少有一方会有，也有可能博弈双方都没有上策。有一个新开发居民小区，既有建立一个超市的需要，也有建立一个餐饮店的需要。现在有两家商业集团打算到那里去开办超市和餐饮店。如果都办超市，由于没有那么大的市场容量，两家都要亏损；如果都办餐饮店，也没有那么大的客源，两家也都要亏损；如果一家办超市，一家办餐饮店，这样两家都能赢利。可能的得益矩阵如表 9.2.3 所示。

表 9.2.3　超市、餐饮店的得益矩阵

| | | 企业集团 2 | |
		超市	餐饮店
	超市	−10,−10	20,20
企业集团 1	餐饮店	20,20	−10,−10

如果双方都必须同时决策,这时我们会发现双方都没有上策。但有纳什均衡,而且有**两个纳什均衡**。即企业集团 1 办超市,企业集团 2 办餐饮店;企业集团 1 办餐饮店,企业集团 2 办超市,将各赢利 20 万元。但如果两家都办超市或都办餐饮店的话,两家就都要亏损 10 万元。如果假定对方办超市,自己就办餐饮店,双方都没单独改变的冲动,实现均衡,两个纳什均衡。两个纳什均衡都是稳定的。如果没有更多的信息,无法知道哪个均衡会出现;如果既不允许博弈双方共谋,又必须同时各自决策,那会有什么结果呢? 这时,企业发展的路径"信号"会给它们带来默契。若在历史上企业集团 1 在开办餐饮业上有优势,企业集团 2 在开办超市方面有专长,那么,企业集团 1 就选择办餐饮店,企业集团 2 就选择办超市,从而实现纳什均衡。

在日常生活中都能找到纳什均衡吗? 这一问题常常会引起一些有趣而又现实的话题。多年来,教育部门一直反复倡导要全面发展素质教育,特别是中小学校也一再减轻学生的在校学习负担,但与此同时,家长们为了孩子不输在起跑线上,校外各式课外班已应运蓬勃发展成一新兴产业,并且已有燎原之势。你是怎样看待"应试教育"和"素质教育"的呢? 详见专栏 9-1 "人家的孩子"——家长的苦恼。

专栏 9-1

"人家的孩子"——家长的苦恼

应试教育乎? 素质教育乎? 在我国几乎是人人关心的话题。应试教育伴随科举制度,在我国已经有 1 300 多年的历史了。虽然在 100 多年前废除了科举考试,但应试教育仍然产生着深刻的影响,并有愈演愈烈的趋势,其弊病日益凸显。

"应试教育"是一种选拔性的教育,强调选择功能,注重挑选教育对象。它忽视了人的身心发展的共性和个性,主张"分数至上",以追求升学率为目的,这严重违背了教育规律,表现为急功近利的短期教育行为和短期教育效应。在学科课程中,只重视应考科目,而忽视非考科目,造成学生知识结构的严重缺陷,片面强调知识灌输,其结果导致中小学生的课业负担一直过重,严重影响了人的全面素质的发展、创造型人才的培养。有人将它比作"猛于虎"。

提出要加强全面素质教育也已经有了 20 多年的历史了,并且也有很多人在大声疾呼,呼唤素质教育,虽然也有了一些进展,但总体而言,仍然是困难重重,进展甚微,处境十分困难。

我国仍处于一个穷国办大教育、办世界上最大教育的境地,教育资源,尤其是优质的教育资源仍十分有限。在短期内,还无法从根本上解决优质教育资源供不应求的矛盾。要努力让每个孩子都能享有公平而有质量的教育,势必要有一种比较公正、公平的方法来进行选拔。而考试正是目前能得到绝大多数人认同的、比较公平有效的选拔方法。在考试仍然是一个重要的选拔方法时,你打算怎样来处理应试教育和素质教育呢? 一看到"人家的孩子",家长们便苦恼不已。学生家长们在博弈,老师教育部门同样也在博弈。

二、最小得益最大化策略

纳什均衡的实现不仅依赖于博弈参与方自身的理性,还依赖于对方的理性,但理性有时也会被打破。

有一个真实背景的例子,其中的数字都作了掩盖,但大小之间的关系仍保持真实。在我国北方某处的大海边上,电力部门打算建一座大型火力发电厂;交通部门原先在那里有一个客货两用的小码头,因附近要建火力发电厂,就打算扩建一座运煤的专用码头。双方也都请专家进行了可行性分析和研究。估计了各种可能的结果,结果如表9.2.4所示。

表9.2.4 最小得益最大化策略

		电力部门	
		不建电厂	建电厂
	不扩建	1,0	1,0.5
交通部门	扩建煤码头	-0.5,0	2,1

交通部门不扩建运煤专用码头,电力部门在那里也不建电厂,交通部门因在那里有一个客货两用小码头,每年还可以赢利1亿元,而电力部门则没有亏损也不赢利;如果煤码头没有扩建,电力部门在那里建起了电厂,发电用的煤要从远处用汽车公路转运过来,成本比较高,每年还可以赢利0.5亿元,而交通部门仍然是原来的1亿元;如果交通部门扩建了运煤专用码头,运来的煤给电厂发电,交通部门扩大了业务,电力部门发电用煤的成本降低了,交通部门赢利2亿元,电力部门赚了1亿元;但万一扩建了煤码头,没有建电厂,电力部门还是没有亏损也不赢利,但交通部门却由于运煤专用码头没有大客户,每年要亏损0.5亿元。

由于当时我国管理机制的条块分割,电力部门不能参股建码头,交通部门也不能参股建电厂,两个部门都是各自独立决策。如果你是电力部门的决策者,你的决策是什么? 若你是交通部门的决策者,决策又是什么? 我们不难看到,对电力部门而言,电力部门有上策,无论交通部门作什么决策,电力部门都是在那里建电厂比不建电厂好。建电厂是电力部门的上策。交通部门当然也看到了电力部门有上策,即建电厂。于是,就决策扩建运煤专用码头。扩建码头的建设周期比较长,因此要先开工建设,最后建成了当时一座很先进的自动卸煤专用码头,并在相关媒体上发了消息。但后来电厂在那里没有建,交通部门则遭受了重大损失。

交通部门能避免这样的错误吗? 如果你是交通部门的决策者,你认识到你的理性决策是否得当? 这还取决于对手的决策是否理性,因此要更加小心谨慎一点。如果交通部门不扩建煤码头,最坏的情况是什么呢? 在电力部门建电厂和不建电厂的两种情况下选择一个更差的结果,在表9.2.4中,不扩建煤码头,每年最坏的情况是赢利1亿元;如果扩建煤码头,最坏的情况又是什么呢? 也在电力部门建电厂和不建电厂的两种情况下选择一个更差的结果,在表9.2.4中可以看到,扩建煤码头,每年最坏的情况是要亏损0.5亿元;两种情况下的最坏结果,选择一个有利一点的结果。这就是最大化了可能得到的最小收益,被称作**最小得益最大化策略**(maximin strategy)。相当于我们通常所说的**两害相权取**

其轻。

显然,最小得益最大化策略是一个保守的策略,没有实现利润最大化,但确实也避免了可能发生的最大亏损。最小得益最大化策略以放弃了可能的最大收益为代价,避免了可能发生的最大损失。最小得益最大化策略不一定是纳什均衡。

现在,我们已经有了两个基本策略,如何来应用呢?这里有一个非常有名的案例,就是**囚徒困境**。囚徒困境在博弈论的讨论中占有很重要的位置,可以帮助我们来思考许多问题。囚徒困境是说:有两个坏人相互勾结要实施犯罪,在策划行动前也曾"对天盟誓",以后万一被抓获"打死我也不说"。随后两人就偷窃了一家银行,还逃走了,且没有留下什么证据。但他们贼心不死,不久又一起到一家居民家偷窃,这次是人赃俱获,被当场抓住。分头关押后就进行审问,因怀疑偷窃银行的也是这两个人,这两个同案犯被要求坦白偷窃银行的罪行,并向其反复交代了政策:"坦白从宽,抗拒从严。"坦白还是不坦白呢?此时,必须各自独立作决策,也就是同时博弈。各种可能的结果如表 9.2.5 所示。

表 9.2.5　囚 徒 困 境

囚徒乙

		不坦白	坦白
囚徒甲	不坦白	$-5,-5$	$-20,-2$
	坦白	$-2,-20$	$-10,-10$

如果囚徒甲彻底坦白了偷窃银行的犯罪事实,并积极退赃,而囚徒乙却没有坦白,囚徒甲有检举立功的表现,囚徒甲判 2 年,囚徒乙判 20 年;反过来也同样地处理。若两个囚徒都坦白了,就没有立功的表现,"以事实为依据,以法律为准绳",偷窃银行和入户偷窃,两罪并罚,判每人 10 年;如这两个囚徒都没有坦白,还是"以事实为依据,以法律为准绳",虽怀疑偷窃了银行,但证据不足,只能以入户偷窃罪,一人判 5 年。

如果这样的结果囚徒们也知道,囚徒会坦白吗?有人说:学了博弈论就不坦白了。那么,若站在囚徒甲的立场看:若囚徒乙不坦白,囚徒甲坦白比不坦白好;若囚徒乙坦白,囚徒甲还是坦白比不坦白好,就是说无论囚徒乙坦白还是不坦白,囚徒甲都是坦白比不坦白好,坦白是囚徒甲的上策。同样的道理,坦白也是囚徒乙的上策。双方都坦白是他们的上策均衡。

如果从最小得益最大化策略考虑,又是什么结果?还是先站在囚徒甲的立场上来看,如果不坦白,最坏的情况是被判 20 年;如果坦白了,最坏的情况是被判 10 年,"两害相权取其轻",坦白是囚徒甲最小得益最大化策略,当然也是囚徒乙的最小得益最大化策略。

坦白是这两个囚徒的**理性选择**,但并不是他们最想得到的**理想结果**。为什么理性的选择却不是理想的结果?其根本原因是这两个是囚徒,隐含了一个前提,他们是坏人,极端的利己主义者,只从自己的利益考虑,如果他们能相互从对方的利益来考虑,结果就是双赢的。这两个囚徒能从对方的利益来考虑吗?

这个有趣的囚徒困境告诉我们,在现实的经济博弈中,博弈方并不隐含是囚徒的假定,但同样有许许多多囚徒困境类似的博弈问题。如果博弈参与方都只为自己的利益考虑,同样得不到他们想要的理想结果,结果是两败俱伤。而如果能互相为对方的利益考虑,结果是**双赢**,甚至是**多赢**。特别是在当今,亚当·斯密的"看不见的手",在许多场合已经演绎为提倡利己主义,为了一己私利,不惜损害他人和公众利益,囚徒困境的结果告诉我们损人也损己,这从中能给我们什么启示呢? 那么,在现实经济生活的博弈中,博弈各方还能从对方的利益来考虑吗?"如果人人都能献出一点爱,世界将变成更加美好的明天"。怎样才能从对方的利益考虑而得到双赢呢? 甚至多赢呢? 详见专栏 9-2。

专栏 9-2

片酬兮片愁

有一种说法,我国涨价涨得最快的不是房价,也不是油价,而是演员的片酬。据某影视剧中心主任公布的数字,"仅在 2016 年一年时间内,一二线演员的片酬就增长了近 250%,在一些更为倚重流量偶像的大剧中,明星片酬在制作成本中的占比甚至升至 75%"。仅几个明星拿走的片酬,最高能达到一部作品全部成本的 50% 到 80%,严重挤压了制作资源。据媒体报道,目前好莱坞演员的片酬,大多占制作成本的二到三成。一部影片的拍摄到成功播放,涉及编剧、演员、导演、制片人、投资人、电视台、最终观众等一系列相关者的利益。近年来出现少数演员片酬过高,导致影视剧制作成本结构严重失衡,制作费仅够草草地结束拍摄,制作水平自然直线下降。直接影响了影视剧的整体质量,最终影响的是消费者利益。

据中新网 2017 年 9 月 22 日电:中国广播电影电视社会组织联合会电视制片委员会、中国广播电影电视社会组织联合会演员委员会、中国电视剧制作产业协会、中国网络视听节目服务协会四部门联合发布《关于电视剧网络剧制作成本配置比例的意见》:各会员单位及影视制作机构,要把演员片酬比例限定在合理的制作成本范围内,全部演员的总片酬不得超过制作总成本的 40%,其中,主要演员片酬不超过总片酬的 70%,其他演员片酬不低于总片酬的 30%。这一举措能处理好所有利益相关方的利益,实现合作共赢、多方共赢吗?

三、混合策略

前面讨论的两种策略都是参与者最终作出了明确的选择,或采取了明确的行动。做广告或不做广告;建码头或不建码头;坦白或不坦白。这样的策略,被称为**纯策略**(pure strategies)。但在有些博弈中,纯策略并不一定合适。

曾经在课堂里多次请同学们参与做过一个小小的游戏。同学们和邻座分别两两结成对子,选择手心或手背,双方同时出手。事前做一个约定,双方出手一样,都是手心或手背,算一方赢;双方出手不一样,一个手心一个手背,算另一方赢。连做 10 次,统计双方输赢的比例。最后请输赢比例最悬殊的一对或几对同学讲述 10 次博弈的心理过程。多次出现 9:1 的悬殊比例,先请输方解释为什么会输了这么多次,在每次输以后,心里是怎么想下次决策的? 然后请赢方解释为什么能赢这么多次,每次赢以后,心里是怎么想下次决策的？当然也会出现许多平手，也请打平手的同学解释是如何打成平手的。这个过程通常会很有意思，这里涉及的是一种博弈的策略。

现在，许多企业在夜间都请了保安公司的保安人员值夜班，防止企业财产被盗窃。保安人员值班有两种选择：一是忠于职守，不偷懒，认真值班；二是偷懒，值班时睡大觉。小偷也有两种选择：一是来偷；二是不来偷。这样就构成了一个博弈。可能的结果如表 9.2.6 所示。

表 9.2.6　保安与小偷的博弈

保安

		偷懒	不偷懒
小偷	偷	$V, -D$	$-P, 0$
	不偷	$0, R$	$0, 0$

今晚小偷来偷，保安偷了懒，在睡大觉。结果小偷偷到了东西，这东西对小偷来说是值钱的，价值量是 V。而保安由于失职而丢失了公司财产，要被纪律处罚，处罚的力度是 D。D 的大小与处罚力度成正比，D 前面的负号是表示保安接受的处罚，是负效用。

小偷今晚来偷，保安忠于职守，没有睡觉。小偷就会被抓获，被法律制裁，制裁的力度是 P。P 的大小与制裁的力度成正比，P 前面的负号同样表示小偷接受的制裁，也是负效用。保安忠于职守，可以得到表扬和奖励，但保安夜间值班也是本职工作，这里不予表扬和奖励，保安得益零。保安得益为零，主要还是为了后面计算上的方便。

小偷今晚不来偷，保安偷懒睡大觉。当然，小偷是不得不失，得零。保安晚上睡了觉，公司也没有发生财产丢失，保安偷懒的行为很可能就不会被发现，保安的心里感到很得意，得到 R。R 是用来衡量保安心中得意的程度，是一种正效用。

小偷今晚不来偷，保安没偷懒。双方都不得不失，都是零，这样就构成了表 9.2.6 中的得益矩阵。

小偷今晚来不来偷呢？猜想着保安睡，还是不睡呢？这里还是同时决策，不能先"探路"。保安猜小偷一定来偷，保安一定不睡觉；小偷猜保安一定不睡觉，小偷一定不来偷；小偷一定不来偷，保安一定就睡觉；保安一定就睡觉，小偷一定就来偷。小偷在猜测着保安睡觉的规律，同时也努力掩盖着自己的规律不被保安猜到；保安在猜测着小偷来偷的规律，同时也在努力掩盖着自己的规律不被小偷猜到。

能有效掩盖自己的规律的最好规律，是**随机规律**，而不是某一确定的选择或确定的行动。这就是**混合策略**（mix strategy），此处**无招胜有招**，没有规律是最好的规律。

随机规律并不等于没有章法可循。**随机规律的概率要恰好使对方无机可乘**，对方无法通过有针对性的倾向于某种策略而得益。有了应用随机规律的混合策略，就可以证明每一个博弈都至少有一个纳什均衡[①]。有些博弈是没有纯策略的纳什均衡，上面讨论的

---

①David M. Kreps. A Coursein Microeconomic Theory. NJ: Princeton University Press, 1990, p. 409.

保安和小偷的博弈就是没有纯策略的纳什均衡。

有了混合策略就可以找到均衡。如保安与小偷的博弈,保安偷懒的得益是取决于小偷来偷的概率,若小偷来偷的概率是 η_1,这就意味着小偷不来偷的概率是 $1-\eta_1$。保安有 $1-\eta_1$ 的概率,偷懒不会被发现,从偷懒中得到的满足,或得意程度可由 $R(1-\eta_1)$ 来衡量。但也要冒风险,风险是小偷来偷,保安偷懒没有发现小偷,而被纪律处罚。风险的大小由 $(-D)\eta_1$ 来决定,与处罚的力度和小偷来偷的概率的乘积成正比。这样保安就需要权衡利弊,这样的风险是否值得冒? 如图 9.2.1 所示。

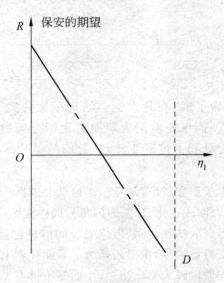

图 9.2.1　保安的期望与偷窃的概率

如果在保安的心里,偷懒是利大于弊,即 $R(1-\eta_1)>D\eta_1$,则保安会倾向于睡大觉。随之,小偷也会调整偷的概率,倾向于来偷,提高偷窃的概率。在小偷提高偷窃概率后,保安发现偷懒的风险加大了,弊大于利,保安则会倾向于少偷懒。小偷在保安少偷懒后,又会减少来偷的概率。直到概率调整到恰好使对方无机可乘,对方无法通过有针对性的倾向于某种策略而得益,就达到了均衡。这时,$R(1-\eta_1)=D\eta_1$,得到一个有趣的结果:

$$\eta_1/(1-\eta_1) = R/D$$

小偷来偷与不来偷的比例,取决于保安对偷懒的主观评价和被处罚的力度。它与保安对偷懒的主观评价成正比,与被处罚的力度成反比。加大对保安处罚的力度可以提高小偷不来偷的概率。在改变对保安处罚力度时,却改变了小偷的行为。

同样的道理,小偷能不能偷到有价值的东西,取决于保安是否偷懒,保安偷懒的概率决定了小偷能偷到的价值量。若保安偷懒的概率是 η_2,那么不偷懒的概率就是 $1-\eta_2$。小偷来偷的得益是 $V\eta_2$,同样要冒风险,这风险是保安没有在睡觉,风险的大小由 $P(1-\eta_2)$ 决定,与法律制裁的力度和保安不偷懒的概率的乘积成正比。这样小偷就需要权衡利弊得失,这样的风险是否值得冒? 如图 9.2.2 所示。

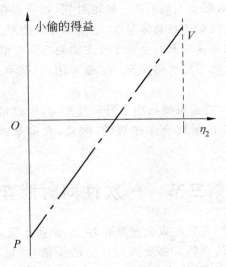

图 9.2.2　小偷的期望与保安偷懒的概率

保安也会不断地调整偷懒的概率，直到将概率调整到恰好使对方无机可乘，对方无法通过有针对性的倾向于某种策略而得益，达到了均衡。这时：$V\eta_2 = P(1-\eta_2)$，得到的结果为

$$(1-\eta_2)/\eta_2 = V/P$$

加大对小偷法律制裁的力度，结果是改变了保安偷懒的概率。看起来是一个多少有点奇怪的结论，但也给了我们一个思考：决策确实是相互依存的。在前面手心手背的游戏中，50%的概率随机出手，是一个可以采取的策略。

许多大公司的董事会常会请独立的会计事务所对会计账目进行审计，目的是审查公司的管理者是否在会计账目上造假。实际上，会计事务所的会计并不会去审查每一笔交易，主要审查重大的交易，而对较小的交易则采取随机抽样的方法进行审计。管理者知道作假账要受到严厉惩处，因此很少造假；而会计事务所知道——审计成本太高，结果就是一种混合策略，审计人员对会计账目和交易抽样审计，公司管理者对会计账目也时有作假。

混合策略常常给出许多有趣和有益的思考。上面保安与小偷的博弈告诉我们：改变对保安处罚的力度，却改变了小偷偷盗的概率；加大对小偷惩罚的力度，却改变了保安偷懒的程度。在我国的一些地方的某些时段常常搞严打行动，就是加大对犯罪惩罚的力度，这是有效政策吗？看来不对，对犯罪的惩罚只能"以事实为依据，以法律为准绳。"再说，博弈的结果只会改变保安偷懒的程度，不会改变犯罪的概率。但事实上又确实是在严打期间，犯罪率下降，究其原因是严打期间，先是提高了保卫人员的实际处罚力度，因此才带来犯罪率的下降。

由此似乎可以得到一个结论：企业若要减少被偷盗的损失，只要加大对保安人员的处罚力度就行了。但这时保安还可以有一个选择，就是和小偷相勾结，实现保安与小偷之间的合作共赢。博弈方发生了变化，小偷和保安组成一方，业主成另一方，这样的两方在进行直接的博弈。因此,对保安人员不能一味地处罚,还要对保安人员进行激励,即恩威并用。而恩威并用的度却很难进行具体量度,这是领导的艺术。

当然还有一个多赢的博弈均衡。企业主能主动关心所有相关人的利益,共同富裕,和谐相处,那时就没有小偷,也不需要用保安,是"夜不闭户,路不拾遗"实现所有人的共赢。这是博弈均衡点吗?

像许多其他博弈一样,混合策略给出了另一种思考,但也常常不是一个很现实的解,你很难想象一个企业的定价策略会是随机的,因此,在本章的其余部分将侧重讨论纯策略。

第三节　一次性同时博弈

在现实的经济生活中,尤其在寡头垄断市场上,企业决策者常常需要在不知道对手决策的情况下,作出自己的决策。需要面对产品的价格、产量、广告投放、产品式样、质量等一系列问题,与竞争对手作出同时决策。他们虽不是囚徒,但却面临着相似的处境。

一、上策决策

有两个寡头垄断企业,生产完全相同的产品,共同面对市场的需求,要进行产量的一次性决策。市场的需求函数是

$$P = 30 - Q$$

Q 是两家产量之和。为了计算简单起见,还是假定双方的边际成本都始终等于零。销售收益最大化就等于企业利润最大化。

在第八章的讨论中,我们已经知道,如果这两家寡头垄断企业以产量作为决策变量,各自追求自己的利润最大化,最合适的模型就是古诺模型。古诺均衡的解如下。

双方的产量为

$$Q_1 = Q_2 = a/3b = 10$$

产品的市场价格为

$$P = a/3 = 10$$

而双方企业的利润为

$$\pi_1 = \pi_2 = a^2/9b = 100$$

而如果双方能够达成相互依存,进行合作,来限制产量,提高产品的市场价格,实现共同利润最大化,这就是已经讨论过的卡特尔模型。卡特尔模型的解如下。

市场上的销量为

$$Q = a/2b = 15$$

产品的市场价格为

$$P = a/2 = 15$$

两个企业边际成本相等,平分产量:

$$Q_1 = Q_2 = a/4b = 7.5$$

利润分别为

$$\pi_1 = \pi_2 = a^2/8b = 112.5$$

合作双方都可以获得更大的利润。但现在是同时决策,不可以相互协商,不知道对手想的是追求各自利润最大化,按照古诺模型来决策,还是追求共同利润最大化,按照卡特尔模型来决策? 如果企业 1 按照卡特尔模型决策,而对手企业 2 按照古诺模型决策,这时的结果如下。

企业的产量为

$$Q_1 = a/4b = 7.5, \quad Q_2 = a/3b = 10$$

产品的市场价格为

$$P = 12.5$$

利润分别为

$$\pi_1 = 93.75, \quad \pi_2 = 125$$

这样博弈的结果如表 9.3.1 中的得益矩阵所示。

表 9.3.1　寡头垄断企业的上策决策

		企业 2	
		7.5	10
企业 1	7.5	112.5,112.5	93.75,125
	10	125,93.75	100,100

企业 1 的决策者发现:无论企业 2 做什么决策,对企业 1 来说,都是按照古诺模型决策,产量为 10,都比按卡特尔模型决策要好。选择产量为 10 是上策。同样的原理,企业 2 也发现选择产量 10 是上策。选择产量 10 是它们的上策均衡,也是古诺均衡。作为上策,将优先得到考虑。

二、剔除下策

这里我们还看到,如果企业 1 猜对手企业 2 真是按照卡特尔模型决策,企业 1 的产量不是选择 7.5,还有更好的决策,就是按第八章中给出的反应方程

$$Q_1 = a/2b - Q_2/2 = 11.25$$

这时的结果如下:

企业的产量为

$$Q_1 = 11.25, \quad Q_2 = 7.5$$

产品的市场价格为

$$P = 11.25$$

利润分别为

$$\pi_1 = 126.562\,5, \quad \pi_2 = 84.375$$

可见,企业 1 的利润更大于卡特尔模型的结果。这样的话企业 1 就有了三种选择,产量分别为 7.5、10 和 11.25。而对手企业 2 也同样有了三种选择的可能。这时的得益矩阵就是 3×3 矩阵,如表 9.3.2 所示。

表 9.3.2　剔　除　下　策

企业 2

		7.5	10	11.25
	7.5	112.5,112.5	93.75,125	84.375,126.562 5
	10	125,93.75	100,100	87.5,98.437 5
企业 1	11.25	126.562 5,84.375	98.437 5,87.5	84.375,84.375

　　根据表 9.3.2 中的得益矩阵,很容易知道已经没有上策了,双方都没有上策。那么应当怎样进行决策呢? 有一个办法就是来猜测对手的心理。如果对手选择 7.5,你会选择多少? 你会选择 11.25;对手也会猜到你将选择 11.25,而不是 7.5,对手就不会去选 7.5,而是会选择 10;你也能猜到对手不会去选 7.5,而去选择 10,那么你会做什么? 你也会选择 10;对手也能猜到你会选择 10,对手选什么? 对手还选择 10,不再去改变,达到均衡,达到纳什均衡。双方都选择产量 10。幸好这里是 3×3 矩阵,否则猜测就很困难。还有什么办法可以帮助决策吗?

　　上一节讨论了上策,那么有没有下策呢? 无论对手作什么决策,对你来说,都是最差的决策,那这个决策就是下策。

　　如果站在企业 1 的立场上看:企业 2 决策产量为 7.5,对企业 1 来说,最差的决策也是选择 7.5;企业 2 决策产量为 10,对企业 1 来说,最差的决策还是选择 7.5;企业 2 决策产量为 11.25,对企业 1 来说,最差的决策是选择 7.5 或 11.25,7.5 是最差的决策之一。三句话合成一句话,那就是:无论对手作什么决策,对你来说,7.5 都是最差或最差之一的决策。因此,决策产量 7.5 是下策,严格地说,是**弱下策**,因为至少在有一种情况下,是最差之一的决策。都是最差的决策才被称为下策。同样的道理,也就还会有**弱上策**。即无论对手作什么决策,对你来说,都是最好的决策或最好的决策之一,这样的决策就是弱上策。

　　有了下策或弱下策,决策者就应当采取剔除的考虑。因为至少还有其他更好的策略,至少有一个策略,无论对手作什么决策,都可以比下策得到更高的收益,或者不少于下策的收益。因此,对下策或弱下策加以剔除,被称**剔除下策**。

　　在表 9.3.2 中的得益矩阵中,选择产量 7.5 是企业 1 的弱下策,同样,也是企业 2 的弱下策,应当从决策的选择中剔除。这样就又回到 2×2 矩阵。在 2×2 的得益矩阵中,不难发现纳什均衡点。剔除 7.5 后选择产量 10 是上策,是双方的上策,实现了上策均衡。

三、连续剔除下策

　　在这个寡头垄断企业的产量博弈中,我们可以发现,只要产量超过对方,获利就超过对方,就会有进一步扩大产量的冲动,双方都有进一步扩大产量的冲动。当然,若产量提高了,产品的市场价格要降下来。不难看到,双方扩大产量冲动的最后结果是双方的产量都是 15,价格为零,价格等于生产的边际成本,获零经济利润,相当于在完全竞争市场上的结果。因此,选择产量 15 也是双方企业可以考虑的决策之一,这样的话决策就有了四个选择,得益矩阵就成了 4×4 矩阵,如表 9.3.3 所示。

表 9.3.3　连续剔除下策

企业 2

	7.5	10	11.25	15
7.5	112.5,112.5	93.75,125	84.375,126.562 5	56.25,112.5
10	125,93.75	100,100	87.5,98.437 5	50,75
11.25	126.562 5,84.375	98.437 5,87.5	84.375,84.375	42.187 5,56.25
企业 1　15	112.5,56.25	75,50	56.25,42.187 5	0,0

对于 4×4 得益矩阵,可以采取连续剔除下策的办法来帮助企业决策。首先,我们可以发现,选择产量 15 是博弈双方的弱下策,应先加以剔除。对于剔除 7.5 后新组成的 3×3 得益矩阵,我们已经知道,选择产量 7.5 是弱下策,接着加以剔除,被称为**连续剔除下策**。剩下的 2×2 得益矩阵,我们也已经知道,选择产量 10 是上策,是博弈双方的上策,当然也是纳什均衡[①]。

对于纳什均衡,还有一个更加简捷的方法来寻找,可以帮助博弈方检查已经找到的纳什均衡是否准确。

这个简捷的方法是画箭头。在得益矩阵中,比较两个相邻单元的得益。在比较上下相邻单元时,比较逗号前面的那两个得益数,即在得益矩阵左方那个企业的得益,在上下两个单元的邻临线上,画一个箭头,指向得益大的那个单元;在比较左右相邻单元时,比较逗号后面的那两个得益数,即在得益矩阵上方那个企业的得益,在左右两个单元的相邻线上,画一个箭头,也指向得益大的那个单元。

表 9.3.4 列出了得益矩阵表 9.3.3 所有相邻单元画上箭头后,发现只有双方产量都是 10 的那个决策单元,所有的箭头都指向内,那个单元的决策就是纳什均衡。

表 9.3.4　寻找纳什均衡的简捷法

企业 2

	7.5	10	11.25	15
7.5	112.5,112.5	93.75,125	84.38,126.6	56.25,112.5
10	125,93.75	100,100	87.5,98.44	50,75
11.25	126.6,83.38	98.44,87.5	84.38,84.38	42.19,56.25
企业 1　15	112.5,56.25	75,50	56.25,42.19	0,0

四、无上策博弈

在经济博弈中,并不是总有上策的。有些博弈没有一方有上策策略。如某城市有两

[①]这里需要加以说明的是剔除下策法,严格地来说是可以反复剔除下策,所得到的新的博弈和原始博弈有相同的纳什均衡。剔除可以重复进行,直到不再存在下策为止。而不是连续剔除弱下策,在处理剔除弱下策时要格外小心。但在本例中,弱下策的剔除没有发生纳什均衡的偏离,结论没有出现错误。

个房地产开发商 1 和开发商 2,处于寡头垄断地位。它们面临着两个选择:低端住宅和高端住宅。但由于市场空间有限,若都挤在低端住宅,双方都要发生亏损;而若都开发高端住宅,赢利也都很薄。它们各种可能的得益如表 9.3.5 所示。单位百万元。

表 9.3.5　房地产开发商的博弈

		开发商 2	
		低端	高端
开发商 1	低端	−20,−40	400,900
	高端	600,300	50,60

现在需要同时决策,双方都没有上策。如果它们是一个保守的决策者,都想避免发生亏损,应用最小得益最大化策略。开发商 1 如果开发低端住宅,最差的情况是亏损 2 000 万元;如果开发高端住宅,最差的情况是赢利 5 000 万元,两害相权取其轻,开发高端住宅是其最小得益最大化策略。开发商 2 如果开发低端住宅,最差的情况是亏损 4 000 万元;如果开发高端住宅,最差的情况是赢利 6 000 万元,两害相权取其轻,开发高端住宅也是其最小得益最大化策略。结果双方都选择了开发高端住宅市场,开发商 1 赢利 5 000 万元,开发商 2 赢利 6 000 万元,但这并不是纳什均衡,双方都有单独改变决策的冲动。

它们也发现有两个纳什均衡,结果都很诱人。有一个去开发低端市场,结果比都挤在高端市场好,最好是对方开发低端住宅市场,自己开发高端住宅市场。而且也看到开发商 2 具有更大的积极性要投入高端住宅市场,开发商 2 能说服开发商 1 放弃开发高端住宅市场,实现合作吗?

从表 9.3.5 中的得益矩阵中可以看到,开发商 2 从开发商 1 放弃开发高端市场中,可以多得益 6 亿元(9−3);而开发商 1 放弃开发高端市场,要损失 2 亿元(4−6)。如果开发商 2 给开发商 1 补贴 2 亿元,开发商 1 应该能放弃开发高端住宅市场,而进行低端住宅的开发。双方存在谈判的空间,可以实现合作博弈。

第四节　重复博弈

在现实经济生活中,有大量的博弈不是只有一次,而是重复进行着,不断地重复进行着双方同时的定产或定价。虽然不是所有的企业,但也是大多数企业,在相当长的一段时间里,也是在与相同的竞争对手、供应商、客户、员工及政府监管人员打交道,这就是重复博弈。博弈的参与方不断地采取行动,同时也不断地从博弈中获得收益。有重复机会的博弈,决策要发生变化,会变得更加复杂。

一、有限次重复博弈

我们仍用在上节反复应用的例子,双寡头垄断企业产品相同,共同面对市场需求,$P = 30 - Q$,边际成本仍假定都为零。各自同时决定产量,但不是一次博弈,而是进行多次的重复博弈。

在课堂上我们也多次请同学们参与。同学们和邻座两两结成博弈对子,各自独立进

行决定产量 Q_1 和 Q_2，再由双方决定的总产量 $Q=Q_1+Q_2$，通过市场需求曲线，得到产品的市场价格 P，由产品的市场价格 P 和各自的产量 Q_1、Q_2，计算这一次各自的赢利，如果双方决定的产量和超过 30，价格为负，双方就都发生亏损。接着再作第二次同时决策产量……连续做 10 次，每人计算 10 次博弈的利润总和。在全班同学中，对 10 次博弈总赢利最多的那位同学进行表扬或奖励，并请他（她）解释 10 次博弈的心理过程。同时也请 10 次赢利最少的几位同学，解释在 10 次博弈中的心理过程。同时允许在博弈开始前，结成博弈对手的对子之间，进行充分的讨论，但每次的决策必须要同时各自独立完成。

由于是多次的重复博弈，双方默许的合作就有可能实现。寡头垄断企业的利益相互依存，双方能按照卡特尔的模型进行决策，双方的共同利润一定是最大的。但也可以看到，如果对方诚信合作，以卡特尔模型决策，而你却采取欺诈行为，增加产量，如 11.25 是可以获得更大的利润，同时也给对方发出了你的行为和名声的信号。

10 次博弈的结果通常都很有趣。凡是能以诚相待的，博弈双方都可以获得较高的利润；但要想在全班同学中脱颖而出，也要想点计谋；而进行恶性竞争的博弈双方，赢利水平都比较低。

可以看到，第 10 次博弈开始时，由于双方都知道这是最后一次，对手已经没有报复的机会，可以采取增加产量的决策，以便获得更高的利润，争取全班第一。但如果对手也这样想呢？最后一次就失去了默许合作的基础，回到各自追求利润最大化。如果觉得反正是最后一次，没有合作的基础了，那就倒数第二次采取欺诈的手段，以追求更高的利润。但对手也这样想又会怎样呢？倒数第二次的合作基础也不稳固。将这样的推理一次次推下去，会发现有限次重复博弈，即事前能知道哪一次将是最后一次的有限次重复博弈，合作的基础还是很脆弱。

在现实经济生活中，也存在这样的现象。临退休前的所谓 58 岁、59 岁现象就是一个例子，决策者已经临近最后一次决策机会了，决策的行为就有可能会发生变化。

二、无限次重复博弈

在多数情况下，经营决策者常常并不知道自己和竞争对手究竟会竞争多久。也就是说，事前是说不清楚，哪一次就是彼此之间最后一次的博弈了。虽然相互之间的博弈次数是有限的，但事前谁也不知道这个次数是多少。因此，博弈就仿佛是无限次地重复进行下去，相当于是**无限次重复博弈**。

由于不知道哪次将是最后一次，进而不知道对手报复的机会没有了，上面的推理也就不存在，从而使合作的基础得到稳固。

在无限次重复博弈中，虽然还是存在只要欺诈对方，就可以得到一时的利益。但同时也非常清楚，如果这一次欺诈了对方，得到一时的利益，但对方会进行报复，从而产生损失，由于博弈要一直进行下去，产生的损失可能要超过一时获得的一点利益。因此，采取欺诈对方的行为是不理性的。甚至在囚徒困境中的惯犯，出现了重复博弈，他们的决策也发生了变化。

无限次重复博弈给了我们一个很好的启示。从长远利益考虑，参与博弈的决策者能从双方的利益考虑，采取一种合作的策略，结果是对双方都有利，是双赢。如果有多方参与博弈，从所有利益涉及方考虑，采取多方合作态度，结果也一定是多方共赢。

在博弈的过程中，诚信是合作的基础。市场经济若要健康发展，诚信是企业经营决策者道德的基石。企业决策者是社会人，应当能建立诚信，双方都来维护长远的共同利益。

以诚信赢得信任，赢得客户，赢得市场，赢得利润。在客户关系管理中，重复博弈的老客户更是需要维护好的重点。在企业经营中常出现所谓的二八定律，就是从 20% 的客户身上获取企业 80% 的利润，这 20% 的客户常常是老客户，企业和老客户之间实现了合作共赢。

但是在现实的经济生活中，博弈总不可能无限次重复进行下去；再加上企业经营决策者实际上总是一个自然人，不是社会人，由于认识的局限性，通常都会将短期的眼前利益看得更重一点。在重复博弈过程中，破坏合作、采取不诚信的欺诈行为也时有发生。

三、惩罚欺诈的引发策略

由于在重复博弈中，有些博弈参与者因经不住短期利益的诱惑，而采取不诚信的欺诈行为时有发生，对欺诈的行为如何惩处就成为一种策略，这被称为惩罚欺诈的**引发策略**。引发策略有三种。

1. 以德报怨

在博弈的过程中，竞争对手对你采取了不诚信的欺诈行动，并给你的企业造成了损失。你应当怎样对待呢？**"以德报怨"**就是告诉对手，这种不诚信的欺诈行为已经对我公司造成了损失，从长远来看，是对双方都不利的错误行动。但同时，仍然采取合作的策略，用自己的诚信来教育对手，希望对手回到合作的轨道，而不是采取直接报复的行动。甚至在对手再次采取欺诈行动后，仍不直接进行报复，继续给予对手教育和原谅，用自己的诚意来感动对手。一旦对手被感动，就会为今后长远的合作建立一个稳固的基础。诸葛亮的七擒孟获就是一个很好的案例。以德报怨是中华民族的一种传统美德，是人的高尚境界，但它并不意味着要提倡"逆来顺受"，一味的退让，无异于"姑息养奸"。

2. 以牙还牙

以牙还牙，又称**一报还一报**。是指在重复博弈中，选择前一轮对手所选择行动的一种策略。与合作者对手保持合作，对不合作者对手进行报复。对手上一轮合作，我这一轮也合作；对手上一轮欺诈，我这一轮也欺诈。只要对手保持合作，就一直采取合作的行动。一旦发现对手不诚信的欺诈行为，也就立即给予反击。而当对手表示愿意回到合作的轨道，采取了合作的行动，也应停止反击，回到双方的合作轨道。**欺诈引发下一轮的惩罚，惩罚直到欺诈行为结束**。这种针锋相对的策略很容易实施，对手也容易明白。参与博弈方也常常接受以牙还牙的策略。

3. 严厉惩处

对手一旦出现欺诈行为，就引发**严厉惩处**，并且惩处要一直进行下去。即使自己在一段时间带来经济损失，仍将继续惩处对手。就是对手作出合作的决策，还不要原谅，惩处仍要继续，直到将对手彻底打垮，这是严厉惩处。还有许多其他严厉惩处的办法，其目的就是从此再不合作。在现实经济生活中，严厉惩处的策略也可以不时看到。

这三种惩处欺诈的引发策略，哪种策略更好一点，很难给出一个明确的结论。在一个难免要发生错误的现实世界里,在企业相互博弈的过程中,合作能够共赢,但合作只能是一种默契,公开的勾结通常都是违法的。而且,一方采取合作策略,另一方往往可以从不合作策略中取得一时的利益,有着破坏合作的诱因,并也常常能够成功,这就是我们在日常生活中常常看到的所谓坏人得逞老实人吃亏的原因。但对于对方的不合作行为,也许仅仅是发生了一次误解,不能总想着严厉惩处;也不能总想着以牙还牙,冤冤相报何时了。以德报怨也许是一个不错的策略,但能有效地以德报怨又是以有足够的实力为前提的。

美国密西根大学 Axelrod 博士[①]曾研究重复博弈过程中采取什么策略为好,用计算机进行模拟相互之间的博弈。得出一个谨慎的结论:以牙还牙的策略胜算的概率最高。但模拟的结论只能作为决策的参考,很难成为现实决策的依据。

中国古代教育家孔子在《论语·宪问》中有或曰:"以德报怨,何如?"子曰:"何以报德? 以直报怨,以德报德。"表明孔子不赞成以怨报怨,永远用一种恶意,一种怨恨去面对别人的不道德,社会将是一个恶性循环,无休无止,社会就没有和谐。孔子也不赞成以德报怨,不值得用仁厚和付出去面对不讲是非标准,已经有负于你的人和事。而是主张以直报怨。

尽管重复博弈中如何惩罚欺诈行为很难有一个确定的策略,但还是可以有一些基本的原则应当考虑遵循。

"善良"。在现实经济生活中,对于竞争对手要有一个善良的意愿,讲究诚信。不要为了一时的利益而去欺诈、蒙骗对手。合作才能共赢。

"宽容"。企业决策者的外部环境通常都是复杂而又不确定的,认识也常常会有局限性,错误经常会发生,结果和预期并不总是那么一致,发生了偏差并不一定都是对手的欺诈行为,对发生的偏差要有宽容。

"可激怒"。宽容并非无止境,对于对手的无理挑战,对于对手一而再、再而三的"偏差"必须奋起反击。

"明确"。反击要明确无误,用法律公正的手段以直报怨。既不特别的宽恕,也不过分的报复。让对手得到公正的惩罚,付出应付的代价。

"不嫉妒"。要容得别人比你好,要容得别人比你强。在市场竞争中,要有永远争第一的理念,但也要客观的面对现实,面对竞争中的失败。

随着社会的进步和人类文明的发展,经济学的理论也在发展,由经济人的假定,到理性经济人,再到社会人的假定。越来越认识到在市场经济的条件下,合作是竞争的基础,互利才能共赢,重复博弈的引发策略也会不断地发生变化,以德报怨策略的胜算概率会不断提高。但具体的决策者总是自然人,自然人总是难免具有经济人的特性。需要对自然人进行约束,有效地约束是制度建设,在制度约束下的自然人就能比较接近社会人。日趋完善的制度约束下的自然人决策就能不断地趋于社会人决策。

实际经济生活中的博弈更加丰富多彩,四年前,北京小米科技有限公司和珠海格力集团相约设"赌局",五年后小米公司营业额超过格力,引起媒体的广泛关注。其实博弈的

[①]Robert Axelrod. The Evolution of competition. New York: Basic Books, 1984.

结果并不重要,重要的是这样的博弈能给中国企业走向世界带来什么启示吗? 详见专栏 9-3,小米和格力的"赌局"。

专栏 9-3

小米和格力的"赌局"

珠海格力电器股份有限公司成立于 1991 年,是一家集研发、生产、销售、服务于一体的国际化家电企业,北京小米科技有限公司成立于 2010 年,是一家专注于智能手机自主研发起家的移动互联网公司。2013 年年底,小米创始人兼董事长雷军与格力电器董事长董明珠同获当年"中国经济年度人物",两人在颁奖典礼上相互设约。雷军表示"请全国人民作证,五年之内,如果我们的营业额击败格力的话,董明珠董总输我一块钱就行了。"董明珠则回应:"要赌就赌 10 个亿"。

小米在 2014 年启动生态链计划,从大船演变为舰队,在过去三年里孵化了 77 家企业,已经有十几项做到了中国第一,平衡车世界第一,充电宝世界第一,空气净化器世界第一,手环在 2017 年第一季度也已经是世界第一。

格力集团近年来推行"集团多元化、各子公司专业化"的发展模式,迎难而上,勇于创新,保持了平稳、较快的良好势头。尤其是格力电器,坚持自主创新,持续高速增长,产品销向全世界。

赌局并不重要,输赢更无意义。重要而有意义的是:一个是新经济、轻资产,靠互联网思维营销迅速获得的成功;一个是传统产业、重资产,靠科技研发一步步走到了今天。哪种模式对中国企业走向世界更具有借鉴意义呢?

参考资料:小米格力官方网站。

第五节　次序博弈

不是所有的博弈参与者都是要同时行动的,也有大量的博弈参与者依次行动,参与者根据竞争对手的行动而后行动。轮流行动的博弈是次序博弈。次序博弈是典型的动态博弈。

一、先发优势

在参与博弈的某一方获得优先采取行动的机会后,行动的策略会有变化吗? 在表 9.3.5 中提供了两个寡头垄断房地产开发商的博弈矩阵。在同时博弈时有两个纳什均衡,要寻找可能的解决方案。甚至,开发商 1 有积极性,用给开发商 2 补贴的办法,来说服开发商 2 放弃开发高端住宅市场。如果现在开发商 1 有优先决策的机会,它会怎样决策呢? 如果开发商 2 有优先决策的机会,它又会做什么呢? 谁更希望获得这个优先的机会,甚至愿意为获得优先权付出一定的代价呢?

在表 9.3.5 中,开发商 2 有更大的积极性来争取优先决策的权利。开发商 2 会优先决策开发高端住宅市场;开发商 1 只有选择开发低端住宅市场;开发商 2 也知道开发商

1 随后只有选择开发低端住宅市场。开发商 2 的优先决策增加了得益 6 亿元,甚至愿意为获得优先权付出不超过 6 亿元的代价。先发具有优势。

在第八章第四节中,我们讨论了斯塔克博格模型。在以产量作为变量时,**先发具有优势**。我们仍以此为例,表 9.5.1 先发优势的次序博弈得益矩阵和表 9.3.3 完全相同。

表 9.5.1　先发优势的次序博弈

		企业 2			
		7.5	10	11.25	15
	7.5	112.5,112.5	93.75,125	84.375,126.562 5	56.25,112.5
	10	125,93.75	100,100	87.5,98.437 5	50,75
	11.25	126.562 5,84.375	98.437 5,87.5	84.375,84.375	42.187 5,56.25
企业 1	15	112.5,56.25	75,50	56.25,42.187 5	0,0

当企业 1 具有优先决策机会时,从表 9.5.1 的得益矩阵中可以看到:如果企业 1 决定产量为 7.5,企业 2 一定决定产量为 11.25,给企业 1 带来利润 84.375;如果企业 1 决定产量为 10,企业 2 一定决定产量为 10,给企业 1 带来利润 100;如果企业 1 决定产量为 11.25,企业 2 决定产量为 10,给企业 1 带来利润 98.437 5[①];如果企业 1 决定产量为 15,企业 2 一定决定产量为 7.5,给企业 1 带来利润 112.5。显然,企业 1 在具有优先决策权时,会决定产量为 15,企业 2 只有决定产量为 7.5 才最有利,最终企业 1 获利 112.5,企业 2 获利 56.25。与同时决策的纳什均衡相比,先决策的企业 1 利润更高,而企业 2 就少多了。在同时决策的连续剔除下策中,产量 15 是最先被剔除的决策;而在次序决策中,产量 15 是最好的决策。有先发机会时,决策就改变了。

二、博弈的决策树分析

对于次序博弈,我们还可以用**决策树**来帮助分析,这被称为博弈的扩展形(extensive form of a game)。它由结点和分支组成:**结点**表示一方必须作出行动的选择点,而由结点引出的**分支**则代表了在此结点可能的选择,最后是它们的得益,得益的数字按决策的先后次序排列,中间用逗号分开。

我国卫星电视节目可以在全国各地收看,各电视台在黄金时段争夺抢先热播电视连续剧,若能够抢先播出,则可以提高收视率,进而提高广告的收益。它们之间的博弈可以用表 9.5.2 来表示,得益矩阵中的数字代表收视率的百分点。

表 9.5.2　电视台播出电视剧的博弈

		电视台 2	
		先播	后播
	先播	8,7.5	13,9
电视台 1	后播	8.5,12	6,7

---

①严格地说,根据反应方程,当企业 1 决定产量为 11.25,企业 2 一定决定产量为 9.375,给企业 1 带来利润为 105.468 75。

这样的得益矩阵也可以用决策树(图9.5.1)来表示。

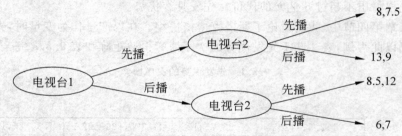

图 9.5.1 电视台 1 优先决策树分析

两家电视台应当如何来行动呢?我们常用的是逆序求解的方法。从最后的结点入手,由后向前,一直推到最初的结点。现在电视台 1 具有优先决策权,电视台 2 后决策,从电视台 2 开始。电视台 2 有两个决策结点,上面一个结点,电视台 2 有两个选择:选择先播出,收视率为 7.5%;选择后播出,收视率为 9%。很显然,应当选择后播出,将先播出的选择清除。下面一个结点,电视台 2 也有两个选择:选择先播出,收视率为 12%;选择后播出,收视率为 7%。很显然,此时应当选择先播出,也将后播出的选择清除。

现在进入前一层次的结点是图9.5.2,这时电视台 2 已经作了选择,不利的选择已经被清除。电视台 1 来作决策,也有两个选择:选择先播出,收视率是 13%,另一个可能的结果没有,已经被清除了;选择后播出,收视率是 8.5%,另一个可能的结果也没有,也已经被清除了。当然电视台 1 就选择先播出。

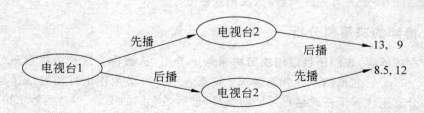

图 9.5.2 清除后电视台 1 决策树分析

如果还有前面的结点,继续往前推。这里电视台 1 的决策已经是最初的结点了。结果是,电视台 1 选择先播出,电视台 2 选择后播出。

如果电视台 2 具有优先决策权,决策树如图 9.5.3 所示。

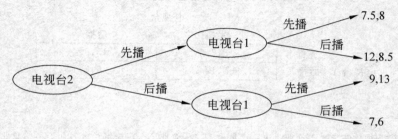

图 9.5.3 电视台 2 优先决策树分析

现在电视台 2 具有优先决策权,电视台 1 后作决策。从电视台 1 开始,电视台 1 有两个决策结点。上面一个结点,电视台 1 有两个选择:选择先播出,收视率为 8%;选择后播出,收视率为 8.5%。很显然,应当选择后播出,将先播出的选择清除。下面一个结点,电视台 1 也有两个选择:选择先播出,收视率为 13%;选择后播出,收视率为 6%。显然,应当选择先播出,也将后播出的选择清除。

现在进入前一层次的结点,这里是电视台 2 来作决策,清除后的决策树是图 9.5.4,也有两个选择:选择先播出,收视率是 12%,另一个可能的结果没有,已经被清除了;选择后播出,收视率是 9%,另一个可能的也结果没有,也已经被清除了。当然最后的结果就是电视台 2 选择先播出,电视台 1 选择后播出。

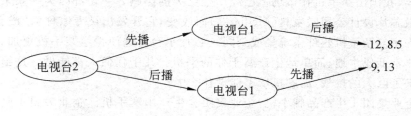

图 9.5.4　清除后电视台 2 决策树分析

我们可以看到有决策次序的决策,求得的均衡策略不同于在同时决策时得到的纳什均衡的概念。在同时决策时,一方选择的纳什均衡,也是另一方选择的纳什均衡。在上例中,如果两个电视台同时选择:要么是我先播你后播;要么是我后播你先播,两个都是纳什均衡的结果。现在在有决策次序的决策树分析中,电视台 1 优先选择时,结果是电视台 1 先播出,电视台 2 后播出;电视台 2 优先选择时,结果是电视台 2 先播出,电视台 1 后播出。都只有一个纳什均衡。一方优先的决策结果,不一定是另一方优先决策的结果,决策的结果与决策的次序有关。

从这个例子中,我们看到,电视台获得优先决策时,是可以获得利益的。实际上,各电视台也在争夺优先决策权,导致我国出现了多家电视台在同一时间,抢播同一个热播的电视连续剧的情形。

先发优势常常是企业经营决策强调的一个概念。但是,先发具有优势,并非是一个普遍的规律。在有些情况下,后发也可以具有优势。在第八章第四节中讨论的伯特兰模型,后确定价格的占有优势。后确定价格的竞争者有机会利用更低的价格打败对手。在新产品的引入时,也有可能后发具有优势,跟进者可能从率先者的广告、促销等一系列活动中搭到"便车"。后人可以借鉴前人的经验,少走弯路。

第六节　威胁、承诺的策略性博弈

这里将集中讨论威胁、承诺等策略性博弈。企业为什么要积极争取先行动,这能威胁和影响对手吗? 能阻止潜在竞争者的进入吗?

能给企业带来优势的行动被称为**策略性行动**(strategic move)。托马斯·斯科林

（Thomas Schelling）给策略性行动下了一个很好的定义："一个策略性行动，就是参与博弈的一方通过影响博弈对手对其会如何行动的预期，以促使博弈对手采用对其有利选择的行动。是其通过限制自身的行动来限制博弈对手的选择。"① 常用的手段就是"大棒加胡萝卜"：威胁和承诺。**威胁**是以要增加对方成本相威胁，以促使对方改变行动的策略；**承诺**是以会增加对方利益相利诱，以促使对方改变行动的策略。

在某种程度上，威胁和承诺的行动是不需要真正实施的，这种有**条件策略行动**是没有成本的。而**无条件策略行动**通常都是有成本的。

一、威胁博弈

前些年，我国山寨手机在市场上已经产生巨大的影响。一切都因为一家来自我国台湾地区的微芯片设计公司联发科（Mediatek）而改变，它开发出被专家称为"成套解决"方案——把许多复杂手机软件系统集成到同一芯片平台。这使得组装手机更加方便廉价，它让你能非常低成本地、简单地生产属于你的手机。几乎任何人都能做。这给原来的品牌手机带来了巨大的挑战，品牌机厂家能做什么呢？

如果企业集团 1 生产品牌手机，企业集团 2 生产山寨手机。企业集团 1 坚持手机的高价位，企业集团 2 也以高价位出售山寨手机，毕竟品牌手机有着良好的声誉，企业集团 1 获大利，企业集团 2 获小利；若企业集团 1 仍然坚持手机的高价位，而企业集团 2 的山寨手机则以低价位出售，由于山寨手机的功能也是相当不错，以低价占领了多数市场，结果企业集团 2 获得高利润，而企业集团 1 获得低利润；如果企业集团 1 以低价位出售品牌手机，而企业集团 2 高价位出售山寨手机，那么，企业集团 1 因低价位只能获得很低的利润，而企业集团 2 因山寨手机的声誉不够，却还要高价位而不得不退出市场；如果双方都是在低价位上出售品牌手机和山寨手机，企业集团 1 因低价位，还被企业集团 2 多少分走一部分市场，利润更低，企业集团 2 因成本更低而多少还有点利润。它们的各种可能结果如表 9.6.1 的得益矩阵所示。

表 9.6.1 品牌手机与山寨手机的博弈

		企业集团 2	
		高价位	低价位
企业集团 1	高价位	100,60	60,100
	低价位	20,0	10,15

得益矩阵中的单位是每年得益亿元人民币。生产品牌手机的企业集团 1 当然会采取高价位，喜欢左上角的结果，希望能够赢利 100 亿元。但生产山寨手机的企业集团 2，低价位是上策，显然会采用山寨手机以低价位出现在市场。结果也就只能是右上角，生产品牌手机的企业集团 1 每年赢利 60 亿元，而生产山寨手机的企业集团 2 每年赢利 100 亿元。

---

① Thomas C. Schelling. The Strategy of Conflict. New York：Oxford University Press，1960.

企业集团 1 的决策者心里极不痛快。能否通过威胁企业集团 2 的决策者,若你要给山寨手机定低价位,自己的品牌手机也要定低价位,从而促使企业集团 2 的决策者改变决策,跟着企业集团 1 也定高价位呢?

显然这样的威胁是不可信的。无论企业集团 2 采取什么决策,企业集团 1 定低价位都要显著地减少利润,并不是理性的决策。

但如果企业集团 1 能让企业集团 2 相信:企业集团 1 不能容忍企业集团 2 的利润超过自己,一定会作出不惜减少自己利润的"疯狂"行动,树立一个咄咄逼人的非理性形象。企业集团 2 也就可能相信企业集团 1 的威胁,从而不采取低价位策略,毕竟和企业集团 1 一起维持高价位,可以赢利 60 亿元,要高于都处于低价位时的 15 亿元。"**狭路相逢勇者胜**",在威胁博弈中,有点"疯狂"的一方可能会获得胜利。中国古代"破釜沉舟"的战例,就是一个成功的威胁博弈;现在一些国家之间的核武竞赛,就是威胁博弈的现代战例。

在现实经济生活中,威胁博弈也几乎随处可见。例如,甲乙两个工厂是长期合作的上下游配套工厂。甲厂生产发动机,汽油发动机;乙厂组装整车,用上游生产的汽油发动机组装汽油车。随着柴油发动机性能的不断改善,考虑到环境保护的要求与能源的制约,出现了用柴油发动机来替代汽油发动机的趋势。经过技术评估和经济可行性分析,甲工厂具有强烈生产柴油发动机的愿望,也希望乙工厂组装柴油车;乙工厂考虑到利润关系,还是希望甲工厂生产汽油发动机,自己继续组装汽油车。它们的得益矩阵如表 9.6.2 所示。

表 9.6.2　上下游的威胁博弈

		乙工厂	
		汽油车	柴油车
甲工厂	汽油发动机	30,60	20,5
	柴油发动机	10,10	80,30

甲工厂生产汽油发动机,乙工厂组装汽油车,甲工厂每年赢利 30 亿元,乙工厂赢利 60 亿元。如果甲工厂改为生产柴油发动机,乙工厂用甲工厂生产的柴油发动机组装柴油车,甲工厂每年可以赢利 80 亿元,而乙工厂每年则赢利 30 亿元。但如果甲工厂改为生产柴油发动机,而乙工厂仍组装汽油车,甲工厂生产的柴油机要另外开拓市场,乙工厂需要的汽油发动机也需要另外寻找供应商,结果,甲工厂每年只能赢利 10 亿元,乙工厂赢利 10 亿元。而如果甲工厂仍然继续生产汽油发动机,乙工厂改成组装柴油车,双方也都需要开拓市场寻找新的合作伙伴,每年甲工厂赢利 20 亿元,乙工厂赢利 5 亿元。

当然,甲工厂更希望改为生产柴油发动机,乙工厂则更希望继续组装汽油车。它们会谁听谁的呢?甲工厂声称要生产柴油发动机,威胁可信吗?乙工厂会跟着改为组装柴油车吗?

但如果甲工厂采取更加断然的措施,将汽油发动机的生产线完全拆除,改建柴油发动机生产线,得益矩阵就发生了变化,威胁就可信了。当甲工厂将汽油发动机生产线拆除后,得益矩阵如表 9.6.3 所示。

表 9.6.3　拆除汽油发动机的威胁博弈

乙工厂

		汽油车	柴油车
甲工厂	拆除汽油发动机	0,10	0,5
	柴油发动机	10,10	80,30

甲工厂拆除汽油发动机后,甲工厂的收益就降到零。而乙工厂若要继续组装汽油车,就需要另找汽油发动机的供给商,收益下降到 10 亿元。只有甲工厂生产了柴油发动机,乙工厂组装柴油车才能将收益提高到 30 亿元。甲工厂的威胁产生了作用,乙工厂会跟着甲工厂,改为组装柴油车。

甲工厂的威胁也具有很大的风险。一个风险来自对得益矩阵的把握,不同情况下的得益数据的可靠性;另一个风险,是乙工厂是否可能另找到生产汽油发动机的合作伙伴。一旦乙工厂找到自己合适的合作伙伴,甲工厂就处于十分困难的境地了。

这看起来似乎有点不理性,用牺牲利润的代价,来展示执行威胁的决心,甚至树立一种不理智的形象,使自己的威胁可信,从而在长期中提高自己的利润。

当然,威胁也是要冒风险的,在上面的分析中,我们也看到了风险。

二、承诺博弈

策略性行动的又一个手段就是承诺,在现实经济生活中也随处可见。我们可以看到许多产品都打着终生保修的口号,生产者作出终生保修的承诺。终生保修是要有成本的,其目的是使消费者相信,有承诺的产品比没有承诺产品的质量要高。质量低劣的产品会经常出问题,这将产生高昂的承诺成本。因此,只有产品的质量越好,企业才向消费者提供越严格的保证与承诺。用保证和承诺向消费者发出产品质量信号,从而达到提高价格、扩大销量的效果。

企业在对自己产品作出市场承诺时,同时也在迫使竞争对手披露其产品的信息。如一旦质量最好的产品作出了质量承诺,就会给消费者一个印象,即没有作出品质承诺的产品,质量不会超过平均水平。这就使质量次优的产品处于一个十分尴尬的境地。如果它仍不作出质量保证,消费者甚至会认为它的产品质量低于它的实际水平。这样,质量次优的产品就不得不也提供质量保证和承诺,从而提高产品的成本。

广告也是一种类似的承诺声明。它实际上是在向消费者暗示:我们的产品能够投入巨额广告费用是对产品质量的信心。产品的优质不是因为广告词中传达的优质,而是企业做广告的行为本身所传达的优质。

但是,表面的承诺不会受到消费者的认真对待,只有真正兑现承诺才能赢得信任。而建立信任的有效方法,是主动地承担不兑现承诺的惩罚。针对市场交易中存在的缺斤短两的现象,供给方主动承担缺一罚十的承诺就是一例。

在通常情况下,买的没有卖的精,生产者的承诺得不到有效的保证,消费者的权益没有有效保护。新近通过修改,并在 2014 年 3 月 15 日开始施行的新《消费者权益保护法》明确了消费者"后悔权",以增加生产者的承诺成本来保护消费者。

可信的承诺是有效的策略性行动。我国在发展核武器时,也向世界发出了承诺,承诺不首先使用核武器,不向无核国家或地区使用核武器。但并不承诺绝不使用核武器,从而保持一定的威慑。但人类历史曾在核战争按钮旁徘徊,详见专栏9-4。

专栏 9-4

人类历史上的一次核战争边缘

1962 年,在中美洲的加勒比海地区发生了一场震惊世界的古巴导弹危机。这场危机差一点引发核战争,使世界处于千钧一发之际。在人类进入核时代以来,在美苏军备竞赛和争夺世界霸权的激烈斗争中,一次惊心动魄的较量,使核战争处于一触即发的状态,美苏双方都在核弹按钮旁徘徊。

1961 年美国雇佣军吉隆滩入侵事件后,古美关系继续恶化。美国把古巴看作是苏联在西半球扩张的跳板与基地,积极推行敌视古巴的政策。特别是在 1962 年 5 月卡斯特罗宣布古巴走社会主义道路后,苏联加紧改善同古巴的关系,苏联从政治、外交和经济上给古巴以支持、并答应向古巴提供军事援助。

同年 8 月 31 日,美国从侦察机拍到的空中照片上看到古巴开始安装苏联的防空导弹,也看到了运载地对地导弹驶向古巴的苏联船只。9 月 4 日,白宫发表声明,肯定了报纸所披露的有关苏联对古巴军事援助,包括设置导弹和约 3 500 名苏联人在这个岛国进行技术服务的报道。而苏联却矢口否认把进攻性武器运到古巴。

10 月 14 日,美国人通过 U-2 侦察机掌握了苏联在古巴建筑了 6 个中程导弹基地的证据。美国肯尼迪总统召开紧急国家安全委员会会议,研究对策。其关键问题是迫使苏联从古巴撤走中程导弹,肯尼迪政府要在直接进行打击和全面进行封锁之间作出抉择。

10 月 22 日晚上 7 时和 7 时 30 分,肯尼迪发表电视讲话,强烈呼吁赫鲁晓夫"停止和取消对世界和平和我们两国稳定关系的这种秘密鲁莽并富有挑衅意味的威胁",要求苏联放弃世界霸权的计划,结束危险的军备竞赛,从古巴撤走导弹并保持克制。10 月 24 日,执行任务的舰队在 68 个空军中队和 8 个航空母舰护卫下驶入封锁带。美国还集结了第二次世界大战以来最庞大的登陆部队,战略空军部队进入战备状态,摆出了一副应付突然事变、对古巴采取行动的架势。

苏联面对美国的封锁和威吓,10 月 23 日,苏联政府发表声明,警告美国政府"如果轻率玩火应对和平的命运负严重责任"。苏联政府呼吁各国政府和人民"强烈抗议美国侵略古巴和别国的行径,坚决谴责这些行动并阻止美国政府发动热核战争"。同时,苏联还加速在古巴的导弹基地建设。

随后,苏联方面又发出信息,如果美国保证不入侵古巴,苏联可以将导弹撤出。赫鲁晓夫说美国在苏联的周边国家部署导弹着实使自己感到不安,美国代表必须发表一个声明,大意是美国方面考虑到苏联的安全和焦虑,将从土耳其撤出部署的导弹。提出如果苏联在联合国观察和监督下把部署在古巴的武器系统撤出,并保证不再把它们运入古巴。美国同意:马上取消现在实施的隔离措施;提供不进攻古巴的保证。并告诉苏联大使

"肯尼迪总统早就急切地想把这些导弹撤出土耳其"。赫鲁晓夫政府也需要在撤除和不撤除在古巴的导弹之间作出决策。

10月28日，赫鲁晓夫在广播讲话中公开答复肯尼迪，"苏联政府下令拆除您称为进攻性武器，并加以包装运回苏联"。并对美国飞机入侵苏联和古巴领空进行了谴责，但表示愿意与肯尼迪交换意见共同缓和国际紧张局势。肯尼迪政府认为，在古巴导弹问题的主要目标是迫使苏联撤走导弹，消除对美国的军事威胁已经达到，苏美双方都采取措施履行了自己的承诺，古巴导弹危机成为历史。

如今东北亚的局势又是何其相似乃尔，而且更为复杂。能够实现双暂停，逐步走向和平谈判解决吗？平昌冬奥会会是一个转机吗？

资料来源：百度百科。

三、进入威慑博弈

企业也可以通过对潜在竞争者的**进入威慑**，来维持自身的市场垄断力和利润。除了利用规模经济、专利、许可证等制造进入壁垒外，还可以利用价格手段，使潜在竞争者确信进入是无利可图，从而阻止其进入。

如在某个垄断市场上，市场的需求函数为

$$P = 100 - Q/2$$

P 是该产品的市场价格，百万元/单位产品；Q 是市场上需求的单位数。目前现有企业 1 生产的边际成本是 40 百万元/单位，已投入的固定成本已经沉没。有潜在竞争者企业 2 想进入市场，潜在竞争者企业 2 生产的边际成本也是 40 百万元/单位，同时还要投入相当的固定成本，固定成本一旦投入，就会成为沉没成本。估计将成为沉没成本的固定成本是 7 亿元，这相当于一个进入门槛。如果你是现有企业 1 的决策者，你想阻止潜在竞争者企业 2 的进入吗？为阻止企业 2 的进入，你打算做些什么呢？

显然，如果没有潜在竞争者的威胁，企业 1 就是市场上的垄断者。为追求利润最大化，不难计算其产量应当为 60 单位，设置价格为 70 百万元/单位，可以赢利 18 亿元。在价格为 70 百万元/单位水平上，对潜在竞争者很有吸引力。考虑到两家企业边际成本相等，进入后平分市场，各生产 30 单位产品，这是考虑的卡特尔模型。在这种情况下，企业 1 还能赢利 9 亿元，企业 2 在扣除沉没成本后，还能赢利 2 亿元，企业 2 会进入市场。

企业 1 要想阻止企业 2 的进入，有一个办法就是扩大生产能力，降低产品的市场价格，让企业 2 确信进入将无利可图，收不回为进入而投入的沉没成本。还以两家企业平分市场考虑，只要市场价格下降到 55 百万元/单位①，双方产量各 45 单位，企业 1 尚能赢利 675 百万元，而企业 2 则要亏损 25 百万元，企业 2 会选择不进入市场，而在市场价格 55 百万元/单位的水平上，只有企业 1 一家企业生产，可以赢利 1 350 百万元。它们的得益矩阵如表 9.6.4 所示，得益单位是百万元。

---

①市场价格可以通过以下的计算来严格确定。设当每家企业的产量为 q 时，产品市场价格 $p = 100 - 2q/2$。令 $q(100-q) - 40q - 700 = 0$，求得 $q = 44.14$。可以知道：当产品市场价格 $p = 55.86$ 时，企业 2 进入就无利可图了。

表 9.6.4　进入威慑博弈

		潜在进入企业 2	
		进入	不进入
	高价 70	900,200	1 800,0
现有企业 1	低价 55	675,−25	1 350,0

　　从表 9.6.4 中可以知道,这是一个次序博弈。对于现有企业 1 来说,如果坚持垄断的高价格,潜在企业 2 看到有利可图,就要进入,在最好的情况下,追求共同利润最大化,企业 1 赢利 9 亿元;如果采取低价位,让潜在企业确信,进入是无利可图的,潜在企业不进入,现有企业 1 在维持低价位的前提下,还可以赢利 13.5 亿元。因此,现有企业 1 有理由采用低价位来阻止潜在企业 2 的进入。

　　但采用低价位阻止潜在企业进入的策略并不是必然的。如果潜在企业 2 的进入门槛在降低,需要作为沉没成本的固定成本由 7 亿元降到 4 亿元,这就意味着现有企业 1 需要进一步扩大生产能力,降低价格,才能使潜在企业 2 确信进入是无利可图的。若当市场价格降到 47 百万元/单位,双方还是考虑能平分市场,得益矩阵如表 9.6.5 所示,单位是百万元。

表 9.6.5　沉没成本变化后的进入威慑博弈

		潜在进入企业 2	
		进入	不进入
	高价 70	900,500	1 800,0
现有企业 1	低价 47	371,−29	742,0

　　表 9.6.5 告诉我们,只有当现有企业将产品的市场价格降到 47 百万元/单位,潜在企业 2 才确信进入会无利可图,因此不进入市场,市场上只有现有企业 1。在价格水平维持在 47 百万元/单位时,企业 1 只赢利 74 200 万元;而如果采取高价位策略,在潜在企业进入的条件下,企业还可以赢利 9 亿万元。因此,对现有企业 1 而言,不应采用低价位策略阻止潜在企业的进入,而应当采用高价位策略,让潜在企业进入,共同追求利润最大化才是明智的选择。

　　这就告诉我们,现有企业应当采取什么策略,还要取决于潜在竞争对手的进入门槛的高低。但在现实经济生活中,对竞争对手进入门槛的高低只能是一个估计,并不一定能准确地知道。对竞争者进入门槛的估计只能是根据经验而得到一个概率的分布。这里还假定了两家企业生产的边际成本相等,在现实中,企业也往往对自己的边际生产成本有一个比较准确的了解,而对竞争对手的边际生产成本却只能是一个基于经验基础上的估计,也是一个概率的分布,从而带来了更大的不确定性。更大的不确定性动态博弈,也就更加接近实际经济生活中的博弈。计算就会更加复杂,要应用更多的数学手段,但基本的决策原理却是相同的。

第七节　拍卖中的博弈策略

为了保护有效竞争，促进资源更加合理的配制，也为了有效地遏制交易中可能出现的腐败——拍卖与招标，这两种交易方式同样是一种市场状态，已经得到越来越多的重视和广泛的应用。**拍卖**是以公开竞价的方式，将特定的物品或者财产权卖给出价最高的买主，可使卖方利益最大化，常在一方想卖、多方要买的情况下使用。**招标**是需求方事先提出货物、工程或采购的条件和要求，邀请众多投标者参与竞标，寻找最合适的供给方，可使买方利益最大化，常在一方要买、多方要卖的情况下使用。

本节只侧重讨论在拍卖过程中，交易双方应当采取的策略，而不去过多涉及拍卖过程中具体的规则与操作。而招标除了价格因素外，还有许多招标文件中需要满足的大量技术性条件，差异性极大，这里也不去作一般性的策略讨论。1996年全国八届人大常委会二十次会议通过《中华人民共和国拍卖法》，2004年全国十届人大常委会十一次会议进行修正。

一、拍卖的主要形式

拍卖通常都是用于有差异化的产品，尤其是诸如艺术品、字画、古董、土地使用权、房屋所有权、矿产开采权等。但不仅于此，几乎法律、法规允许出售的物品或财产权，都可以采用拍卖方式进行出售。特别是对于公物及涉案物品的变现处理，几乎都采用拍卖的方式。目前，世界上许多国家，对无线电频谱权的使用、移动通信牌照的发放等，都采用了拍卖的方式。拍卖需要具备三个条件：要有两个以上的买主；要有竞争；价高者得。

拍卖可以出售一件或多件物品。为了方便起见，我们这里侧重讨论只拍卖单件不可分割的物品。

拍卖的主要形式有两种：公开喊价拍卖和密封投标拍卖。

公开喊价拍卖又分为英国式拍卖和荷兰式拍卖。

英国式拍卖（English auction）是一种最常见的方式，也称增价拍卖，是指拍卖人让潜在的购买者们竞相出高价的拍卖。拍卖人一开始在卖主认可的低估价位上起价，随即反复鼓动潜在的买主以比前一位最高出价者更高的价位竞价，在每一个时点，所有参与者都知道当前的最高价格。一直到没有人愿意出比当前最高价还高的价格时，拍卖者叫着"第一次，第二次，第三次成交"，拍板成交，拍卖也就此结束。该产品以最高价格卖给了最后出价的买主。艺术品、古董通常都采用英国式拍卖，但由于起拍的最低价位是需要卖主认可的最低价位，因此会出现所有潜在的买主都不愿意接受这个价格，就出现了流拍的现象，导致拍卖没有成功。

荷兰式拍卖（Dutch auction），也称降价拍卖，是拍卖人先把价格开得很高，宣布一个投标者似乎都不愿意接受的高价，如果没有潜在的购买者响应同意这个价格，就将价格降低一定的数量，直到在第一次有人响应出价时，就戏剧般地结束了，第一个响应者就以这个价格来购买该物品。荷兰式拍卖有一个优点，即一般不会出现流拍。只要价格不断降低，拍卖总会成功。因此，各种不易保存的鲜活商品，常采用荷兰式拍卖。荷兰式拍卖也经常用于同时拍卖多件产品，当第一个响应者并不需要所有产品时，价格还可以继续降低。

密封投标拍卖也分两种形式：**第一价格密封投标拍卖和第二价格密封投标拍卖**。在密封投标拍卖中，竞标者同时出价。所谓同时出价的关键，是在不知道其他竞争对手报价的情况下，决定自己的竞标价格。只有一次出价机会，在知道竞争对手的竞标价格后，就不再有机会变更自己的竞标价格。竞标价格最高者中标。中标者在实际支付价格时又有两种不同情况：按最高价格支付，也称第一价格密封投标拍卖。常见的是第一价格密封投标拍卖，结果和荷兰式拍卖相近，与其等待价格的降临，不如每个竞拍者直接把价格写出来。还有一种是中标者按第二最高价支付，也称第二价格密封投标拍卖，结果和英国式拍卖类似。第二价格密封投标拍卖，又称维克瑞拍卖（Vikrey auction），这种拍卖机制的设计是为了鼓励竞拍者都报出自己的真实价格，我们在后面还将对其进一步讨论。

二、私人价值和共同价值

对拍卖物品的价值评估，也有两种不同的情况：私人价值评估的物品拍卖和共同价值评估的物品拍卖。我们常听说的"金银有价玉无价"的说法，就是说明不同物品的价值评估不一样。因此，在拍卖中所采用的策略也不相同。

私人价值：如果每一个潜在的竞拍者对拍卖物的估价，或者称心目中的保留价，是不一样的，称私人价值。每个人也只知道自己对拍卖物的评价，而不能确定其他竞拍对手对拍卖物的评价。之所以说"玉无价"就在于"玉"在不同人心目中的价值是不一样的。对于同样一块玉，有人喜欢，评价就高；有人不喜欢，评价就低，各自心目中的保留价也就各不相同。大量的原版艺术品就有类似的情况，不同人对它们的估价总是大相径庭。

共同价值：几乎所有潜在竞拍者对拍卖物都有相同的基本价值。但是他们谁也无法准确地知道这个价值到底是多少。他们只能是估计，而估计总会有差异。说"金银有价"，是指一堆黄金或白银，几乎所有的人对其市场价格都有相同的基本估计，但又都不知道这堆黄金或白银是多少重量。如对于一个地域矿产开采权的拍卖，就有类似情况。一个地域蕴藏的矿产量是客观存在的，可开采量总是某一个确定的数字，在全部开采结束后才能知道这个确切的数字，但在拍卖时谁也不知道这个确定的数字到底是什么。他们只能尽量地估计，但估计却不尽相同，也许差距极大。潜在竞拍者竞标开采权的报价也就有差别。

在实际的拍卖中，拍卖物两种价值估计不会绝对地对立。大量的拍卖物既具有私人价值性质，又具有共同价值性质。一个地域蕴藏的矿产量，尽管是客观存在的，是某个确定的数字，但由于不同的竞标者有不同的技术、不同的管理、不同的开采成本，因此，这蕴藏矿产的可开采量对不同人来说价值也是不一样的。一个私人价值的艺术品，尽管在不同人心目中的估价大相径庭，但在市场上拍卖，也就形成了一个市场上大体认可的市场价格，形成了共同价值性质。然而，为了简单起见，我们将私人价值和共同价值拍卖分别进行讨论。

三、私人价值拍卖中的策略

先讨论私人价值拍卖物在拍卖过程中的策略,分别从拍卖物的需求与供给两个方面来看拍卖过程中的策略。

竞买人的策略。在拍卖过程中,潜在的竞拍者是拍卖物的需求方,被称为竞买人,那么作为潜在的买主,应当采取怎样的策略呢?

由于是私人价值拍卖,不同的潜在买主对拍卖物的评价不一样。你只知道自己对拍卖物的评价,也就是有自己对拍卖物在心目中的保留价,即愿意为拍卖物支付的最高价格。当最后成交价低于保留价格时,还会感到物有所值,还得到一点消费者剩余。消费者剩余就是保留价格和实际成交价格之间的差。如果成交价格超过了保留价格,即使是赢得了拍卖物,也是得不偿失。当然,你并不知道有多少人要参与竞拍,也不知道竞买对手们对拍卖物的保留价各是多少。

对于英国式拍卖,你选择怎样的策略来参与竞拍?显然,策略就是选择保留价作为自己停止参加竞拍的价格。只要当时的价格仍低于自己的保留价格,你仍可继续参与竞拍。你不仅有可能获得拍卖物,而且还能有消费者剩余。但价格一旦上升超过你的保留价格,就应当退出竞拍,否则就是得不偿失,就不是理性的选择。

对于荷兰式拍卖,当价格高于你的保留价时,也不应当参与竞拍,否则也是得不偿失。但当价格一旦降到你的保留价格时,你就应当响应,否则也可能会追悔莫及。因此,你应当选择的策略,是以保留价作为你参与响应的价格。

对于第一价格密封投标拍卖,你在投标书上写的最合适价格,也是你对拍卖物的保留价格,既不会得不偿失,也不会追悔莫及。在这种情况下,你的境遇和在荷兰式拍卖的情况下的境遇相同。

在第二价格密封投标拍卖时,又应采取什么策略为好呢?因为是最高价中标,以第二最高价成交,那么竞标价格是否就可以高于你的保留价格呢?我们考虑这样的情形:若你对拍卖物的保留价低于你对手的保留价,你以高于保留价来竞标,对手以保留价竞标,则你可能中标;若你对拍卖物的保留价高于你对手的保留价,但你仍以低于保留价来竞标,则对手以保留价竞标,你也可能失标。但是,你并不知道你的保留价是高于还是低于对手的保留价。因此,你就有了三种策略:低于保留价、等于保留价和高于保留价。竞买对手同样也有三种策略。

例如,你是潜在买主甲,对拍卖物的保留价格是8,可以有三种策略:高于保留价,10;等于保留价,8;低于保留价,6。而你的竞争对手是潜在买主乙,对拍卖物的保留价格是9,也有三种策略:高于保留价,11;等于保留价,9;低于保留价,7。这样设计是为了能满足上面所提到的条件:若你对拍卖物的保留价低于你对手的保留价,你以高于保留价来竞标,对手以保留价竞标,你能中标;若你对拍卖物的保留价高于你对手的保留价,但你以低于保留价来竞标,则对手以保留价竞标,你要失标。

如果双方都是采取高于保留价的策略竞标,即买主甲竞价为10,买主乙竞价为11,买主乙中标,以第二最高价为10成交。买主甲的得益为0;而买主乙因保留价是9,但却以10成交,得益为-1。各种策略组合下的得益矩阵如表9.7.1所示。

表 9.7.1　第二价格密封投标拍卖

潜在买主乙

		11	9	7
	10	0，−1	−1，0	1，0
潜在买主甲	8	0，1	0，1	1，0
	6	0，3	0，3	0，3

面对表 9.7.1 的得益矩阵，如果你是潜在买主甲，你应当怎样决策呢？如果潜在竞争对手买主乙的决策是 11，高于他的保留价，你的三个决策都一样，得益都是 0，都是你最好的选择；如果你的竞争对手的决策是 9，等于他的保留价，你最好的选择是等于保留价或低于保留价；如果你的竞争对手的决策是 7，低于他的保留价，你最好的选择是等于保留价或高于保留价。由此可以看到，无论你的竞争对手作什么决策，你选择保留价就是最好决策之一，选择保留价是你的弱上策。

同样，我们也可以看到，选择保留价也是买主乙的弱上策。这说明，无论自己的保留价是高于对手，还是低于对手，选择保留价都是自己的弱上策。因此，在第二价格密封投标拍卖中，同样是选择保留价作为自己参与竞拍的策略，是双方的上策均衡。

这样，在私人价值拍卖中，无论采取何种拍卖形式，作为需求方的潜在竞买人，选择自己的保留价参与竞拍，都是最合适的策略。

委托人的策略。作为卖主，被称作委托人，当然希望拍卖物的成交价尽可能地高。那么，卖主可能期望的价格是什么呢？我们可以看到，在英国式拍卖中，当价格一旦超过所有参与竞拍的潜在买主们的第二最高保留价后，就只有一人了，即只有最高保留价的潜在买主，仍然在参与竞拍，其余的都已经全部退出，拍卖结束。潜在买主们中的第二最高保留价，也许是略高于第二最高保留价，是拍卖物的成交价格，是卖主能够期望得到的价格。

在第二价格密封投标拍卖中，卖主能期望到也是所有参与竞拍潜在买主们中的第二最高保留价。尽管是保留价最高的买主中标，但以第二最高保留价成交。卖主能期望到的价格，仍然是潜在买主们中的第二最高保留价。这与英国式拍卖的结果相当。

在荷兰式拍卖和第一价格密封投标拍卖中，情况要稍复杂一点。参与竞标的所有潜在买主们也都知道拍卖的规则，只要他们自己的投标价格略高于他们中间的第二最高价格就可以中标，知道这一原理，并策略性地改变自己投标的策略，因为人们总是期望实际支付的价格比自己的保留价多少能低一些，或多或少能有一点消费者剩余。这样，卖主有可能得到竞买人中第一最高保留价，但最有把握期望得到的价格，仍然是潜在买主们中的第二最高保留价。我们也可以看到，为什么要设计一个被称为维克瑞拍卖的第二价格密封投标拍卖形式，是为了鼓励人们诚实竞标。

不管在什么形式的拍卖中，卖主都希望潜在买主们中的第二最高保留价要高。第二最高保留价格高，卖主有把握得到的期望价格也就高。因此，要把竞买人中的第二最高保留价抬高。一个可以通常采取的策略，就是吸引更多的人来参与竞拍。潜在的买主越多，其中的第二最高保留价也就有可能越高。如果只有两个潜在买主，最低保留价就是第二最高保留价。

私人价值的拍卖物拍卖，尤其是艺术、古董等物品的拍卖，在拍卖前一般都做了大量的宣传，千方百计地扩大影响，吸引更多的人来参与竞拍。法国佳士得拍卖公司拍卖我国圆明园生肖动物头像，在拍卖前大肆宣传，我国政府越抗议，对其扩大影响的效果就越好，结果是生肖动物铜头像的拍卖价格一路飙升，这就是一个典型的例子。

在私人价值拍卖中，卖主为避免可能的损失和发出拍卖物的价值信号，通常都会给拍卖物设置一个最低的标价，最低标价通常等于或略高于自己继续持有的价值。因此，也就有可能发生流拍，一旦流拍，也就发出了一个不利的价值信号，市场上认可的价格要低于你自己估计的价格。

在私人价值拍卖中，买主们也可以通过尽可能地减少参与竞买的人数来降低中标的价格。这可以通过潜在竞买人共谋，形成购买集团来合法地实现，尤其是在重复拍卖中，更容易形成共谋协议。当然，这样的共谋也要在不违反相关法律、法规的前提下实现。

四、共同价值拍卖中的策略

在共同价值拍卖物的拍卖过程中，供求双方的策略又要发生变化。

竞买人策略。 面对着有共同价值的拍卖物，尽管作为潜在买主的需求者，对拍卖物有确定的共同价值，但竞买人却并不知道确切的价值究竟是多少。要参加竞拍，就需要对拍卖物的价值进行估计，以便确定自己的投标价格。若自己估计不放心，还可以请专家来帮助估计，请专家组来帮助估计，甚至请多个专家组来帮助估计。但问题是专家们的估计就一定准确吗？

例如，有一块地域的油田要拍卖开采权，以什么价格来竞标？显然与地下究竟有多少原油可以被开采有关。但地下究竟有多少原油可以开采，要一直等到这块油田彻底报废时，才能真正准确地知道，现在只能是估计。既然是估计，有些专家乐观一点，估计得比真实值高一点，有正偏差；有些专家悲观一点，估计得比真实值低一点，有负偏差，但谁也不知道偏差究竟是多大，就以估计值作为自己心目中的保留价参与竞标。不同的竞标参与者，油田开采权的潜在买主们的估计值是不一样的。结果是最乐观的估计者中了标，以第二乐观估计者的价格成交。两者很可能都是正偏差，过高地估计了油田的储备价值。虽然中了标，但实际的储备价格并没有那么高，也就亏了本，这被称为"**赢者陷阱**"。中标者由于过高估计了拍卖物的价值，最终支付的价格超过了拍卖物的实际价值，在中标时，就给企业造成了亏损，甚至会是重大亏损。

"赢者陷阱"可以在任何共同价值拍卖中出现。潜在买主们也都清晰地认识到这一点，因此，自然会努力避免掉入"赢者陷阱"。在努力准确估计拍卖物的价值的同时，也清晰地认识到对拍卖物的估计是会出现偏差的。为了避免掉入"赢者陷阱"，就需要降低报价，报价要低于估计值的一个标准偏差，或一个数值，这取决于你决定冒多大的风险。你采用的估计方法和手段越准确，估计的偏差也就越小，报价与估计值的偏离也就越小，在基本不掉入"赢者陷阱"的前提下，中标的概率也就越高。而你对提供的拍卖物信息越没有信心，自然也会对"赢者陷阱"躲得越远。

在公开的英国式拍卖中，因为你可以知道其他竞拍者的报价信息，但在密封投标拍卖中,由于完全不知道竞拍对手的报价信息,就更加容易掉入"赢者陷阱",此外,荷式拍卖也不知道其他竞拍者的信息。

委托人策略。委托人清晰地了解在共同价值拍卖中,竞拍者会躲避"赢者陷阱",因此应当更多地采用公开拍卖的形式,而不是密封投标拍卖。除出于对一些特殊拍卖物的考虑,多采用英国式拍卖。在英国式的拍卖过程中,潜在买主们可以看到其他竞买人报价的价格信息。通过观察其他竞买人放弃竞标时的价格,来判断其他竞买人对拍卖物的价值估计,进而来修正和确认自己对拍卖物的估计值,以及估计的偏差。因此,竞买人没有必要过多地将竞标价低于估价,最终,委托人也就能获得较高的收益了。

委托人可以做的另一件事,就是最大限度地显示拍卖物的更多信息。以最大的诚意来充分显示拍卖物的信息,是减少潜在买主们对"赢者陷阱"忧虑的有效方法。当向竞买人披露更多信息时,竞买人就会更加踊跃地参与竞标,同时也有了更大的信心来处理"赢者陷阱"的忧虑。但如果披露的信息是虚假的、没有诚信的,竞买人就会有更大的忧虑,会更远地躲避"赢者陷阱"。

当然,委托人鼓励更多的竞买人来参与竞拍仍然是最重要的策略手段。

拍卖逐渐成了市场经济中配置稀缺资源的手段之一,而网上拍卖又开辟了拍卖的新途径。网上拍卖是应用现代网络技术实现的一种交易方式,其突出的优点在于不受时间地点的限制。不仅是一些昂贵产品的交易会采用拍卖的手段,对于私人的低值产品,由于互联网的迅速发展,拍卖的可操作性也与日俱增。同时,拍卖也成为博弈论研究和实践的一个重要和新兴领域。上海市为解决交通拥挤,在全国率先推行汽车牌照拍卖制度,至今已经有 20 多年了,详见专栏 9-5 。

专栏 9-5

汽车牌照拍卖

为解决交通拥堵的状况,从 1994 年开始,上海首度对新增私用小客车额度实行拍卖制度。推出牌照拍卖制度后,尽管一直在研究是否有更好的替代方案,但拍卖制度却一直延续至今。凭着拍卖中标后获得的额度,购车者可以去车管所为自己购买的车辆上牌,并拥有在上海中心城区(外环线以内区域)使用机动车辆的权利。拍卖时间都是每个月的第三个星期六上午 10:30 到 11:30 。起拍价格是根据上次拍卖价格来确定,每人有三次出价改价的机会,每次加价最少 100 元,最多 300 元。2017 年 12 月,沪牌汽车牌照拍卖结果刚刚出炉:个人额度为 12 147 辆,参加拍卖人数为 228 148 人,比上月增加 1 237 人,中标率为 5.3%。汽车牌照拍卖是解决交通拥挤的好办法吗?

资料来源:百度百科,上海牌照拍卖制度。

以上是企业竞争策略中博弈论的初步讨论。最后需要说明的是:几个学时的博弈论远不足以教会你如何进行决策,更不能保证你的决策一定能获得胜利。博弈论的决策制定最好是在实践过程中去学习,但是,有一些初步博弈的经济理论基础,可以帮助你在实践中学的更容易一些,可以或多或少地提高一些在决策中胜算的概率。

本 章 提 要

寡头垄断企业若要决策,需要考虑竞争对手的反应,因此引入博弈论对理解寡头企业行为是十分有用的。

经济博弈中,决策者作了社会人的假定。社会人追求共赢前提下的自利,合作基础上的竞争。

经济博弈又分合作博弈和非合作博弈。不能形成有约束力的可执行合同文本的博弈是非合作博弈,重点讨论非合作博弈。非合作博弈最重要的是要理解竞争对手的观点,并推断竞争对手对你的行动会有怎样的反应。

非合作博弈中包括:同时博弈和次序博弈;一次性博弈和重复博弈;完全信息博弈和不完全信息博弈;两人博弈和多人博弈。博弈涉及博弈方、策略、决策和得益四个要素。

博弈中若没有一方愿意单独改变策略,就实现了均衡。在给定对手行为后所能采取的最好行动,没有任何单独一方愿意改变其策略的均衡是纳什均衡。

经济博弈中有三种基本策略:上策策略、最小得益最大化策略和混合策略。上策策略又称占优策,是指不管对手作什么决策,对你都是最优的策略为上策。上策均衡是纳什均衡的特例。上策的应用也要取决于对手的理性。除上策外,还有下策、弱上策、弱下策。

最小得益最大化策略是一个保守的策略,没有实现利润最大化,但避免了可能的最大损失,是两害相权取其轻。上策策略和最小得益最大化策略是纯策略。

囚徒困境告诉我们,最理性的选择不一定是最理想的结果,陷入囚徒困境的原因是博弈方都只为自己考虑。如果博弈方都能从对方利益考虑,结果会是双赢的。

混合策略是采取随机决策,无招胜有招。决策中努力寻找对手的规律,同时努力掩盖自己的规律。掩盖自己规律的有效办法是随机规律,随机的概率是恰好使对方无机可乘。

由于一次性同时博弈没有惩罚对手不合作的机会,通常都是不合作,可以通过连续剔除下策法,找到纳什均衡解。

重复博弈有了惩罚不诚信对手的机会,使合作成为可能。惩罚欺诈的引发策略有三种:以德报怨、以牙还牙和严厉惩处。

重复博弈中应当遵循的基本原则:善良、宽容、可激怒、明确、不嫉妒。

日趋完善制度约束下的自然人决策可以趋于社会人决策。

次序博弈产量先发具有优势,博弈价格后发具有优势。次序博弈可以用决策树来帮助决策。

可以用威胁和承诺来影响对手决策的策略性博弈。威胁有可信和不可信。在威胁博弈中常"狭路相逢勇者胜",当然也会带来风险。可以对潜在进入者进行威慑博弈。

拍卖和招标是有效的资源配置方式。公开喊价拍卖有英式和荷式;密封投标拍卖有第一价格成交和第二价格成交等,共四种不同方式。拍卖物的价值评估有私人价值和共同价值之分。

在私人价值拍卖物的拍卖中:竞买人的策略是以自己对拍卖物的保留价诚实竞价;委托人的策略是指在潜在需求者中的第二最高价是期望价格,应吸引更多的人来参与竞拍,抬高第二最高价。

在共同价值拍卖物的拍卖中:竞买人的策略是努力避免"赢者陷阱";委托人的策略是尽量公开拍卖物信息,努力消除潜在竞买人避免"赢者陷阱"的心理。

关键词和术语

经济博弈:一方做决策必须考虑竞争对手对你的决策有什么反应的经济活动为经济博弈,是相互依存条件下的决策。经济博弈有四要素。**博弈方**:参加博弈的决策者;**策略**:博弈方所采取的行动方案;**决策**:根据博弈方的策略所采取的行动;**得益**:博弈结束时,博弈方得到的最终利益。

社会人假定:在讨论经济博弈时,博弈方作了社会人的假定。在共赢的前提下追求和实现自身的利益,合作基础上进行优胜劣汰的竞争。

理性决策:指基于正常思维结果的行为,能反复用换位思考的方法,进行冷静、客观地进行分析、比较、综合、判断得出符合逻辑推理的结论。

合作博弈:参与博弈方经过谈判,最终可以形成有约束力的合同文本,合同文本是可以执行的博弈。

非合作博弈:博弈方不能形成具有约束力的可执行合同文本的博弈。非合作博弈最重要的是要理解你对手的观点,并能推断对手对你的行为会做出怎样的反应。

同时博弈:双方在不知道对手决策的前提下,各自做出的决策。同时博弈是静态博弈。

序列博弈:博弈方的策略行动有先后,一方可能先采取行动,另一方在知道对手行动后采取行动。序列博弈是动态博弈。

一次性博弈:博弈的机会只有一次。特别是一些重大的博弈,往往只有一次机会,机不可失,时不再来。

重复博弈:在博弈方之间反复进行的博弈。有事前知道哪次是最后一次的有限次重复博弈;和事前不知道哪次是最后一次,或没有最后一次的无限次重复博弈。

完全信息博弈:博弈双方都知道对方,双方也都知道对方知道对方的博弈。这是一种理论意义上的博弈,是讨论博弈的基础。

不完全信息博弈:达不到完全信息博弈的是不完全信息博弈,现实经济生活中的博弈几乎都是不完全信息博弈。

两人博弈:只有两个博弈方参与的博弈。两人博弈是讨论博弈的基础。

多人博弈:超过两个博弈方参与的博弈。有第三方或更多方参与博弈会影响博弈的结果。

得益矩阵:博弈参与方可能做出的决策组合表,显示各种决策组合下每个参与者得到的最终收益。

上策:又称占优策。无论对手做什么决策,对你都是最优的策略。

弱上策:无论对手做什么决策,对你都是最优的策略或最优的策略之一。

下策:无论对手做什么决策,对你都是最差的策略。

弱下策:无论对手做什么决策,对你都是最差的策略或最差的策略之一。

上策均衡：参与的博弈方都有上策的均衡。上策均衡是纳什均衡的特例。

最小得益最大化策略：选择各种可能情况下最小得益中一个最大值的策略，即两害相权取其轻的策略。

纯策略：博弈方可以做出一个确定选择，或采取一个确定行动的策略。

囚徒困境：是博弈论中一个典型案例。反映个人的最佳选择并不是共同的最佳选择。

混合策略：是根据选定的概率随机选择的策略，随机的概率是要恰好使对方无机可乘，没有确定的选择，不是纯策略。此处无招胜有招。

剔除下策法：在得益矩阵中将下策剔除，降低矩阵的阶，以寻找纳什均衡。下策可以连续剔除，直到不再存在下策，剔除下策后的得益矩阵和原得益矩阵有相同的纳什均衡。但剔除弱下策时要小心，可能会发生纳什均衡的偏离。

引发策略：在重复博弈中，不诚信的欺诈行为所引发的惩罚策略。

以德报怨：用自己的诚信来教育不诚信的对手，希望对手回到合作的轨道，而不直接采取报复的行动。是一种宽容的策略。

以牙还牙：又称一报还一报。欺诈引发下一轮的惩罚，惩罚直到欺诈行为的结束。是一种针锋相对的策略。

严厉惩处：一旦对手发生不诚信的行为，惩处就一直进行下去，直到将对手彻底打垮。是一种最严厉的惩罚策略。

先发优势：优先决策者具备的优势。

后发优势：后决策者具备的优势。

决策树：是用树形解构图来表示处理逻辑的一种工具，可以直观、清晰地表达逻辑要求。决策树可以用来帮助分析次序博弈的问题。

策略性行动：通过影响博弈对手从而为自己带来好处的行动。通常是通过限制自身的行动来限制博弈对手的选择。常用的手段是威胁和承诺。

威胁：以要增加对方成本相威胁，促使对方改变行动的策略。

承诺：以会增加对方利益相利诱，促使对方改变行动的策略。

拍卖：是以公开竞价的方式，将特定的物品或者财产权卖给出价最高的买主，可以使卖方利益最大化。主要有公开喊价拍卖和密封投标拍卖两种形式。

招标：需求方以其特定项目的条件和要求，邀请众多投标者参与竞标，寻找最合适的供给方，实现买方利益最大化。

英式拍卖（English auction）：又称口头式拍卖，是最常见的一种拍卖。让竞拍者竞相出高价的拍卖，直到没有人愿意出更高价时结束。

荷式拍卖（Dutch auction）：拍卖人先将价格开高，然后逐步降低，直到有人愿意购买为止的拍卖。

第一价格密封投标拍卖：竞标者同时出价，竞标价格最高者中标，按最高价格成交。

第二价格密封投标拍卖：又称维克瑞拍卖（Vikrey auction）。竞标者同时出价，竞标价格最高者中标，按第二最高价成交。

私人价值拍卖：每一个潜在的竞拍者对拍卖物的估价或称心目中的保留价各不相同，且每个竞拍者只知道自己评价的拍卖。

　　共同价值拍卖：拍卖物对几乎所有潜在竞拍者都有相同的基本价值。但拍卖时，竞拍者们却谁也无法知道这个价值到底是多少，他们各自估计的价值又各不相同。

　　赢者陷阱：在共同价值拍卖中，由于竞拍者无法知道拍卖物的真实价值，过高估计拍卖物价值的竞拍者中标，成交价格超过了拍卖物的实际价值。赢了标，亏了本称赢者陷阱。

复 习 题

　　1. 为什么寡头垄断企业的决策要引入博弈论？你是怎样理解博弈中社会人假定的？经济人假定与社会人假定有什么不同？

　　2. 在经济博弈中，合作博弈和非合作博弈有什么区别？你能各举一例吗？

　　3. 在经济博弈中有哪些要素？有哪些不同的主要非合作博弈形式？

　　4. 什么是上策？什么是上策均衡？上策均衡与纳什均衡有什么不同？

　　5. 什么是最小得益最大化策略？最小得益最大化策略有什么特点？它是纳什均衡吗？你在经济生活中遇到过最小得益最大化决策吗？

　　6. 什么是囚徒困境？为什么理性的决策并不是理想的结果？

　　7. 什么是混合策略？在采用混合策略时应注意什么？

　　8. 一次性同时博弈有什么特点？你是怎样寻找一次性同时博弈中纳什均衡解的？

　　9. 什么是重复博弈？一次性博弈和重复博弈的策略有什么区别？有限次重复博弈和无限次重复博弈的策略有什么区别？

　　10. 对惩罚欺诈的引发策略有哪些？你是怎样评价这些不同的引发策略的？

　　11. 什么是次序博弈？先发都有优势吗？你会用决策树来帮助次序博弈决策吗？

　　12. 什么是策略性行动？有哪些策略性行动？策略性行动总是有效的吗？你是如何看待策略性行动的？

　　13. 你知道什么是进入威慑博弈吗？在实际经济生活中，你使用过进入威慑博弈吗？

　　14. 拍卖有哪些形式？你知道为什么要设计不同的拍卖形式呢？

　　15. 拍卖物私人价值评估和共同价值评估有什么不同？你是怎样认识拍卖物的私人价值和共同价值？

　　16. 在私人价值评估拍卖物的不同拍卖形式中，竞买人的策略是什么？委托人的策略是什么？

　　17. 在共同价值评估拍卖物的不同拍卖形式中，竞买人的策略是什么？委托人的策略是什么？

　　18. 你知道网上拍卖吗？你参与过网上拍卖吗？

 　第九章自我检测题及答案

第十章　要素市场与企业经营决策

到目前为止,我们的讨论一直集中在产品市场上。本章将着重讨论**要素市场**,要素市场主要由劳动力市场、资本市场和土地市场组成,它们和产品市场一起组成了完整的市场体系,使稀缺的资源得到了有效的配置。相对于产品市场,我国的要素市场发展还相对滞后,主要表现为:还普遍存在二元结构的双轨运行现象;价格也有扭曲,不完全由市场供求决定;还存在一些壁垒。要素市场与收入分配有着更加紧密的关系。由于在工商管理教学的课程体系中另有专门课程来讨论资本市场,而土地市场比较特殊,本章将侧重讨论要素市场中的劳动力市场。

第一节　要素市场的特征和边际分析

一、产品市场与要素市场的区别

要素市场和产品市场在许多方面是相似的,同样是由供给和需求双方相互作用的供求机制,共同决定要素的市场价格。市场价格作为信号,协调经济资源的有效配置,决定着国民收入的分配。因此,在产品市场中所讨论的供求理论和边际分析方法,一样适用于对要素市场的分析。在要素市场不同的结构下,企业的经营决策也同样具有不同的特点。

要素市场和产品市场也存在差别,主要表现为以下三点。

1. 供求换位

在产品市场上,一般来说,企业是产品的供给者,作为最终消费者的城乡居民是产品的需求者。而在要素市场上,要素的需求者通常是企业,而不是城乡居民。重要的投入要素,如劳动,是由社会上的城乡居民来提供;而企业所需要的资本,也同样来源于城乡居民,无论是直接融资还是间接融资,资本均来源于居民。我国的土地市场,无论是城市的土地是全民所有,还是农村的土地是集体所有,都是公有制的实现形式,也是为全体城乡居民所有。供求的位置互换了,它们之间的关系可以用图 10.1.1 来表示。

2. 直接需求和派生需求

在产品市场上,消费者对产品的需求,来自消费者自身对产品的消费,给消费者直接带来快乐和满足,带来消费者效用的变化,是直接的需求。在要素市场上,企业对要素投入的需求,是由于消费者对其生产的产品需求,而派生出来的需求,是一种**派生需求**(derived demand)。消费者从玩电子游戏中获得快乐,决定了软件公司能出售多少游戏软件,从而派生出软件公司需要雇用多少游戏软件设计工程师,租用多少办公场地。消费者越喜欢玩电子游戏,软件公司需要的游戏软件设计工程师就越多,需要租用的办公场地

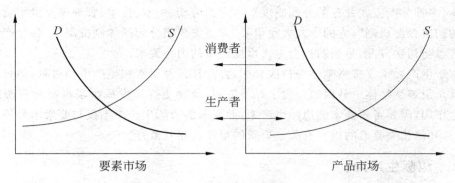

图 10.1.1 生产者和消费者的不同地位

就越大；如果没有人喜欢玩电子游戏，软件公司也就不需要游戏软件设计工程师，也不需要租用办公场地。软件公司对游戏软件设计工程师需求的数量不仅取决于软件工程师的工资，也取决于最终消费市场对游戏软件的需求。同样的道理，如果学生不需要上管理经济学的课程，学校也就不用聘任管理经济学教授了。

我们将对生产要素的需求称作派生需求，意味着企业之所以需要某种投入要素，是因为这种要素的投入，能生产出消费者现在或将来需要的产品。消费者对最终产品的需求，决定了企业对要素投入的需求。派生需求是要素市场的重要特征。

3. 要素需求相互依存

生产的经典定义是：人们利用生产工具作用于劳动对象的过程。企业要组织生产，需要组织不同要素一起投入，单一要素的投入并不能完成生产过程。农业生产是农民拿着工具（锄头）作用于劳动对象（土地），锄头本身当然不能完成生产，没有生产工具两手空空的农民同样也不能生产出有价值的东西，拿着锄头的农民在戈壁上也生产不了小麦，只有靠多种要素共同作用，才能生产出满足人们需求的产品。我们在讨论某种要素的生产率，如劳动生产率时，不仅取决于投入的要素劳动，还取决于与劳动相配合的其他要素。人们对要素的需求是**相互依存**的。在相互依存的不同要素的共同作用下，才能创造出物质财富和精神财富。

因此，在一般情况下，我们很难说清楚某一种要素的独自投入创造了多少产出，而是不同要素共同作用下的产出是多少。正是由于要素——劳动、土地、资本，在生产中相辅相成，才使得收入的分配成为一个十分复杂的问题。如果能够判断"土地"能独自生产多少，"劳动"能独自生产多少，"资本"能独自生产多少，那么分配就会容易得多，它们将各自享受各自的生产成果。

当然，土地是自然资源，是大自然赋予人类的；资本从本质上看，是过去的劳动创造的成果，是固化的劳动；当今的劳动是活的劳动。要充分地认识要素在生产过程中相互依存的作用，"凡要进行生产，就必须使它们结合起来"[1]。但要素的使用是不能无偿的，必须要对每一种要素支付一定的报酬，因此，收入的分配也就是"要坚持和完善按劳分配

---

[1]恩格斯.马克思恩格斯全集(24卷).北京：人民出版社,1963,p.44.

为主体,多种分配方式并存的分配制度"。"完善劳动、资本、技术、管理等要素按贡献参与分配的初次分配机制",党的十九大重申要"完善按要素分配的体制机制"。各生产要素的所有者参与初次分配,是当前社会主义市场经济的内在要求。

由于生产要素要按贡献参与初次分配,要计算各种要素在生产中的贡献,但每种要素的贡献是很难从整体中分离的。为了寻找答案,就要更好地发挥市场机制对资源配置的决定性作用,需要考察要素的边际生产率,而要素的边际生产率不仅与要素本身的投入有关,也与其他相关要素的投入有关。要素的贡献也相互依存。

二、边际生产力

所谓边际生产力,从实物形态上说,就是在其他条件不变时,每增加一个单位要素投入所增加的实物产量。这就是前面第三章中论述的边际实物产量,或简称边际产量,即 MP_L 和 MP_K。从价值形态上来看,在其他条件不变时,每增加一个单位要素投入所增加的产值,称为**要素边际产值**(Value of Marginal Product,VMP)。对企业来说,最重要的是企业的实际收益,每增加一个单位要素投入所增加的收益,被称为**要素边际生产收益**(Marginal Revenue Product,MRP)。它不同于边际收益,要素边际生产收益是以投入要素作为变量。

由于要素的边际产值是增加一个单位投入要素所增加的产值,数量就等于该要素的边际产量在市场上的价值量,即为边际产量与其产品市场价格的乘积。

$$VMP = P \cdot MP$$

我们已经知道,一个企业的销售总收益,是市场价格和销售量的乘积。

$$TR = P \cdot Q$$

我们也知道,在产品市场上,每增加一个单位产品的销售,企业所增加的收益为边际收益 MR。在要素市场上,企业更加关心的是增加一个单位要素的投入,给企业增加的收益是多少。这就是要素的边际生产收益。

当企业增加一个单位劳动的投入,会带来产量的相应增加,我们知道这称为劳动的边际产量;而产量的增加又会带来企业收益的增加,增加的收益称产品的边际收益;劳动投入的增加,最终带来企业收益的增加,这就是劳动的边际生产收益 MRP_L。可见,劳动的边际生产收益既与劳动的边际产量 MP_L 有关,又与产品的边际收益 MR 有关,数值正好是两者的乘积。为:

$$MRP_L = \frac{总收益的增加量}{劳动投入的增加量} = 边际收益 \times 劳动的边际产量 = MR \times MP_L$$

同理,投入资本的边际生产收益为:

$$MRP_K = \frac{总收益的增加量}{资本投入的增加量} = 边际收益 \times 资本的边际产量 = MR \times MP_K$$

企业增加要素的投入,就要引起相应成本的增加。增加的成本称作边际支出(Marginal Expenditure),用 ME 表示,劳动的边际支出为 ME_L,资本的边际支出为 ME_K。企业要实现利润最大化,要素市场上要满足必要条件:**要素边际生产收益等于边际支出**。这相当于在产品市场上的**边际收益等于边际成本**。

$$MRP_L = ME_L$$

$$\mathrm{MRP}_K = \mathrm{ME}_K$$

要素边际生产收益等于边际支出。这里的道理是显而易见的,只有当投入一单位要素给企业所带来的边际生产收益 MRP 大于为投入该单位要素而引起的成本增加,即边际支出为 ME 时,企业的利润才能增加。而当要素的边际生产收益小于投入要素的边际支出时,企业的利润就要减少。在要素边际生产收益大于投入要素边际支出时,增加该要素的投入,企业的利润就会增加,或者亏损就会减少。而在要素边际生产收益小于投入要素边际支出时,这个要素就不值得投入,若投入,就会引起利润的减小或者亏损的增加。只有在要素边际生产收益等于要素边际支出时,企业的利润才最大或者亏损最小。

这个结论相当于在产品市场中的边际收益等于边际成本。在产品市场中,边际收益等于边际成本,是企业利润最大化的必要条件,对各种市场结构都适用。在要素市场中,要素的边际生产收益等于投入要素的边际支出,也同样是企业在作要素投入决策时利润最大化的必要条件,并且同样对各种结构的要素市场都适用。在市场经济的条件下,要素的边际生产收益就被看作是该要素在生产过程中的贡献,它是参与初次分配的依据。

三、要素市场的企业决策

要素市场和产品市场一样,对于不同的市场结构条件,企业决策是不一样的。而且,由于要素市场的需求是派生需求,它还要受产品市场的影响。在完全竞争的要素市场上采购要素,到卖方垄断的产品市场上去出售产品,与在买方垄断的要素市场上采购要素,在完全竞争的产品市场上出售产品,企业的决策就会不一样。我们知道,产品市场分为完全竞争市场和不完全竞争市场,不完全竞争市场还包括垄断竞争、寡头垄断、完全垄断,完全垄断还有卖方垄断和买方垄断的区分。要素市场同样有完全竞争市场和不完全竞争市场等区分,不完全竞争又有多种形式。组合的情况就要十分多样,下面仅就要素市场是完全竞争,产品市场是完全竞争的情况进行讨论。

在要素市场上,企业对要素的需求是派生需求。对投入要素愿意支付的最高价格是该要素能给企业带来的边际生产收益,这决定了企业对要素派生的需求。因此,对要素的需求曲线就是要素的边际生产收益曲线。要素能给企业带来的边际生产收益,是在产品市场上出售产品的边际收益 MR 与该要素边际产量 MP 的乘积。当产品市场是一个完全竞争市场时,产品价格 P 是一个常数,不随企业产量的变化而变化。这时在产品市场上的边际收益 MR 就等于产品的市场价格 P。由于要素的边际实物报酬递减法则的作用,要素的边际产量是随着要素投入的增加而不断减少的。由此可见,企业对投入要素愿意支付的最高价格是随着投入要素的增加而不断减小的。这就是说,企业对要素的需求曲线是一条向右下方倾斜的曲线。虽然在完全竞争的产品市场上,对产品的需求曲线是一条水平的需求曲线,但派生出来的对要素的需求曲线却是向下倾斜的,如图 10.1.2 中的曲线 D 所示,它是由 $w = \mathrm{MRP} = P \cdot \mathrm{MP}$ 所决定的。

要素市场的完全竞争,是说要素市场上的要素价格,不随一个企业要素投入的多少而变动。对单个企业来说,要素的供给是一条水平线,如图 10.1.2 中的 S 所示。这时,对企业而言,当增加要素投入时,投入要素边际支出 ME 也不变,投入要素边际支出曲线和要素的供给曲线重合。对于劳动投入自边际的支出就等于支付劳动者的工资 w。

从图 10.1.2 中可以看到，当要素市场和产品市场完全竞争时，在要素市场上，企业利润最大化的必要条件是：投入要素边际支出等于要素的边际生产收益，即 ME＝MRP，也即图中企业面临的要素供给曲线 S 和对要素的需求曲线 D 的交点 E。由于要素市场是完全竞争的，对企业而言，可以以不变的要素价格雇用到任意数量的要素。此时，要素的价格是由要素市场上总的供给和需求决定的，企业只是要素价格的接受者，而企业愿意投入的要素的数量则由 E 点决定。由 ME＝MRP 可得，即：

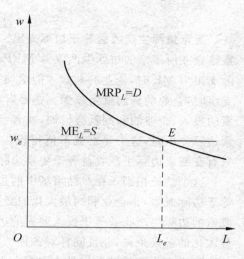

$$w = P \cdot MP_L$$

决定投入劳动的数量。

同理：

$$r = P \cdot MP_K$$

图 10.1.2　要素和产品市场都完全竞争的企业决策

决定投入资本的数量。在完全竞争要素市场的要素价格和完全竞争产品市场的产品价格已知的情况下，在知道生产函数时，企业作出要素投入数量，从而实现企业在要素市场上利润最大化的决策。

第二节　劳动力市场与企业经营决策

劳动不仅仅是一种生产要素，而且它在诸多生产要素中是最有能动性的要素，是诸要素中起决定性的因素。劳动的收入也是人们收入的最主要来源，据 2017 年国家统计年鉴公布：2016 年城镇居民人均可支配收入为 33 616.2 元，其中 61.5% 是劳动工资性收入，11.2% 是经营净收入，而财产净收入只占 9.3%，另有 17.8% 是转移净收入；而我国农民人均可支配收入 2016 年为 12 363.4 元，其中劳动工资性收入占 40.6%，家庭经营净收入占 38.3%，财产净收入仅占 2.2%，另有 18.8% 的转移净收入。农村家庭经营收入是指农村住户以家庭为生产经营单位进行筹划和管理而获得的收入，经营活动主要是指农业、林业、牧业、渔业、建筑业、工业、交通运输业等，在性质上同样属于劳动收入。

劳动力市场是劳动资源交易的场所，交易的是对劳动的使用权，而不是交易劳动的所有权。在社会主义市场经济体制下，劳动的供求也是由市场机制所决定的。由要素市场决定劳动的报酬机制，使生产要素按贡献参与分配的初次分配制度进一步地规范、成熟。

一、劳动的需求

劳动需求曲线。企业劳动需求曲线是表示企业愿意支付的最高劳动价格（工资）和对劳动需求量之间的关系。而投入劳动的边际生产收益曲线正好表示了这样的关系。如果雇用劳动的工资率低于投入该要素的边际生产收益，企业就要增加劳动投入来增加利润；反之，若雇用劳动的工资率高于投入该要素的边际生产收益，企业就要减少劳动投入来增加利润；如果雇用劳动的工资率正好等于投入该要素的边际生产收益，企业不可能用改变投入的方法来增加利润，企业达到最大的可能利润。因此，企业对劳动的需求量就是劳动工资率等于劳动边际生产收益，劳动的边际生产收益曲线就是企业对劳动的需求曲线所派生的需求曲线。

我们已经知道劳动的边际生产收益为 MRP_L，它等于投入劳动的边际产量 MP_L 和最终产品在产品市场上出售的边际收益 MR 的乘积，是一条向右下方倾斜的曲线。在劳动力市场上，若劳动工资率上升，企业需要投入的劳动数量就要减少；若劳动工资率下降，企业需要投入的劳动数量就要上升，对劳动需求的数量沿着需求曲线移动，如图 10.2.1 所示。

企业劳动需求曲线的移动。由于劳动需求曲线是劳动的边际产量和出售产品的边际收益的乘积，**企业劳动需求曲线的移动**主要取决于三个因素：最终产品的市场价格、劳动生产技术进步和其他投入要素的价格。

在最终产品市场上，若产品的需求发生变动，通常都要引起产品的价格发生变动。产品的价格变动将直接影响出售产品给企业带来的边际收益，边际收益的变动就派生出要素的边际生产收益的变动。当产品价格上升时，也就直接增加了边际收益，边际收益的增加，就会引起边际生产收益的增加，从而推动劳动的需求曲线向右移动；而产品价格的下降，引起了企业对劳动投入的需求量减少，从而拉动劳动需求曲线向左移动，如图 10.2.1 所示。

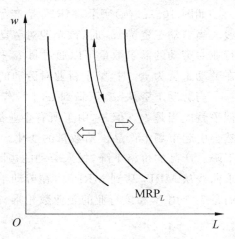

图 10.2.1 劳动需求曲线

劳动的边际产量的变动也会直接影响劳动的边际生产收益。劳动的边际产量通常与劳动的生产技术水平密切相关。现在劳动已经广泛地被看作是一种人力资本。劳动者接受教育和培训，也可以看成是一种投资，因为它改变了劳动技术水平，从而大大提高了劳动的边际产量。劳动经验的积累也同样可以提高劳动的边际产量。现代科学技术的进步大大提高了劳动生产率，企业整合资源时将新的技术结合到生产过程中去，劳动的边际产量提高了。其他生产要素投入的变动，也要引起劳动边际产量的变动。这样，所有劳动边际产量的变动，都会引起边际生产收益的变动，进而带动对劳动的需求曲线的移动，改变了企业对劳动投入的需求。

我们已经讨论了在生产过程中需要多种要素的投入，对这些要素的需求是相互依存的。同时，这些要素又往往是相互替代的。农业生产可以精耕细作，也可以广种薄收，土地和劳动的投入可以相互替代；工业制造业可以劳动密集，也可以高度自动化，劳动和资本的投入可以相互替代。当可替代投入要素的价格下降时，为了实现企业成本最小化，需要用相对便宜的投入要素去替代相对昂贵的投入要素，同样会引起对劳动需求曲线的移动。

例如，当劳动工资下降时，企业会用劳动来替代资本，增加劳动的投入；当劳动工资上升时，企业会用资本来替代劳动，增加资本的投入。当然，不同投入要素间的替代往往需要一定的时间，这说明，如果降低工资，在长期比短期将有更多的工人获得工作的机会；

如果提高工资,在长期比短期将会有更多的工人失掉工作。

市场劳动需求曲线。以上讨论的是单个企业对劳动的需求曲线。正如在产品市场上一样,将市场上所有单个消费者的需求曲线横坐标相加,就得到了市场的需求曲线;将行业内所有企业对劳动的需求曲线横坐标相加,就得到了**行业对劳动**的需求曲线;将各行业对劳动的需求曲线横坐标相加,就得到了整个**市场劳动需求曲线**。

在决定行业对劳动需求曲线时,需要注意,虽然一般而言,将同一行业的劳动力市场上所有企业对劳动需求曲线横坐标相加,可以得出行业对劳动的需求曲线,但这只能是一个近似结果。因为劳动价格和投入数量的变动会引起产品价格的变动,而产品价格变动又必然会影响对劳动的需求。

若产品市场是完全竞争市场,就单个企业而言,劳动的工资和使用劳动的数量变化并不会影响产品的价格,但对于全行业投入劳动的工资和使用劳动的数量的变动就要影响产品的价格。全行业投入劳动的数量增加,最终产品的数量必然要增加,就会引起产品市场供给曲线向右移动,进而产品市场的产品价格就要下降。产品价格的下降会使劳动的边际生产收益曲线向左移动,从而使对劳动的需求曲线向左移动。

如图 10.2.2(a)所示,MRP_{l_1} 是产品在现行价格下的一个典型企业对劳动的需求曲线。当劳动工资为 w_0 时,该企业对劳动的需求数量为 l_0。由于这是一个典型企业,整个行业对劳动的需求数量可以通过将 l_0 和行业内的企业数相乘,得到的 L_0 就可以看作是在劳动工资为 w_0 时,整个行业对劳动的需求数量,如图 10.2.2(b)所示。

当劳动工资从 w_0 下降到 w_1 时,若其他因素不变,这个典型企业对劳动的需求数量似乎就应当是 l_1。但是,由于所有企业都会因劳动工资的下降而增加劳动的投入数量,必然会引起市场上产品供给数量的变化。供给曲线向右移动,产品市场上产品的成交价格下降。产品的价格下降,投入劳动的边际生产收益曲线向左移动,从而使企业对劳动的需求曲线从 MRP_{l_1} 移到 MRP_{l_2}。在劳动工资为 w_1 时,企业对劳动的需求数量就不再是 l_1,而是 l_2。用 l_2 和该行业的企业数相乘,得到 L_2。L_2 是行业在劳动工资为 w_1 时,对劳动

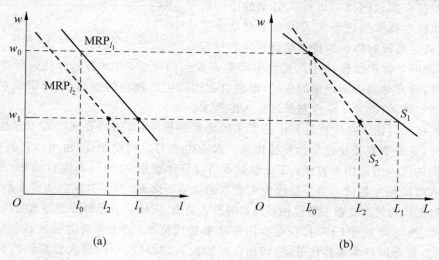

图 10.2.2 劳动的行业需求曲线

的需求数量。将这样的 (w_0, L_0)，(w_1, L_2) 点连起来，得到该行业在劳动力市场上对劳动的需求曲线 S_2，而不是在假定产品价格不变时加总起来的 S_1，如图 10.2.2(b) 所示，降低工资引起整个行业对劳动需求的增加量，要比预期的少。

在产品市场是非完全竞争市场时，对劳动需求曲线的推导基本相同。但由于产品市场上企业对产品的价格可能进行了策略性定价，价格与销售量并不一定有严格的一一对应的关系，因此对工资率的变动响应会更复杂一些。

整个市场对劳动的需求曲线是市场上各行业对劳动需求曲线的加总。这里需要特别注意的是，不同行业需要的劳动是否相同。对不同行业而言需要的简单劳动，大体相同；但对不同行业而言需要的复杂劳动就会相差甚远，就不能是简单的加总，更多表现为各自独立的细分市场。这是引起简单劳动和复杂劳动工资差别的重要原因。

劳动需求价格弹性。**劳动需求价格弹性**是反映劳动的需求量对工资率变动的敏感程度。这个弹性非常重要，它直接和劳动者总的收入有关。如果劳动的需求缺乏价格弹性，那么增加工资会增加劳动者总的收入；如果劳动的需求富有价格弹性，那么增加工资，反而会减少劳动者总的收入，政府规定了最低工资制度，结果用工人数大大减少，从而使劳动者总的收入下降。

影响劳动需求价格弹性也有三个主要因素：劳动的密集程度、产品的需求价格弹性和资本对劳动的替代性。

劳动密集型生产是指在生产过程中，大量使用劳动，只使用少量资本。劳动的密集程度越大，对劳动的需求也越富有弹性。在劳动密集型行业，企业的总成本中，对劳动投入的支付所占的比例越高，劳动工资率的变动对企业成本的影响就越大，企业反应也就更为敏感。如果劳动工资率上升，企业必将会大量地减少对劳动的需求量。而资本密集型企业，对劳动投入的支付占总成本的比例就低，工资率的变动对企业成本的变动反应就不那么敏感，如果工资率上升，企业就较少地减少对劳动的需求数量。在绝大多数情况下，劳动密集型行业大量使用的是简单劳动。因此，对**简单劳动需求价格弹性**就大于对**复杂劳动需求价格弹性**。

最终产品的需求价格弹性也对劳动的需求价格弹性产生了影响。产品的需求价格弹性越大，对生产这种产品投入的劳动需要价格弹性也就越大。这是因为在劳动工资率提高时，会拉动产品生产的边际成本增加，边际成本的增加会引起该产品的供给曲线左移，产品市场上的成交价格提高，这时产品的需求越富有价格弹性，成交量将减少得越多，从而派生出对劳动投入的需求量也减少得越多。

资本对劳动的替代性也会影响对劳动的需求价格弹性。资本投入对劳动投入的替代越容易，对劳动的需求价格弹性就越大。这通常需要一定的时间，在劳动工资率提高时，企业通常都会利用更多的资本来替代劳动的投入。对于大量的简单劳动，通常都很容易被机器所替代，从长期来看，对简单劳动的需求就比较富有价格弹性；而对于许多复杂劳动，则很难被机器所替代，因此，从长期来看，它也是缺乏需求价格弹性的。目前，人工智能技术迅猛发展，各式机器人大量出现，资本替代劳动，尤其是替代简单劳动的趋势还在不断地加大。当然，社会对简单劳动的需求也永远不会消亡。

由此可见，无论是短期还是长期，对简单劳动的需求价格弹性都要大于对复杂劳动的

管理

经济学（第四版）（简明版）

需求价格弹性。为了保护劳动者利益，政府通常都制定了最低工资的制度，在实际经济生活中，从事低工资的劳动基本上都属于简单劳动，因此，最低工资制度只有利于简单劳动的就业者，他们的工资提高了，而对于只能从事简单劳动的全体劳动者而言就不是一个有益的政策了。

二、劳动的供给

劳动能力为劳动者所拥有，就单个劳动者的劳动供给而言，可以利用收入和闲暇之间的选择来进行讨论。人们可以将自己的时间广义地配置在**劳动供给**和**闲暇**两种活动中。将时间配置给劳动供给，就损失了闲暇的时间；将时间配置给闲暇，就减少了劳动供给的时间，同时也带来了收入的减少。工资率越高，收入也越高，闲暇的代价也就越大；工资越低，收入越少，闲暇的代价也就越小。**工资是闲暇的机会成本**，两者之间有替代效应：工资率提高了，闲暇的成本就加大了，工资越高，就越舍不得放弃劳动去"购买"闲暇，由增加劳动供给来替代闲暇的替代效应。同时两者之间又有**收入效应**：工资率提高后，收入增加了，也就更有条件来"购买"更多的闲暇，这是收入效应。

因此，随着劳动工资率的提升，替代效应是增加劳动的供给，收入效应则是减少劳动的供给。在劳动工资率较低时，**替代效应大于收入效应**，随着劳动工资率的提升，劳动者愿意提供的劳动是增加的；但随着工资率的继续上升，**收入效应大于替代效应**，劳动者愿意提供的劳动则要减少。

但当劳动工资率十分低下时，又会出现一个现象：劳动者为维持自己最起码的生计，不得不通过进一步放弃闲暇、延长劳动时间来获得保证起码生计的收入，因此会出现劳动工资率越低，劳动者提供的劳动时间越长的现象。劳动的供给曲线就出现了一个反**"S"形**，如图 10.2.3 所示。在不同的工资率水平下，劳动供给曲线的斜率是要发生很大的变化，劳动供给价格弹性也在显著地发生着变化。

市场上劳动的供给是劳动者的劳动供给总和。单个劳动者的供给曲线是反"S"形，那么市场上总的供给曲线也大体应当也是反"S"形的。但它会随着这个国家的文化、人口、年龄结构，特别是社会经济发展水平而发生很大的变化。

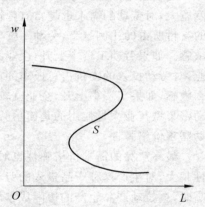

图 10.2.3 劳动者的劳动供给曲线

由于我国人口年龄结构的特殊分布，见专栏 3-1 中的图 1，目前我国劳动人口的供给还是十分丰富，是劳动资源大国，尚处于劳动年龄人口占总人口的比例比较高的所谓**人口红利**阶段，目前人口红利已经过了顶峰，人口红利正在逐步消失，开始出现老龄化现象，劳动的供给已经逐渐减少。

目前，在我国劳动供给反"S"形曲线下面那部分情况已经不存在了，主要处于反"S"形曲线的中间那部分，劳动供给随工资率的提高而增加。随着社会经济的发展和财富的积累、劳动工资率水平的提高，劳动供给曲线向后弯曲的情况也会开始出现。在 20 世纪初,美国男子期望寿命为 68 岁,65 岁以上的男性人口中,有 68％的人口在劳动力队伍中;到了 20 世纪中期,美国男子的期望寿命上升到 71 岁,65 岁以上的人口中,仅有 41％留在劳动力队伍中;而到了 20 世纪末,期望寿命上升到 74 岁,但在 65 岁以上的人口中,仅有 16％的人留在劳动力队伍中,55～64 岁的人口中,也只有 68％的人留在了劳动力队伍里。随着总体工资水平的上升,收入效应的作用越来越显著,人们将更多地选择闲暇来替代劳动。同样,也可以预见,随着我国人民生活水平的不断提高,再过 5～10 年后,我国劳动力供给减少会比因年龄结构分布带来老龄化造成的供给减少得更多。目前我国关于法定退休年龄已经在实施逐步延长。

但由于劳动者的技能千差万别,对劳动技能培训的成本又大不一样;不同工种劳动之间又缺乏替代性;劳动的环境、强度、就业稳定、职业风险等又差别悬殊;不同行业不同工种的劳动供给也很不一样。目前在我国,简单劳动的供给相当富有价格弹性,而复杂劳动的供给就比较缺乏价格弹性,劳动供给的结构性矛盾也相当突出。

三、劳动力市场的均衡和工资

因为劳动的供给曲线总的是呈反"S"形,不同国家或地区、不同的发展时期对劳动的需求也不一样。因此,劳动的需求曲线与劳动的供给曲线之间的交点,就可能在不同的工资率水平之上。

在发达国家或地区,工资率水平比较高。在那里,劳动的供给曲线很可能是向后弯曲的,处于"S"形曲线的上部。并且那里有大量的资本积累、密集的交通通信基础设施、大量的人均机器设备、先进的技术、劳动者的良好教育,以及劳动的边际生产收益也相当高,派生出相应对劳动的需求,从而决定了那里的劳动工资率水平就高。

而在极其贫困的国家或地区,工资水平就相当低。因为在那里,对劳动的供给曲线很可能是处于反"S"形曲线的下部,而且劳动者受教育的程度、人均资本的占有水平等都十分低下,进而投入劳动的边际生产收益也十分低下,由此派生出对劳动的需求曲线,决定了那里的工资率水平也十分低下。

因此,世界各国工资率水平的差距很大,各国内部一般工资水平的差异也巨大。这里的工资率是指企业为雇用劳动而支付的全部支出,包含工资和折合的各种福利,被称为全额工资。表 10.2.1 列出了 2013 年世界上一些国家或地区制造业员工每月的平均工资数,都按当年平均汇率折算为了美元数,以便于比较。

表 10.2.1　2013 年世界上一些国家和地区制造业员工月工资数

中国内地	中国香港	日本	新加坡	泰国	南非	英国	俄罗斯	加拿大	巴西
692	1 779	3 320	3 698	391	1 506	3 400	941	3 832	872

数据来源:2016 国际统计年鉴联合国 ILO 数据库,世界银行数据库。

在许多发展中国家或地区,人们将积累中的相当大的一部分用于教育,使劳动者受教育的程度得到迅速的提升,又实行开放政策,大量新的资本品和技术的进口,大大提高了投入劳动的边际生产收益,从而在最近几十年内,劳动工资率有了迅速的提高。我国的情况就是其中最突出的例子。而且还可以看到：富有需求价格弹性的简单劳动工资率提升得比较慢，而缺乏需求价格弹性的复杂劳动的工资率提升就快得多。表 10.2.2 列出了我国一些主要行业按同口径的比较,1993—2016 年城镇就业人员年名义工资增长的百分数。1993 年我国确立建立社会主义市场经济体制为改革目标,因此以 1993 年工资为 100 为例。

同期国民总收入 GNI 按当年名义价格计算,增长 2 082%。多数行业,特别是以相对简单劳动为主的行业,城镇就业人员的名义工资增长的速度低于同期国民总收入名义货币增长的速度。考虑到这些年通货膨胀的价格变化,如果仍以 1993 年居民消费价格指数为 100,2016 年的居民价格消费指数为 230,扣除价格因素,表 10.2.2 中城镇就业人员实际工资增长的百分数要除 2.3。这是一个行业工资增长的平均数,而实际上行业内部,因不同工作岗位对劳动需求价格弹性也大不一样,人员工资变动的实际差异性,要比表 10.2.2 所显示的还要大得多。按可比口径计算,同期国民收入 GNI 增长了 905%。

表 10.2.2　1993—2016 年我国一些主要行业城镇员工年工资增长百分数

行　业	农林牧渔	采掘业	制造业	电气水生产供应	建筑业	交通运输仓储邮政	批发零售业
名义增长率	1 646	1 775	1 776	1 942	1 378	1 724	2 428
实际增长率	716	772	772	844	599	750	1056
行　业	餐饮业	金融保险业	房地产业	教育	卫生社会福利	科学研究技术服务	公共管理社会组织
名义增长率	1 619	3 140	1 516	2 273	2 345	2 475	2 025
实际增长率	704	1 365	659	988	1020	1 076	880

资料来源:1994 年和 2017 年中国统计年鉴,1993 年名义工资为 100。

实际上,劳动力市场上的供求平衡是难以做到的。在绝大多数情况下,总是存在或多或少的失业现象,导致劳动力供过于求。那么,劳动力供过于求是否就说明工资率过高呢? 通过降低工资率水平就可以实现充分就业吗? 显然不能轻易地下此结论。因为劳动力市场的供求关系虽是决定工资水平的主要力量,但并不是唯一的力量。

在市场经济条件下,19 世纪曾经盛行的工资理论是：平均工资始终停留在一国人民为维持生存和繁殖后代按照习惯所要求的必要生活水平上,这被称作**铁的工资规律**[①]。到了 20 世纪以后,**协议工资理论**被比较普遍被接受,协议工资理论认为工资实际上是通过供求双方协议来确定的。劳动供求双方的力量对比,决定了工资水平。劳动的供给方有一个工资要求的最低限,劳动的需求方有一个所能支付工资的最高限,工资在最高限和最低限之间进行谈判协议。在协议工资下,协议工资的执行常常要维持一段时间,劳动力市场上的供求往往是不平衡的。

我国劳动力市场依然处于发育期,还存在许多问题：企业经营者用工的自主权仍受到很多条件的限制；劳动力的流动也受到政策、体制等诸多因素的约束；社会保障制度还很不健全；劳动力市场的管理体制和法规还不完善；工资制度仍还有着一定程度的福

---

①拉萨尔最初是在《就莱比锡全德工人代表大会的召开给中央委员会的公开答复》提到这一概念(1863 年苏黎世版第 15~16 页)。

利型。进一步改革劳动、人事制度,加快工资制度的改革和社会保障体系的建立,加快劳动力市场的立法和组织建设,对户籍管理制度要进行逐步的改革,促进劳动力的合理流动等是发育我国劳动力市场应做的几项重要工作。党的十九大政治报告再次重申:"完善政府、工会、企业共同参与的协商协调机制,构建和谐劳动关系"。"坚持在经济增长的同时实现居民收入同步增长,在劳动生产率提高的同时实现劳动报酬同步提高"。会是今后一段时间里收入分配制度改革的方向,鼓励勤劳守法致富,保护劳动者队伍中的弱势群体。

2007年6月29日,第十届全国人大常委会第28次会议对《中华人民共和国劳动合同法》进行表决。146人出席会议,145人赞成,0票反对,0票弃权,1人没有按表决钮。《劳动合同法》自2008年1月1日起实施。还引起了不少争论,有一种舆论认为,当前应注重为企业发展创造宽松环境,政策更应向中小企业倾斜。但为企业创造宽松环境,并不意味着就要放弃对《劳动合同法》的认真执行。劳动合同法坚定不移地执行,昭示着中国一个新时代的开端:中国不再将廉价劳动力作为国际分工中的竞争优势,中国的劳动力价格和劳动者地位将放弃长久以来的低廉姿态,中国的职业经理人要向成熟的企业家转变,要富有社会责任感,努力寻求创新的新途径,开创一个新的劳资时代。2012年12月第十一届全国人大常委会第三十次会议通过修改《中华人民共和国劳动合同法》的决定,自2013年7月1日起施行。修法的价值取向,就是要切实保障和维护被派遣劳动者的合法权益,详见专栏10-1:切实保障被派遣劳动者合法权益。

专栏 10-1

切实保障被派遣劳动者合法权益

第十一届全国人大常委会第三十次会议通过劳动合同法的修改,修法的价值取向,就是要切实保障和维护被派遣劳动者的合法权益。一是进一步规范劳务派遣单位经营的劳务派遣业务;二是从法律制度上保障被派遣劳动者同工同酬的权利得以落实;三是把劳务派遣用工控制在合理范围内;四是加大对劳务派遣用工违法行为的处罚力度。

劳务派遣用工形式的本意是为满足用工单位临时或短期的用工需求,在促进劳动者就业、满足用人单位弹性用工需求等方面发挥了积极作用。

然而近年来劳务派遣滥用现象日益严重,已成为侵害被派遣劳动者合法权益、影响劳动关系和谐稳定的突出问题。修法就是要使劳务派遣回归其作为劳动用工补充形式的定位,把派遣用工数量控制在合理范围内,积极引导企业直接用工。

劳动合同法修改的一大亮点,就是进一步细化了"同工同酬"原则,明确规定:"被派遣劳动者享有与用工单位的劳动者同工同酬的权利。"并明确了劳务派遣只能在临时性、辅助性或者替代性的工作岗位上实施的"三性"的具体含义,增强了法律事实的可操作性。还加大了对违法行为的处罚力度。有效地保护了被派遣劳动者的合法权益。

资料来源:郭美宏,正义网、检察日报,2013年。

四、协议工资

现在的用工制度普遍实行的是协议工资,协议的形式主要有集体协议和个人协议两种。

　　集体协议是劳资双方的代表为达成双方都可以接受的雇用条件而进行交涉和商谈的过程，其核心部分当然是"一揽子"经济协议，包括基本工资和有关福利的所有相关条款。这是一项复杂的工作，涉及的是如何来分配收入，常常是双方力量和智慧的博弈。如果劳资双方都是为了自己的利益最大化，劳方是工会代表，资方是企业代表，双边垄断，他们谈判的空间是什么呢？如图 10.2.4 所示。

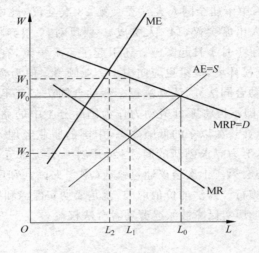

图 10.2.4　集体协议工资

　　图 10.2.4 中，MRP 是企业对投入劳动的需求曲线 D，AE 是劳动者愿意提供劳动的供给曲线 S，双方都处于垄断地位。从劳动的供给者——劳方来看是卖方垄断，边际收益曲线 MR 和劳动的供给曲线 S 的交点决定供给劳动的数量 L_1，要求的工资率则由劳动的需求曲线 D 和对劳动的需求数量 L_1 决定，要求工资率为 W_1；从劳动的需求者——资方来看是买方垄断，边际支出曲线 ME 和需求曲线 MRP 的交点决定使用劳动的数量 L_2，支付的工资率则由劳动的供给曲线 S 和对劳动的需求数量 L_2 决定，支付工资率为 W_2，代表劳方的工会希望劳动者总工资额最大化，资方的企业希望利润最大化。从政府角度来看，它希望社会充分就业，资源得到充分利用，劳动力市场供求均衡，劳动的需求曲线 MRP 和劳动的供给曲线 S 的交点，就业人数是 L_0，工资率为 W_0。目标不一样，希望的结果也不一样，这就是谈判的空间。这里，不仅是成本和需求等经济因素，还有社会、心理、政治等许多其他因素。最终，会形成一个政府、工会、企业共同参与协商的协调机制，从而构建一个和谐的劳动关系。这里需要市场对资源配置起决定性作用，工会与企业，劳资双方从供求的角度进行协商；也需要更好发挥政府作用，政府从全体人民的长远根本利益进行引导协商。三者共同协商在实现经济增长的同时居民收入也同步增长，劳动生产率提高的同时劳动报酬也同步提高。

　　个人协议。并不是所有行业的工资都是由工会代表来集体谈判协议工资的，更多的是个人在求职时单个协议。在个人协议时，除了参考行业内同岗位的工资外，还要说明能为企业带来多大边际生产收益，这是工资率水平的决定因素。有趣的是，往往谈判工资在前,为企业带来边际生产收益在后,因此,在谈判时求职者要能提供能为企业带来多大边际生产收益的信号证明。

工作经历常常是一个人能为企业带来多大边际生产收益的**有效信号**。这个信号的有效性已经得到各方广泛的认同,但接受的教育是否能成为又一个重要信号,仍存在一些争议。工商管理专业硕士学位(MBA)教育就是人们常常争论的一个话题。

要不要接受工商管理专业硕士学位教育?不同的人有着不同的考虑。接受工商管理硕士专业学位的教育是要付出成本的。成本包含需要支付的学费及其他各类学习费用,这笔费用对不同的人来说是大体相同的,是一个固定成本,而且一旦投入就成为沉没成本。

同时,因为要到学校学习,而放弃了就业工作的机会,放弃了工作应得到的收入,这是一个机会成本。机会成本对不同的人而言大小是不一样的,通常都是能力越大的人,放弃的机会成本就越大;能力越小,放弃的机会成本也就越小。这部分成本也是一旦投入就会成为沉没成本的固定成本。两部分组成的总固定成本对不同的人而言是不一样的,能力越大的人支付的总固定成本越高。

学习的过程同样是努力投入辛劳的过程,这是一种**心理成本**。学习感受越艰辛,付出的心理成本就越大。不同的人对学习的艰辛感受也是不一样的,能力越大的人越能自如地应付艰难的学习,心理感受的成本就越低;能力越弱的人,越难应付艰辛的学习,心理感受的成本就越大。随着学习艰辛程度的加大,不同人感受的心理成本就拉开了距离。能力越弱的人,心理成本上升的梯度越大;能力越强的人,心理成本上升的梯度越平缓。图 10.2.5 显示了两类不同人群(强能力人群和弱能力人群)学习的成本。横轴代表学习的艰辛程度,需要投入的心力 E,向右表示学习的艰辛程度在加大,需要投入的心力要多;纵轴是投入的总成本 C,即固定成本加心理成本。

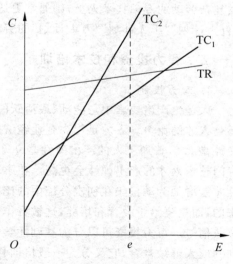

图 10.2.5　不同人群的学习成本

在图 10.2.5 中,TC_1 代表强能力人群的学习成本,由于固定成本高,随学习艰辛程度的变动成本低;TC_2 代表弱能力人群的学习成本,由于固定成本低,随学习艰辛程度的变动成本高。他们都希望学习后能得到回报,回报也能与投入的学习艰辛成正比,如图 10.2.5 中的总收益 TR 所示。如果学习是很容易的,回报也高,不同类型的人群都认为学习是值得的,都来投入学习,并能完成学习。不同人群无法区分,学位也就不能成为有效信号。只有学习过程保持一定的艰辛,如图 10.2.5 中 e 的位置,强能力人群认为学习是值得的,愿意并完成了接受的教育;弱能力人群认为学习是不值得的,心理成本太大,认为那不是人过的日子,不愿意或不能完成接受的教育。这样一来学历的信号就将两类人群区分开来,也就成为一个劳动力市场的有效信号。当然,学习过程过分地艰辛,没有人愿意来接受教育，也就无法成为有效信号。因此，保持学习过程一定程度的艰辛是保证受教育成为**受教育者能力的有效信号**。

因此，完成了工商管理专业硕士学位教育的人群，发出了有效信号，精力充沛，有自如应付复杂局面的能力，既要学习，又要工作，还要生活；还有吃苦耐劳、克服困难的勇气，完成了全部学业。这些品质都是作为职业经理人，管理好企业所必需的基本素质。同时，在学习期间，学习了管理经济学、市场学、金融学、财务管理、人力资源管理等一系列课程，获得了管理企业的必要知识，因此，可以赋予重任。现在，有许多工作岗位都需要岗前培训的上岗证，这是接受了教育发出的信号。

劳动就业收入分配实现政府、工会、企业三方共同参与的协商协调机制，政府作用不能缺失，它体现了中国特色的社会主义制度。它既体现了市场要素按贡献参与初次分配的机制，让一切劳动、知识、技术、管理、资本的活力竞相并发，让创造社会财富的源泉充分的涌流；又有利于政府更好地发挥作用，维护社会的公平正义，从而保障了人人享有发展机遇，人人享有发展成果，实现社会共同富裕。把三方协商机制处理好则需要智慧。目前，我国对于从事简单劳动为主的劳动者工资，通常更适合用集体协议的方式；而对于提供复杂劳动的专门技术人员，则通常更适用个人协议的方式。我国为引进人才而实施的"百人计划""千人计划""万人计划"的劳动报酬通常都是实行个人协议方式。

五、智力投资和技术培训

1. 智力投资

人是生产诸要素中最能动、最活跃的要素。当今世界上所进行的经济竞争，归根结底还是人才的竞争。人才是提高企业经济效益的关键，据国外有关部门的统计，资产的产出弹性是 0.2，普通工人的产出弹性是 0.75，而合格管理人员的产出弹性是 1.88。优秀的专门技术人才的产出弹性会更高。在第四章中，我们已经讨论了只有提高劳动的产出弹性才能增加劳动报酬在初次分配中的比重。但劳动者产出弹性的提高并不是从天上掉下来的，而是要给予教育和培养，这被看作智力投资的人力资本，也是个人协议谈判工资的有效信号。智力投资可以分为基础性学历教育和继续教育。继续教育侧重于作为技术培训的成人继续教育，它又分为一般培训和专门培训。基础性学历教育在第十二章再进一步讨论。

2. 一般培训

一般培训是指职工所受到的培训也可以通用于各企业。而受到培训的职工也将因其边际生产收益的提高而要求较高的工资，直到 $w = \mathrm{MRP}$，否则将另谋他职。对于一般培训，企业在职工培训期间要从其工资中扣除培训的费用。这就是说，在培训期间，职工的工资要小于其边际生产收益。这是新职工的工资往往较低的重要原因。设 T 为培训费用，t 为培养后为企业服务的时间，i 为资金的利率，下标 0 为培训期，则

$$\mathrm{MRP}_0 + \sum_{t=1}^{n} \frac{\mathrm{MRP}_t}{(1+i)^t} = w_0 + T + \sum_{t=1}^{n} \frac{w_t}{(1+i)^t}$$

企业要求员工历年各期劳动工资的贴现值与培训期的工资、培训期的培训费用之和，等于这个员工历年各期边际生产收益的贴现值与培训期的边际生产收益之和。由于是一

般培训,职工如果能够要求培训后的工资 w_t 等于其边际生产收益 MRP_t,即

$$\sum_{t=1}^{n} \frac{\mathrm{MRP}_t}{(1+i)^t} = \sum_{t=1}^{n} \frac{w_t}{(1+i)^t}$$

那么,职工培训期的工资应该等于培训期的边际生产收益减去培训费用,即

$$w_0 = \mathrm{MRP}_0 - T$$

若培训期的边际生产收益小于培训费用,企业就不会使用这名职工了,等这名职工完成一般培训后再考虑录用,这就是对于一般培训来说,通常要自己出资到学校或培训班去接受培训的道理。基础教育更是如此,企业通常都不愿意支付基础教育的费用,需要个人投资,或者由国家来实现全民一定程度的义务教育。只有受培训期的边际生产收益 MRP_0 大于培训费用时,企业才有可能出资让职工接受一般培训。目前,世界上多数国家对基础性教育都由国家实行义务教育,我国现在实行的是全民九年制义务教育。同样的道理,国家也就有权力要求接受义务教育的公民应当为国家服务一定的年限。

3. 专门培训

专门培训是指企业给予职工的培训只适用于这个企业。由于这种专门培训并不适用于其他企业,因此企业不必担心职工受培训后,因工资低于其边际生产收益,而另谋他职。职工可能在接受培训后,工资低于其边际生产收益,$w_t < \mathrm{MRP}_t$,企业也就容忍在培训期职工的边际生产收益低于其工资,并支付职工的培训费用。只要满足

$$T = \sum_{t=0}^{n} \frac{\mathrm{MRP}_t}{(1+i)^t} - \sum_{t=0}^{n} \frac{w_t}{(1+i)^t}$$

企业的各种在岗培训属于专门培训,通常是企业支付培训费用。对于各种形式的委托代培,企业往往要和员工签订协议,规定员工在培训后有一定的服务年限。上式中的 n 就是要求服务的年限,服务的年限越短,就会要求 w_t 和 MRP_t 之间的差距越大。

目前,在我国,如何处理好带有通识教育特点大学本科教育和具有岗位培训特点的高职高专教育之间人数的比例关系,已成为需要及时解决的紧迫问题。因比例严重不合理,造成就业的结构性矛盾。一方面"就业难",每年都有大量的大学本科毕业生很难找到合适的工作岗位;另一方面"招工难",企业很难招到合适的员工。"就业难"与"招工难"两难并存。详见专栏 10-2 。

专栏 10-2

"就业难"陪伴"招工难"

近二十年来,为适应人民需要,我国的高等教育有了迅猛的发展。在一个具有十三亿八千万的人口大国中,高等教育由精英教育阶段迅速地发展到大众化教育阶段,高等教育在学总规模近 3 700 万人,同龄人中接受高等教育的毛入学率在 2016 年达到了 42.7%,高于世界平均水平近 10 个百分点。进入 21 世纪后,随着我国出生人口的减少,大学毛入学率还将继续提高,而 1978 年我国的高等教育毛入学率才 1.55%,这无疑是一个巨大的成就。

但同时也面临着十分尴尬的局面。由于我国经济迅速发展,产业结构升级、区域经济

格局调整，高校培养结构改革明显滞后。部分专业大学生供过于求，部分专业人才短缺的结构性矛盾十分突出。出现"就业难"和"招工难"并存的局面，"硕士博士满街跑，高级技工难寻找"。尤其是缺乏高职高专的技能劳动者。一些发达国家的发展经验也告诉我们，在一个国家的工业化过程中，高职高专的技能劳动者和大学本科以上人才的需求比例大体应在 2∶1。我国现在仍处于工业化的过程中，但高等学校培养的高职高专技能劳动者却远远低于这个比例。近年来，技能劳动者的求人倍率一直在 1.5∶1 以上，高级技工的求人倍率甚至达到 2∶1 以上。技能劳动者总量严重不足，技工短缺现象非常突出，迫切需要大国工匠。

尽管高职高专院校的招生计划在迅速调整，招生人数也已经直追本科，但目前国家许多政策配套措施不落实，考生和家长也普遍"重学历轻技能""重本科轻专科"，有相当一部分的高职高专学校仍然处于招生难的困境。"就业难""招工难"的两难困境该如何破解？不只是摆在政府面前，同时也摆在了广大家长和学生面前。

资料来源：党的十九大报告学习辅导百问，2017。

本 章 提 要

要素市场和产品市场一起组成完整的市场体系，实现稀缺资源的有效配置。

要素市场和产品市场一样遵循供求原理，使用边际分析的方法。

要素市场与产品市场的差别主要有三点：供求的位置互换；由直接需求转变成派生需求；对不同要素的需求相互依存。

要素的边际生产力侧重于讨论要素的边际产量、边际产值和边际生产收益。劳动的边际生产收益等于产品的边际收益和劳动的边际产量的乘积。

增加要素投入增加的支出为要素的边际支出。要素边际生产收益等于边际支出，是企业在要素市场上利润最大化决策的必要条件。

劳动力是最重要且具有能动性的生产要素。企业对劳动的需求曲线是劳动边际生产收益曲线，是派生需求，向右下方倾斜。对劳动需求曲线的移动主要有三个因素：产品的市场价格、劳动生产技术进步和其他要素价格。

企业对劳动的需求横坐标相加形成行业对劳动的需求，行业对劳动的需求横坐标相加形成市场对劳动的需求。通常简单劳动比复杂劳动更具有需求价格弹性。

劳动的供给通常呈反"S"形，它是由劳动时间和闲暇的替代效应和收入效应决定的。

劳动力市场上供求关系是决定工资水平的主要力量。协议工资是目前普遍被接受的工资理论。集体协议和个人协议是目前协议工资制度的主要形式，工作经历和学历可以成为协议工资的有效信号。要完善政府、工会、企业共同参与的协商协调机制，构建和谐劳动关系。

有效激励劳动者的积极性是企业经营决策应当十分注意的问题。智力投资是提高劳动生产率的重要手段。智力投资要注意一般培训和专门培训之间的差别。

关键词和术语

派生需求：因对产品的需求而派生出对生产产品的要素投入的需求。

要素需求相互依赖：凡要进行生产，就必须使各种生产要素结合起来，"独自"无法生产。

要素边际产值：增加一单位要素投入所增加的产值，在数值上等于要素的边际产量乘产品的市场价格。

要素边际生产收益：增加一个单位要素投入给企业增加的收益，在数值上等于该要素的边际产量乘产品在最终市场上的边际收益。

要素边际生产收益等于要素边际支出：在要素市场上，企业利润最大化决策的必要条件。

劳动需求曲线：企业对投入劳动的需求曲线，是派生需求曲线，由劳动的边际生产收益曲线所决定。

劳动需求曲线移动：影响劳动边际生产收益的因素都会引起劳动需求曲线的移动，主要有最终产品价格，劳动生产技术进步，其他要素价格。

行业劳动需求曲线：一般而言，行业内所有企业对劳动需求曲线横坐标相加。

市场劳动需求曲线：市场上各行业对劳动需求曲线横坐标相加。

劳动需求价格弹性：劳动需求量对劳动工资变动的敏感程度。影响劳动需求价格弹性主要有三个因素：劳动的密集程度，产品的需求价格弹性，资本投入对劳动的替代性。简单劳动需求价格弹性通常都大于复杂劳动需求价格弹性。

劳动供给：劳动工资是闲暇的机会成本，劳动者在劳动供给和闲暇之间选择。劳动工资提高增加闲暇的机会成本，也增加了劳动供给替代闲暇的替代效应；劳动工资增加，有购买更多闲暇的收入效应。替代效应和收入效应决定了劳动的供给曲线通常呈反"S"形。

人口红利：劳动年龄人口占总人口的比例较高，抚养率比较低，为经济发展创造了有利的劳动供给条件。

铁的工资规律：平均工资始终停留在一国人民为维持生存和繁殖后代按照习惯所要求的必要的生活水平上的规律。

协议工资理论：认为工资实际上是通过供求双方协议来确定的。协议工资的执行常常要维持一段时间，劳动力市场上供求往往是不平衡的。

集体协议：劳资双方代表为达成双方都可以接受的雇佣条件而进行交涉和商谈，达成"一揽子"经济协议，包括基本工资和有关福利等所有相关条款。

个人协议：个人在求职时的单个协议。

协议工资的有效信号：能确认为企业带来更大边际生产收益的信号，工作经历和受教育常被看作有效信号。

心理成本：学习过程中努力投入的辛劳造成的成本。

智力投资：为开发人的智力投放的财力、物力。

一般培训：广泛适用不同企业不同工作岗位的培训。

专门培训：适用特定企业、特定工作岗位的培训。

复 习 题

1. 什么是要素市场？我国的要素市场主要由哪些市场构成？

2. 要素市场和产品市场有哪些相同？又有哪些不同？

3. 什么是边际生产力？什么是边际支出？要素市场上企业利润最大化的必要条件是什么？

4. 什么是企业对劳动的需求曲线？劳动的需求曲线有什么特点？什么因素会引起劳动需求曲线的移动？

5. 什么是行业对劳动的需求曲线？什么是市场对劳动的需求曲线？

6. 什么因素影响劳动的需求价格弹性？为什么简单劳动与复杂劳动的需求价格弹性不一样？若不一样会引起什么差别？

7. 什么是劳动的供给？劳动供给曲线为什么会呈反"S"形？现阶段我国的劳动供给有什么特点？

8. 劳动的工资是由什么决定的？目前通行的工资理论是什么？怎样实现协议工资？你是如何去实现协议工资的？你是怎样认识保护劳动者权益的？

9. 你是怎样认识智力投资的？在智力投资时，为什么要注意区别一般培训和专门培训？你是怎样进行智力投资的？

10. 你是怎样认识受教育者应当服务祖国、服务人民的？

 第十章自我检测题及答案

市场失灵与信息不对称

市场的价格机制在经济运行中起着重要的作用,它像一只看不见的手,引导着资源得到合理的配置。前面九章主要讨论企业在市场环境下作出相应的决策。但看不见的手也有着种种的局限和天生的缺陷,影响对资源的有效配置。市场机制的局限和天生的缺陷,需要政府来保持宏观经济的稳定,加强和优化公共服务,保障公平竞争,加强市场监管,维护市场秩序,推动可持续发展,促进共同富裕,弥补市场失灵。企业的经营管理决策不仅需要考虑微观的市场经济环境,同样也要考虑政府的宏观经济政策环境。由于全面系统地讨论政府的宏观经济政策超出了本课程的范围,因此本章侧重讨论**市场局限性**的相关问题。

第一节　市场均衡与效率

一、市场的一般均衡

在前面的各个章节,我们都是在一个个具体的个别市场上来讨论企业的经营管理决策,但市场总是相互依存的,需要进一步讨论市场作为整体的运行。我们已经了解到如下信息。

(1)市场上需求和供给的相互作用,决定了市场上产品成交的价格和数量。就是需求曲线和供给曲线一捺一撇的交点决定了市场的均衡价格与成交数量。

(2)市场上的需求曲线,是由消费者对产品的主观评价——边际效用决定的。

(3)市场上的供给曲线,是由生产者生产产品的边际成本得来的。

(4)生产者在产品市场上,是根据生产产品的边际成本和出售产品得到的边际收益,来决定产品产生的数量和愿意供给的价格的。

(5)生产者在要素市场上,是根据对购买要素的边际支出和要素投入后所带来的要素边际生产收益,来决定要素投入的数量和支付投入要素的价格。

(6)各企业的要素边际生产收益产生了对要素的派生需求,形成了对各要素的需求曲线。

(7)要素市场上对要素的需求与要素供给相互作用,形成了各要素的价格。

(8)要素的价格和投入数量又决定了消费者的收入,进而又决定了消费者的需求。这就又回到了第(1)、(2)步,形成了一个循环。

那么,在现实经济生活中,是否存在一种默契,从某一个环节开始,然后逐步推进,一个环节、一个环节地实现均衡呢?管理经济学的学习,正是这样一个环节、一个环节地逐步开展的。但现实的答案显然是否定的,几乎所有的环节都是在同时进行的,并且还不是各守本分地、相互独立地进行。实际上,几乎所有的需求与供给、成本与偏好、要素生产率和派生需求的过程都是这个巨大的、同时进行的、相互依存过程的不同侧面。那么,在市场机制的驱使下,能实现均衡吗?

同单个市场达到均衡不一样,还需要考虑所有相关市场的反馈效应。一个市场上的价格与产量的调整,所引起的相关市场上的价格和产量的调整,同时决定着所有市场上的价格和产量实现均衡,这就是**一般均衡**。这里涉及三个问题:市场能实现一般均衡吗?实现的一般均衡是资源的最优配置吗?资源的最优配置是人们共同期待的最优配置吗?本章先讨论前两个问题。

二、埃奇沃思箱图

我们在单个产品完全竞争市场的分析中已经知道,如果没有外界的干预,市场是有效率的,可以达到消费者剩余和生产者剩余的最大,没有社会的无谓损失。当有多个产品的情况下,如果任意两个产品之间也是可以进行交换的话,即使在初始这两种产品配置是无效率的,也可以通过交换,在没有一方受损的前提下,至少使一方得益,这一过程被称作**帕累托优化**。但如果在不使其他人受损的情况下,已经无法再使自己的境遇变好,这时的资源配置就达到了**帕累托最优**(Pareto efficiency)。

那么,帕累托最优能否通过市场竞争来达到呢?市场的均衡状态是不是帕累托最优?利用**埃奇沃思箱图**(Edgeworth-box)可帮助我们进行分析。

假定一个经济社会只有两个消费者 A 和 B,他们可以选择两种供给总量既定的商品 X 和 Y,这就可以根据他们的偏好给出两组**无差异曲线图**[①],如图 11.1.1 所示。

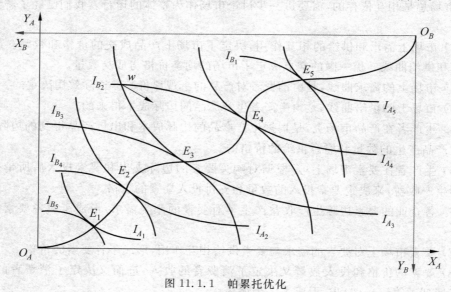

图 11.1.1　帕累托优化

①无差异曲线是代表一个消费者同样满意程度的不同商品数量组合的轨迹。

消费者 A 以左下角 O_A 为原点,消费者 B 以右上角 O_B 为原点。图中横轴长度代表了全部的 X,纵轴的长度代表了全部的 Y。图中的任一点,代表了 A 和 B 分别在两个坐标系中消费的 X 和 Y 的量,两者之间的和正好是全部的 X 和 Y 的量。$I_{A_1}, I_{A_2}, I_{A_3}, \cdots$ 是代表消费者 A 不同效用水平的无差异曲线族,离 O_A 点越远,效用越高。把图旋转 $180°$,$I_{B_1}, I_{B_2}, I_{B_3}, \cdots$ 是代表消费者 B 不同效用水平的无差异曲线族,离 O_B 点越远,效用越高。如果在某一起始点 W,A 和 B 对 X 和 Y 的配置可由 W 点来表示,通过 W 点的无差异曲线分别是 I_{A_3} 和 I_{B_2}。在 W 点,A 和 B 是否都得到最大的满足了呢?它们之间能不能发生交换,使各自的利益都得到改善呢?答案是肯定的。只要消费者 A 用手中的 Y 去交换消费者 B 手中的 X,若沿着 I_{B_2} 线交换,A 的效用可以不断提高,而 B 的效用仍保持不变;若沿着 I_{A_3} 线交换,B 的效用可以不断提高,而 A 的效用保持不变;若沿着图中 I_{A_3} 和 I_{B_2} 之间的某个方向交换,A 和 B 的效用都可以提高。这个过程就是帕累托优化过程。但一旦到了 E_3 点或 E_4 点,或者 E_3 和 E_4 之间的某点,当两者的无差异曲线相切时,若再要进行交换,都会至少损害其中一人的利益。我们把这点称为帕累托最优。每一个消费者有无数条无异曲线,也就有一系列的切点、一系列的帕累托最优点,把它平滑的连接起来,得到了一条曲线,这条曲线叫作**"契约线"**,这是帕累托最优点的轨迹。在"契约线"上,A 和 B 的无异曲线相切,他们消费 X 和 Y 这两种商品的边际替代率[①]相等。这一过程说明,在达到"契约线"以前,他们之间的交换是有效的,是帕累托优化过程。

这里所用的例子是两个消费者交换两种商品,该结论可以推广到多个消费者交换多种商品。在市场完全竞争的条件下,生产者和消费者的信息充分,而且没有外部性,每种商品的价格都等于其边际成本,每种要素的价格都等于其边际生产收益,每个生产者都能达到利润最大化,每个消费者都能实现效用最大化,理论上市场机制是可以有效地配置资源,实现帕累托最优的配置,就再也没有一个人,可以在不使另外一个人的境遇变糟的情况下得到改善[②]。实现了一般均衡。

然而,要达到帕累托最优,要有一系列的苛刻条件和假设前提。这些条件可以归结成三点:

(1) 假如有**足够的市场**;

(2) 假如所有的消费者和生产者都**按竞争的规则**办事;

(3) 假如**存在均衡**的状态。

然而,当现实情况不符合这三个假设条件时,市场在资源配置方面的效率就要降低,从而出现市场失灵。

实际情况是一旦离开了理论的探讨,走进现实的经济生活中,这三个假设前提条件,哪条成立都很困难,市场失灵也就成了必然。市场失灵表现为机制的故障,主要有:市场竞争不完全;市场供求非均衡;市场信息不对称。市场竞争不完全和市场供求非均衡在本节讨论,市场信息不对称将在下一节讨论。市场失灵的机制故障说明看不见的手不能

---

① 在同一条无差异曲线上,要增加一种商品一单位的消费量,就必须放弃另一种商品消费的数量,我们称这种商品对另一种商品的边际替代率。

② 详细内容可以参阅中级微观经济学中的一般均衡理论。

引导资源的配置实现最优,达不到所谓的帕累托最优。市场失灵还表现为机制固有的缺陷:外部性问题;公共品问题。机制固有的缺陷将会在第十二章进行讨论。

这里我们也必须看到:帕累托最优不是一个点,而是一条契约线,在契约线上都实现了最优,最优点取决于要素资源的原始配置和交换的路径。而原始资源配置是否合理,交换路径是否公平,则不在讨论的范围之内。

三、市场竞争不完全

市场的完全竞争要求市场参与者都必须按竞争的规则行事,价格由市场的供给和需求来决定。参与者都遵循最优化的行为,在预算的约束下,消费者追求效用的最大化,生产者追求利润的最大化。

但在现实的经济生活中,消费者不一定以效用最大化为目标。人是社会人,人们必须时时小心地对自己的行为加以限制、加以规范。人们也越来越多地认识到,每一个人都追求各自的效用最大化,其结果不仅不能导致理想的最优状态,而且只会导致混乱。因此,消费者能有一个满意的结果就不错了,不一定是最优。再说即使消费者想以效用最大化为目标,但所作出的决策,并不能保证每次都是正确地体现了效用最大化的目标。人们常常在许多事情决策上犯错误。将一个心理健全的成年人意志都假定为不会犯错误,那是不切实际的。

生产者也不一定以利润最大化作为经营目标。近来有许多经济学家研究发现,有很多生产经营者并不以利润最大化为目标,尤其是随着技术的进步、企业规模的扩大,经济活动越来越复杂,企业的所有权和经营权分离,具有经营权而没有所有权的经营者们,往往并不以利润最大化为目标。希望有一个所有者满意的利润就行了,常常在追求销售量最大化、市场份额最大化。

市场竞争的一个显著特点就是优胜劣汰。劣者在竞争过程中逐渐被淘汰,优者在竞争过程中不断被壮大,这就有了集中的趋势。竞争必然会导致集中趋势,也就破坏了充分竞争的条件。对于有明显规模经济的行业来说,更容易走向自然的垄断。在市场上,单个参与者所掌握的资源比起可获资源的总量,只是极小的一部分,那么他们一般就无法去任意操纵价格,而只能随行就市,按竞争规则行事就没有什么损失。但一旦他占有的资源占据重要的份额,有了一定程度的垄断,垄断者就能影响价格,并从中得到好处,充分竞争便被破坏了。市场优胜劣汰的结果破坏了按竞争规则办事的假定。不同市场结构的竞争分析,也已经充分说明了市场竞争的不完全性。完全竞争市场永远只能是一种理想中的市场,现实经济生活中的市场都是不完全的。

四、市场供求非均衡

帕累托最优是假定存在市场的均衡。市场均衡的主要含义是市场上的供求相等,没有一方想去改变。在市场上,经济行为者都会接受一种价格信号,并且假定他们都会在那个价格上,与他们想要进行交易的对象展开交易活动。在均衡的价格体系下,需求量与供给量在交易中是相等的。需要强调的是,参与该交易的个人都被假定为是接受给定的价格。然后,相应地按照这给定的价格来决定自己关于购买与销售量的选择。但实际上并没有人来掌管价格决策。供求双方是根据价格信号来作出数量决策,而市场的数量信号却没有很好地被利用。这样对市场上表现出来的需求量与供给量来说,交易不可能使它们刚好相等。交易执行的是自愿原则,即没有一个行为者会在市场上被强迫去从事自己非自愿的交易,这是非常自然的,并且已经在大多数的市场上得到了实际印证。只有在一些劳动力市场上会有一些例外,因劳动力市场上受更为复杂的契约合同的制约。那么,交易双方的成交量是由需求量和供给量中少的一方决定的。可表达为

$$d^* = s^* \leqslant \min(d,s)$$

式中,d^* 和 s^* 分别为成交的交易量;d 和 s 分别为由价格决定的需求量与供给量。上式被称为**短边原则**,实际的成交数量是由供求双方中少的一方决定的,供求之间是按照短边原则来配置资源。在供给约束的场合,作为需求方面临着供给的有限,从而不得不为获得供给而投入更多的力量;在需求约束的场合,作为供给方面临着市场需求的有限,从而不得不为实现自己的销售而投入更多的力量。从全社会来看,都是对资源的超正常使用。对资源的超正常使用,是资源配置不当的一种表现形式。

市场供求的非均衡还表现为**供给和需求对价格时间响应的不对称**。价格变动与需求量的变动之间几乎不存在**时滞**,市场价格一有变动,消费者需求的数量也就会立即作出相应的理性的变动,形成新的有效需求。但供给对价格变动的反应就不一样了,价格变动时,有效的供给不能同步发生变动。如价格上升,有增大供给的愿望,但不一定有立即增大供给的能力,要等待产品的一个生产周期,供给的能力才能成为现实,从而形成有效的供给;若价格下降,会立即有减少供给的愿望,但若是不易保存的产品,那也只得忍痛以低价出售原来在较高价格下才愿意出售的全部产品。这种供求对价格变动的时间响应不对称,会引起市场价格和成交量的波动,从而破坏了市场的稳定均衡。

农产品市场上就常出现产量与价格波动的现象。如某城市的西瓜的供求情况如图 11.1.2(a)所示,假定原西瓜市场上供求是均衡的,均衡价格为 p_e,均衡产量为 q_e。后因营养科学广为人们接受,当年人们对西瓜的偏好改变,对西瓜的需求曲线由 D 移到了 D',而西瓜的供给一时却难以增加,因此,西瓜的当年价格就由 p_e 上升到 p_1。瓜农对价格 p_1 作出理性的反应,西瓜的供给量应当是 q_2,但这个有效的供给量要到下一年才发

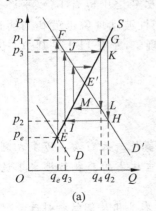
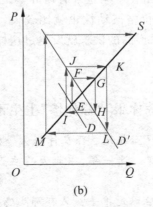
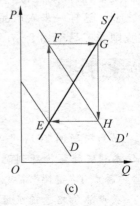

(a)　　　　　　　　(b)　　　　　　　　(c)

图 11.1.2　市场的蛛网模型

生，当年的市场价格决定了下一年的供给量。但到了下一年西瓜上市时，瓜农却发现供过于求。西瓜很难长期储存，为了及时将西瓜卖掉，瓜农不得不将价格降到 p_2，并以价格 p_2 作出再下一年的有效供给量 q_3。但到了第三年，又求大于供，价格上升到 p_3，并据此作出第四年的有效供给量 q_4。……如此周而复始地变动，交易点沿着 F、G、H、I、J、K、L、M……的路线变动，逐步地向 E' 靠拢。价格和产量变动的幅度越来越小，理论上可收敛在 E' 点，终将达到市场的均衡状态。但实际上还会有新的波动因素发生，因此很难达到市场的均衡点。

西瓜的供求曲线也有可能如图 11.1.2(b) 所示，当发生类似的需求变动时，交易点 E 沿着 F、G、H……的路线逐步地向外扩散，这时价格和产量的变动幅度越来越大，永远也到不了均衡点，达不到均衡的状态，这是一个发散的过程。

当然也有可能出现西瓜的供求曲线正好如图 11.1.2(c) 所示的情况，交易点沿着 E、F、G、H、E 的路线周而复始地变动。价格和产量是以相等的幅度持续地变动，也是永远达不到均衡的状态。

这被称作**蛛网理论**的经济学动态模型，用以描述市场上价格和成交量的动态变化。当供给曲线的价格弹性小于需求价格弹性（绝对值）时，出现**收敛**；而当供给价格弹性大于需求价格弹性（绝对值）时，出现**发散**；当供给价格弹性和需求价格弹性相等时，出现**等幅振荡**。如果两者都比较富有价格弹性，产量的波动就比较大；如果两者都比较缺乏价格弹性，价格的波动就比较大。

原因是供给和需求对价格信号时间响应的不对称，引起了价格和产量的振荡。由此可以看到，市场上供给和需求量正好相等的情况是偶然的，供给和需求量不相等才是必然的。从蛛网模型中也可以看到，如果对商品的价格能有一个很好的预期，可以减少价格和产量的振荡，就能较好地达到市场的均衡。若要作出很好的预期，就要有足够的信息，而足够的信息又要有充分的信息市场，可惜信息市场也存在很大的缺陷，因而难以建立起有效的信息市场。

尤其在农产品市场上，由于农产品市场具有供给的季节性和周期性，农业生产通常都需要很长时间，具有季节性，属于典型的季产年销产品。农产品市场的货源随农业生产季节而变动，有周期性特点，其供给在一年之中有淡旺季之分，数年之中也有丰产、平产、歉产之分。这样一来农产品市场价格波动性也就比较大，周期性波动现象也就相当明显。在我国农产品市场上，有不少农产品的供求就发生过这样的现象，专栏 11-1 是其中一例。

专栏 11-1

"蒜你狠""蒜你惨"生生不息

据澎湃新闻 2017 年 9 月 17 日报道：蒜农种蒜从一公顷蒜地一天多卖 1 万多元到难以保本；从蒜商抢蒜到无人问津。这一年，东北大蒜主产区吉林省的蒜农仿佛坐了过山车，种蒜成了"赌博"游戏。

农产品价格急速变脸的背后谁是推手？又有哪些隐忧？农业供给侧结构性改革背景下，如何防止价格大涨消费者抱怨，价格大跌愁坏农民？

从"蒜你狠"到"蒜你惨",大蒜价格半年就"腰斩"了。全国农产品批发市场价格信息系统显示,全国每公斤大蒜价格从 2017 年 1 月 25 日至 31 日的 13.55 元,降到当年 9 月 9 日至 15 日的 6.19 元。在相关交易平台可以发现,被誉为大蒜价格"风向标"的山东金乡目前每公斤蒜价在 3.4～4.2 元。

据了解,东北大蒜为 4 月播种,9 月上市;山东等地一般 10 月播种,次年 4、5 月上市。中国农科院在 2017 年 1 月的一份报告中提到,去年 10 月大蒜播种面积保守预计约增长 10%。一位山东蒜商表示,去年和今年大蒜播种前,价格过高,山东、河南等主产区蒜农种植积极性高,"我估计种植面积增长 20% 以上,产量增幅更高。"

根据相关价格监测,大蒜价格从今年 5 月开始加速走低。事实上,大蒜的"副产品"——蒜薹 2017 年 3 月上市时就遭遇了"蒜你惨",山东部分大蒜产区的蒜薹滞销,收购价低至每斤一两毛钱。

吉林省蔬菜花卉科学研究院专家表示,本轮"蒜你狠"和"蒜你惨"的背后还有隐藏推手,"大蒜在冷库里存上一两年都没问题,而且是小宗农产品,极易诱发跟风和投机行为。"

国内已经历了 2010 年和 2016 年两次蒜价暴涨,相伴而来的则是次年 4、5 月的蒜价暴跌,且波动幅度越来越大。据农业部监测数据显示,2016 年大蒜全年批发均价为每公斤 11 元,与上年同比涨 88%,比 2010 年历史高位涨 22.9%。

"今年蒜价这么低,明年肯定种的人会少,一定涨价。"已经有人决定明年还种 3 公顷大蒜,"我就赌一把。"

"大蒜是小宗鲜活农产品,市场敏感性高,信息对价格波动影响特别明显。"吉林省 12316 新农村热线专家认为,蒜价"过山车"的主因是信息不对称,大蒜产业信息分散、滞后,缺乏从各级政府到行业协会的市场预警和应急机制,难以有效防范和应对市场的大起大落。从而造成了"蒜你狠""蒜你惨"生生不息。

资料来源:澎湃新闻,种蒜成了"赌博"游戏,2017 年 9 月 17 日。

第二节　市场信息不对称

完全竞争市场的模型是假定了个人对市场有完全的了解。他们知道各种可供选择的消费和生产机会,知道市场上各种商品及它们的价格。消费者知道商品的特性和特点,以及自己对各种商品组合的偏好,从而作出了最合理的选择。生产者知道各种可供选择的生产技术,知道各种生产要素的生产能力,知道所用要素的价格和生产出来的产品的价格,从而作出优化的选择。但在现实中这些都是不可能的。消费者无法知道他想知道的一切,生产者也不可能作出最有利的选择。生产者要挑选有能力的劳动者,仅凭面试远远不能探明一个劳动者的能力,而文凭虽然可以作为一个依据,但以此作为判据也并不总是对的,因为文凭提供的信息也并不全面。由于信息总是不完全的,消费者和生产者所作的选择就不一定最优。

信息能帮助我们更好地作出判断,谁的信息掌握得齐全、准确、及时,谁就能够在经济活动中赢得胜利,谁就能获得更多的利润。谁的信息掌握得不够、不准确,或不够准确、不

够及时,谁在经济活动中就要失败、破产。有了信息也可以使市场更好地走向均衡。信息
是有价值的,可以当作一种商品,人们会愿意购买它。帕累托最优的第一个假设条件就是
要有**足够的市场**,尽管这"足够"没有明确的准则,但可以有一个一般原则。这里的"足够"
是要求:当一个经济行为者关心和另外至少一个经济行为者可相互作用的某物时,那么
此物就必须有一个市场。在这个意义上,必须有一个**信息市场**,否则市场就不"足够"。

但信息作为一种商品,要形成一个市场,它的市场和一般的商品市场是不一样的。在
商品市场上,当你要购买一件衣服时,你可以仔细地看、仔细地挑,还可以穿一穿、试一试。
甚至可以将衣服穿回家,让家人评头品足一番,不行还可以退换。买卖双方是处于一个平
等的地位来进行讨价还价。但在信息市场上,情况就不一样了,你要购买信息时就没有条
件这样做了,买卖双方在交换前和交换后对信息的认识是不对称的。在信息交换前,卖者
也许会说:"相信我,我将告诉你一个重要的信息,你出一个价。"你也许会说:"你不告诉
我,我怎么知道信息值什么价,我不能出价。"倘若卖者将信息先提供了,说:"我都告诉你
了,请付钱吧!"买者的反应也许是:"这信息我早就知道了,一文不值。"这种供求双方对
信息了解的不对称,决定了信息市场很难均衡。不是买的没有卖的精,就是买的要比卖的
精。信息的不对称,知情者从对方无法观察到的特征中获得好处,被称为**逆向选择**
(adverse selection);知情者从对方无法观察到的行为中获得好处,被称为**道德风险**
(moral hazard)。

一、次品市场和逆向选择

信息市场的不对称表现在:知情者可以从对方**无法观察到的特征**中得到好处,出现
逆向选择。你可以注意到,一件耐用消费品,如一台彩电,一台冰箱,或者说一辆汽车,即
使只买了几个月,甚至几天,你要再卖出去,就要折价百分之十、百分之二十或者更多。为
什么对一个如此新的"二手货"要打如此大的折扣? 这当然是因为一件崭新的物品在人们
心理上是一种满足,但还有一个重要原因,那就是买卖双方对产品信息了解的不对称。

一辆汽车,行驶还不到 1 000 公里,有里程表可以证明,从外观上看还是崭新的,现在
要在二手车市场上出售。如果你是一个潜在的买主,你会怎么想呢? 你自然会想,为什么
卖主要出售? 是不是车本身有什么问题? 未来的买主对二手车质量上的疑虑是十分合情
理的。即使"崭新"的二手车,其价格也要比新车的价格低得多,就是因为买卖双方对它的
质量存在不对称的信息。原来车主总比未来的买主对车的了解多得多,中间有许多无法
观察到的特征,虽然也可以请有关机构或专家进行全面的质量检查,但也改变不了买主心
中的疑虑,从而降低了对二手车的需求曲线。

关于产品质量信息的不对称,不仅仅存在于二手车市场上,几乎存在于一切产品质量
不易判断的市场上,都会引起逆向淘汰的现象。例如,我国的名酒 MT,受到消费者的广
泛欢迎,但由于酿造 MT 酒的特殊的地理环境无法克隆,产量十分有限。中华人民共和
国成立前,产量最高的 1947 年仅为 60 吨,到 1977 年达到 750 吨,1991 年首次突破 2 000
吨大关。2017 年度茅台酒基酒产量达 42 771 吨。茅台酒厂一直坚持"不挖老窖,不卖新
酒"的原则。每年市场上的茅台酒供应量的大小均取决于五年前茅台酒基酒当年生产数
量的 75%,余下的 25% 留作储存。2012 年茅台酒基酒生产量为 34 641 吨,可以推算出

2017年市场上可供销售的茅台酒应不足3万吨。但各时期市场上MT酒的实际成交量却远远超过进入市场的产量,这说明其中必定有一定数量的假MT酒。

假MT酒本身并没有质量问题,品味相当接近真MT酒,而若用自己的品牌也会有一定的市场,如用"赛MT"品牌,也可以有自己的消费群体。这样就形成了两个不同的市场,如图11.2.1中的(a)和(b),即MT酒市场和"赛MT"市场。在两个不同的市场上,各有各的供给曲线,S_{MT}和S_{SMT};也各有各的需求曲线,D_{MT}和D_{SMT},从而也就形成了各自市场上的成交价格和成交产量。

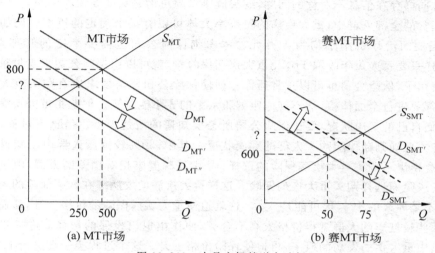

图11.2.1 次品市场的逆向选择

比如,在MT酒市场上,成交量是500千瓶,价格是800千元/千瓶。在"赛MT"市场上,成交量也是500千瓶,但价格就只有600千元/千瓶,消费者愿意以这个价格购买"赛MT"。两个市场各不相扰。但若"赛MT"不以自己的品牌出售,而冒用MT酒出售,这时厂家们是知道各自的供给曲线的,MT酒的生产边际成本也更高一些,供给曲线在左上方;"赛MT"的生产成本相应也更低一点,在右下方。而消费者没有能力区分哪瓶是真MT酒、哪瓶是"赛MT"酒,但过一段时间后,他们总可以知道现在市场上出售的MT酒只有50%是真MT酒,还有50%是"赛MT"酒。

那些想喝真MT酒的消费者群体,因目前市场上只有50%的可能性喝到真MT酒,他们的需求曲线会向左移,形成新的需求曲线$D_{MT'}$,而能够接受"赛MT"的消费者群体因为还可能会喝到真MT酒,需求曲线会右移,也形成了新的需求曲线$D_{SMT'}$。在消费者无法区分的真假MT酒市场上,会以一个价格出售,成交价格会低于原先真MT酒市场上的价格,而高于"赛MT"市场上的价格。由于真假MT酒的供给曲线不一样,真MT酒的实际成交量会减少,而"赛MT"的实际成交量会增加。尽管消费者在消费时并不清楚是真MT酒还是"赛MT",但过一段时间后,消费者还是可以知道,市场上实际成交的MT酒中真MT酒已经不到50%了,从而需求曲线会继续向左移动,需求减少,造成真MT酒的实际成交量进一步减少,在市场成交的MT酒总量中,真MT酒的比例将继续下降。结果是真MT酒在市场上的价格不断下降,需求不断萎缩。甚至,直到真MT酒完全退出市场,消费者也就知道市场上已经没有真 MT 酒了,而回到了只有"赛 MT"的市场。这就是逆向选择。由于信息的不对称,消费者没有能力判断各种不同产品的质量特征,以单一价格出售,将导致市场失灵,结果就是太多的低质量产品和太少的高质量产品被出售。低质产品将高质产品挤出市场。

逆向选择还出现在医疗保险市场上。目前我国由于财力所限,国家只能实现低水平、广覆盖的全民基本医疗保险制度。在有些城市,有条件的企业和机构试点实行补充医疗保险。但还远远不够,还需要有商业健康保险等多种形式,来提高医疗保障水平。但购买健康保险同样存在信息不对称的问题,购买健康保险可谓是买的要比卖的精。

在正常的全部人群中,重大疾病的发病率大体可以有某个确定的概率。比如说每年有 1%,需要的治疗费用平均为 1 万元。考虑到保险公司也需要一定的管理费用,如10%,这样只要每人每年收取 110 元重大疾病保险费,就可以由保险公司来支付重大疾病的治疗费用了,保险公司也可以正常运作。即使保险公司坚持要求所有购买重大疾病保险的人,都要进行全面体检,达不到一定健康水平的人不能购买。但购买重大疾病保险的人,对他们自己的健康状况,要比保险公司所希望知道的清楚得多。信息不对称,保险公司没有能力准确判断保险购买人群的健康状况。其中,50% 较健康人群由于知道自己的低风险,会作出不购买重大疾病保险的选择,而另 50% 健康相对稍差的人群,由于知道自己的较高风险而选择购买重大疾病保险。这样重大疾病的发病率在购买保险的人群中就提高了,不是原来的 1%,很可能是 2%。这就迫使重大疾病保险的价格上升,从而又使得50% 中那些较健康的人群觉得价格太高不合算,便作出退出投保的选择。进一步提高了投保人员中重大疾病发病的概率,再迫使保险价格上升。这个过程会一直进行下去,直到所有购买保险的人群都是高风险的人群为止。结果是:老年人患重大疾病的概率确实大得多,他们更需要购买重大疾病保险,但却几乎难以以任何价格购买到商业的健康保险。市场因此失灵了。

在借贷市场上,借贷者更清楚自己的实际还款能力;在劳动力市场上,劳动者更了解自己的实际生产能力,也都有无法观察的特征,信息不对称,出现逆向选择,导致市场失灵。

二、逆向选择的规避

在有些市场上,由于无法观察到的特征出现逆向选择是可以努力避免的,常用的方法有以下几种。

1. 信号传递

在一些市场上,可以通过市场**信号传递**(market signaling),特别是卖方向买方发出传递产品质量信息的信号。

例如,在耐用家用电器市场上,厂家常会发出免费保修服务的**质量承诺信号**,如五年内免费上门服务,三年内免费更换故障部件,甚至更加广泛的承诺保证书。在承诺保证下,低质量的产品需要更多的维修服务,生产者要为此付出更高的成本,而不会愿意作出广泛的承诺保证。进而免费保修的承诺就可以成为产品高质量的一种信号,向消费者进行传递,消费者也可以相信那些产品的质量较高,因而愿意支付更高的价格。

生产者也可以利用品牌传递质量信号。对自己产品有信心的厂家,产品质量优于其他未标识产品,更希望消费者能认识到产品质量的差异。为和其他产品区分开,生产者会在自己的产品上贴上品牌的标记,帮助消费者作出识别。消费者也就可以利用这种信号来选择产品。

在劳动力市场上,就业者(劳动的卖方)也可以向企业或机构(劳动的买方)发出信号。过去劳动的经历、曾经担任的职务、取得过的业绩、接受教育的年限、已获得的学位、授予学位的大学或学院、学习的成绩等都可以作为信号,作为劳动生产率的信号。企业可以根据这些信号给出相应的工资。

发出的信号要能够解决逆向选择问题,前提是需求方要认为信号是可信的。如果高质量的产品和低质量的产品都发出同样的信号,消费者就无从选择。因此,高质量产品的企业还需要对信号作出防伪标志,在产品上增加某种很难仿制的防伪标志,传达"二次信号",证明自己的产品才是真正的名牌产品的信号。"二次信号"还可以和专营店或精品店结合,名牌产品的企业会努力让自己的产品出现在专营或精品店的柜台上。当然,这又增加了成本,这部分成本也是迟早要由消费者来负担的。

2. 质量标准与认证

除此之外,还可以通过政府、消费者团体、行业团体或其他非营利机构来对产品质量提供相关的标准信息。确立一个对产品质量可以进行评价的度量单位,将不可观察的特征或不易观察特征变成可观察或易观察的**质量标准**,如药品的成分构成,绝缘体和导体的电阻率,金属材料的硬度,或某种材料的纯度为几个九等。也可以通过产品质量认证,来说明某种产品已经达到或者超过一定水平的质量了。

我国许多行业都有行业标准,机械行业对各种标准件有一系列的严格标准,如对不同精度的螺钉螺母规定了严格详细的公差范围,以保证螺钉螺母的使用不受厂家的限制,精度等级越高,公差范围越小,价格也越高。

我国从 1993 年 1 月开始,等同采用国际标准化组织 ISO(International Organization for Standardization)的质量标准 9000 系列,并积极推行了**质量认证制度**。由第三方来确信产品或服务完全符合有关标准和技术规范,向消费者提供市场上产品的相对质量信息。

但质量标准和认证也有负面影响,不良的信息标准和认证会误导消费者。产品的质量实际始终处于变化过程之中,一次认证并不能保证产品质量的永久高水平,不能终生免检。2008 年,河北石家庄发生的三鹿牌奶粉事件,尽管已经过去十年,但教训仍极其深刻,详见专栏 11-2。

专栏 11-2

"三聚氰胺"永远铭记的教训

在国家质量监督检验检疫总局的网站上,曾经可以看到〔2003〕国免字(023130236)号和〔2005〕国免字(130230902)号,公布石家庄三鹿集团股份有限公司灭菌奶,获得了国家免检产品的称号。

获得国家免检产品不仅要保证质量长期稳定、市场占有率高、深得消费者信赖,而且还要连续三次以上国家抽查合格。据悉石家庄三鹿集团一直视质量为生命，从美国、瑞典等国家引进了一流的生产检测设备，顺利通过了 ISO 9001 质量管理体系和 ISO 14001 环境管理体系认证，使企业保持了强劲的发展速度。

在 2008 年 9 月 11 日新华网消息：石家庄三鹿集团股份有限公司 11 日晚发布产品召回声明，称发现 2008 年 8 月 6 日前出厂的部分批次三鹿婴幼儿奶粉，受到"三聚氰胺"的污染，市场上大约有 700 吨。

据卫生部专家介绍，"三聚氰胺"是一种重要的有机化工中间产品，主要用于装饰板的制作。如果长期摄入"三聚氰胺"会造成生殖、泌尿系统的损害，膀胱、肾部结石，并可进一步诱发膀胱癌。由此可见，它对人体的损害极大。

2008 年 9 月 17 日，国家质检总局发布公告，决定从即日起，停止所有食品类生产企业获得的国家免检产品资格。相关企业要立即停止其国家免检资格的相关宣传活动，其生产的产品和印制在包装上已使用的国家免检标志也不再有效。

时至今日，三鹿集团虽已经被兼并收购，相关责任人也已经分别受到了刑事和纪律处分，但教训却值得永远铭记。政府食品监管部门必须严格执法，一丝不苟，绝无权力给食品企业产品免检之"戏言"。有关民生大计，政府不可缺位。

资料来源：新华网、网易等网站。

政府还可以通过发放**营业执照**和**专业证书**的办法，只允许销售那些质量得到认证的产品和服务。例如，各级学校的教师和医疗机构的医生必须要有上岗资格证书；各种行业也都有自己的专业证书，若没有专业证书就不得从事相应的专业和技术工作。这样可以限制低质量的产品和服务，提高行业的平均质量，同时也提高了消费者要承担的价格。

3. 消费者筛选

消费者还可以通过努力获得产品质量的可靠信息来规避次品问题，实行产品的**消费者筛选**。

消费者可以从专业人士那里购买信息。在消费者无法直接观察到产品质量信息，或者产品质量的鉴定需要较高专业知识的市场，如二手车市场、房屋市场、艺术品市场等，作为中间人的经纪人就十分活跃，中间人也可以是某个机构。他们通常都有自己的专长，有能力来鉴别产品的优劣，消费者愿意支付一定的佣金来购买专业人士的服务。只要支付的佣金低于消费者自己直接在信息不对称市场上搜索优质产品的成本就可以了。

消费者还可以通过其他消费者或观察来了解企业的信誉来实现筛选。若饭店门口车水马龙，说明了该饭店很受消费者欢迎。因此，企业的名声或信誉在激励企业提供优质产品方面发挥着重要作用，名誉是一种保证形式，有无形的价值。只要企业不是只做一锤子买卖，那它就会十分珍惜自己的名誉。交易总在同一群体中发生，信誉比较容易建立，连锁商店的建立有利于消费者的选择。

4. 法律保障

政府可以用法律的形式，来保护消费者不会买到功能不全，或者可能带来危险的产品，给予**法律保障**。我国 1993 年就颁布《中华人民共和国消费者权益保护法》，该法明确规定消费者有权根据商品或者服务的不同情况，要求经营者提供商品的价格、产地、生产者、用途、性能、规格、等级、主要成分、生产日期、有效期限、检验合格证明、使用方法说明书、售后服务，或者服务的内容、规格、费用等有关情况。消费者在购买、使用商品和接受服务时享有人身、财产安全不受损害的权利。消费者有权要求经营者提供的商品和服务，符合保障人身、财产安全的要求。并鼓励、支持一切组织和个人，对损害消费者合法权益的行为进行社会监督。有了法律保护，消费者就可以减少对逆向选择问题的担心。

2013年10月25日，第十二届全国人大常委会第五次会议通过消费者权益保护法的修改。主要从加强社会诚信建设、充实细化消费者权益等方面完善消费者权益的保护措施。同时还对消费者协会履行职能、政府的监管职责作了进一步明确。

但是，使用法律手段也存在一个问题，即通常诉诸法律的交易成本都非常高。

三、道德风险

信息不对称，知情者通过**无法观察到的行为**，从不知情者那里获得好处的情形被称为**道德风险**。道德风险总和某个人的行为联系在一起，使事情更加复杂。单从名称上看就知道，道德风险是道德层面上的问题，很难用法律或制度来加以严格限制。

例如，买了全额医疗保险的人会更加频繁地看医生，并常让医生多开一些不必要的贵重药品，且不按时服用。我国传统机制下公费医疗就是一种全额保险制度，国家职工不需要支付任何医疗费用，结果是造成药品的大量浪费。小病大养，无病也养，甚至为了要一个药品的包装瓶也会去开药。买了汽车交通事故保险的驾驶员会不那么精心驾驶，甚至会鲁莽行事，从而增加事故发生的概率；买了火灾险的大楼主人，就不再时时费心观察每一层的灭火设备是否完好周全，也会疏于管理，不及时消除可能会引发火灾的隐患。更广义地讲，有了失业救济金的领取，人们就会不急于寻找工作；能吃到"大锅饭"的人，也常常不努力干活。这些也都属于市场失灵，会对社会带来不必要的损失。

道德风险是一种无法观察到的行为。有时你可以感觉到，但无法取得确切的信息，或者若想要了解到确切的信息，成本将十分高昂。基于此，保险公司不得不付出昂贵的代价，支付比预期多得多的赔付支出。因此，在有道德风险的情况下，保险公司很可能被迫提高保险的费用，或者干脆拒绝出售保险。

解决道德风险的办法主要有两个：一是加强观察；二是风险和利益分担。

加强观察，是指努力用可观察指标来替代不可观察的行为。尽管一位汽车驾驶员的驾驶行为很难观察，但通常年轻人比中年人更追求刺激，驾车会更为疯狂，发生事故的概率更高。由于驾驶员的年龄是可观察指标，年轻人的车险保费要高于中年人。而老年人在紧急状况下的反应通常比较慢，发生事故的概率也会提高，因此老年人的车险保费也要高于中年人。一个企业防范火灾的努力行为很难观察，但各种灭火措施和制度的完善性可以观察，因此，可以用灭火措施和制度的完善性来制定火灾险的费率。一个人的健康状态虽不易观察，但一个人是否抽烟却可以观察，抽不抽烟的人寿保险费用可不一样。一个人是否努力地工作，努力的程度虽不可观察，但其劳动成果可以观察，可用计件工资来替代计时工资。

但是，有些行为确实完全无法观察，那就可以采取**风险和利益分担**的办法。作为保险公司来说可以不全额提供保险,留一点风险和激励给消费者。车险购买者在发生事故时,保险公司不全额赔付,事故责任人也要支付一定比例的费用;对于连续数年不发生事故的车险购买者,也可以给予车险年金的折扣。有了医疗保险的病人在看病时,自己也要支付一定比例的医疗费用;而对于买了医疗保险而又整年没有发生医疗费用的人,可以给予一定保险费用的返还。这样一来,通过将各方风险和利益捆绑,来减少信息不对称时所发生的道德风险。

四、委托—代理问题

只要在一种安排中,一方的福利取决于另一方的行为,**委托—代理**(principal-agent)问题就发生了。在现代企业制度中,企业的所有者(委托人),通常需要通过企业管理者(代理人)的努力,来实现利润最大化的目标。企业管理者(委托人)的目标,也是要通过企业一线员工(代理人)的努力来实现,会存在着多层的委托—代理关系。委托人并不能监督代理人所做的一切,也不能确定其是否在为实现委托人的目标而努力。代理人知道的信息和自己努力的程度,要比委托人多,由于信息不对称,委托—代理问题就出现了。

而且,这种关系在我们的社会中还非常广泛地存在。保险公司被看作委托人,被保险方可以看作代理人;甚至,政府被看作委托人,官员可以看作代理人;学校被看作委托人,教师可以看作代理人;教师被看作委托人,学生就可以看作代理人等。委托人和代理人的利益都取决于代理人的努力程度。如何使代理人为实现委托人的目标而努力工作呢?这就是委托—代理问题分析的核心。

代理人的努力程度常常很难被观察,在现实经济生活中,就常常用观察代理人的某种劳动成果,来替代代理人不可观察的努力程度,这之间有一定的相关性,但也并不总是得当。尤其是复杂劳动,代理人的努力程度很难用可观察的劳动成果来衡量,这就增加了道德风险,给委托—代理问题增加了难度,因此需要采用固定工资和绩效工资相结合的原则。

在现实经济生活中,从事复杂劳动的代理人的努力程度通常都难以观察。一所学校的教育质量与教育工作者能否真正将培养人为根本任务密切相关,但一名教育工作者为培养人作出的努力则是一个不可观察指标。"十年树木,百年树人",可替代指标的观察也是多少年以后的事了。这样就有不少学校为了激励教育工作者,就将许多短期可观察指标用来考核教育工作者,如一周几学时课,一年写了几篇论文等,结果往往是南辕北辙,远离了培养人是根本任务的目标。对于从事复杂劳动的劳动者激励,加强共同的理想、理念建设会是一个有效的方式。

而且,外部环境还存在大量的不确定因素,还有噪声,$\varepsilon \neq 0$,代理人的努力和最终的成果往往有很大的不确定性。这就给委托方和代理方都带来了不确定性和带来风险。风险的分享又取决于委托人和代理人**对待风险的相对态度**。

当委托人是风险中立者或爱好者,代理人是**风险的规避者**时,委托人比代理人**偏好风险**。如雇主或企业家雇用员工,企业家通常应有一定的冒险精神,雇主也常有更大的财力来承担风险,员工的所得则是生活的主要来源,其不会愿意承担更多风险。此时,最好的原则是代理人取得相对固定的报酬,以计时工资来替代计件工资,而由委托人来承担风险。

当代理人是风险中立或爱好者,而委托人是风险的规避者时,代理人比委托人更偏好风险。如房主将房屋出租给创业者,创业者爱冒风险。此时,最好的原则是创业者向房主上缴固定的房租,而由创业者来承担风险。

当双方都是风险的规避者时,双方都要承担一定的风险,而风险厌恶程度相对较小的一方要承担更多一点的风险,同时也收获更多一点的得益。

本 章 提 要

本章侧重讨论市场的局限性。在没有一方受损的前提下,至少使一方得益的交换,被称作帕累托优化。在不使其他人受损的情况下,无法再使自己的境遇变好时,资源配置达到帕累托最优。

所有的市场同时实现均衡是一般均衡,在一般均衡的情况下,实现资源配置的帕累托最优。但需要具备三个条件:要有足够的市场;生产者和消费者都按竞争规律办事;存在均衡状态。现实经济生活中,三个条件都不成立,市场失灵表现为机制性故障,看不见的手不能引导资源实行最优配置。

市场竞争从来不完全。生产者和消费者不一定非按竞争规律来办事;决策者也常犯错误;优胜劣汰的竞争结果必然引起集中,也破坏了充分竞争的前提。

市场供求非均衡。市场交易遵照短边原则;供求数量对市场价格信号时间响应不对称,市场总有振荡;也没有"足够"的市场。

市场信息不对称。知情者可从对方无法观察到的特征中得到好处,出现逆向选择;从对方无法观察到的行为中得到好处,出现道德风险。

可以用产品质量承诺的信号传递、建立质量标准与认证体系、消费者筛选、法律保障等手段来规避逆向选择。

可以用加强观察、风险和利益分担的办法来减少道德风险。委托—代理就是一个实例。

关键词和术语

一般均衡:同时研究全部商品、全部市场供求的变化,在全部市场都处于均衡状态时为一般均衡。

帕累托优化:在没有一方受损的前提下,至少使有一方得益的交换,称作帕累托优化。

帕累托最优:在不使其他人受损的情况下,无法再使自己的境遇变好时的资源配置。

市场失灵:妨碍了资源有效配置,表现为机制故障和固有缺陷。

蛛网理论:由于市场上需求和供给的数量对价格变动的时间响应不对称,商品的价格与产量变动相互影响,引起规律性的循环变动的理论,有收敛、发散、等幅振荡三种情况。蛛网理论是一种动态均衡分析。

逆向选择:是指由于交易双方信息不对称,产生市场价格下降,劣质品驱逐优质品,进而市场交易产品平均质量下降的现象。

质量承诺：为避免逆向选择，通常卖方向买方发送质量承诺的市场信号。如保修、质量标准、质量认证等手段。

道德风险：由于交易双方信息不对称，知情者通过无法观察到的行为，从不知情者那里获得好处的情形。

委托—代理问题（principal-agent）：只要信息不对称，利益不一致，一方福利取决于另一方的行为就发生委托—代理问题。

复 习 题

1. 市场对资源配置的有效性有局限吗？你是怎样认识市场的局限性的？

2. 什么是市场的一般均衡？实现市场一般均衡的条件是什么？

3. 什么是帕累托优化？什么是帕累托最优？什么是"契约线"？

4. 为什么市场竞争总是不完全的？你是怎样认识市场的不完全竞争？

5. 为什么市场的供求总是非均衡的？你是怎样认识市场供求非均衡？

6. 你知道蛛网理论吗？你见过什么蛛网理论的实例吗？请举例说明。

7. 市场信息不对称有哪些形式？会形成什么后果？

8. 为什么会出现逆向选择？你经历过逆向选择吗？你认为应当如何来规避逆向选择？

9. 为什么会出现道德风险？你遇到过道德风险吗？你认为应当怎样来规避道德风险？

10. 什么是委托—代理问题？你遇到过委托—代理问题吗？你对解决委托—代理问题有什么建议？

 第十一章自我检测题及答案

外部性、公共品和政府宏观调控

本书第一章到第十章都在讨论如何利用市场机制对资源的配置起决定性作用。第十一章从竞争的不完全到信息的不对称探讨了市场机制的失灵，以及一些可以采取的补救措施。但是，并不是所有资源仅靠市场机制，或什么补救措施就可以得到有效的配置。而且，市场实现的资源优化配置也并不一定就是人们所共同期盼的资源优化配置。人们当前共同期盼的资源优化配置，也并不一定是人们长远共同期盼的资源优化配置。但本章仅简要讨论外部性、公共品和共有资源条件下如何有效地配置资源，如何处理好公平与效率的关系，以及政府相应的宏观调控。

第一节　外　部　性

市场上的利益转换应当发生在交易的参与者之间，利益的转换表现在市场交易的价格上。谁投资谁得益，谁消费谁支付，似乎是理所当然。但是，有些消费者或生产者的行为，却影响了其他的消费者或生产者，但却并没有在市场价格上反映出来，这就是**外部性**。外部性可以发生在生产者之间、消费者之间，或生产者与消费者之间。外部性可能是负的，没有消费的一方也可能要支付成本，为**负外部性**；外部性也可能是正的，没有投资的一方也可能会从中得益，为**正外部性**。环境污染是显著的负外部性，而教育就有显著的正外部性。后面要讨论的公共品和共有资源的消费也都有外部性。

一、负外部性与市场配置无效率

企业在生产过程中，通常都要向外部排放废气、废水和废渣，就是典型的负外部性。其中，造纸、纺织、印染、食品加工等行业，更是一些污染严重的行业。造纸制浆污染的严重性几乎家喻户晓，造纸污染排放是我国水污染的最大污染源，多年来造纸厂的污染治理一直都是令人十分头痛的难题。在生产纸浆的过程中，一方面生产出日常生活中必需品纸张的重要原料；另一方面，制浆蒸煮中也产生大量的废液，通称造纸黑液。黑液中所含的污染物，占到了造纸厂污染排放总量的 90% 以上。黑液中含大量的木质素和半纤维素，以及木糖、钾、氮、磷、碱等有害物质，是污染的主要根源。

在不考虑外部性的情况下，一个典型的造纸厂生产纸张有自己的边际生产成本 MC。面对纸张的需求曲线，在一个竞争市场上，它是一个市场价格 p_1 的接受者。p_1 是由造纸行业的供给曲线 MC′ 和市场纸张需求曲线 D 所决定的价格，MC′ 是市场上所有造纸厂的边际成本曲线 MC 的横坐标相加。在该典型造纸厂边际成本 MC 等于市场价格 p_1 时，该造纸厂实现利润最大化，产量为 q_1，而行业的市场成交量为 Q_1，如图 12.1.1 所示。

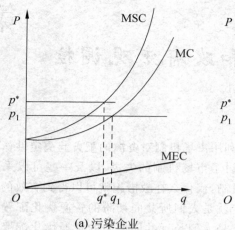
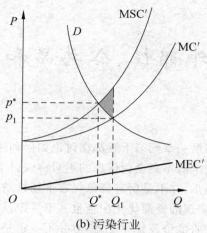

(a) 污染企业　　　　　　　(b) 污染行业

图 12.1.1　污染企业的负外部性

现在,这个典型的造纸厂每天还在排放大量的黑液,对环境造成污染。污染的环境给外部带来损失,人的健康受到影响,动植物的生长受到损害,而若克服这些影响和危害,还要为此付出成本。若造纸厂不支付,就要外部来支付,增加的污染,外部多支付的成本,被称作**边际外部成本**(marginal external cost, MEC)。随着纸张产量的增加,危害性会进一步增大,边际外部成本 MEC 还会不断递增。

从全社会角度来看,生产纸张的真正的边际成本,应当是企业生产的边际成本再加上为治理污染而付出的边际外部成本,可称作**边际社会成本**(marginal social cost, MSC)。边际社会成本等于企业的边际成本和边际外部成本纵坐标相加,即 MSC＝MC＋MEC,如图 12.1.1 中(a)所示。而整个行业的供给曲线就是单个企业边际社会成本 MSC 的横坐标相加,得到总的供给曲线,即图 12.1.1(b)中的 MSC′。与市场上对纸张的需求曲线 D 的交点决定的成交量 Q^*,才是有效的产出水平;价格 p^* 才是有效的价格水平。

由此,我们可以看到,从造纸厂自身的利润最大化出发,整个行业由于生产了太多的纸张,给环境造成了过多的污染。同时,也看到市场上纸张价格过低,只反映了企业自身生产的边际成本,没有反映给社会造成的污染成本,它不是边际社会成本。只有在价格 p^* 下,纸张的产出水平才是有效的。

这种市场配置无效率的社会成本可以计算出来。在图 12.1.1(b)中,对于大于 Q^* 的每单位产出,边际社会成本都要大于市场的需求曲线。边际社会成本从社会角度来看,是生产的真正边际成本;需求曲线反映了需求方愿意支付的最高代价,两者之间的差正是**无效率社会成本**。图中阴影三角形的面积,就是无效率的社会总成本。

这里讨论的是污染企业的负外部性,导致了短期市场配置资源无效率。从长期来看,在竞争行业的长期均衡时,价格等于长期平均成本的最低点。但由于存在负的外部性,企业平均成本低于平均社会成本。从社会成本来看,有些污染企业应当离开该行业,但污染企业却从自身的利益考虑,仍然留在行业内。负的外部性鼓励过多的企业留在行业内,长期来看同样会导致市场配置资源无效率。

二、正外部性与市场配置无效率

外部性也有正的。教育，尤其是基础教育，就有显著的正外部性。一个人接受了教育，不仅受教育者可以获得经济与非经济效益，同时社会也可以获得巨大的经济与非经济效益。全民受教育的程度直接关系到国民素质，而国民素质的提高也会推动社会进步和文明程度的提高。

因为受教育者可以从教育中获得经济和非经济效益，因此会愿意接受教育。我们假定从教育中获得的效益也遵循边际报酬递减法则[①]，就产生了个人对教育的需求曲线，如图 12.1.2 中的 D，随着接受教育程度的提高，需求曲线向下倾斜。由于社会也同时从个人接受教育中获得经济与非经济效益，因此，从受教育者的外部社会来看，也希望受教育者接受教育，这样就产生了外部对教育的需求曲线，即**边际外部收益**曲线（marginal external benefit，MEB），如图 12.1.2 中的 MEB。提供教育当然也需要投入，图 12.1.2 中的 MC 就是教育供给的边际成本。

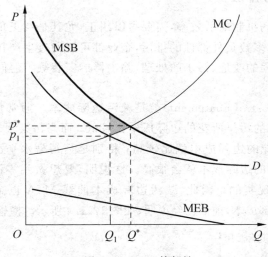

图 12.1.2　正外部性

从受教育者的个人角度出发，需求曲线 D 和边际成本 MC 的交点决定了愿意接受教育的数量 Q_1，而可以接受的价格为 p_1。但由于教育有正的外部性，社会也希望受教育者能够接受教育，边际外部收益曲线为 MEB，从整个社会的角度来看，希望受教育者接受教育的需求曲线是**边际社会收益**（marginal social benefit，MSB）。边际社会收益是边际个人收益和边际外部收益的纵坐标之和，即 $MSB = D + MEB$。

从社会资源合理配置的角度来看，应当由教育的边际社会收益 MSB 曲线和教育的供给 MC 曲线的交点决定受教的有效水平 Q^*，支付的有效价格可以达到 p^*。

由此可见，对于具有正外部性的教育，个人决策就会使受教育水平不足，并没有达到

[①]如果受教育的效益不遵循边际报酬递减法则，也不影响后面的结论。

社会要求的有效教育水平 Q^*。而且，个人愿意支付的价格也较低。同样产生了无效社会成本，对于大于 Q_1 的教育，直到 Q^*，教育的边际社会收益仍大于教育供给的边际成本，在个人决策时就没有实现，便产生了**无效率社会成本**。无效率的社会成本大小就是图 12.1.2 中阴影三角形的面积。

正外部性不仅存在于教育，而且企业的研发中也常有显著的正外部性。当新技术、新产品很容易被其他企业复制模仿时，就产生了正外部性。你投入了研发经费，别人也会从中得到好处。从社会角度来看，应当投入更多的研发经费；从企业的自身利益来看，常常是研发投入不足。

甚至健身房的锻炼也有外部性。当健身房只有一个人孤零零地锻炼时，则会没有情绪，锻炼的效果也较差；当健身房锻炼的人多了，便会提高锻炼的兴趣，效果也会更好，是正外部性。当然，当健身房拥挤时，就产生了负外部性。

有了外部性，就影响了市场机制对资源的有效配置。

三、排放标准与排放费

外部性导致了市场机制的低效率，需要得以纠正，尤其是纠正负外部性造成的边际外部成本。所幸的是，大多数负外部性的排污，企业都可以通过生产技术的选择，来减少"三废"的排放，如生产流程的改造、污水的处理、除尘器的安装等。但同时也必然会增加了企业生产的成本。

MCA（marginal cost of abatement）就是**减污边际成本**。通常情况下，当污染程度比较大时，要减少一单位的污染所花的边际成本比较低；而当污染程度比较小时，还要进一步减少一单位污染所花的边际成本就比较高；特别是当污染水平已经很低，但还想减少污染时，这时减少污染的边际成本就会很高。这说明，要想做到零污染，实际上从经济分析的角度来看也是不现实的。因此，减污边际成本曲线 MCA 也是向下倾斜的曲线，而 MEC 是污染的边际外部成本，前面已经说明，如图 12.1.3 所示。横轴是污染的排放水平。

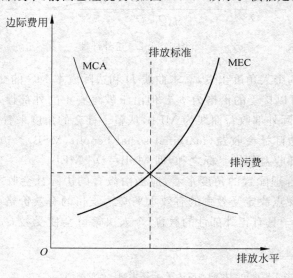

图 12.1.3 排放标准与排污费

MCA 和 MEC 就形成了交点,交点所对应的排放水平就被称为排放标准(emissions standard)。从社会角度来看,如果实际排放水平进一步提高,高于排放标准,那么对外部造成的损害,则是边际外部成本 MEC 相对要大,而企业治理污染减少排放的边际成本 MCA 相对要小,应当加以治理。如果实际排放水平低于排放标准,那么企业为减少排放而付出的边际成本 MCA 就比较高,而排放对外部带来的损害所造成的外部边际成本 MEC 则不算大,要小于治理的边际成本,可以允许排放。因此,从社会有效性角度来看,并不是排放水平越低越好,少量的排放也可以不治理。

政府可以将 MCA 和 MEC 的交点,确定为允许企业的**排放标准**。如果企业排放超过这样的标准,就面临着严重的经济处罚,甚至是刑事惩罚。这是一种直接管制排污的办法,命令企业必须执行,企业没有讨价还价的余地。排放标准的规定,促使企业进行有效的生产,会努力改变工艺流程,安装减污设备来达到排放的许可标准。同时,企业生产的平均成本也因采取了减污措施而提高,进而也推动产品在市场上价格的提升。

事实上,政府的这种直接管制,也是经常在没有对 MCA 和 MEC 进行仔细比较的情况下就决定了。因此,允许企业排放的标准,并不一定是 MCA 和 MEC 的交点,因为这样并没有真正起到对排污进行有效控制的目的。

政府还可以向排污企业征收**排放费**(emissions fee)来实施管制,如图 11.1.3 中所示的 MCA 和 MEC 的交点也决定了排放费的水平。政府向污染企业根据排放的数量征收排放费,更多地依靠经济激励,而不是政府命令。企业发现,当排放的数量超过排放标准时,所缴的排污费超过了为治理污染、减少排放所投入的边际成本 MCA,企业会努力投入治理污染,以减少排放。但如果企业的排放水平低于排放标准时,由于企业要想治理污染、减少排放所需投入的边际成本 MCA 要大于所要缴纳的排放费,企业就会宁愿缴纳排放费,也不会投入治理污染。由此,促使企业的污染排放不超过排放标准,只要排放费确定合理,从社会角度来看,也能达到有效生产的目的。

政府确定排放标准和征收排放费都可以减少污染的排放,达到有效生产的目的。但由于不同企业的减少排放的边际成本实际上并不相同,污染造成的边际外部成本也不尽相同,相关信息也不尽完全,两种政策各有所长。

正是由于不同企业减少污染的边际成本并不相同,因此还可以通过实行可转让**排放许可证**(transferable emissions permit)的办法,来减少减污的成本。在排污达到合理水平的基础上,确立可以发放的排污许可证总数,将许可证在企业之间分配,企业将根据排放许可证排放污染量,若超过将受到重罚。并允许许可证在企业之间进行转让买卖。这样一来,减污边际成本相对较低的企业会更多地减少排放,而将排污的许可证出让。而减污边际成本相对较高的企业,会到市场上购买更多的排放许可证。在许可证交易市场均衡时,许可证的价格就等于所有企业的减污边际成本。我国也已经开始了**排放许可证交易**,发展环保市场,推行节能量、碳排放权、排污权、水权交易制度。近三四十年,我国经济发展取得了巨大成就,但生态环境保护留下的问题也相当突出,党的十九大指出:"人类对大自然的伤害最终会伤及人类自身,这是无法抗拒的规律"。提出要着力解决突出的环境问题,加强政府环保督察力度。详见专栏 12-1。

专栏 12-1

环保督察全覆盖

中新网于 2018 年 1 月 4 日报道：从 2015 年 12 月开始至今，两年多时间，中央环保督察已经实现 31 省份全覆盖。并公布了第一轮所有督察情况反馈。

其间共受理群众信访举报 13.5 万余件，累计立案处罚 2.9 万家，罚款约 14.3 亿元；立案侦查 1 518 件，拘留了 1 527 人；约谈党政领导干部 18 448 人，问责 18 199 人，其中处级以上领导干部 875 人，科级 6 386 人，其他人员为 10 938 人。

共与 768 名省级及以上领导干部、677 名厅级领导干部开展个别谈话，对 689 个省级部门和单位进行走访问询，使地方领导普遍受到教育，特别是通过督察问责，使得一批领导干部受到警醒，环保压力得到了有效传导。

发现的共性问题体现在六方面：一些地区大气和水环境问题突出；环境治理基础设施建设严重滞后；一些自然保护区违规审批、违规建设；水资源过度开发；工业污染问题仍然较为突出；农村环境问题比较突出。

环保部将加强环境保护督察制度建设，组织研究制定环境保护督察条例，进一步完善环境保护督察工作机制，完善中央和省级环境保护督察体系。

资料来源：中新网，中央环保督察全覆盖，2018 年 1 月 4 日。

第二节 公 共 品

一、公共品的性质

日常生活中的消费品大致可以分为两大类：**私人品**（private goods）和**公共品**（public goods）。

到目前为止，我们在市场上讨论的交易商品，几乎都是私人品。私人品的最主要特征是在消费时具有**竞争性**（rival），是一种竞争性消费商品。所谓竞争性消费，是指你在消费某商品时，会影响或减少其他消费者对该商品的消费。你喝了这一杯水，别人就不能再喝这同一杯水，能喝到的只是另一杯水。说两人同喝一杯水，实际上是说两个人各喝了半杯水。因此，私人品就必须在个人之间进行配置。因为私人品具有消费的竞争性，也就必然具有**排他性**（exclusion）。这个物品是我的，就不是你的；是我们的就不是你们的。属于我的，我就有了对物品的使用权、处置权、所有权，可以不让你来使用、不让你来消费，这就是排他性。商品市场上交换的各种物品，也包含着大量的劳务，绝大多数都属于私人品。

但并不是所有的物品都具有消费的竞争性和排他性。公共品在消费时，它就具有非竞争性，是一种**非竞争性**消费（nonrival）。如公园里的花朵，你可以欣赏，我也可以欣赏，你欣赏并不影响我欣赏；在街上指挥交通的警察，既在为你的安全服务，也在为我的安全服务，在为你服务的同时，并没有影响为我服务；无线广播、电视，你可以收看，我也可以收看，我收看并不影响你收看。非竞争性消费物品可以具有排他性，但也可以不具有排他性（nonexclusive）的**非排他性**。如教育，老师讲课，你可以听，我也可以听，我听不影响你听（在不拥挤时），它具有非竞争性。但也可以是排他的，对你的听课资格要进行审查，没有达到一定水平,或没有缴纳一定费用,可以不让你来听。也有些公共品就完全不具有排他性,如军队提供保卫国家安全的服务,它保卫着全体人民的安定生活。不可能根据你对国防建设意义的重要性是否有认识,是否愿意为加强国防建设作出贡献,以及贡献的大小,来决定是否将你排除在国家安全的保护之外。天气预报是给可听到范围内的每一个人来收听的。路灯也是如此,为过往的每一个行人指引一片光明,而不去考虑你对路灯设施建设和点亮是否有贡献。

根据竞争性与非竞争性、排他性与非排他性可以将消费品分为如表 12.2.1 所示的四大类。

表 12.2.1　私人品与公共品

	竞争性	非竞争性
排他性	纯私人品 　食物、汽车、住房、拥挤的 收费道路	准公共品 　计算机软件、加密电视、 不拥挤的收费道路
非排他性	公有资源 　海洋鱼类、环境、拥挤的 不收费道路	纯公共品 　国防、基础理论研究、不 拥挤的不收费道路

私人品既有竞争性又有排他性。我们在之前各章所讨论的产品,实际上都隐含了这样的一个假设,即它们都既有竞争性,又有排他性。市场机制可以对它们的配置起决定性作用。

公共品既无竞争性,又无排他性,又称**纯公共品**。它既不影响他人使用同一物品,也不排除他人使用同一物品。国防常被看作最典型的公共品,基础理论研究也常被看作公共品。因此,人们对于如何配置公共品就提出了新的问题。

没有竞争性,但有排他性的物品被称之为**准公共品**。虽然在消费时没有竞争性,你的消费并不影响他人的消费,但仍然可以不让你消费。尽管高速公路并不拥挤,但你若没有缴费,仍然不让你在高速公路上行驶。加密的电视频道也具有排他性,没交费就不让你收看,尽管你的收看并不影响他人的收看。非义务教育也常被看作准公共品。

而具有消费的竞争性,但没有排他性的物品常常是**共有资源**。在没有划定产权的共有草原上放牧,显然会影响他人在同一牧场上的放牧,但由于没有划定产权,就无法阻止你的放牧。优雅的共有自然环境也具有消费的竞争性,而很难有排他性。对于这样的共有资源如何配置,解决的方法又有所不同。

这里主要讨论没有排他性的公共品和准公共品。共有资源将在下一节讨论。

二、公共品的需求

由于公共品消费的非竞争性,给定数量的公共品能同时被多个消费者消费。那么,对**公共品需求曲线**,可以由消费该公共品的各消费者需求曲线的纵坐标之和来得到。如图 12.2.1 所示,这就不同于私人消费品市场的需求曲线。

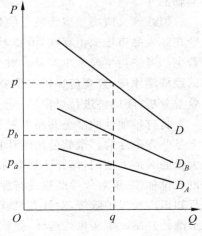

图 12.2.1　公共品的需求曲线

如图 12.2.1 所示，若某公共品只有两个消费者，其需求曲线分别是 D_A 和 D_B，则对该公共品总的需求曲线 D 可由 D_A 和 D_B 的纵坐标相加得到。对于消费者 A，消费 q 数量的公共品，愿意支付的最高价格是 p_a；对于消费者 B，消费 q 数量的公共品，愿意支付的最高价格是 p_b。两者愿意为 q 数量的公共品支付的最高价格就是 $p = p_a + p_b$。理由是该公共品能被这两个消费者同时消费。这就不同于私人品，私人品在消费上是竞争的，市场需求曲线只能是个别需求曲线的横坐标相加。

三、公共品的供给

公共品的一个重要特点是增加一名消费者所增加的边际成本极低。建造一座公园，造价不菲，但公园增加一名游客，边际成本微乎其微；海上建造一座灯塔，工程浩大，但再多为一艘船舶指引一次航向，边际成本却几乎为零；一座电视台建设和运行，成本昂贵，但增加一名观众收看，很难被发觉。我们已经知道，从全社会的角度来看，市场价格等于边际成本，资源配置最有效。公共品的市场价格要等于边际成本，市场价格就要趋于零。

零价格就会带来一个严重的问题，即怎样为提供公共品筹措资金。作为一个以赢利为目标的企业，显然不愿意进行这样的投资。而让公共品的受益者来集资，又会有一个问题。由于公共品的非排他性，每一个消费者都清楚地知道，即使他们对公共品的建设不作任何贡献，公共品仍能向他们提供服务，而不能把他们排除在外，他们可以"**搭便车**"（free-rider）。"搭便车"就是指不支付公共品总成本中应分担的份额，而分享公共品带来的收益。在一个住宅小区里要消灭蟑螂，也许每家收 10 元成本费就可以办到，而要在一个城市统一灭蟑螂，就很难收费，很难实现收支平衡。一般而言，公共品的消费人群数量越大，"搭便车"的问题也就越尖锐。若不把"搭便车"的人排除在外，就不可能形成市场。因此，解决这类问题似乎也就只有一个办法，即用政府的税收来支付公共品的费用。

同时，我们也看到，市场机制对资源配置的一个信号就是价格信号，价格信号好像是一只看不见的手，指挥着资源朝更加合理的方向移动。现在，价格信号不见了，用市场机制来配置公共品就出现了问题，市场很难或者不可能有效地提供消费者需要的公共物品了。

但政府又应提供多大数量的公共品服务，才是合适的呢？这又是一个问题。这个问题在私人品市场上不存在，消费者对私人品愿意支付的价格就是一个信号，这个信号指挥着生产者应当生产多少产品。对于公共品，则没有这样一个合适的信号，应用前面所讲述的经济学原理，究竟应提供多少公共品的服务，政府也很难作出决策。这就需要用到费用效益分析，随后将进行讨论。

具有排他性的准公共品配置也有问题。计算机软件就可以被称作准公共品，在使用上是非竞争性的。微软公司的计算机操作系统和办公软件，几乎可以毫无成本地提供给大量的其他人使用，而并不影响你对微软公司软件的使用，而且还有正的外部性。如果再没有排他性，不对软件版权进行保护，可以随意复制共享，就是一个纯公共品。若政府实行知识产权保护政策，对计算机软件的使用赋予排他性，不付钱就不能使用，这时它就成了准公共品。事实也是这样，微软公司将软件的销售价格定在远远高于其边际成本之上，并因此获得了极其丰厚的利润。但同时，相对于消费者的需求而言，微软公司的软件销售量减小,造成了巨大的无谓损失。对于准公共品,如果零价位,微软公司巨额的软件开发成本就不能收回,企业就没有生产的积极性;而允许企业制定大于零的价格,又使这种准公共品成交量减少,造成无谓的社会损失、资源配置上的无效性。

四、费用效益分析

在通常情况下,人们对公共品的需求收入弹性大于 1,随着人们收入的不断增长,对公共品的需求也会更快地增长,社会经济越发展,对公共品的需求就越旺盛。但是,政府能够提供公共品服务的财力也是有限的。政府需要对提供什么公共品,提供多少公共品作出决策。常用的方法就是费用效益分析。

费用效益分析(benefit-cost analysis)是用于估计并比较提供公共品服务的公共项目**直接总费用和间接总费用**,以及**直接总效益和间接总效益**的一种方法和技术,以便决定此公共项目是否应当执行。通常情况下,公共项目的费用效益分析比企业的项目投资决策更为复杂,因为它比企业更需要考虑项目的间接费用与效益,间接费用和效益总是比直接费用和效益更难估计。而且,在进行折现计算时,需要用到的社会贴现率也很难确定。

费用效益分析主要用于公共部门和非营利机构的项目,如城市基本建设、环境保护、公共交通、教育、医疗卫生、国防等。近年来,世界上一些国家规定,对投资金额巨大的非公共部门的项目也要进行费用效益分析。

费用效益分析面临着一系列概念和计量上的问题。最大的问题就是公共项目的社会效益和费用的计算。一般来说,公共项目的直接效益的估计,比直接费用的估计要困难。特别是当提供的公共品没有市场价格时,估计就更为困难,而公共品往往没有市场价格。消防队员救火、警察指挥交通、战士保卫国防,是没有市场价格的。而公共项目的间接效益、外部的效益,估计就更加困难了。有些是完全无形的效益与费用,如审美的因素,是完全不能用货币量计算的。因此对一个特定的公共项目是执行还是不执行,也就往往存在很大的分歧。

对于社会贴现率的确定,也很难取得一致的意见。尽管多数经济学家同意,社会贴现率应以社会资金的机会成本为基础,但对一个具体项目评估起来,分歧意见会很大。而且,不同部门、不同项目使用的社会贴现率差别也很大。主管项目的公共部门如果有项目通过费用效益检验的强烈愿望,利用的社会贴现率往往就偏低,这就会造成资源在公共部门和非公共部门之间的错误配置。政府的不同机构使用的社会贴现率也不一样,这意味着使用高贴现率的机构所拒绝的项目,很可能比使用低贴率所接受的项目效率更高,也会造成资源在公共部门之间的错误配置。

人们的主观行为也会影响估计与预测。公共项目的受益者为了能实现项目而会夸大他们预计得到的收益,而公共项目的受损者为了阻止项目的实现而会夸大预计的成本。

公共项目的费用效益分析还涉及一个问题,就是如何处理好眼前利益和人类的长远利益。恩格斯早在 140 多年前就指出:"到目前为止存在过的一切生产方式,都只是在于取得劳动的最近的、最直接的有益成果。那些只是在以后才显现出来的、由于逐步的重复和积累才发生作用的进一步的结果,是完全被忽视的"①。前面的讨论,都只涉及眼前或近期的费用和效益,而一些公共项目,特别是涉及自然环境的重大公共项目,将影响人类历史千百年,"如果我们需要经过几千年的劳动才稍微学会估计我们生产行动的比较远的自然影响,那么我们想学会预见这些行动的比较远的社会影响就困难得多了"②。当初李冰父子并不知道,都江堰水利工程千百年来一直在恩泽成都平原芸芸众生;今天我们能不能预见塞北塞罕坝,也是功在当代利在千秋呢? 详见专栏 12-2。

专栏 12-2

塞北塞罕坝——功在当代,利在千秋

在我国北方的冀蒙边界,有一个塞罕坝国家森林公园,曾经退化为高原荒丘,呈现出"飞鸟无栖树,黄沙遮天日"的荒凉景象。从 20 世纪 60 年代开始,经过两代人近 50 年的艰苦奋斗,在极端困难的条件下,在 140 万亩的荒漠面积上,成功营造了 112 万亩的人工林,创造了一个变荒原为林海、变沙漠成绿洲的绿色奇迹。森林覆盖率由当初的 11.4% 提高到 80%。在茫茫的塞北,成功营造了全国面积最大的集中连片人工林海。

五十年来累计向塞罕坝林场投入 3.49 亿元,其中国家投资 2.5 亿元,林场自筹 0.99 亿元。截至 2009 年年底,林场有林地面积 112 万亩,林木总蓄积 1 012 万 m³,价值 40 多亿元,林木每年生长增加蓄积 80 万 m³,增值 3 亿元,多年来累计上缴利税近亿元,现林场固定资产 3 亿多元,据中国林科院核算评估,塞罕坝资源总价值为 152.9 亿元。

更加重要的是塞罕坝阻沙源、保水源,维护京津生态安全。中国林科院 2007 年核算评估,塞罕坝每年可产生 120 亿元的生态服务效益。

同时,塞罕坝还为社会创造了大量的劳动就业岗位,有力地带动了区域经济发展;取得了重大的社会影响,在人才培养、科技推广与示范、生态与思想教育等方面发挥了重要作用,有效地传播了生态文化,弘扬了生态文明。

当初营造的树苗,已经变成了浩瀚林海,正在发挥着无可替代的效益,造福着当地,泽被京津,恩及着后世。塞北塞罕坝,功在当代,利在千秋。

资料来源:百度百科,2017。

尽管费用效益分析还存在着种种困难和问题,但它仍然是一个可用的方法。公共项目的投资决策总得要作出,有一些依据总比凭空臆断要好,至少也可迫使有关部门在分析时,仔细地考虑所有各种可能的假设前提。虽然费用效益分析仍然是艺术性多于科学性,且还有很大程度的主观性,但它的应用范围还在不断扩大,越来越多的公共项目,以及企业百年大计的大型投资项目需要应用费用效益分析。有时,在估计社会效益十分困难时,也会用**成本效率分析**(cost-effectiveness analysis) 来代替费用效益分析。成本效率分析是以实现既定目标成本尽可能小的判据来作出决策。

投票也是决定公共品配置的一种方法。对政府提出的预算进行投票表决:既有**直接**

---

① 恩格斯. 自然辩证法. 北京:人民出版社,1971,p. 160.
② 恩格斯. 自然辩证法. 北京:人民出版社,1971,p. 159.

投票,即所谓的全民公决;也有**间接投票**,即由选举的代表人进行投票。通常都是采用多数规则确定公共品的供给。但多数规则也可能是无效率的,并不能体现公共品的价值,从而不能保证公共品的有效供给。这里因涉及**公共选择理论**,就不再展开讨论。

第三节 共 有 资 源

共有资源(common property resource)是每人都可以免费获取并有权使用的资源。它不存在排他性,但却有消费上的竞争性,即你的消费会影响其他人的消费。空气和水就是最常见的例子。海洋里的鱼类、原始森林里的动物、大草原上的牧草、地下的矿产等也往往表现为共有资源。

一、共有资源的过度使用

由于共有资源的使用没有排他性,所以它们常被过度使用,很可能发生无效率的情况。

我国现有牧草地面积 261.84 万平方公里,在世界上居第二位,占国土面积的27.54%,但人均占有草地仅为世界平均水平的 1/2,且大部分分布在我国的西部地区。绝大多数并没有划定明确的使用权,成为共有资源。尤其在 20 世纪末 21 世纪初,羊绒的价格诱使人们大量地饲养山羊,造成过度放牧,对生态植被的破坏性非常大。草原超载过牧是草地生产能力下降、退化沙化问题严重的重要原因之一。据 2007 年农业部文件,我国 90% 的可利用天然草原已存在不同程度的退化,覆盖度降低,沙化、盐碱化等中度以上明显退化的草原面积占到半数[①]。据农业部《2016 年全国草原监测报告》:虽然全国草原生态环境持续恶化势头得到了初步遏制,但全国重点天然草原的平均牲畜超载率为12.4%,全国 268 个牧区半牧区县(旗、市)天然草原的平均牲畜超载率为 15.5%。

前些年,我国的小煤窑分布于全国各地,年产十几万吨就算是大的,还有更小的年产只有三、五万吨。集合全国的小煤窑却有相当大的数量,合计 8 亿吨的年产量,一度占全国煤炭总产量的 30%。众多小煤窑由于不守规矩,越界开采,且无完整、准确的矿井平面图,其星罗棋布,对大矿构成严重威胁,事故频发,屡禁不止,不是爆炸,就是透水,重大矿难频出。而且技术落后,处于打眼放炮、坑木支护、老鼠打洞的水平。不管不顾,哪儿肥吃哪儿,小煤窑的回采率只有 15% 左右,与国有企业大煤矿 80% 的回采率相比,相当于每采15 吨煤,就导致 60～65 吨煤无法再采。小煤窑年产 8 亿吨煤就相当于丢弃近 32 亿～35 亿吨煤,即一年毁坏几个特大的煤田!造成资源严重浪费。

地下水是共有资源。我国各地为解决眼前水资源的缺乏,大量超采地下水。全国地下水超采区面积近 19 万平方千米,直接造成区域性地下水位持续下降、水资源枯竭,在华北平原,浅层地下水位累计平均已下降 10～20 米,最大下降超过 40 米。危及供水安全和饮用水安全,还易诱发地面下沉、地面塌陷、海水入侵、荒漠化、湿地萎缩等严重生态环境问题。直到 2014 年年末南水入京后,北京地区地下水水位下降趋势才明显放缓,但年均

---

①2007 年 4 月《农业部全国草原保护建设利用总体规划》。

仍下降 0.1 米左右。预计从 2025 年开始,北京地区平水年份地下水水位才可望逐步回升。

其实,MBA 学生的课外时间也是一种共有资源。虽然课内的时间作了界定,分别属于不同的课程,但课外时间却没有界定,因此,不同课程的教师就可以通过布置更多的课外作业和指定课外阅读材料,来争夺 MBA 学生的课外时间,让学生用更多的时间来学习本课程,结果是导致 MBA 学生不堪重负。

地球外层环境和太空是人类最大的共有资源,至今也没有哪个国家或机构可以对其进行产权界定。世界上几乎所有的个人和国家都想免费利用地球大气层这个资源,大量的二氧化碳随着人类使用能源的消耗增长,不断地排向天空。大气中二氧化碳排放量的增加是造成地球气候变暖的根源。自工业革命以来,大气中二氧化碳含量增加了 25%,远远超过科学家可能勘测出来的过去 16 万年的全部历史排放总和。而且,二氧化碳排放目前尚无减缓的迹象,因此造成了地球的温室效应,使地球温度不断上升,南北极冰山融化,海平面上升,直接威胁人类生存,是人类最大的公共悲剧。以低能耗、低污染、低排放为特征的低碳经济发展模式将成为人类社会文明的又一次重大考验。

专栏 12-3

"长江三鲜"们的命运

鲥鱼、刀鱼和河豚被称作"长江三鲜",是洄游鱼类,咸淡水两栖,其历史非常悠久,数千年前,就有文字记载。很多文人骚客用自己优美的文笔,写下了许多关于"三鲜"的诗词文章,并引导了当时的饮食潮流,形成了一种独特的"三鲜"饮食文化。

20 世纪六七十年代,"长江三鲜"的产量还是很大的,可出现在中学学生食堂的餐桌上。但 80 年代鲥鱼在长江逐步灭绝,2008 年偶尔捕获的 6 条鲥鱼最终也未能改变成为餐桌上美味的命运,只是短短亮相 2 个小时左右,就被人全部订购,而且价格高达 2 200元/斤,6 条鱼的总价接近 3 万元。

目前刀鱼的产量和规模都在锐减,河豚也日渐稀少。重要原因就是长江的捕鱼权很难界定,"长江三鲜"成为共有资源,人们对"三鲜"的过度偏爱,导致人们对它们进行了大量的捕捞,而且捕捞的工具越来越"先进",渔网也越做越精细,捕鱼船只不断增加,使得"三鲜"们无处可逃。它们的数量自然也就减少了,濒临灭绝。

近日有了好消息,"长江三鲜"终于有了"保护伞"。中国水产科学研究院淡水渔业研究中心长江珍稀鱼类保护研究中心在江阴成立,该中心由江阴农民投资建立,中国水产科学研究院淡水渔业研究中心为他们提供技术服务。上海、江苏、安徽三地的长江刀鱼于 2013 年 1 月被列入国家保护范围。

资料来源:新华网、中国经济网等网站。

二、共有资源的配置

由于共有资源的非排他性,且消费上又有竞争性,从而造成共有资源的过度使用和资源配置上的浪费。解决的办法通常有两个:一是明确界定产权,将共有资源转变成非共有资源；二是由政府进行管理。

1. 界定产权

党的十八届三中全会的决定指出：健全自然资源资产产权制度和用途管制制度。对水流、森林、山岭、草原、荒地、滩涂等自然生态空间进行统一确权登记，明确全部国土空间各类自然资源资产的产权主体，形成归属清晰、权责明确、监管有效的自然资源资产产权制度。

针对草原使用权没有界定的过度放牧，我国采取了稳步推进草原家庭承包制。早在20世纪80年代就开始在牧区逐步实行草原家庭承包经营制，实行草原公有、分户承包、家畜户有户养，明确了草原保护、建设与利用的责、权、利，初步解决了草原共有资源的问题。从而调动了广大农牧民发展牧业生产、保护建设草原的积极性。

2. 实施进入限制

政府可以通过发放许可证制度来限制进入共有资源，防止过度开发。通常的做法是以"先到先得"为基础，提供进入许可，实施限额管理。也可以通过公开拍卖给出价高的提供进入机会。如为了解决交通拥挤，可以通过每月拍卖一定数量的汽车牌照来限制进入。自1986年以来，上海就开始实施私车牌照限额发放、无底价拍卖的政策，并一直沿用至今。2017年10月上海当月私家汽车车牌拍卖再创历史新高，共有244 868人参与竞拍，车牌拍卖平均成交价为93 540元，最低成交价为93 500元。这对于控制机动车数量增长过快、缓解道路交通拥堵状况起到了一定的作用。目前我国许多大城市为减少交通拥堵、空气污染，而实行了机动车轮流限行。

3. 政府直接管理

政府直接管理也是对共有资源使用的一个常用方法。如我国从1995年开始，就大规模地实施伏季休渔制度。由于海洋渔业资源长期衰退和气候变暖，导致主要经济鱼类产卵期提前，2017年我国开始最严休渔期，从北纬12度以北的所有海区，休渔开始时间统一为5月1日12时，最少休渔3个月。在休渔期间，禁止渔船入海。该措施确实缓解了海洋资源急剧下降的趋势，从而实现了海洋资源的可持续利用。

为了保护长江流域水生生物的多样性，从2002年起，农业部开始在长江中下游试行为期三个月的春季禁渔。从2016年起，长江禁渔期由三个月延长到四个月。并已初步确定计划从2020年起，在长江流域干流和重要通江湖泊全面禁渔，为期十年。同时，还在长江流域建有各级保护区，保护长江流域珍稀濒危水生野生动植物和特有鱼类资源，对国家一级、二级重点保护水生野生动物，以及长江特有生物物种进行了重点保护，彻底禁止捕获。

2009年8月，由国家安全监管总局牵头14部委联合发布关于《深化煤矿整顿关闭工作的指导意见》。严厉打击非法违法开采行为，继续关闭资源枯竭、不具备安全生产条件和不符合产业政策的煤矿。我国煤炭工业发展"十三五"规划要求，在"十三五"期间将化解淘汰过剩落后产能8亿吨/年左右。从2016年开始，用3至5年的时间，退出煤炭产能5亿吨左右，减量重组5亿吨左右，到2017年年底已经完成80%。全国规模以上煤炭企业在2012年有7 869家，到2016年年底已减少到5 067家。国家相关部门已出台"奖补资金、职工安置、金融支持、产能置换"等10多项配套政策，以防止落后产能的"死灰复燃"。

2005 年修改的《中华人民共和国水法》明确规定：在地下水超采地区，县级以上地方人民政府应当采取措施，严格控制开采地下水。在地下水严重超采地区，经省、自治区、直辖市人民政府批准，可以划定地下水禁止开采或者限制开采区。在沿海地区开采地下水，应当经过科学论证，并采取措施，防止地面沉降和海水入侵。2016 年 5 月，财政部和国家税务总局发通知，试点开征地表水和地下水的资源税。

实际上，大多数共有资源都是十分庞大的，很难用界定产权的方法来将共有资源转化为非共有资源，这就需要由政府所有或者政府直接进行管理，对损害生态环境的现象实行责任终身追究制。

第四节　效率与公平

效率与公平从来都是社会进步的两大主题。**效率**是指如何把"蛋糕"做大，是一国 GDP 的增长，讲的是发展问题。对于什么是效率，各方意见也大体一致。**公平**是指如何把"蛋糕"分好，是共享 GDP 增长的成果，讲的是分配问题。但对于什么是公平，意见则高度分歧。"蛋糕"不做大，也谈不上分好"蛋糕"；分不好"蛋糕"，就要影响做大"蛋糕"的积极性。因此，处理好效率与公平的冲突，是我们面临的最需要审慎权衡的社会经济问题。党的十九大政治报告中明确指出：新时代我国社会主要矛盾是人民日益增长的美好生活需要和不平衡、不充分的发展之间的矛盾。这里的不平衡可以表现在多个方面，归根结底体现在人们收入分配的不平衡上。

市场经济要处理好效率与公平的关系。市场经济机制的最重要特征是竞争，竞争强调的是竞争机会的公平，参与市场的竞争者要站在同一条起跑线上。而竞争的结果是优胜劣汰，是通过优胜劣汰导致的资源有效配置，促进经济效率的提高，将"蛋糕"做大。但利益却是不均等的，做出的"蛋糕"，要根据参与做"蛋糕"的要素贡献进行分配。其结果一定是强者越强，弱者越弱，市场经济天然地有利于强者，不同情弱者。各人的天赋条件不同，社会环境各异，竞争者的结果是富有者占优势，在竞争中的地位不断加强，变得更加富裕；贫困者处于劣势，在竞争中的地位不断削弱，变得更加贫困。会出现两极分化，贫富差距拉大的现象。这样做效率可能会提高，但一个经济社会不仅仅只是追求效率。人们自然会问："追求效率是为了什么？""追求效率那是为了谁呢？"人们显然需要做出选择，为了促进社会公平正义，为了增进人民福祉，很可能需要牺牲一点效率，以增进收入和财富分配的公平与公正性。市场竞争也注重公平，但注重竞争机会的公平。可见，仅靠市场机制对资源配置，即使达到"最优"状态，也往往并不是人们所共同期待的最优配置。

一、贫富差距的衡量

为了衡量一个国家的贫富差距，美国统计学家劳伦茨（Lorenz）提出了著名的**劳伦茨曲线**（Lorenz curve）。如图 12.4.1 所示，以横轴表示由贫到富人口累计百分比，纵轴表示相应人口当年收入累计的百分比。当收入在全部人口中是绝对平均分配时，10% 的人口一定占有 10% 的收入，50% 的人口也一定占有 50% 的收入，劳伦茨曲线就是通过原点的 45°线 OL。但当收入是**绝对不平均**分配时，如在中国的封建社会里，"普天之下，莫非王土；率土之滨,莫非王臣",全国一年所有的收入全部集中于一人之手,集中在皇帝手里,除皇帝之外所有人一年总收入和累计一直处于零,只有加上皇帝才拥有全部收入,劳伦茨曲线就是直角线,即 OHL 折线。当然,实际情况不可能是对角的直线,也不会是直角的折线,而是介乎两者之间的一条曲线,被称为**劳伦茨曲线**。显然,不同国家,或一个国家的不同时期,劳伦茨曲线的位置也要发生变化,由劳伦茨曲线和对角线 OL 所包围的面积 A 代表了不平均面积,如图 12.4.1 中阴影的面积,表示对绝对平均的偏离。

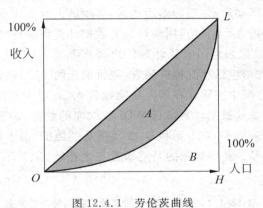

图 12.4.1　劳伦茨曲线

阴影 A 的面积和三角形 OHL 的面积 B 之比,被称作**基尼系数**(Gini efficient),用来衡量一个国家或地区的人们一年收入的贫富差距。用 g 来表示,如下式所示。

$$g = A/B$$

基尼系数应当在 0 和 1 之间变化。基尼系数越小,表明贫富差距越小;基尼系数越大,表明贫富差距越大。目前国际通行的标准是,基尼系数若低于 0.2,表示收入高度平均;0.2~0.3 表示比较平均;0.3~0.4 表示相对合理;0.4~0.5 表示收入差距较大;0.6 以上则表示收入差距悬殊。

自改革开放以来,从总体上讲我国城乡人民生活水平都不断地有所提高,但贫富之间的距离也在加大。由于城乡二元经济的结构,多年以来城镇和农村居民的收入都是分别统计的,城乡收入概念也不一致,居民收入差异也是学者们分别加以计算城镇居民收入基尼系数和农村居民收入基尼系数,一直没有国家统计机构正式公布的数据。基尼系数应当是反映全国居民的收入差距,需要走向全国统一,2013 年 1 月 18 日,国家统计局按照新标准、新口径、老资料进行计算,公布了从 2003 开始近十年中国居民的基尼系数。全国居民历年基尼系数如表 12.4.1 所示。

表 12.4.1　全国居民历年基尼系数

年份	2003	2004	2005	2006	2007
基尼系数	0.479	0.473	0.485	0.487	0.484
年份	2008	2009	2010	2011	2012
基尼系数	0.491	0.490	0.481	0.477	0.475
年份	2013	2014	2015	2016	2017
基尼系数	0.473	0.469	0.462	0.465	0.467

表 12.4.1 中的数据表明随着我国社会主义市场经济体制的逐步建立,我国居民收入差距总体上是加大了,如果考虑在我国收入分配中实际存在的灰色收入,实际上的收入差距比表中显示的还要大,如果再考虑到全国居民家庭财产,差距要更大。全国的基尼系数加大,这与我国目前个人收入分配坚持以按劳分配为主、按要素的贡献参与分配的多种分配方式并存,体现了效率优先、兼顾公平的原则相一致。让一部分人先富起来,一部分地区先富起来,使我国的经济有更快的发展,更符合我国人民的根本利益。当然,贫富的差距也不能太大,先富要带动后富,要为落后地区,贫困的人群多作贡献。

同时我们也看到,进入 21 世纪,用新口径老数据计算我国居民收入的基尼系数,已经在 0.47～0.49。这些数据来自国家统计局住户调查办公室,它从 2012 年第四季度起实施城乡一体化住户收支与生活状况抽样调查,随机抽选约 16 万住户参加记账调查。如果考虑到我国目前收入分配中实际存在的大量隐性收入,有理由相信我国居民收入的基尼系数还要大。表 12.4.2 是根据世界银行 WDI 数据库的数据,测算世界上若干国家居民收入的基尼系数,主要采集了 2011 年和 2012 年前后的数据,由于各国数据的收集统计口径不一样,因此仅作参考。我国居民的基尼系数与之相比,也并不算低,还需要加快我国收入分配制度的改革。

表 12.4.2　世界上若干国家居民收入的基尼系数

中国	0.37	伊朗	0.37	泰国	0.39	法国	0.33
以色列	0.43	菲律宾	0.43	越南	0.39	德国	0.30
印度	0.34	南非	0.63	加拿大	0.34	阿根廷	0.42
印尼	0.38	巴西	0.53	美国	0.41	俄罗斯	0.42

数据来源:2016 国际统计年鉴。

邓小平同志于 1992 春天在南方谈话中就讲道:"走社会主义道路,就是要逐步实现共同富裕。共同富裕的构想是这样提出的:一部分地区有条件先发展起来,一部分地区发展慢点,先发展起来的地区要带动后发展的地区,最终达到共同富裕。"同时又指出:"什么时候突出地提出和解决这个问题,在什么基础上提出和解决这个问题,要研究。可以设想,在 21 世纪末达到小康水平的时候,就要突出地提出和解决这个问题。"[①]对突出解决贫富问题的时间和条件都作出了明确的指示。现在已经到了要突出解决这个问题的时候,目前政府许多宏观经济政策也都与此密切相关。"我们在制定和执行政策时注意到了这一点。如果导致了两极分化,改革就算失败了。"[②]习近平在党的十九大政治报告中庄严承诺:在 2020 年我国现行标准下农村贫困人口实现脱贫,贫困县全部摘帽。

二、收入分配结果公平的界定

上面已经提到,对于公平的理解,在不同场合人们也存在高度的分歧。对于市场竞争

---

① 邓小平文选(第三卷).北京:人民出版社,p.374.

② 邓小平文选(第三卷).北京:人民出版社,p.139.

的公平,强调的是竞争机会的公平;对于社会公平则更多地强调社会成员之间收入分配结果的公平。机会公平与结果公平有很大不同。这里不讨论政治权利的公平、选举权利的公平等。

即使对于收入分配结果的公平也存在很大的分歧。意见大体可以分为以下四种观点:

(1) **绝对平均主义**——社会所有成员都得到同等数量的商品。明确要求最终的利益在全体居民中绝对地平均配置。在我国,曾经试图实行平均主义,或者说绝对平均主义,干与不干一个样,干多干少一个样,结果是严重地损伤了人们的劳动积极性。劳动生产率低下,也就没有多少可以用来分配,对此我们已经有了深刻的教训。

(2) **功利主义**——使社会所有成员的总效用最大化。建立一个社会福利函数,赋予每一个社会成员效用相同的权数,随之将社会所有成员的总效用最大化。这里且不说社会福利函数本身都是与某种有关公平的特定观点相联系,而且总效用最大化是否能够实现就是一个大问题。效用是强调个人感受的主观评价,因此,就不能用一个社会福利函数来表示。所谓社会所有成员的总效用最大化,只有理论上的研究意义,并没有实际指导价值。

(3) **市场主导**——市场竞争的结果就是最公平的。我们在前面已经指出,市场竞争强调的是机会均等,而结果利益一定是不均等的。遵循的原则是在机会均等基础上的优胜劣汰,收入差距的不断拉大,从理论到实践都是必然的结果。收入差距的拉大,造成社会成员贫富悬殊是社会动荡的根本原因。

(4) **罗尔斯主义**——使境况最糟的社会成员效用最大化。罗尔斯主义(Rawlsian)有平均主义的内涵,他提出了商品在社会成员中公平配置,但并没有必然地导致绝对平均主义。罗尔斯主义提出了生产力较高的社会成员,应当得到比生产力较低的社会成员更多地奖励,鼓励最有生产力的社会成员更加努力地工作,产出更多的社会产品,并有一个制度安排,能让境况最差的人群得到最起码的关照,一些可通过再分配的形式使境况最糟的社会成员变好。这不是去限制发达地区、富裕人群的发展,而是鼓励发达地区、富裕人群继续发展,并通过多交利税和技术转让等方式来支持欠发达地区、欠富裕人群的发展。但罗尔斯主义同样也受到了各方面的批评。

对社会公平很难有一个统一的认识。即使仅对社会成员收入结果的公平也很难有统一的认识,而社会成员收入结果的公平通常又都是人们十分关心的敏感问题,这就成了政府公共政策中最困难也最具有争议性的话题,需要特别审慎地去解决。

三、贫富差距加大的根源

目前我国居民收入差距在拉大,这是不争的事实。造成分配不公平、收入差距拉大的主要原因包括市场竞争机会不公平、财富占有分布不公平、劳动收入不公平,以及其他因素。

1. 市场竞争机会不公平

市场竞争条件下的初次分配,存在差距是必然的。但市场机制的不完善,也造成了市场竞争机会的不均等。特别是利用特殊的关系,甚至是手中的权力,获得稀缺资源,机会极不均等。例如,一些房地产商的急速暴富,就是因获得了廉价的土地资源,而产生了巨额收入。我国的户籍管理制度，造成人力资源不能自由流动，劳动就业机会不平等，产生城乡之间、地区之间收入的巨大不平衡。由于我国基础教育发展的不均衡，城乡二元结构，使得农村人自儿童起，接受教育的机会就不平等，严重影响了受教育的水平等，给城乡之间的收入差距带来了重要的基础性影响。这些年我们干部队伍中一些大小官员的腐败，利用手中的权力和掌控的信息，官商勾结，霸占公共资源，也是造成机会不平等的重要原因之一。初次分配中机会的不公平，是造成我国收入差距拉大的重要原因。在市场机制比较完善的条件下，不可能有那么一部分人如此急剧地暴富。由此而产生的巨大差距，也很难用正常的再调节手段来加以调节。

2. 财富占有分布不公平

收入是某一个人在一个时期（通常指一年）所获得的各项款项的总和，是流量，而财富是在某个时点所拥有的所有净资产的货币价值总量，是累计的收入，是存量。这些年来，由于收入分配不公平的累计积累，产生的财富占有分布不公平，已经远远大于当年收入分布的不公平。据美国波士顿咨询公司 2017 年 12 月 2 日在北京发布题为《中国财富管理市场：机遇无限挑战犹存》的报告称，中国已有 67 万个家庭拥有百万美元以上的资产，位列全球第三，仅次于美国和日本。而招商银行和贝恩共同发布《2017 中国私人财富报告》称，2016 年中国个人可投资资产 1 000 万元以上的高净值人群，规模已达到 158 万人，2016 年中国个人持有的可投资资产总体规模达到 165 万亿元，2014—2016 年年均复合增长率达到了 21%。这部分资产的再投入，作为生产要素参与分配，进一步扩大了收入分配的不公平。

3. 劳动收入不公平

劳动作为最重要的生产要素也按贡献参与分配，并占主导地位。一个人的身体条件、劳动能力、工作技能都有极大的差异性，具有某种特殊技能的人常可以获得高额报酬。市场也常常会奖励那些敢于冒险、有雄心壮志、有运气、有创业天赋、有良好判断力和工作勤奋的人。

劳动职业部门不同也是收入差距的重要来源。尤其在我国的现阶段，不同职业部门之间的差距也很大的。例如，2016 年我国不同行业职工的年平均工资如图 12.4.2 所示，而且，地区不同也会导致很大差距。

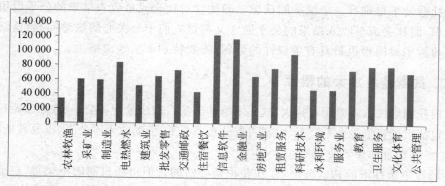

图 12.4.2　2016 年我国不同行业职工的年平均工资

资料来源：2017 年中国统计年鉴。

　　造成行业之间差异的部分原因与人力资本的投资大小有关,与行业的工作环境有关,也与我国劳动力市场不完善、部门垄断分割有关。而劳动者对行业又常常没有选择的机会,人力资源流动困难。目前我国实行的人口户籍制也是阻碍人力资源流动的一个重要因素。此外,对简单劳动和复杂劳动的需求价格弹性不一样,也是造成收入差异的一个重要原因。

　　4. 其他因素

　　甚至,有些人的收入是直接利用不正当的非法手段获取的不正当非法收入。一些人致富已经不是因为制度的不完善而钻了政府政策空子了,而是一种明火执仗的直接犯罪行为。直接的犯罪行为造成了收入的实际不公平。

四、效率与公平的实践

　　效率与公平问题涉及经济发展的活力和社会的稳定,历来都是世界各国都十分关注的热点问题,最需要审慎地处理。

　　我国社会经济发展的实践证明,效率与公平并不是对立的,而是互为基础、互为促进的。

　　在我国改革开放之前,社会经济活动的主要目标是实现全社会的共同富裕。这里的"共同富裕"强调的是结果的公平,有绝对平均主义的倾向,将共同富裕理解为同步富裕、同时富裕、同等富裕。尤其在"文化大革命"期间,连"按劳分配""八级工资制"都会受到批判。将公平和效率对立起来,只讲公平,不讲效率,结果是严重地损伤了我国劳动人民的积极性,我国的经济几乎一度走上了崩溃的边缘,也就无公平可言。

　　改革开放以后,我国在理论和实践的层面上,一直都在努力探索如何处理好效率和公平的关系问题。1983 年邓小平同志"允许一部分人先富起来"的思想被写进了《中共中央关于经济体制改革的决定》:"只有允许和鼓励一部分地区、一部分企业和一部分人依靠勤奋劳动先富起来,才能对大多数人产生强烈的吸引和鼓舞作用。并带动越来越多的人一浪接一浪地走向富裕。"党的十四大确立了社会主义市场经济体制的改革方向,党的十四届三中全会提出:收入分配要"体现**效率优先、兼顾公平**的原则"。党的十五大明确要坚持效率优先、兼顾公平。这里,效率优先是针对在相当长的一段时间内,我国社会经济的发展忽视了效率而言的。"效率优先、兼顾公平"的原则也确实对我国社会经济的发展起到了巨大的推动作用,劳动者的积极性得到了极大的鼓舞,经济有了迅速的发展,但同时我国贫富之间的差距也确实在逐渐加大。

　　党的十六大提出:"坚持效率优先,兼顾公平,既要提倡奉献精神,又要落实分配政策,既要反对平均主义,又要防止收入悬殊。"为当时社会一度出现是否应该提高效率优先的争论画了一个句号。说明至少在相当长的一个时期内,"效率优先、兼顾公平"的原则不会变。

　　党的十六大还提出:**初次分配注重效率,再分配注重公平**,确立了处理效率与公平关系的两层次原则。目的是既要适当拉开收入差距,发挥收入分配的激励作用;又要防止收入差距过大引起社会的不稳定。在社会主义市场经济的条件下,**初次分配**主要由市场机制形成,生产要素的贡献参与分配,要素的价格由市场的供求所决定,政府只通过法律、法规和税收进行调节和规范,而不直接干预。初次分配充分发挥市场机制对资源配置的决定性作用,让各种生产要素的活力充分地涌现出来,注重效率。**再分配**是指在初次分配结果的基础上,政府对要素的收入进行再次调节的过程。主要手段是政府利用税收、提供社会保障和社会福利、转移支付等,进行再调节。主要防止地区之间、城乡之间、部门之间、群体之间收入差距过大。再分配注重公平,注重收入分配上的公平。

党的十七大进一步提出:"**初次分配和再分配都要处理好效率和公平的关系,再分配更加注重公平**",是针对收入分配中的实际矛盾和问题,不断深化和完善处理效率和公平的关系。在市场经济利益驱动的机制下,初次分配所带来地区之间、城乡之间、部门之间、群体之间收入存在一定的差距是必然的。但是,由于目前我国社会主义市场机制还不完善,机制上的不完善带来的收入差距过大,单靠再分配就很难加以调节。因此,初次分配也要处理好效率和公平的关系,初次分配中的公平主要是侧重于竞争机会的均等。前面也已经讨论过,我国初次分配中收入的过大差距,主要是由竞争机会的不平等造成的。因此,还需要进一步规范市场竞争的秩序和相应的制度;要提高劳动报酬在初次分配中的比重;要创造条件让更多的群众拥有财产性收入;对于已经确立的秩序和建立的制度要加大执法的力度,保护合法收入,调节过高收入,严厉打击非法收入。

再分配更加注重公平,就是要加大税收等经济杠杆对收入分配的调节力度,促进社会公平。当然,再分配也要注意促进效率。如果把再分配调节力度搞得过大,出现奖懒罚勤效应,既会损害初次分配的公平性,也会损害效率,会反过来影响再分配的调节能力和社会公平的功能。因此,只有初次分配和再分配都促进效率与公平的有机结合,才能促进国民收入合理分配,最终既有利于生产力发展,又有利于促进社会和谐。中国共产党立党为公、执政为民是能处理好公平与效率的政治保证。坚持公有制为主体、多种所有制经济共同发展的社会主义市场经济体制,也是我国能处理好公平与效率关系的最重要的制度保证。

党的十八大再次提出:初次分配和再分配都要兼顾效率和公平,再分配更加注重公平。完善劳动、资本、技术、管理等要素按贡献参与分配的初次分配机制,加快健全税收、社会保障、转移支付为主要手段的再分配调节机制。突出强调了要素按贡献参与分配是在初次分配的范畴里,也是要兼顾效率与公平;而再分配的主要手段——税收、社会保障和转移支付要更加注重公平。从一般意义上讲政府由纳税人供养,应当为纳税人服务,取之于民,用之于民,但并不意味着谁缴税,政府就为谁服务。转移一定要发生,从高收入人群征得的税收转移到为中低收入人群服务。2016 年我国城镇居民人均可支配收入为 33 616.2 元,农村居民人均可支配收入为 12 363.4 元,两者之间的比例为 2.72,逐年有所减小。2016 年年中,城镇居民可支配收入中有 17.6% 来自转移支付,而农村居民的可支配收入中有 18.8% 来自转移支付,居民获得的转移支付比例,农村已经开始超过城镇。

党的十九大政治报告明确提出:必须坚持以人民为中心的发展思想,不断促进人的全面发展,全体人民共同富裕。让贫困人口和贫困地区同全国一道进入全面小康社会是我们党的庄严承诺。深入实施东西部扶贫协作,重点攻克深度贫困地区脱贫任务,确保到 2020 年我国现行标准下农村人口实现脱贫,贫困县全部摘帽,打赢脱贫攻坚战。针对新时代的特点,突出脱贫攻坚,强调共同富裕。

第五节 政府宏观调控

由于市场机制的种种缺陷,经济活动仅靠市场来调节还达不到资源的很好合理配置。对于公共品、外部性的产品配置,市场机制的资源配置作用更是有限,而在处理效率和公平的关系问题上更是有明显的局限性,这就需要政府对市场调节资源的决定性作用加以宏观调控,更好地发挥政府作用。十八届三中全会的决定规定了政府的职责和作用主要体现在八个方面,分四个层次的职能。

一是**市场竞争的管理者**:保障公平竞争,加强市场监督,维护市场秩序。市场经济本身是一个法治经济,竞争的公平有序必须要靠法制来保证。确保市场正常健康运行的各项规章制度制定、监督、维护都需要政府更好地发挥作用,是不可缺少的。

二是**市场效率的救护者**:弥补市场失灵。市场在对资源配置的过程中同样有局限性:市场竞争总是不完全,市场信息总是不对称,市场供求总是不均衡。市场的局限性必然将会影响资源配置的效率,因此需要政府更好地发挥作用来弥补,并作为市场效率的救护者。

三是**市场发展的引领者**:保持宏观经济稳定,加强和优化公共服务,推动可持续发展。恩格斯早在140多年前就告诫我们,"在今天的生产方式中,对自然界和社会,主要只注意到最初的和最显著的结果"[①]。这是告诉我们市场机制对资源的配置只会注意局部的、眼前的利益。为了人类的长远利益、全局利益,从根本上构建人类命运共同体,必须要有政府更好地发挥作用,对能引领人类长远利益、全局利益的政府也提出了更高的要求,对代表着政府执行政策的政府官员提出了更高的要求。更需要我们的执政党坚定不移全面从严治党,不断地提高党的执政能力和领导水平。

四是**市场使命的担当者**:促进共同富裕。让市场在资源的配置中起决定性作用的根本目的,是满足人民对美好生活的向往,实现人类的共同富裕。市场优胜劣汰的竞争机制决定了市场无法承担共同富裕的使命,只有政府才能更好地发挥作用。共同富裕不等于同步富裕,允许一部分人、一部分地区先富起来,但先富必须带后富。处理好"允许先富"和"先富必须带后富"之间的关系,既需要科学的制度,也需要领导的艺术,即需要科学加艺术。这对要执行好政府使命的各级政府官员的要求更高了,各级政府官员首先需要解决好世界观、人生观、价值观,让自身成为一支高度政治觉悟、高度业务素质的专业化队伍。

由此可见:若要市场在资源配置中起决定性作用和更好发挥政府作用,则需要两者相辅相成,相得益彰,才能使资源达到优化配置,或逐步达到社会公平正义要求下的优化配置。政府对发展的引领作用和对使命的担当作用,更能体现出新时代中国特色的社会主义的优越性。

政府宏观调控采用的手段可以是**计划手段**、**经济手段**、**法律手段**、**行政手段**、**舆论手段**,其中主要采用财政政策和货币政策的经济手段,而不直接干预企业的生产经营活动。本节不全面讨论更好发挥政府作用,不全面讨论政府的宏观经济政策,因为这已经超出了

---

①恩格斯. 自然辩证法. 北京:人民出版社,1971,p.161.

本课程的范围。有些在前面各章中已有讨论，这里也不再赘述。本节只侧重讨论与企业经营决策，也含非营利机构的经营管理决策，有密切相关的公共品的提供、公有资产管理、调节收入分配等几个问题。

一、公共品的提供

在本章第二节已经讨论了公共品、准公共品的问题。习近平主席在中国共产党第十九次全国代表大会上的报告中指出："中国特色社会主义进入新时代，我国社会的主要矛盾已经转化为了人民日益增长的美好生活需要和不平衡、不充分的发展之间的矛盾。人民美好生活需要日益广泛，不仅对物质文化生活提出了更高要求，而且在民主、法治、公平、正义、安全、环境等方面的要求也日益增长"。满足人民美好生活不仅是私人品问题，公共品、准公共品的提供问题也已经提上了日程。

进入 21 世纪以来，在我国贫困标准不断提高的基础上，贫困人口从当初的 3 亿多人减少到目前的 4 300 多万人，大多数群众已经解决了温饱问题，2020 年将全面实现小康社会，现行标准下农村贫困人口实现脱贫，贫困县全部摘帽。人们在吃穿基本不愁之后，对生活质量的要求必然会提高。需求的层次就有了提高，社会的公共品、准公共品已经进入人们的视野。例如，人们希望居住的环境更优美、宽敞，出行更方便、快捷，"住"和"行"也成为公共品、准公共品。而义务教育、医疗保险、社会保障、社会治安、司法公正、环境保护等社会公共品、准公共品，更成为了人们关注的焦点。

通常公共品、准公共品需求收入弹性都大于 1，这意味着对公共品、准公共品的需求，比人们收入增长的速度更快。目前，社会对这些日益增长的公共品、准公共品的提供是短缺、低效的，并不能满足老百姓的需求。党的十九大提出："推动城乡义务教育一体化发展，高度重视农村义务教育，办好学前教育、特殊教育和网络教育，普及高中阶段教育，努力让每个孩子都能享有公平而有质量的教育"。"使绝大多数城乡新增劳动力接受高中阶段教育、更多地接受高等教育"。我国当今社会已经从个人私人品滞后发展到社会公共品、准公共品滞后，需求的主要矛盾发生了变化。社会公共品、准公共品的提供严重落后于人民的需求，已成为我国当前需求矛盾的主要方面。

政府的主要职责应该是**公共管理**，是提供更多的公共品、准公共品的社会**公共服务**。随着经济发展和财政的增加，政府应更重视向公众公平、公正地提供基本的社会公共品、准公共品，让全体人民群众分享到改革的成果。今天的一些发达国家，虽然贫富收入的差距也很大，但由于政府提供给社会的公共品、准公共品比较平等，穷人富人一样可以享受，如旅游胜地，富人能去，穷人也能去，无非富人住五星级宾馆，条件不够的人群住一星级、二星级宾馆而已，社会矛盾就不那么突出了。但如果公共品、准公共品的提供不仅短缺，而且还不公平、不公正，这就成了问题。

由于准公共品，尤其是公共品很难，或者无法利用市场机制来提供，解决的办法是继续推动改革向前发展，真正转变政府职能，政府要从经济指导型逐步转变为社会服务型，多发展社会福利，建立起有效的公共品供给制度，解决公共品欠账的问题，加强和优化公共服务。

政府提供的公共品、准公共品，并不等于一定要政府生产。公共品、准公共品生产与提供,要在政府采购制度的推行下逐步分离。公共品、准公共品生产市场应由过去的政府独家垄断经营,开始有选择地向私人部门开放,从而形成公共品、准公共品市场中多种经济成分、多个生产厂商之间的竞争格局,尤其是针对可以有排他性的准公共品市场。推广政府购买服务,凡属于事务性管理服务,原则上都要引入竞争机制,通过合同、委托等方式向社会购买。各级政府间公共品、准公共品的资源配置职能,也要在分税制的制度创新下逐渐分开。各级政府大体上在划定事权、支出责任、税权税源、非税收入,以及政府间转移支付等项目和数量的前提下,各司其职,各负其责,各得其利,自求平衡,各自确定本级政府辖区内的公共品、准公共品的提供的数量、结构与质量,努力实现公共品、准公共品的有效提供,实现政府职能的有效转变。

二、公有资产管理

《中华人民共和国宪法》明确规定:"中华人民共和国的社会主义经济制度的基础是生产资料的社会主义公有制,即全民所有制和劳动群众集体所有制","在社会主义初级阶段,坚持公有制为主体、多种所有制经济共同发展的基本经济制度。"社会主义初级阶段的基本经济制度,不同于社会主义经济制度,具有自身的特点,就是要"毫不动摇地巩固和发展公有制,推行公有制多种实现形式"。胡锦涛同志在中国共产党第十八次代表大会上的报告中指出:"毫不动摇地鼓励、支持、引导非公有制经济发展,保证各种所有制经济依法平等使用生产要素、公平参与市场竞争、同等受到法律保护。"

实行公有制为主体、多种所有制经济共同发展,有利于增强竞争和发挥市场机制的功能。市场经济是建立在多经济主体参与竞争的基础之上的,单一的公有制结构往往会导致垄断,从而失去经济活力。只有鼓励、支持、引导发展非公有制经济,形成多元的所有制经济主体,才能有效地开展和形成市场的竞争,激发全社会创造力和发展活力,发挥市场对资源配置的决定性作用。

实行公有制为主体、多种所有制经济共同发展,有利于各类市场主体取长补短、相互促进。公有制企业,特别是国有企业具有团队凝聚力强、能自觉承担社会责任等优点和优势。这些年来,在我国一些突发的自然灾害和重大的经济事件中,国有企业的中流砥柱作用、优势也已经充分地显现出来了。非公有制企业具有对市场反应灵敏、经营灵活、自我调适快等特点和长处。在市场的竞争中,不同类型的企业在组织结构、经营方式的创新中相互借鉴、取长补短,有力地推动了现代企业制度的不断完善。多种所有制经济的有机结合,使中国经济更有韧性,更有生命力,企业也更具有全球竞争力。多种所有制经济的有效结合,为解决人类问题而贡献出了中国智慧和中国方案。

实行公有制为主体、多种所有制经济共同发展,有利于资源的有效配置。在共同发展的过程中,探索实现股权多元的企业形式,拓宽了不同经济成分的发展空间。十八届三中全会决定提出:"积极发展混合所有制经济。国有资本、集体资本、非公有资本等交叉持股、相互融合的混合所有制经济,是基本经济制度的重要实现形式。"既可以充分发挥非公有资本的潜力,又能促进国有经济的战略性调整,从而增强国有企业的控制力和影响力。

公有制的主体地位主要表现在公有资产在社会总资产中占有优势,既有量的优势,更有质的提高；国有经济控制国民经济命脉，在经济发展中占主导地位，尤其在国民经济命脉和国家安全的重要行业和关键领域，国有和国有控股企业占优势。[①] 重点提供公共服务、发展重要前瞻性战略性产业、保护生态环境、支持科技进步、保障国家安全。

政府作为全体国民的代理人，负有管理公有资产，特别是国有资产的责任，作为公有资产中最重要的实现形式，行使所有者职能的任务。我国的国有资产在社会总资产中的比重最大，在关键领域中集中度更高，控制了国民经济的命脉，是推进国家现代化、保障人民共同利益的重要力量，因此管理国有资产的职能就更加重要。

管理公有资产并不等于要政府机构直接经营公有资产。对于国有资产，除少数特殊资产外，绝大多数也是实行所有权和经营权分离的原则。目前，授权国有资产监督管理机构专门负责国有资产的管理和监督，国有资产监督管理机构按照资本增值最大化的原则，以管资本为主，在国有资产增值与保值的前提下委托企业，按照市场运作的方式经营国有资产。确保国有资本收益权和企业自主经营权，推动国有资本做强、做优、做大。

在市场运作的框架下，切实行政企分开，政企分开的核心是政府和国有企业分开。深化国有企业公司制股份制改革，健全现代企业制度，优化国有经济的布局和结构，增强国有企业的经济活力、控制力和影响力。在鼓励、支持、引导非公有制经济发展的同时，坚持发展公有经济，以提高企业效率、增强企业活力、承担社会责任为重点，进一步深化国有企业改革。

由此可见，坚持公有制为主体、多种所有制经济共同发展，既是我国社会主义经济制度的要求和特点，也是我国现阶段经济运行的需要和特点。两者的共同发展，从制度层面上保证了能够处理好效率和公平的关系。而管理好公有资产，则从政府财力上大大加强了宏观调控能力，从而保证了社会经济的效率和公平互为基础、互为促进地实现，保证了实现我国人民走向共同富裕的目标，是共同富裕的制度性保障。

三、调节收入分配

政府的宏观调控还体现在对收入分配的调节上。这可以通过规范初次分配、做好再分配、倡导三次分配来实现。

1. 规范初次分配

虽然初次分配的关系主要由市场机制形成，但仍需要政府对初次分配的规则和秩序进行规范。坚持按劳分配原则，完善按要素分配的体制机制，促进收入分配更合理、更有序。既要高度重视竞争机会的公平，也要切实注意分配过程中的公平。

高度重视竞争机会的公平，目前特别需要注意的是人们受教育机会的公平和劳动机会的公平。教育公平是社会公平最重要的基础性公平，是人的全面发展和社会公平正义的客观要求。总的来说，虽然我国的教育公平取得了显著成效，但面临的问题却仍然十分突出。城乡之间、区域之间、学校之间，义务教育的师资和办学条件还存在很大的差距，部分公共教育资源的配置和使用也缺乏有效的监管。需要坚持教育的公益性质，强化政府责任，加大对教育的财政投入和政策支持，大力促进教育公平，健全家庭经济困难学生资

---

①《人民日报》理论编辑部. 六个为什么. 人民日报，2009-03.

助体系,统筹城乡义务教育资源均衡配置,利用信息手段来扩大优质教育资源广覆盖,逐步实现基本公共教育服务均等化,努力让每个孩子都能享有公平而有质量的教育。

若要实现劳动机会公平,就要促进劳动力的自由流动。在发挥市场机制作用、保证效率的前提下,劳动力的自由流动是保障公平有效调节收入分配的必要条件。在诸多生产要素中,劳动力是唯一有创造力的要素,劳动力自由流动有利于实现有效率的充分就业,能够促进经济发展、人口发展和社会进步等多重跨越。在终极目的意义上,社会进步也是为了人的发展。劳动力的流动就是为了劳动力的自由选择和自由发展,这是所有发展中国家,包括我国,在今后很长一段时间里必须面对的发展困难和巨大挑战。目前,城乡二元结构是制约城乡发展一体化的主要障碍。需要创新人口管理,加快户籍制度改革,从城乡二元结构向一元结构转型,实现城乡一体化的劳动力自由流动体制。

切实注意分配过程中的公平,目前需要强调的是逐步提高居民收入在国民收入(GNI)分配中的比重和提高劳动报酬在初次分配中的比重。两个提高都涉及了国民收入初次分配的关系。在我国国内生产总值[①](GDP)收入法的核算中,收入是由劳动者报酬、生产税净额、固定资产折旧、营业盈余四个项目组成的。生产税净额是缴给国家形成政府收入;固定资产折旧要维持企业简单再生产;企业营业盈余除一些应分配给资本所有者作为要素的回报外,还要留一部分用于企业扩大再生产;只有劳动者报酬才是劳动者在初次分配中得到的劳动报酬,而居民收入除劳动者报酬外,还增加了一些投入资本回报的财产性收入,它和一些经营净收入和转移性收入一起构成居民的收入。

据测算[②],2002—2006年,居民收入在国民收入中的比重呈持续下降趋势,2002年为62.1%,2006年为57.1%,下降了5个百分点,据2013年统计年鉴测量,2012年居民收入在国民收入中的比重到了47%,又下降了10个百分点。而2016年,全国居民收入在国民收入中的比重为44.4%,又有所下降。因此,需要采取一系列措施:控制投资过快增长;控制净出口规模;逐步提高最低工资标准;完善社会保障;增加农民收入;鼓励创业投资;创造条件让更多群众拥有财产性收入。

此外,还要提高劳动报酬在初次分配中的比重。初次分配是劳动、资本、技术、管理、土地等生产要素按贡献参与分配的关系,按照生产要素的市场价格决定分配。但目前生产要素的市场价格形成机制还不完善,还没有市场化。在资本要素市场上,反映资本价格的利率尚未市场化;在土地要素市场上,获得土地的机会还很不均等,在过去相当长的一段时间里,一大部分在靠行政审批和政府定价;城乡统一的劳动力市场还没有形成,还有垄断经营、分配秩序混乱等,这些都使我国初次分配的关系出现扭曲。

因此,我国居民劳动报酬占GDP的比重,在1983年达到56.5%的峰值后,持续下降,2005年已经下降为36.7%,22年间下降了近20个百分点,2007年劳动者的报酬在当年GDP中占39.7%。据2017年中国统计年鉴,各地区生产总值收入法构成项目的数据测算,全国劳动者劳动报酬占当年国内生产总值的47.46%。而在发达市场经济国家,劳动报酬总额占GDP的比重,一般都为54%~65%。因此,需要采取措施,建立企业职工工

---

①国民总收入(GNI)等于国内生产总值(GDP)加上来自国外的净要素收入。

②十七大报告学习辅导百问. 北京:学习出版社,2007,p.170.

资正常增长机制；适时调整最低工资标准；加强国家对企业工资的调控和指导；确保工资按时足额发放等。努力提高劳动报酬在初次分配中的比例，形成合理有序的收入分配格局，鼓励勤劳守法致富，调节过高收入，清理规范隐性收入，取缔非法收入，增加低收入者收入，扩大中等收入者比重，努力缩小城乡、区域、行业收入分配差距，逐步做到中等收入者占多数，绝对贫困现象被消除。

2. 做好再分配

再分配是在初次分配的基础上，政府对要素的收入进行再次调节的过程。做好收入再分配是政府的重要职能，是促进社会公平的重要手段。能否充分发挥收入再分配的功能作用，关键在于政府。政府作为公共权力机构，具有其他任何机构所不具有的权力和能力，因而能够也必须主导国民收入再分配的整个过程。政府作用能否更好地发挥，既取决于社会政治制度的性质和具体的制度安排，也取决于公众的理念和行为。如果公众的理念和行为更侧重于公平，就会增强社会制度安排的公平取向；反之，则会削弱社会制度安排的公平取向。公众的理念和行为取向，虽然取决于历史文化传统、社会意识形态、生活习惯条件等多方面因素，但政府也可以采取措施来影响公众的理念和行为，坚持正确舆论导向，培育和践行社会主义核心价值观。

收入再分配要更加注意公平。促进公平作用的发挥，依靠的不是市场机制，而是政治机制和社会机制，因而需要建立公平取向的政治制度和具体制度安排，也需要社会公众形成公平理念和行为。我国坚持公有制为主体、多种经济共同发展的社会主义制度，是促进和最终实现社会分配公平的根本制度保证。收入再分配的主要方法有强化税收调节、建立社会保障和转移支付、提供公共服务。

强化税收调节。这是政府有能力实行再分配的财力保障。政府的税收可以分为直接税和间接税。直接税的纳税者和税收的实际承担者是一致的，主要是企业所得税、个人所得税、资产税、遗产税等；间接税的纳税人可以在不同程度上向他人转嫁税收，主要是增值税、营业税、消费税、关税等。税赋的征收也要注意公平、效率、简便、灵活、透明。

目前，我国主要征收以增值税为主的流转税[①]。2016年，生产型企业上缴的增值税占我国税收总额的31.2%，而营业税、关税、契税、土地增值税、城市维护建设税等各式流转税占税收总额的38.9%。以增值税为主的流转税是间接税，政府制定税收政策和企业在作出相应决策时，都要充分考虑间接税的转移特点。而且，增值税对于不同类型的企业而言，实际税收负担并不相同。

随着经济的发展、税收体制的不断完善，逐步提高直接税比重。在整个税收收入中，流转税的比重应当适当下降，而所得税的比重应当适当上升，这是一种必然趋势。企业所得税从十多年前占我国税收总额的10%左右，到2016年已经上升到22.1%。但个人所得税占税收总额的比重仍然过低，个人所得税占国家税收总额的比例，近几年一直徘徊在4.4%～6.8%，2016年是7.7%，总量虽有增加，但比例却基本原地踏步，远远低于发达国家平均30%、发展中国家平均15%的比例，这与我国近年来经济总量和国民财富的实际

---

①流转税是以纳税人商品生产、流通环节的流转额或者数量以及非商品交易的营业额为征税对象的一类税收，主要有增值税、消费税、营业税、关税等。

快速增长极不相称。尤其是高收入人群缴纳所得税占总额的比例过低,极不利于收入再分配的调节,税制需要改革。详见专栏 12-4。

专栏 12-4

企业高管年薪 1 元高尚吗?

2017 年 3 月 7 日,全国人大财经委副主任委员黄奇帆的一句话点破了真相。黄奇帆说:有的企业高管拿一元工资,这样就可以避免缴纳个人所得税,然后把个人开销算在企业的费用上。

根据我国现行个人所得税税率计算,一位企业高管如果拿 100 万元工资、薪金,将缴纳 40 多万元个人所得税。而如果这位高管拿一元年薪及 100 万价值的股票期权,则适用 20% 的税率,只需要缴纳 20 万元个人所得税,这样一来,可以避税 20 多万元。一些财务人员告诉我们,一些董事长和总经理虽然只拿 1 元年薪,但他们平时所有的开支都可能已经变成了企业的成本和费用。

我国现行的所得税收制度仍属于分类计征制,根据不同收入来源,采用不同的计税方法。主要分工资、薪金所得,7 级超额累进税率,从 3% 到 45%;个体工商户的生产、经营所得和对企事业单位的企业所得税 5 级超额累进税率,从 5% 到 35%;而其他一些收入如:个人的稿酬所得,劳务报酬所得,特许权使用费所得,利息、股息、红利所得,财产租赁所得,财产转让所得,偶然所得和其他所得等,按次计征个人所得税 20%。

由于工资薪金部分的个人所得税是代扣代缴,征收成本最低,目前我国大于 60% 的个人所得税都是工资薪金所得,主要来自中等收入人群缴纳,而对于少数高收入人群收入(他们收入主要不是来自工薪所得)征收比例就严重不足,说明我国目前采用的税制没有充分考虑到对收入和财富分配的公平。而且高收入人群实际上还有着更多的避税渠道,这里我们还没有考虑实际上存在各种偷税、漏税、逃税等犯罪现象。

参考资料:人民网,百度百科,2017。

加强社会保障体系建设。重点是要建成一个覆盖全民、城乡统筹、权责清晰、保障适度、可持续的多层次社会保障体系。完善城镇职工养老保险和城乡居民基本养老保险制度,实现养老保险全国统筹;完善统一城乡居民基本医疗保险制度和大病保险制度;完善最低生活保障制度,统筹城乡社会救助体系等多层次的保障体系。在初级阶段,政府的财政和各方面承受能力都有许多限制,因此必须要抓住人们最关心、最直接、最现实的利益问题来推进社会保障体系的建设。这样做,可以基本解除人们的后顾之忧,为社会成员提供最起码的生活保障,还可以鼓励人们放心大胆地去创造财富,进一步提高生活质量。同时,也可以增强人们的社会安全感,起到拉动消费、扩大内需,从而促进经济增长的作用。

我国从 1995 年起实施以地区基本公共服务均等化为目标的转移支付制度。转移支付资金按照公平、公正、循序渐进的原则,并体现向民生倾斜,向西部、向老少边穷地区倾斜。二十多年来,转移支付在技术方法上不断改进,力度不断加大,效果也日趋明显。2017 年中央财政对地方转移支付预算数为 56 512.00 亿元,其中一般性转移支付为 35 030.49 亿元,比 2016 年执行数增加 3 053.14 亿元,较执行数增长 9.5%,占全部转移支付比重接近 62%。专项转移支付为 21 481.51 亿元。为公共服务逐步均等化提供了有力的资金保障。

提供社会保障和社会福利、扩大转移支付等调节手段的再分配，重点是调节地区之间、城乡之间、部门之间、不同群体之间、在职与退休人员之间的收入关系，防止收入差距过大，保障低收入者的基本生活。我国的基本经济制度保证了收入再调节的力度和广度。

提供公共服务。政府为社会提供更加广泛的公共服务，提供越来越多的公共品、准公共品是社会公平的需要，也是社会发展与进步的重要标志。这些内容在前面一些章节已有讨论，这里就不再展开讨论。

3. 倡导三次分配

三次分配是在初次分配和再分配的基础上，在道德层面上，通过自愿捐赠的方式进行的收入再分配。即社会上一部分先富裕起来的人群通过捐赠、资助公益事业等行为来回报社会，实现更深层次和更大范围内的收入分配调整。这样就使得富裕人群的财富，直接或间接地回报给社会，转移到低收入人群实施共享，客观上起到了国民收入再分配的作用，因而被称为第三次分配。由于第三次分配是人们自觉自愿的一种捐赠，因而也就发挥了政府调节和市场调节所无法替代的重要作用，更加有利于缓和社会矛盾，促进社会公平。

三次分配不仅是扶贫济困，帮助弱势群体，还可以为社会更加长远发展的文明进步、公平正义进行创新性试验，发挥其独特作用。世界上最大的私人慈善基金会——比尔及梅琳达·盖茨基金会正做着这样的开拓性的工作。他们着眼全球，着眼未来，找出最大的需求所在，立足长远解决问题，管理政府无法承担、企业不愿承担的高风险项目，对证明有效的项目长期推进，向公共政策输送更高质量的谏言，并引导相关资金用于推动人类社会的文明进步。

当前，我国已初步具备推进第三次分配的经济基础和社会基础。2016 年我国社会总体上已经进入小康社会，人均 GDP 达到 8 123 美元，一些东部沿海发达地区人均 GDP 已超过 20 000 美元，先富带动后富。在社会富裕人群中，越来越多的人萌发出了承担社会责任、扶贫济困的公益之心；在社会普通成员中，也涌现出了数以千万计热衷于公益事业的志愿者群体。详见专栏 12-5 的兴华助学基金会。

政府应当积极倡导公益精神，培养回馈社会理念，引导企业家认识到自己的财富最初来源于社会，最终也要回报社会，使所有高收入者都能有"第三次分配"这样的观念和行动，都能把捐赠献爱心看成是先富裕起来人群的一种应尽的社会责任。为鼓励社会富裕成员捐资建立公益性或慈善性基金组织，政府可借用国际通行的办法，直接依法申请登记，减免捐款的所得税，并在全社会倡导对积极参与公益事业的社会成员给予合理的社会激励，更广泛地调动他们的积极性和创造性。对优质的公益服务，政府应当采用政府购买的方式加以支持。

三次分配不会成为国民财富分配的主流，只能是市场初次分配和政府再分配的补充。但它却是一种社会和谐的润滑剂，需要大家都来参与，不求回报的互相帮助，各种形式的慈善活动就是三次分配的重要形式。关键在坚持，坚持成习惯，习惯成自然。我国为发展慈善事业，弘扬慈善文化，规范慈善活动，保护慈善组织、捐赠人、志愿者、受益人等慈善活动参与者的合法权益,促进社会进步,共享发展成果,2016 年 3 月制定了《中华人民共和国慈善法》,并于 2016 年 9 月 1 日正式实施。从此,三次分配也有了法律保障。

努力营造一种捐赠光荣的社会文化理念,动员社会各界的舆论支持公益事业的发展。更要营造"捐赠光荣"的新理念,企业家要培养积淀这种文化理念,政府、媒体和社会各界都要为捐赠行为提供政策上、道义上、舆论上的多方支持,形成浓厚的文化氛围,使三次分配真正成为调节收入的重要组成部分,从而推动社会进步。

专栏 12-5

仁爱无言　大爱无疆

甘肃兴华青少年助学基金会由清华大学老教授赵家和奠基创立。他聪明,干一行,爱一行,行行出色;他仁爱,捐积蓄,献遗体,大爱无疆。

兴华基金会理念:厚德载物 大爱无疆

兴华基金会宗旨:雪中送炭

兴华基金会目标:高中阶段寒门学子

兴华基金会选择:贫困地区的优秀中学 困难家庭的上进学生

兴华基金会程序:申请 调查 审核 公示 确认

兴华基金会目前与甘肃、青海、四川等三省六市十二个贫困县区的 17 所优秀中学签订了兴华捐资助学协议书。基金会爱心团队坚持钱到、人到、心到的兴华助学活动。到 2018 年,已经在黄土高原的千沟万壑,在祁连山麓的丘陵荒漠,在大巴深山的峭谷陡坡,走过了近 4 万公里的行程,先后召开 100 余场学生、老师、家长互动座谈会,参与人数超过 10 000 人次,走访了近 200 户贫困学生家庭,累计资助高中生 4 364 名,其中 2 514 名已经完成高中学业,近 80% 进入高等院校学习。从 2017 年夏天开始,有 190 名在校大学生继续获得兴华基金会资助。截至 2018 年,实际使用善款累计超过 2 000 万元。

资料来源:www.xhjjh.org。

企业的经营决策者努力实现企业的价值最大化,为企业利润展开决策是必然的。但追求利润的目的,是为了更好地全面承担企业的责任,承担企业在社会经济活动中的社会责任,推动社会的不断进步,发展与和谐共存。

中国社会是一个崇尚英雄豪杰的社会,在过去几千年的历史中,英雄豪杰几乎都是在刀光剑影中产生的。在今天的社会里,希望英雄豪杰不再在刀光剑影下产生了。能为我国经济的发展,把"蛋糕"做大,就是当代的豪杰;能为我国社会的和谐,把"蛋糕"分好,就是当代的英雄。而职业经理人既能为做大"蛋糕"作贡献,也能为分好"蛋糕"作贡献。因此,期待着更多的职业经理人成为当代的英雄豪杰,经世济民的社会人。最后谨以陈岱孙老先生于 1987 年 10 月在清华大学经管学院首届"陈岱孙经济学奖学金"颁奖会上的一段话,与未来的职业经理人共勉。

"大家对我们的同学都有一种期望,希望你们学有成就后,对我们的国家、社会有一种责任感和使命感。如果让'经济人'在今天复活起来,用它指导、主宰自己的一切,那将是很不好的。"①

本 章 提 要

在市场利益转换过程中,会发生外部性。有负外部性和正外部性,环境污染是负外部性,教育有显著的正外部性。

负外部性造成市场资源配置无效率,社会边际成本大于企业生产边际成本。正外部性也造成市场资源配置无效率,社会边际收益大于个人边际收益。

减污边际成本等于边际外部成本决定了排放标准和排放费。允许排放许可证交易可以降低社会治污成本。

消费中具有竞争性又有排他性的商品是私人品;既无竞争性又无排他性的物品是纯公共品;没有竞争性,但有排他性的物品是准公共品;没有排他性,但有竞争性的物品是共有资源。

公共品的需求是个别需求的纵坐标相加。通常公共品供给的边际成本趋于零,消费者也可以"搭便车",给公共品的配置带来相当大的困难。公共品的有效配置需要用费用效益分析。

共有资源常常会被过度使用。对共有资源配置的办法通常有两个:明确界定产权和政府进行管理。

效率与公平是社会进步的两大主题,是我们面临最需要审慎权衡处理的问题。可以用基尼系数来衡量贫富的差距,市场经济条件下的初次分配拉大了我国的贫富差距。仅靠市场对资源实现的优化配置往往并不是人们共同期待的最优配置。

贫富差距加大的原因包括市场竞争机会不公平、财富占有分布不公平、劳动收入不公平,以及其他一些因素。

处理好效率与公平之间的关系涉及经济发展的活力和社会的稳定。我国社会经济发展的实践表明:效率与公平并不对立,而是互为基础、互为促进。

政府的职责和作用主要体现在八个方面,分四个层次的职能。一是市场竞争的管理者:保障公平竞争,加强市场监管,维护市场秩序。二是市场效率的救护者:弥补市场失灵。三是市场发展的引领者:保持宏观经济稳定,加强优化公共服务,推动可持续发展。四是市场使命的担当者:促进共同富裕。

政府宏观调控主要采用财政政策和货币政策的经济手段,宏观调控还体现在对收入分配的调节上。可以通过规范初次分配,做好再分配,倡导三次分配来实现。

关键词和术语

外部性:在市场交易主体利益的转换过程中,影响了其他主体利益。

负外部性:没有消费的主体也要支付成本。

---

①《清华校友通讯》复 42 期。

正外部性：没有投资的主体从中得益。

边际外部成本（MEC）：在增加产量时还需要外部来多支付的成本。

边际社会成本（MSC）：从社会角度看,生产的全部边际成本。数量上等于企业边际成本曲线和边际外部成本曲线的纵坐标之和。

边际外部收益（MEB）：在增加产量时,外部消费者从中多得到的收益。

边际社会收益（MSB）：从社会角度看,产品的全部边际收益。数量上等于消费者的需求曲线（边际效用）和边际外部收益曲线的纵坐标之和。

无效率社会成本：外部性带来的无谓损失。负外部性时,在实际产量和有效产量之间,边际社会成本曲线和需求曲线围成的面积;正外部性时,在实际产量和有效产量之间,边际社会收益曲线和边际成本曲线围成的面积。

减污边际成本（MCA）：多减少一单位污染所要增加的成本。通常在污染程度高时,减污边际成本较低;在污染程度低时,减污边际成本较高。

排放标准：政府允许企业排放的水平。通常由减污边际成本曲线和边际外部成本曲线的交点决定。

排放费：根据企业排放的数量,政府向排放企业征收的费用。通常每单位污染征收的费用由减污边际成本曲线和边际外部成本曲线的交点决定。

排放许可证交易（transferable emissions permit）：允许企业排放的许可证可以在企业之间交易。交易结果,减污边际成本较低的企业会更多地减少排放,降低社会减污的成本。

竞争性：一个人消费会影响或减少其他消费者对该产品的消费称竞争性。

非竞争性：一个人消费不会影响或减少其他消费者对该产品的消费称非竞争性。

排他性：潜在用户能够被有效排除的性质。产权越能明晰界定越具有排他性。

非排他性：潜在用户不能够被有效排除的性质。

私人品：既有竞争性又有排他性的产品。

公共品：又称纯公共品。具有非竞争性,又有排他性的产品。

准公共品：具有非竞争性,而又有排他性的产品。

共有资源：具有非排他性,而又有竞争性的产品。

公共品需求曲线：公共品需求曲线是所有消费者需求曲线的纵坐标之和。

搭便车：其基本含义是不付成本而坐享他人之利。由于公共品不具有排他性,不支付应当分担的份额,而分享公共品带来的好处。

费用效益分析：用于估计、并比较提供公共品服务的公共项目直接和间接总费用,以及直接和间接总效益的一种方法和技术。既要估计直接的费用和效益,也要估计间接的费用和效益;通常间接的费用和效益比直接的费用和效益更难估计。

社会贴现率（social discount rate）：资金从非公共部门转移到公共部门的机会成本。

共有资源配置：共有资源的非排他性,造成过度使用。配置的办法主要有界定产权、进入限制、政府管理等。

效率与公平：社会进步的两大主题,最需要审慎权衡的问题。

劳伦茨曲线（Lorenz curve）：表示收入分配的一条曲线。由贫到富排列,累计人口的百分比和所占累计收入的百分比之间的关系。

基尼系数：反映贫富差距的一个系数。用绝对平均线和劳伦茨曲线包围的面积与三角形面积之间的比来表示。

绝对平均主义：社会所有成员都得到同样数量的商品。

功利主义：使社会成员的总效用最大化。

罗尔斯主义（**Rawlsian**）：使境遇最糟的社会成员效用最大化。

初次分配：分配是一个复杂的过程，一般由市场机制形成，按生产要素的贡献参与的分配为初次分配。传统意义上的初次分配是专指国民收入在物质生产领域内进行的分配。

再分配：在初次分配结果的基础上，对各收入主体之间对要素收入再次分配过程，是政府机制主导下，再次调节的过程。

三次分配：在初次分配和再分配的基础上，在道德层面通过自愿捐赠等方式，将一些人的收入直接或间接地转移到了另一些人手中，常被称作第三次分配。

复 习 题

1. 什么是外部性？什么是负外部性？什么是正外部性？请举例说明。

2. 正、负外部性分别是怎样影响市场资源配置效率的？你对克服外部性有什么建议？

3. 排放标准和排放费是怎样确定的？为什么要建立排放许可证的交易？

4. 什么是私人品？什么是公共品？什么是准公共品和共有资源？它们各有什么特点？

5. 公共品的需求与供给有什么特点？

6. 什么是费用效益分析？其理论依据是什么？你知道怎样来进行费用效益分析吗？

7. 为什么共有资源通常会被过度使用？你见到什么被过度使用共有资源的例子吗？你建议应当如何来克服共有资源被过度使用的现象？

8. 你是怎样认识公平的？你是怎样认识效率与公平之间的关系的？

9. 什么是基尼系数？改革开放以来，我国基尼系数发生了怎样的变化？你是怎样认识这些变化的？

10. 我国贫富差距加大的原因是什么？你是怎样看待目前我国出现的贫富差距的？

11. 我国处理效率与公平关系的实践是什么？你是怎样看待我国处理效率与公平关系的不断变化的？

12. 你是怎样认识我国政府的职责和作用？

13. 你估计我国居民对公共品、准公共品的需求会有什么变化？你是怎样看待政府在提供公共品、准公共品服务上的角色作用的？

14. 你是怎样认识我国存在大量的共有资产的？应当怎样管理共有资产？

15. 你是怎样看待政府在收入分配上的调节作用的？政府应当怎样来调节收入分配？

16. 你是怎样认识和理解"使市场在资源配置中起决定性作用和更好发挥政府作用"？

17. 你是怎样理解职业经理人的社会责任的？你打算做什么样的职业经理人？

 第十二章自我检测题及答案

参 考 文 献

[1] 习近平. 决胜全面建成小康社会夺取新时代中国特色社会主义伟大胜利. 北京：人民出版社,2017.

[2] 本书编写组. 党的十九大报告学习辅导百问. 北京：党建读物出版社,2017.

[3] 恩格斯. 自然辩证法. 中共中央马恩列斯著作编译局译. 北京：人民出版社,1971.

[4] Christopher R,Thomas. Managerial Economics. 12E. McGraw-Hill Education,2016.

[5] 克里斯托弗 R,托马斯. 管理经济学(第 12 版). 陈章武等校译. 北京：机械工业出版社,2018.

[6] Dominick Salvatore. Managerial Economics in a Global Economy. 8E. Oxford：Oxford University Press,2015.

[7] 多米尼克·萨尔瓦多. 管理经济学原理和国际应用(第 8 版). 陈章武等校译. 北京：清华大学出版社,2017.

[8] 托马斯·皮凯蒂. 21 世纪资本论. 巴曙松等译. 北京：中信出版社,2014.

[9] 何帆. 21 世纪资本论导读本. 北京：中信出版社,2015.

[10] 尤瓦尔·赫拉利. 未来简史. 林俊宏译. 北京：中信出版社,2017.

[11] 乔纳森·海特. 正义之心. 舒明月等译. 杭州：浙江人民出版社,2014.

[12] 伊恩·莫里斯. 人类的演变. 马睿译. 北京：中信出版社,2016.

[13] 尤瓦尔·赫拉利. 人类简史. 林俊宏译. 北京：中信出版社,2014.

[14] Robert S. Pindyck . Microeconomics. 8E. Edition. Prentice-Hall,2013.

[15] 罗伯特·S. 平狄克. 微观经济学(第 8 版). 张军,王世磊等校译. 北京：中国人民大学出版社,2013.

[16] 保罗·萨缪尔森. 微观经济学(第 19 版). 肖琛主译. 北京：人民邮电出版社,2013.

[17] 迈克尔·帕金. 经济学(第 8 版). 张军译. 北京：人民邮电出版社,2009.

[18] Stiglitz. Economics,4E. 2006,W. W. Norton & Company.

[19] 曼昆. 经济学原理(第 6 版). 梁小民等译. 北京：北京大学出版社,2012.

[20] 萨特雅吉特·达斯. 极限金钱. 王佳艺译. 北京：人民邮电出版社,2013.

[21] 张捷. 信用战——全球历史演进元规则. 太原：山西人民出版社,2012.

[22] 予龙著. 疯狂的信用. 北京：东方出版社,2012.

[23] 陶永谊. 互利——经济的逻辑. 北京：机械工业出版社,2011.

[24] 理查德·波斯纳. 资本主义的失败. 沈明译. 北京：北京大学出版社,2009.

[25] 吴雪林. 企业社会责任论纲. 北京：研究出版社,2011.

[26] 任荣明,朱晓明. 企业社会责任多角度透视. 北京：北京大学出版社,2009.

[27] 阿兰·格里菲斯等. 企业管理经济学. 陈涛等译. 北京：经济管理出版社,2011.

[28] 阿兰·格里菲斯等. 应用经济学(第 11 版). 李青译. 北京：清华大学出版社,2009.

[29] 詹姆斯·布里克利等. 管理经济学(第 4 版). 张志强等译. 北京：人民邮电出版社,2011.

[30] 詹姆斯·麦圭根等. 管理经济学应用战略与策略(第 12 版). 李国津译. 北京：机械工业出版社,2012.

[31] 方博亮等. 管理经济学(第 4 版). 北京：北京大学出版社,2013.

[32] 威廉·博依斯. 新管理经济学(第 2 版). 刘伟等译. 北京：中国市场出版社,2011.

[33] 梁晓声. 中国社会各阶层分析(最新升级版). 北京：文化艺术出版社,2011.

[34] 中共中央关于全面深化改革若干重大问题的决定. 北京：人民出版社,2013.

[35] 杰弗里·M 佩罗夫. 中级微观经济学(第 4 版). 谷宏伟等译. 北京：机械工业出版社,2009.

[36] Perloff J M. Microeconomics. Pearson Education,2007.

[37] 保罗·R 格里高利. 经济学精要(第 6 版). 刘元春等译. 北京：电子工业出版社,2006.

[38] 黎诣远. 西方经济学(第 2 版). 北京：高等教育出版社,2005.

[39] 黄亚钧. 微观经济学(第 2 版). 北京：高等教育出版社,2005.

[40] 布拉德利·希勒. 当代经济学(第 8 版). 豆建民等译. 北京：人民邮电出版社,2003.

[41] 大卫·伯格等. 经济学基础. 罗宁等校译. 北京：人民邮电出版社,2003.

[42] 平新乔. 微观经济学十八讲. 北京：北京大学出版社,2001.

[43] 武康平. 高级微观经济学. 北京：清华大学出版社,2001.

[44] 史蒂芬·斯拉夫. 微观经济学(第 8 版). 史先诚等译. 南京：南京大学出版社,2009.

[45] 麦克尔·L 卡茨等. 微观经济学(第 3 版). 谢新华等译. 北京：机械工业出版社,1999.

[46] McGuigan J R. Managerial Economics(11E). Thomson South-Western,2008.

[47] 郁义鸿等. 管理经济学——企业经营决策的经济分析. 北京：高等教育出版社,2006.

[48] Ivan Png. Managerial Economics. Blackwell,2002.

[49] 干春晖. 管理经济学. 上海：立信会计出版社,2002.

[50] 马尔科姆·S 格林伍德等. 企业经济学：原理与案例. 阙澄宇译. 大连：东北财经大学出版社,1999.

[51] Besanko D. Economics of Strategy(2E). John Wiley & Sons,2000.

[52] Mansfield E. Managerial Economics Theory, Applications, and Cases(3E). W. W. Norton & Company,1996.

[53] 戴维·惠格姆. 以 Excel 为决策工具的管理经济学. 李国津译. 北京：机械工业出版社,2005.

[54] 戴先等. 管理经济学用 Excel 辅助决策. 北京：中国发展出版社,2005.

[55] 《人民日报》理论部. "六个为什么". 北京：人民日报出版社,2009.

[56] 本书编写组. 十七大报告学习辅导百问. 北京：党建读物出版社,2007.

[57] 本书编写组. 党的十六大报告学习辅导百问. 北京：党建读物出版社,2002.

[58] 魏杰. 国企改革与发展重大理论现实问题. 北京：中共中央党校出版社,1999.

[59] 马洪. 什么是社会主义市场经济. 北京：中国发展出版社,1993.

[60] 沈越. 现代社会主义经济理论. 北京：经济科学出版社,2005.

[61] 宁向东. 国有资产管理与公司治理. 北京：企业管理出版社,2003.

[62] 约翰·奈斯比特等. 中国大趋势新社会的八大支柱. 长春：吉林出版集团. 北京：中华工商联合出版社,2009.

[63] 李子奈. 计量经济学. 北京：高等教育出版社,2000.

[64] 傅家骥等. 技术经济学前沿问题. 北京：经济科学出版社,2003.

[65] 科斯等. 拉斯·沃因等. 契约经济学. 李风圣主译. 北京：经济科学出版社,1999.

[66] 理查德·亚马罗尼. 人人需要了解的 12 个经济指标. 王金萍译. 北京：电子工业出版社,2007.

[67] 陈启杰. 市场调研与预测. 上海：上海财经大学出版社,1999.

[68] Nagle T T,Holden R K. The Strategy and Tactics of Pricing. Prentice-Hall,2002.

[69] 杰克·赫舒拉发等. 价格理论及其应用决策、市场与信息(第 7 版). 李俊慧等译. 北京：机械工业出版社,2009.

[70] 罗伯特·J.多兰等. 定价圣经. 董俊英译. 北京：中信出版社,2008.

[71] 肯特·B.门罗. 定价创造利润的决策. 孙忠译. 北京：中国财政经济出版社,2005.

[72] 胡国胜等. 网络营销与安全. 北京：清华大学出版社,2007.

[73] 罗杰·A.麦凯恩. 博弈论：战略分析入门. 原毅军等译. 北京：机械工业出版社,2006.

[74] 施锡铨. 博弈论. 上海：上海财经大学出版社,2000.

[75] 谢识予. 经济博弈论. 上海：复旦大学出版社,1997.

[76] 张维迎. 博弈论与信息经济学. 上海：上海三联书店,上海人民出版社,1996.

[77] 郭庆旺. 公共经济学. 北京：高等教育出版社,2006.

教师服务

感谢您选用清华大学出版社的教材！为了更好地服务教学，我们为授课教师提供本书的教学辅助资源，以及本学科重点教材信息。请您扫码获取。

》 教辅获取

本书教辅资源，授课教师扫码获取

》 样书赠送

经济学类重点教材，教师扫码获取样书

 清华大学出版社

E-mail: tupfuwu@163.com
电话：010-83470332 / 83470142
地址：北京市海淀区双清路学研大厦 B 座 509

网址：http://www.tup.com.cn/
传真：8610-83470107
邮编：100084